行政案例分析

Public Administration: Case Analysis

（第二版）

陈世香　王志华　编著

图书在版编目(CIP)数据

行政案例分析/陈世香,王志华编著. —2版. —武汉:武汉大学出版社,2013.9(2022.1重印)
ISBN 978-7-307-11565-1

Ⅰ.行… Ⅱ.①陈… ②王… Ⅲ.行政管理—案例—中国 Ⅳ.D63

中国版本图书馆 CIP 数据核字(2013)第 210594 号

责任编辑:林　莉　　责任校对:刘　欣　　版式设计:马　佳

出版发行:**武汉大学出版社**　　(430072　武昌　珞珈山)
　　　　　(电子邮箱:cbs22@whu.edu.cn　网址:www.wdp.com.cn)
印刷:武汉市宏达盛印务有限公司
开本:720×1000　1/16　印张:27.25　字数:546 千字　插页:1
版次:2007 年 5 月第 1 版　　2013 年 9 月第 2 版
　　　2022 年 1 月第 2 版第 7 次印刷
ISBN 978-7-307-11565-1　　定价:49.00 元

版权所有,不得翻印;凡购我社的图书,如有质量问题,请与当地图书销售部门联系调换。

作者简介

陈世香，男，1973年12月生，政治学博士，湖北鄂州人。现任武汉大学政治与公共管理学院行政管理系主任，教授，博士生导师，武汉大学地方政府公共服务创新研究中心主任，主要从事行政管理与公共政策专业教学与研究工作，专长于行政价值理论、公共文化管理与服务体制机制创新研究。兼任中国行政管理学会教学研究会常务理事兼副秘书长、中国软科学研究会理事会理事、湖北省行政管理学会常务理事兼副秘书长、湖北省公共管理研究会常务理事兼副秘书长等学术职务。2012年入选中共中央组织部建立并管理的全国干部教育培训师资库首批师资。目前担任湖北省制度廉洁性评估专家、预算绩效管理专家、公共文化服务体系建设专家委员会委员等社会兼职。近年来，先后获批主持国家社科基金青年项目、湖北省社科基金重点项目、国家社会科学基金重大项目子课题等各级纵向项目10余项，在《政治学研究》、《公共管理学报》等专业期刊上发表学术论文40余篇，出版权威专著1部，主编专业教材3部。

王志华，女，1975年12月出生，管理学博士研究生，河南西平人。现任中南民族大学公共管理学院行政管理系教师，主要从事行政管理专业教学与研究工作，专长于非营利组织管理与服务创新研究。

前　言

案例是基于特定目的，对某项具体的、实际的、具有典型意义的社会事件所作出的客观而准确的记叙。它源于实践，又高于实践，是案例作者根据一定的研究或教学目的，对具有典型意义的各种专业实践进行加工整理后的产物。在人们通过不断对过去经验的分析与总结来获得知识的过程中，典型案例发挥着极其重要的作用。所谓"前事不忘，后事之师"，"前车之辙，后车之鉴"，其中的"事"、"辙"应该就包含有典型事件的意思，在对这些过去发生的典型事件予以适当加工之后，就形成了各种军事、法学、政治、经济、社会管理或者其他任何一个领域的经典案例。

在公共行政领域，案例的含义是在吸收相关专业领域，尤其是商业管理专业案例内涵基础上逐渐明确与形成的。作为公共行政领域第一本案例书籍的作者，哈罗德·斯坦基本认同哈佛商学院案例教学模式，把案例定义为"先于或作为归纳一部分的细节检验"[1]，而案例的内容则在于描写"公共行政官员们从事其决策工作时的典型行为方式"[2]。这一界定得到包括中国在内的公共行政领域学者们的接受与认可。比如，中山大学陈瑞莲教授把管理案例概括为"对某一特定管理情景的管理过程及其结果的客观书面描述或介绍"[3]；而由武汉大学张安庆、傅明贤教授更早出版的教材中更是认为"行政案例是对某项具体的、实际的、具有典型意义的行政管理活动所作的客观而准确的记叙。它是行政管理活动的缩影和典型化，因此，它来源于行政管理的实践，又高于行政管理实践"[4]。因此，我们可以把行政案例的定义概括为：基于教学或研究的需要，以不同媒介形式存在的，对具有典型意义的某项具体的、真实的公共行政事件的客观而准确的记叙。

---

[1] Harold Stein. Public Administration and Policy Development：A Case Book. New York：Harcourt，Brace，1952. p. ⅩⅩ.
[2] Harold Stein. Public Administration and Policy Development：A Case Book. New York：Harcourt，Brace，1952. p. ⅩⅩ. p. ⅸ.
[3] 陈瑞莲：《行政案例分析》，广州：中山大学出版社，2001年第1版，第4页。
[4] 张安庆，傅明贤等主编：《为政的奥秘：行政案例选析》，武汉：武汉大学出版社，1991年第1版，前言，第4页。

案例教学的方法就是包括教师在内的各类培训者以教学案例为基础，在课堂中帮助培训对象达到特定教学目的的一整套教学方法及技巧。而所谓教学案例就是具有明确的教学和培训目的的一个描述特定领域所发生的真实事件和情境或基于该事件和情景而创作的故事。一般认为，在大学中运用案例对学生进行职前培训，可能起始于 1870 年左右的哈佛法学院，到 1910 年，所有一流的法学院均使用"案例方法教学"。一战后，案例方法在工商管理领域获得发展，哈佛商学院也采取了这种方法，并逐渐形成了不同于法学案例教学模式的具有自身特色的商业案例教学模式，使得案例教学成为商业教育的核心方法。20 世纪 30—40 年代，公共行政领域也逐渐引入这一教学方法。罗伯特·P. 沃森指出，"案例研究是很多公共和非营利组织的管理培训中流行的学习与训练方法"[1]。事实上，案例教学被广泛运用于教育与培训的每一个领域，被运用于几乎各种不同经验和知识背景层次的培训项目，"教学案例已发展为有效的主流指导工具"[2]。

相对而言，目前国内可以找到的公共行政学案例教材并不是很多。与国内教材相比较，已经翻译过来的国外、主要是美国公共行政学与公共管理学案例教材最大的特色就是基本不包含案例分析报告或者参考答案，而国内学者编写的案例教科书则一般包含有对于案例材料的分析报告或者参考答案一类的内容。其中原因，对于国外作者而言，主要有三个。

其一是理论上的原因。国外学者一般把公共行政学或者公共管理学案例视为是开放性的。具体地，由于公共行政实践缺乏法律领域严谨的制度规范或者医学一类学科实践规律性的专业规范，也缺少完整界定的专业知识基础和形式逻辑可资应用，实践管理者往往只能在面临压力和只掌握不充分信息状况下就做出决策并实施决策。更重要的是，公共行政实践往往与政治和价值直接相关，根本不存在本质上唯一"正确的答案"。这是由于，"与政治和价值有关的问题没有清楚划分的'正确答案'，似乎也没有本质上错误的答案"[3]。在这种情形之下，现实公共行政实践存在众多的不确定性与复杂性，对于同一公共行政事件，往往存在众多的解决途径与方法，其案例分析也就没有"唯一正确的答案"。其二是教学案例本身特性所决定。案例教学的主要目标之一就是要培养学生的批判思维与多角度分析能力，而不是探寻唯一正确的答案。为此，案例必须具有开放性与挑战性。一个好的教学案

---

[1] 罗伯特·P. 沃森著，竺乾威等译：《公共行政：管理中的角色模拟与案例分析》，上海：上海财经大学出版社，2003 年第 1 版，第 1 页。

[2] 小劳伦斯·E. 列恩：《公共管理案例教学指南》，郅少健等译，北京：中国人民大学出版社，2001 年第 1 版，第 27 页。

[3] 小劳伦斯·E. 列恩：《公共管理案例教学指南》，郅少健等译，北京：中国人民大学出版社，2001 年第 1 版，第 14 页。

例,"不包含案例所提出问题的'正确答案',没有思考或分析某一情况的'确切'方法,没有唯一的'最佳方法'"①。取而代之的是,教学案例提供学术争端、问题、选择以及信息,并希望受训者能够找到解决方法以及能够运用案例中的信息提出行动方案。案例应当对分析者的认知能力和决策能力形成一定的挑战,进而使得这些能力经由不断磨炼而得以加强。它所提供的是一个开放性的分析机会,能够引发不同的观点、思考和争论。因此,案例教学的目标实现也要求教学案例不提供"唯一正确的答案"。最后是教学方法上的理由。一般认为,如果在受训者或者同学们没有自己做出分析和讨论之前就提供书面的分析报告或者参考答案,姑且不说会给一些具有惰性的同学提供了搭便车的机会。其最大危险在于,由于教材的权威性,一些同学由此极有可能不假思索地认为教材提供的东西是权威的或全面的,既会先入为主地影响他们的分析与思考过程,会轻视自己在实际讨论中提出不同见解或观点的能力及可能性,从而不利于养成他们独立思考的意愿、能力和自信心,也就不利于案例教学目标的达成。

正是基于这些同样的理由,本教材的基本架构中也没有包含案例分析报告一类的内容。其基本构成包括五个部分:①导论部分:案例教学方法与公共政策案例教学;②每章学习目的与要求;③每章考核知识点与考核目标;④案例材料;⑤案例分析思考题,通常包括情景模拟与案例思考两个部分。

本教材是对 2007 年第一版加以修订而成的。具体地,修订版主要是在三个方面有所调整。其一,在案例结构上,为了体现行政管理实践的最新进展,修订版新增加 22 个典型案例,同时删除了 13 个案例,使得案例总数达到 81 个;其二,导论部分有较多修改,主要是增加了有关案例教学方法历史演变方面的一些资料,在案例教学方法上也吸收了一些新的教学心得与经验方法;其三,在每章都增加了有关学习目的与要求、考核知识点与考核目标两个小部分,以便引导同学们更好把握教材各章的学习目的与要求。此外,修订版还对第一版教材保留内容的文字及其案例思考题整体进行了适当的斟酌、修订。

相对于国内其他教材,本教材的特色在于:①导论部分较为详细地分析了案例教学方法的相关概念、特征与基本功能,重点阐释了行政案例教学的基本步骤和教学过程中的角色配置与基本要求。②教学案例选用的全部都是 20 世纪 90 年代以来我国公共行政领域发生的一些典型性事件,资料较为新颖,本土化色彩强。③在结构安排上,本教材根据公共行政学通用理论框架,以专题形式展开,较为系统而全面地体现了公共行政学基本主题及关键理论问题,所选用案例也较好地反映了各个主题领域我国公共行政实践中的前沿与热点问题。④案例思考题的设计方面,基于

---

① 小劳伦斯·E. 列恩:《公共管理案例教学指南》,郏少健等译,北京:中国人民大学出版社,2001 年第 1 版,第 18 页。

学生理论理解与应用能力培养的这一核心目标，本教材注重理论理解与实践应用的结合。此外，为了更好地帮助同学们了解公共行政实践，在案例分析设计部分，教材尽可能地引入了情景模拟这一教学方法。

当然，案例教学方法的应用，以及教学案例的采编与设计，都有一个在教学实践过程中不断积累与完善的过程。由于编者能力的限制，本教材必然会存在着这样那样的缺陷，希望国内外专家和教师同仁以及采用这本教材的同学们能够及时将所发现问题予以转告，并不吝提供宝贵建议。

目 录

导论 案例教学方法与行政案例教学实施规范 …………………………………… 1

第一编 行政结构与功能

第1章 行政环境 ………………………………………………………………… 33
案例1 贫困县的"摆谱症" ……………………………………………………… 33
案例2 环卫工竞岗幕后 …………………………………………………………… 37
案例3 "小姐培训班"纷争 ……………………………………………………… 41
案例4 透明国际的中国路径 ……………………………………………………… 46

第2章 行政价值与目标 ………………………………………………………… 53
案例1 消费者维权行动的无奈 …………………………………………………… 53
案例2 陕北油井民间投资者之痛 ………………………………………………… 55
案例3 S市暂住证风波 …………………………………………………………… 59
案例4 广电、电信话语权之争 …………………………………………………… 65
案例5 彭州乌木所有权之争 ……………………………………………………… 67

第3章 行政功能与职能 ………………………………………………………… 74
案例1 广州不明病毒危机 ………………………………………………………… 74
案例2 内蒙T县政府"护污"事件之后 ………………………………………… 78
案例3 "改革中枢"的前世今生 ………………………………………………… 81
案例4 公共图书馆的再定位 ……………………………………………………… 86
案例5 我国政府应急预案的紧急启动 …………………………………………… 92

第4章 政府间关系 ……………………………………………………………… 95
案例1 五陵源规划困局 …………………………………………………………… 95
案例2 湖北X市财政债务危机 …………………………………………………… 99

案例3　浙江"强县扩权"改革进行中 ………………………………… 104
　　案例4　太极洞风景区污染治理历程 ……………………………… 110

第5章　政府与社会关系 ………………………………………………… 115
　　案例1　村公章的集中保管试验 …………………………………… 115
　　案例2　浙江瑞安外来工自治尝试 ………………………………… 119
　　案例3　"厅级会长"难产记 ……………………………………… 123
　　案例4　一个县级市的全民慈善运动 ……………………………… 127

第6章　政府与企业关系 ………………………………………………… 138
　　案例1　"常乐"申办定点屠宰厂受阻记 ………………………… 138
　　案例2　D市农民自建变电站的合法性危机 ……………………… 141
　　案例3　绍兴市的民营企业监管冲动 ……………………………… 146
　　案例4　国资委空降董事遭否决 …………………………………… 152

第7章　行政组织与编制管理 …………………………………………… 158
　　案例1　一个贫困县的十二个"县官" …………………………… 158
　　案例2　S市政府驻汉办谢幕 ……………………………………… 162
　　案例3　陕西黄龙机构改革困局 …………………………………… 165
　　案例4　三沙市诞生历程 …………………………………………… 167

第二编　行政过程

第8章　行政领导与责任 ………………………………………………… 177
　　案例1　女教师之死谁的过？ ……………………………………… 177
　　案例2　金矿大爆炸后的台前幕后 ………………………………… 179
　　案例3　副省长下乡记 ……………………………………………… 184
　　案例4　罗崇敏的红河政迹 ………………………………………… 188

第9章　行政决策的科学化与民主化 …………………………………… 198
　　案例1　听证会"走过场"记 ……………………………………… 198
　　案例2　西路神殿被拆记 …………………………………………… 201
　　案例3　H市杀狗令历程 …………………………………………… 207
　　案例4　怒江水电开发"大调整"方案的神秘纷争 ……………… 210
　　案例5　走进中南海的基层代表 …………………………………… 215

第10章　行政执行的动力与阻力 ········ 221
案例1　城管困局 ········ 221
案例2　新疆棉花市场化路径选择 ········ 226
案例3　浙江"指标圈地"动力 ········ 228
案例4　乡镇政府"买税"现象调查 ········ 232
案例5　报复性执法逼走外商 ········ 234

第11章　行政监控 ········ 239
案例1　一场审计风暴 ········ 239
案例2　一个普通纳税人的公益诉讼 ········ 244
案例3　广东省政府预算决策改革 ········ 248
案例4　总理三次批示之后 ········ 250

第三编　行政方法与规范

第12章　传统行政方法 ········ 259
案例1　衡南县强制搬家令背后 ········ 259
案例2　广东省财政增收奖励制度实施之后 ········ 264
案例3　纺织品出口配额制度实施困境 ········ 268
案例4　G市的文明大考历程 ········ 272

第13章　现代公共行政工具 ········ 280
案例1　警察破案招标制的启动 ········ 280
案例2　苏州园林的社会化管理尝试 ········ 283
案例3　J县的教育券制度改革尝试 ········ 287
案例4　第一张排放噪音污染许可证的发放 ········ 292

第14章　行政法规与依法行政 ········ 295
案例1　D县"人民日报事件"始末 ········ 295
案例2　红头文件抗衡判决书 ········ 300
案例3　陕西省L市质监局的培训通知 ········ 303
案例4　镇政府对市、县两级政府的起诉 ········ 305

第15章　行政道德与以德行政 ········ 310
案例1　小甲之死 ········ 310

案例 2　虎照事件中的政府角色 ……………………………………… 313
案例 3　P 县的道德建设试验 …………………………………………… 318

第四编　行政维持与发展

第 16 章　人事行政 …………………………………………………… 327
案例 1　选贤任能的系列困境 …………………………………………… 327
案例 2　县长的聘用制尝试 ……………………………………………… 332
案例 3　挂职锻炼：制度与现实 ………………………………………… 337
案例 4　中国官员出国培训热 …………………………………………… 346
案例 5　J 县裁员风暴 …………………………………………………… 352

第 17 章　财务行政 …………………………………………………… 358
案例 1　H 县预算改革的背后 …………………………………………… 358
案例 2　T 部违规借款事件的缘由 ……………………………………… 364
案例 3　有钱养草无钱灭蝗？ …………………………………………… 367
案例 4　安徽省"乡财县管"实验 ……………………………………… 370
案例 5　药品招投标制度运行困局 ……………………………………… 374

第 18 章　机关行政 …………………………………………………… 380
案例 1　S 镇公车改革试行 ……………………………………………… 380
案例 2　武汉市治庸问责风暴速记 ……………………………………… 383
案例 3　政府大楼统一经营管理尝试 …………………………………… 391
案例 4　财政部政府采购监管责任官司两例 …………………………… 396

第 19 章　发展行政 …………………………………………………… 399
案例 1　一场超前的试验 ………………………………………………… 399
案例 2　上海行政事业性国资改革试行 ………………………………… 402
案例 3　湖州"政绩观"之变 …………………………………………… 405
案例 4　顺德大部制改革的逻辑 ………………………………………… 409

主要参考文献 ……………………………………………………………… 422

后　　记 …………………………………………………………………… 423

导 论
案例教学方法与行政案例教学实施规范

一、行政案例与案例教学概述

(一) 行政案例及其特征

案例概念源于英文词汇 case，本身具有个案、实例、个例、事例等意思。然而，究竟案例是什么，在不同专业，不同学者，并无定论。比如，在案例研究和教学方法使用较为普遍的法学、医学、企业管理、行政管理与公共政策等相关学科与实践领域，对于专业案例的理解就有程度不等的差异。在法学中，"一个案例就是（1）一个审判前的特殊事件或（2）该事件的一个书面记录及其裁决"[1]；在医学中，"一个待诊断症状的患者及对他的治疗就构成了一个案例，在这一例子中，一份症状、诊断以及治疗的记录——即可被看做是案例"[2]。由此可见，在这两个领域，案例形成于专业实践过程之中，随着专业实践过程的完成而自然产生。但是，在企业与行政管理领域，很少有这样自然发生的制度化"案例"。在这些领域，由于缺乏类似于法律领域的严谨制度规范或者医学实践规律性的专业规范，缺少完整界定的专业知识基础和形式逻辑可资应用，实践管理者往往只能在面临压力和掌握不充分信息状况下制定与实施决策。由此，大部分企业与行政管理事件只能部分地，甚至无法被记录下来，所谓案例也往往"必须经过案例教师/案例作者的提炼加工，而且案例的形式与目标极为丰富"[3]。正如克里斯坦森所言[4]，法律案例分析的目标在于"得出适当的法律原则"，而企业管理案例分析的目标则在于"帮助教学与培训对象得到一种理解和致力于解决公司问题的方法"。由此，在不同专业

---

[1] 小劳伦斯·E. 列恩：《公共管理案例教学指南》，郅少健等译，北京：中国人民大学出版社，2001年第1版，第5页。

[2] 小劳伦斯·E. 列恩：《公共管理案例教学指南》，郅少健等译，北京：中国人民大学出版社，2001年第1版，第9页。

[3] 小劳伦斯·E. 列恩：《公共管理案例教学指南》，郅少健等译，北京：中国人民大学出版社，2001年第1版，第11页。

[4] Christensen, C. Roland, Hansen, Abby J., *Teaching and the Case Method*: *Texts, Cases, and Readings* [M]. Boston: Harvard Business School, 1987, p. 27.

领域，案例的存在价值、构成要件与分析思路多少有着些许差异。

事实上，即使是在企业管理领域，案例概念内涵也经历了一个演化过程。根据克里斯坦森的说法，在早期的案例教学中，"案例只是教师为了激发学生参与讨论而能够找到的任何东西：一份法律文件，一份企业报告，或教师熟悉的一个企业问题"[1]。比如，哈佛大学首任商学院院长、经济学家盖伊（Edwin F. Gay）曾经邀请十五位商人参加哈佛商学院"企业政策"授课，每一位商人在上第一次课时，必须报告他们自己所遇到的问题，并解答学生所提出的询问；第二次上课时，每一个学生必须携带分析这些问题及解决这些问题的书面报告；在第三次上课时，由商人和学生共同讨论这些书面报告。这些报告便是哈佛商学院最早的真实案例。20世纪30年代，查尔斯·克拉格（Charles Gragg）发表了有关企业案例的经典界定——"就其典型而言，案例就是企业经理们曾实际面临的企业问题的记录，以及赖以决策的相关事实、意见和成见"[2]。克里斯坦森则认为"案例就是对实际行动中执行官或其他管理人士曾面临的情景所进行的一个部分的、历史的、诊断性的分析。它运用叙述式的表述方式，鼓励学生的参与，并提供对于分析这一特定情景至关重要的——实质和过程的——数据，以此来设计替代行动方案，进而实现认清现实世界的复杂性与模糊性的目的"[3]。

不过，不同专业、不同时期关于案例内涵的理解具有许多共性成分。总体上，无论是用于研究目的，还是用于教学目的，案例都应该是基于特定目的，对某项具体的、实际的、具有典型意义的社会事件所作出的客观而准确的记叙。简言之，案例源于实践，又高于实践，是案例作者根据一定的研究或教学目的，对具有典型意义的各种专业实践进行加工整理后的产物。

在美国行政管理领域，案例概念的含义是在吸收上述专业领域，尤其是企业管理领域案例概念内涵基础上逐渐明确与形成的。公共行政领域第一本案例书籍编者哈罗德·斯泰因认同哈佛商学院的案例教学模式，把案例定义为"先于或作为归纳一部分的细节检验"[4]；而案例内容则在于描写"公共行政官员们从事其决策工

---

[1] Christensen, C. Roland, Hansen, Abby J., *Teaching and the Case Method：Texts, Cases, and Readings* [M]. Boston：Harvard Business School, 1987, p. 25.

[2] Gragg, Charles I. Because Wisdom Can't Be Told [C]. In *The Case Method at the Harvard Business School*, ed. M. P. McNair & Anita C. Hersum. New York：McGraw-Hill, 1954, p. 6.

[3] Christensen, C. Roland, Hansen, Abby J., *Teaching and the Case Method：Texts, Cases, and Readings* [M]. Boston：Harvard Business School, 1987, p. 27.

[4] Stein, Harold. *Public Administration and Policy Development：A Case Book* [M]. New York：Harcourt, Brace, 1952, p. xx.

作时的典型行为方式"①。斯泰因说:"案例学习,一般说来,被看做是一种学生从对实例的观察中获得见解或建议,或者在这一过程中他们被引导去检验他们自己归纳的预先判断"②。这一界定得到中国行政管理领域学者们的接受与认可。比如,中山大学陈瑞莲教授把管理案例概括为"对某一特定管理情景的管理过程及其结果的客观书面描述或介绍"③;王浦劬认为,案例(Case)是指按照特定方法、经过选择和加工的特定事例,是案例采集和制作者对于实际生活中某些特定方面发生的事情的真实情景的描述④。由武汉大学张安庆、傅明贤教授更早出版的行政案例教材中也持类似观点,认为"行政案例是对某项具体的、实际的、具有典型意义的行政管理活动所作的客观而准确的记叙。它是行政管理活动的缩影和典型化,因此,它来源于行政管理的实践,又高于行政管理实践"⑤。

综上所述,可以把行政案例的定义概括为:基于教学或研究的需要,以不同媒介形式存在的,对具有典型意义的某项具体的、真实的行政管理现象或者事件的客观而准确的记叙。根据这一定义,行政案例具有以下基本特征:

(1)目的性。或者称为典型性,主要针对案例内容的采集与编写而言。简言之,行政案例的撰写与分析,其目的均为提供某种有意义的典型,促使分析者对特定情形或事例进行分析,作出判断。经由这种分析或者研究,其一是促成人们运用理论分析与解决行政管理问题能力的提高;其二是试图解释、验证某个行政管理原理、原则或者现象;间或会有第三个目的,即通过对典型案例的研究,对一些颇有争议性的事件提出一些替代性应对办法。对于实际从事专业咨询工作的案例分析人员而言,这更是首要性工作。无论具体目的如何,行政案例的采编与撰写都应该有益于特定教学或研究目的的达成与实现。

(2)真实性。案例必须是行政管理实践中真实发生的历史事件、现象或行为的记叙,不能是随意虚构的故事或道听途说的小道消息。真实性是案例的基础与前提,否则将无法发挥其应有价值。绝对禁止为达到"理想"的教学或研究效果而在案例的写作中杜撰事实,甚至使案例戏剧化或小说化。值得强调的是,这里所谓的真实性主要是指针对行政现象或事件及其内容发生的历史真实性而言。至于事件

---

① Stein, Harold. *Public Administration and Policy Development: A Case Book* [M]. New York: Harcourt, Brace, 1952, p. ix.

② Stein, Harold. *Public Administration and Policy Development: A Case Book* [M]. New York: Harcourt, Brace, 1952, p. xxxviii.

③ 陈瑞莲:《行政案例分析》,广州:中山大学出版社,2001年第1版,第4页。

④ 王浦劬:《试论公共管理案例的基本特点》,载于《中国行政管理》2001年第7期,第15-16页。

⑤ 张安庆、傅明贤等主编:《为政的奥秘:行政案例选析》,武汉:武汉大学出版社1991年第1版,前言,第4页。

所涉及主体的真实姓名、案例发生的具体地点等具体构成要件，如果不会因此而破坏事件内容与性质的真实性，则可以有所更换。

有时候，为了保密或者其他需要，行政管理现象或事件所涉及的真实主体姓名、机构名称、地点名称等因素，在不危害案例真实性前提下，都应该予以匿名处理。但是，诸如行政管理主体的职位或者行政级别等身份因素，涉及管辖范围与纵向隶属关系的行政区划因素，以及所涉及重要历史发展阶段等带有专业色彩的重要行政管理现象或事件构成要素则不能随意更换。比如说，行政领导责任或是行政决策类案例中，主体的职位、行政级别与权责范围，决策对象所隶属的行政区域等因素都直接影响和制约着特定行政管理行为或活动发生的合法、合理性，甚至是可能性，因此，在把该事件加工为案例时，这些因素必须保持真实记叙。而对于主体的真实姓名、事件发生的具体时间、同属于特定行政区划内的具体发生地点等无关大局的因素，则可以加以匿名处理。

（3）客观性。这里主要是针对案例编撰时所采用的语言风格和体裁而言。案例只能是对特定行政管理现象或事件的客观记叙与说明，对事实的清楚交代，而不包括主观性评价或倾向性意见。案例的编写必须是对所涉及事件的客观记叙和说明，对案例事件的评述则属于案例分析的任务。编者在编写时只能采取记叙文或者记叙性说明文体裁，不宜先入为主，将个人主观评述掺杂其中。为此，案例所使用的主体人称一般不用第一人称，而是尽可能使用第三人称。

（4）完整性。信息的完整是确保分析得以深入进行的前提和保证，直接影响和制约着案例撰写与分析目的实现的可能性。因此，案例必须是对所涉及行政管理现象或事件较为完整的描述。它至少应该提供足够的信息确保使用者能够进行较高质量的分析。但是，需要指出的是，案例采编的完整性并不意味着信息的全面性，即并不要求将真实行政管理现象或事件的全部有关信息都必须一一披露。很明显，这既不可能，也没有必要。事实上，教学案例的编写须有明确的教学目的，即要应用于某一单元的某次专题教学中的特定案例，在编写的过程中须将已掌握的事实或材料"聚焦"于对某一个或某几个相关行政管理专题的理解与分析上，而对其他不直接相关的事实材料则应该予以简化或删节。对于研究型案例，往往也有类似的研究主题考虑。

（5）开放性。案例应当对分析者的认知能力和决策能力形成一定的挑战，使得这些能力经由不断磨炼而得以加强。为此，案例不应该过于简单，使得分析人员能很快地就得出一个明显正确的简单答案，而是要经过反复琢磨才能有所收获，且往往最好是能够提供多种合理答案以激发分析人员进行批判性、分析性的思考。简言之，案例应该提供一个冲突的情景，却没有明确答案，甚至于存在多个替代性决策方案。由此，它提供的是一个开放性分析机会，能够引发不同的观点、思考和争论。美国麦克斯维尔学院公共管理学教授伯克在北京国家行政学院举办的案例教学法研讨班上作的专题讲座中指出："在案例讨论中，教员应该鼓励学生更多地提出解决问题的办法。教员必须假定不存在唯一最佳办法。"① 其实，恰如前文所述，行政管理实践由于缺乏法律领域严谨的制度规范或者医学实践规律性的专业规范，从而缺少完整界定的专业知识基础和形式逻辑可资应用，实践管理者往往只能在面临压力和只掌握不充分信息状况下做出决定与实施管理。更为重要的是，行政管理实践往往与政治和价值直接相关，根本就不存在本质上唯一"正确的答案"。这是由于，"与政治和价值有关的问题没有清楚划分的'正确答案'，似乎也没有本质上错误的答案"②。在这种情形之下，现实行政管理实践恰恰存在众多不确定性与复杂性，对于同一现象或事件，往往存在众多的分析与解决途径和方法。可以认为，除了案例分析能力的培养需要之外，行政案例的开放性正是行政管理实践复杂性与开放性在案例分析与研究过程中的体现。

（6）可读性。好的案例往往会诱使人们进行积极思考，引发讨论。这一般从案例内容与语言手法两个方面达到。就案例内容而言，事件要具有典型性、开放性、真实性以及完整性等，这些都是确保一个案例具有挑战性和吸引力的前提保证。但是，正如列恩所指出的，"即使是最复杂的主题和故事也可以用一种有趣和吸引人的方式来讲述"③。恰当的故事情节安排、简洁流畅的写作风格、生动优美的语言，简言之，案例材料的可读性是行政案例编写应该力图实现的要求。

此外，由于材料搜集以及案例选编目的等方面的原因，特定案例在内容与编写上往往省略了某些关联性不那么直接的真实信息与构成部分，难免会具有一些局限性与片面性。同时，由于行政管理实践自身的某些特性，往往可能并不存在放之四海而皆准的行政管理范例。因此，尽管行政案例都具有程度不等的借鉴与参考价值，在案例编写、分析和研究过程中，一般要避免简单普遍化的思维方式。

（二）行政案例教学及其基本功能

案例教学方法是包括教师在内的各类培训者以教学案例为基础，在课堂中或案例教学实践中帮助培训对象达到特定教学目的的一整套教学方法及技巧。所谓教学案例就是以教学和培训为目的而编写的案例。教学案例写作必须考虑到教学需要，为一定的教学目的服务。

一般认为，在大学中运用案例对学生进行职前培训，可能起始于1870年左右的哈佛法学院。从英美法律学角度来看，案例一般是指"判决后的案件"。1870

---

① 宁骚主编：《公共政策学案例精选》，北京：高等教育出版社2006年第1版，前言，第Ⅳ页。
② 小劳伦斯·E. 列恩：《公共管理案例教学指南》，郅少健等译，北京：中国人民大学出版社，2001年第1版，第14页。
③ 小劳伦斯·E. 列恩：《公共管理案例教学指南》，郅少健等译，北京：中国人民大学出版社，2001年第1版，第136页。

年，美国哈佛法学院院长朗德尔（Christopher Columbus Langdell）创立了判例教学法（case method），被誉为案例教学法的"先驱者"。在其著名的《合同法案例选编》（Selection of Cases on the Law of Contracts）一书的前言中，朗德尔说："被作为科学的法律是由原则和原理构成的。每一个原理都是通过逐步的演化才达到现在的地步。换句话说，这是一个漫长的、通过众多的案例取得的发展道路。这一发展经历了一系列的案例。因此，有效地掌握这些原理的最快和最好的——如果不是唯一的——途径就是学习那些包含着这些原理的案例。"① "精通这些'原则或原理'（principles or doctrines），并能以一贯的娴熟与确信将它们实际运用于解决人际事务的一团乱麻，才真正是律师所要具备的素质。"因此，他认为，"律师能像科学家一样，依靠对某种原则或原理内核的深入认知来开展工作。这种认知最好通过对法院判决的案件教学学习，得以最好的发展"②。由于迎合了英美法系国家以判例为法的主要渊源的特点，因此，案例教学法很快得到美国其他法学院的效仿并逐渐影响到其他英美法系国家。朗德尔1895年离开院长职位时，案例教学法已经在哈佛、芝加哥、哥伦比亚、耶鲁等大学法学院扎根。朗德尔的学生们也不断地广泛传播这种方法，到1920年，案例教学法成为占主导地位的法律教育方法并延续至今③。

1908年，哈佛大学创设工商管理学院，经济学家盖伊（Edwin F. Gay）担任首任院长。盖伊在就职演说中指出："商学院的教师应尽可能地仿效法学院所用的案例教学法，要特别强调课堂讨论，这种方法可以称为'问题方法'（problem method）。"④ 但在哈佛商学院早期，案例教学主要是"概括性"和"描述性"的，其教学主要通过演说方式。另外，由于当时严重缺乏可用的典型商业领域案例，刚开始的时候，案例教学在商学院进展缓慢。1919年，毕业于哈佛法学院，精通法律的多汉姆（Mallace B. Donham）出任哈佛大学商学院第二任院长。多汉姆敏锐地认识到，丰富的教学案例也是企业管理教学取得成功的关键。1922年，他在一篇文章中指出："教师对大量的具有典型意义的法律案例进行分类，并加以出版，使得法学院的案例教学得以可能，这种案例教学的方法同样也适用于商业领域的教

---

① McAninch, Amy Raths. *Teacher Thinking and the Case Method: Theory and Future Direction* [M]. Teacher College Press, Columbia University, 1993, p. 64.

② Langdell, Christopher Columbus. *A Selection of Cases on the Law of Contracts* [M], Boston. Little, Brown, 1871, p. vi.

③ 杨光富，张宏菊：《案例教学：从哈佛走向世界——案例教学发展历史研究》，载于《外国中小学教育》2008年第6期，第1-5页。

④ Cruikshank, Jeffrey L. *A Delicate Experiment: The Harvard Business School*, 1908-1945 [M]. Boston: Harvard Business School Press, 1987, p. 74.

学。"① 为此，他向企业界募集到 5 000 美元，并邀请著名的营销专家奥兰德（Malvin T. C. Opeland）教授专门从事案例开发工作。奥兰德把他的教材改编为商业方面的案例，并于 1920 年 9 月出版，这是第一本商业方面的案例教材。1921 年，哈佛商学院正式推行案例教学。同年，经商学院教授的投票，把商学院教学方法从"问题法"（problem method）正式定名为"案例法"（case method）。

更重要的是，多汉姆还专门拨款建立了商业研究处（the Bureau of Business Research），雇佣一批学者进入商业实践领域收集和写作工商管理案例。在奥兰德的领导下，该处于 1920 年至 1925 年开发出大量商业案例。1925 年，商业研究处撤销，教学人员开始承担起案例开发工作。此后多年，哈佛一直将案例开发当做案例教学的基本前提，为之投入了大量人力物力。这项工作既保证了哈佛商业教育拥有充足的案例来源，也保证了哈佛商学院作为商业案例教学中的主要倡导者地位。到 1922 年之前，哈佛商学院案例教学书籍被 85 所学院采用。到了 20 世纪 40 年代中期，哈佛开始向外大力推广案例教学。1954 年，编写出版《哈佛商学院的案例教学法》，并出版了《哈佛案例目录总览》，建立了"校际案例交流中心"，对澄清有关概念、统一术语，促成案例教学的广泛运用起到了良好推动作用。而今，尽管也使用课堂讲授、模拟、实地调查以及其他教学形式，但哈佛商学院超过 80% 的课程建立在"案例法"基础之上。哈佛商学院案例教学的成功做法，现在已为世界各国大学的法学、医学、工商管理教育所效仿。

值得强调的是，不同于法律或医学领域，由于缺乏类似于法律领域的严谨制度规范或者医学实践规律性的专业规范，缺少完整界定的专业知识基础和形式逻辑可资应用，商业领域实践管理者往往只能在面临压力和只掌握不充分信息状况下做出决策与实施决策。在这种情况下，哈佛商学院在采取案例教学方法的同时，也逐渐形成了不同于法学案例教学模式的具有自身特色的商业案例教学模式。简言之，商业案例教学重点吸收了约翰·杜威（John Dewey）有关以问题驱动（problem-driven）、经验为本的教学观念。相应地，在商学院，早期与法学院相类似的，采取以讨论引导（discussion leadership）为主要实施方式的苏格拉底式教学方法②，

---

① Garvin, David A. *Making the Case*: Professional education for the world of practice [J], Harvard Magazine. 2003（9-10）：60.

② 古希腊哲学家、教育家苏格拉底（Socrates，前469—前399）创造的"问答法"教学是案例教学的雏形。苏格拉底的教学围绕一定的问题，根据学生所学知识，结合他们所了解到的情况，以求教的口吻平等地进行讨论，引导对方得出结论。其主要目的是启发学生思考问题，发挥学生的主观能动性，通过学生自己的分析与讨论，找出问题的真正解决办法。他的学生柏拉图师承了这种教学方法，将他的"问答法"编辑成书，通过一个个故事来说明一个个道理，从而首创了历史上最早的案例教学法。参见：杨光富，张宏菊：《案例教学：从哈佛走向世界——案例教学发展历史研究》，载于《外国中小学教育》2008 年第 6 期，第 1-5 页。

逐渐让位于以学生为中心（student-centered）的小组研讨及发言方法，教职人员则承担较次要的指导性角色。其总体目标（general goal）被表述为"衔接知识与运用"或"知识与行动"，试图使被训者"获得在面临新经历时行动的才能"①，也就是使学生获得理论联系实践或说在实践中的理论应用能力。

20世纪三四十年代，案例教学方法已经在商业教学中广为普及，行政管理领域也逐渐引入这一教学方法。罗伯特·P. 沃森指出，"案例研究是很多公共和非营利组织的管理培训中流行的学习与训练方法"②。事实上，案例教学被广泛运用于教育与培训的每一个领域，被运用于几乎各种不同经验和知识背景层次的培训项目，"教学案例已发展为有效的主流指导工具"③。行政管理领域第一本案例书籍的主编哈罗德·斯坦（Harold Stein）认为，"案例学习，一般说来，被看做是一种学生从对实例的观察中获得见解或建议，或者在这一过程中他们被引导去检验他们自己归纳的预先判断"④。

在众多培训与专业领域中，"案例方法"、"案例教学"、"案例运用"等术语的运用在内涵上是相近的。有学者认为案例方法就是⑤：①力图促进专业知识和行为技能的发展；②以焦点或问题为导向；③本质上关注解释现实生活的经验。具体地，行政管理领域案例教学的基本功能或说价值主要体现如下几个方面。

（1）有助于加深对行政管理相关基本理论与方法的理解和把握。公共行政学或行政管理研究是一个实践性很强的研究领域，其理论与方法体系源于对行政管理实践经验的总结和概括。要真正理解与把握这一学科体系所涵盖的基本理论与方法，就需要以一定的实践经验作为基础。通过各种典型行政管理现象或事件的介绍与分析，行政案例教学恰恰可以提供有关行政管理实践的实际经验知识。同时，参与案例分析或研究可以使学习者加入案例所模拟的行政管理实践情景之中，运用更为直观的经验现象和知识来加深其对有关概念、理论与方法的掌握和理解。对此，美国教师联合会副主席亚当·厄尔班斯基曾指出，"根据研究，人们能够记住他所

---

① Dewing, Arthur Stone. An Introduction to the Use of Cases [C]. In *The Case Method of Instruction*, ed. Cecil E. Frazer. New York: McGraw-Hill, 1931, p. 41.

② 罗伯特·P. 沃森，竺乾威等译：《公共行政：管理中的角色模拟与案例分析》，上海：上海财经大学出版社，2003年第1版，第1页。

③ 小劳伦斯·E. 列恩：《公共管理案例教学指南》，郅少健等译，北京：中国人民大学出版社，2001年第1版，第27页。

④ Stein, Harold. *Public Administration and Policy Development: A Case Book* [M]. New York: Harcourt, Brace, 1952, p. xxxviii.

⑤ 小劳伦斯·E. 列恩：《公共管理案例教学指南》，郅少健等译，北京：中国人民大学出版社，2001年第1版，第4-5页。

听的10%，所看的20%，所讨论的40%，所做的90%"①。而沃森也认为，案例分析的"优点是可以提供一个使概念易于理解的方式，而用其他方法，这些概念也许会显得晦涩难懂"②。

（2）有助于培养适应社会发展要求的行政管理专业人才。案例方法的一个基本目的就在于将学习者置身于复杂的现实生活环境之中，使其体验到行政管理实际运行过程中的各种压力、复杂性。典型案例讨论的互动性、辩论性途径效法了在众多专业工作环境中的辩论与互动的特点。案例讨论不仅是教育工作的有用工具，而且为参与者应对日后职业实践的压力和要求做好了准备。首先，它能够使尚无实践工作经验的初学者了解相关行政管理实践知识，做好职前准备，也可以帮助实际行政管理相关专业人才了解专业领域最新进展、尤其是提供了解其他相关领域实践现状和知识的机会，开阔视野，有助于今后工作的更好开展。其次，它有助于提高学习者分析和解决行政管理实践问题的能力。案例方法一般要求学习者在有限信息的基础上对特殊行政管理问题进行诊断和决策，有助于提高他们发现、分析与解决复杂问题的能力。最后，不容忽视的是，案例方法还有一个重要目的，就是通过鼓励或诱使学习者积极参与教学过程，在案例教学的互动过程中开发学习者逻辑思维、语言表达、组织、演讲，乃至于社交等多方面的潜能。

（3）有利于推动行政管理理论与方法体系的不断创新。无论案例教学，还是案例研究，其案例分析过程都是一个对现有行政管理理论与方法体系的不断验证过程。一方面，这一过程通过对各种经典行政管理现象与事件的分析来对现有行政管理理论与方法体系的有效性进行证实，既可以加深对现有理论与方法体系的认识和理解，也可以发现它们可能存在的不足。案例分析其实就是一个理论与实践相结合、相验证的过程，这也是促进目前尚缺乏充分有效与严谨性的行政管理理论与方法体系不断走向完善的基本途径之一。另一方面，行政案例分析也可以通过对各种新生的、尤其是具有一国（地区）特色的特殊政策现象或事件进行典型分析与研究，并且通过理论总结，超越个别，从而发现新的行政管理理论与方法。

（4）有助于发现和了解当前行政管理实践活动中存在的种种问题，参与行政管理运行与改革发展实践进程。行政案例教学的最终目的主要是为了培养称职的行政管理专业人才。教学与培训对象（以下简称"学生"）往往要么是未来的国家行政管理人才候选人，要么就是在职行政管理人员，至少是未来必将与各种行政管理部门或过程打交道的社会公民。行政案例教学有助于学生了解各种典型的行政管

---

① 戴维·奥斯本，特德·盖布勒：《改革政府：企业精神如何改革着公营部门》，上海政协编译组等编译，上海：上海译文出版社，1996年第1版，第297页。

② 罗伯特·P.沃森著，竺乾威等译：《公共行政：管理中的角色模拟与案例分析》，上海：上海财经大学出版社，2003年第1版，第1页。

理现象或事件得以发生的起因、经过、结果，并且通过参与案例分析与探讨，更加深入地探询其可能解决的方法与途径。这些都有利于学生熟悉行政管理实践中存在的种种问题，为以后更好地参与行政管理实践活动奠定基础。

此外，教学案例的开发过程，离不开教学研究部门与有关行政管理机构经常性的合作，有助于加深彼此的联系与信任，从而为行政管理教学与研究提供一个很好的理论联系实践的桥梁性工具。事实上，早期行政案例的编写者主要是一些政府工作人员，而这些案例基本上都是关于管理实践问题及其解决方案的报告。其中，较为有名的首先要算考夫曼的《森林管理员：行政行为研究》① 以及塞兹尼克的《田纳西山谷政权和基层组织：政治与组织研究》② 具体地，一方面，通过参与案例开发与研究，政府机关及其工作人员可以借助学术界的学术资源，在提升自身理论水平与专业技能的同时，更能够借助学术界脑库知识与参谋能量，运用各种新的理论和方法于行政管理实践，不断提高行政管理活动的科学化水平。另一方面，教学研究部门也可赖以掌握更多更直接的行政管理信息，及时把握专业研究与教学的实践需求，提炼经典教学案例，提高专业教学和研究水平。

(三) 案例研究与案例教学

在案例教学过程中，必须把作为一种科学研究方法的案例研究方法与作为一种教学方法的案例方法区分开来。为了简洁规范起见，本书用"案例教学"这个概念通指作为一种教学方法的"案例研究"、"案例运用"或者"案例方法"等相关术语，而用"案例研究"专指作为一种科学研究方法的案例方法概念。

所谓案例研究，美国案例研究学者罗伯特·尹的定义是，"分析在现实生活中的某一现象的任何科研调查，或在现象与其背景远非清晰之时或者在有多证据来源的情况下，对当前现实生活中某种现象的实证调查研究"③。案例研究法是一种专注于分析单个事物在特定环境中所发生的各种变化及其动因的研究方法。它是经验研究（empirical inquiry）的一种特殊形式。它用多种资料来源来重构一段过去或现在正发生的历史，用以探索议题、检验理论、发展或修正理论解释。它的基本特点是在真实自然环境（natural setting）中开展对有关对象的研究，可同时使用社会科学的各种资料收集方法和理论分析方法，但不需要试验设计或条件控制，甚至也不必对有关变量进行操控。简言之，案例研究就是在现实情境中研究当代问题，尤

---

① Kaufman, H. *The forest ranger: A study in administrative behavior r* [M]. Baltimore: Johns Hopkins University Press. 1960.

② Selznick, P. *TVA and the grass roots: A study of politics and organization* [M]. Berkeley: University of California Press. 1949.

③ Yin, Robert K. *Case Study Research: Design and Methods* [M]. Rev. ed. Beverly Hills, Calif.: Sage, 1989, p. 23.

其是当现象和情境界限不清晰或者较为模糊的情况下进行经验研究的方法。根据罗伯特·尹和其他案例研究法的资深学者的观点，案例研究适合回答"怎么办"（how）和"为什么"（why）一类的问题①。一般地，案例研究通过搜集事物的客观资料，运用归纳或解释的方式得到各种相关知识。根据研究目的的不同，可以将案例研究分为描述性、解释性、评价性和探索性的研究。描述性案例研究主要是对现象、事件或情景的概况做出准确的描述，教学案例主要是描述性的案例；解释性案例研究的目的在于对现象或研究的发现进行归纳，并最终做出结论。解释性案例研究适于对相关性或因果性问题进行考察；在评价性案例研究中，研究者对案例提出自己的意见和看法；而探索性案例研究则尝试寻找对事物的新洞察，或尝试用新的观点去评价现象②。

香港大学教育学院教授徐碧美（Amy B. M. Tsui）③ 认为，当我们对事件或行为不能控制时，或者当焦点是当前发生的事件或行为时，可以采用案例研究。当然，在开展案例研究时可能需要运用历史研究法以及其他相关研究方法。例如，研究教师专业发展时也会对教师的生活经历、教学经历和学习经历进行调查。因此，除了把历史研究（使用文献和实物资料）当做案例研究的一个部分外，还可以使用各种各样的证据搜集方法，如访谈、参与型或非参与型的观察。总之，适合进行案例研究的问题应该满足以下三个条件：①问题要与在真实环境中发生的事件和行为有关，②我们对此类问题几乎没有控制能力，以及③属于有关"怎么办"和"为什么"一类的问题。同时，她还指出，案例研究也涉及过去的历史，也可以用来回答除了"多少"和"多大程度"之外的"什么"类问题。她认为，选择何种研究策略并不是绝对的，而应依据我们要研究的问题采取综合的方法。

案例研究方法与案例教学方法之所以有可能会被混淆，主要有三个方面的原因。首先，科研案例经常会被教师作为一种实证案例或样本加以运用；其次，为教学而准备的案例经常包括原始资料和见解，因而也具有学术研究价值；最后，一些有关案例概念的界定似乎包含了这两种类型，例如，"一个案例，无论真实或假想，都是届时该研究领域重要特征的一个故事"④。然而，行政管理教学案例和科研案例在目标和结构方面有着根本的区别。

首先，在目标上有着很大的不同。作为科学研究方法，其目的在于针对一些具

---

① 徐碧美：《如何开展案例研究》，载于《教育发展研究》2004年第2期，第9-13页。
② 余菁：《案例研究与案例研究方法》，载于《经济管理·新管理》2004年第20期，第24-29页。
③ 徐碧美：《如何开展案例研究》，载于《教育发展研究》2004年第2期，第9-13页。
④ Cliff, William H. and Wright, Ann W.. *Directed Case Study Method for Teaching Human Anatomy and Physiology* [J]. Advances in Physiology Education 15, No.1（June 1996）：S20. p. 25.

体行政管理问题展开研究，最终促成一些科学研究目标的达成，或者是有效描述，或者是说明、解释，甚至是为解决特定行政管理现象与事件提供替代性方案等科学实践目标的实现，其中也有达成或论证特定理论模式这一科学理论目的的意图。而作为教学方法，其主要目的则在于教学目标的实现，或者是学生理论理解能力的深化，或是他们经验性专业实践能力的培训，或是二者兼而有之。简言之，前者重在科研价值的实现，而后者重在教学价值的达成。

其次，所运用的案例有着本质上的差别。科研案例有正确答案，此类案例通常本身就提供了问题的解决方案，或描述一个问题事实上是如何解决的，而且提供了解决方案的评估或评价材料。相反，一个好的教学案例，"不包含案例所提出问题的'正确答案'，没有思考或分析某一情况的'确切'方法，没有唯一的'最佳方法'"①。取而代之的是，教学案例提供学术争议、问题、选择情景以及信息，并希望学生能够找到解决方法以及能够运用案例中的信息提出行动方案。行政管理教学案例往往是出于对某个行政管理论点、原理或策略的例证目的而编写的，在这个意义上来说，教学案例是对理论教学的例证，从认识论上来说是个从一般到个别的过程。另一方面，研究案例写作的根本目的则是论证或是建构理论，从认识论上来说则是个从个别到一般的过程。因此，研究案例一般不可直接用作教学案例，教学案例更不能用作研究案例。

最后，适用策略与思路也不同。案例研究方法遵循的是科学研究思维和实施路径，而案例教学适用的则是以人为本的教学思维和路径。前者强调价值中立与客观准确，而后者则要求因材施教，因势利导，带有很强的主观考虑。其根本原因在于，案例研究要确保所形成之研究结论的信度与效度，而案例教学则重在具有多样化文化心理、知识与能力背景的教学与培训对象能力的培养。

二、行政案例教学的基本步骤

行政管理领域第一本案例书籍的主编斯泰因（Harold Stein）虽然认可哈佛的法律、社会工作以及医学中的案例教学模式，但他发现，不像医学、法律以及社会工作案例还存在研究目的，哈佛商学院的案例是单纯为教学而存在的，教学的形式与内容只由教学法和案例分析的理由决定，没有适用的可操作的（operative）"游戏规则"②（Stein 1952, xx-xxi）。因此，斯坦确信，对行政管理学科来说，哈佛商学院的案例教学模式是适当模式（model）。具体地，作为一种教学方法，案例教

---

① 小劳伦斯·E. 列恩：《公共管理案例教学指南》，郅少健等译，北京：中国人民大学出版社，2001年第1版，第18页。

② Stein, Harold. *Public Administration and Policy Development：A Case Book*［M］. New York：Harcourt, Brace, 1952, p. xx-xxi.

学的有效实施需要遵循一定的基本步骤。

（一）案例的采编与设计

案例采编与设计是行政案例教学得以实施的首要环节，一个合适教学案例需要经过精心的准备才能形成。

1. 案例的基本结构

所谓案例结构就是指教学案例的基本构成。一般而言，一个完整的教学案例应该包括案例主题、考核知识点与考核目标、案例材料、案例情景模拟与思考题四个基本组成部分。

案例主题就是教学案例采编与设计者希望所用案例能够反映、并且吸引案例教学与培训对象（以下简称学生）加以分析与研究的行政管理实践专题问题。一般地，每一个教学案例都应该具有自身的明确主题；而且，由于案例的篇幅容量与教学时间的局限性，单一案例的主题不宜过多，最好是一个案例确定一个关键主题。由于案例主题往往会在案例题目中加以体现，主题的确定有时也就是案例材料题目的形成过程。

考核知识点与考核目标部分，包括每章学习目的与要求在内，是为了引导学生更好地把握案例主题，尤其是引导他们了解每一章、乃至于该章相关案例的教学与学习目的，案例编写者与任课教师要求与提示学生在阅读与分析案例材料之前应该掌握的相关专业理论知识点及其相关应用技能。简言之，就是特定案例教学过程中，学生应该掌握与运用用以分析案例材料、完成案例情景模拟与分析思考题的相关理论知识与专业技能，也是在相关专题案例教学过程中希望学生能够加以理解、接受和转化为实践运用能力的相关理论和知识点与专业分析技能。这些知识点一般分为三种类型：识记类、理解类与应用类。其中，识记类知识点涉及与案例主题和材料直接相关的有关专业术语、概念、常识，要求学生能正确认识和表述其含义，是最低层次的要求；理解类知识点要求学生在识记的基础上，能掌握和运用与案例主题和材料直接相关的基本命题、原理与方法，能掌握有关概念、原理、方法的区别与联系，是较高层次的要求；而应用类知识点则要求学生在识记与理解的基础上，能运用与案例主题和材料直接相关的基本概念、原理与方法，尤其是有关专业分析、判断与抉择技能，分析和解决与案例主题和材料有关的理论问与实践问题，是案例教学过程中最高层次的要求。

案例材料是对能够真实、完整地体现主题的典型行政管理现象或事件的描述性材料。通过行政案例基本特征的分析可以知道，案例材料的内容不仅必须是真实、准确的，而且应该是客观、完整的。在结构上，一个完整的教学案例应该包括以下几方面基本信息要素。

（1）主体（who）。案例中行政管理现象或事件涉及的主体有哪些？在案例材料所体现出来的行政管理实践中各自承担什么职责或说扮演什么行政管理角色？他们之间的角色关系各是什么？

（2）时间（when）。案例中行政管理现象或事件发生过程涉及的具体时间点与时间段各有哪些？这些时间因素之间的逻辑关系是什么？有无特定的行政管理内涵与意义？比如说，是否属于不同性质的行政管理系统或体制发展阶段。

（3）地点（where）。案例中行政管理现象或事件发生的关键地点有哪些？各自有哪些特殊的环境因素？这些地点之间的管辖关系如何？

（4）事件（what）。案例中行政管理现象或事件的具体内容是什么？涉及什么行政管理主题或者说属于什么类型的行政管理现象或事件？

（5）原因（why）。案例中行政管理现象或事件发生的具体影响因素或变量有哪些？这些因素或变量之间的相关性关系各是什么？其作用机制如何？

（6）过程（how）。案例中行政管理现象或事件是如何发生的？有几个阶段？各个阶段之间的关系如何？现象或事件有无进一步发展与演变的可能？其未来趋势又是怎样的？

上述这些信息都是一个完整的教学案例通常应该包含的基本信息要素。由于其英文词汇都带有一个字母"W"，有时也被简称为"6W"结构或者"5W1H"结构。当然，这些信息要素的具体表现形式可以多种多样，由案例编写者根据主题显现和教学目标的需要以及编写风格加以适当安排。

作为教学案例，行政案例一般还设计有情景模拟与案例思考题。前者要求案例分析人员扮演案例情景下的某一角色，再现案例材料中行政管理现象或事件的发生过程，模拟案例涉及主体的行为举措与价值判断，有时还会要求模拟者从所指定情景出发构思特定问题的解决途径。情景模拟的目的在于为学生提供一个机会，使其得以参与学习过程，获得对行政管理实践现象或事件的洞察力，并对充满挑战而复杂的行政管理实践本质有一个真实的认识。而案例思考题则是案例作者从案例设计目的出发，要求案例分析与学习人员应该加以考虑与解决的问题。这些问题往往包括对案例所涉及行政管理主题的认定、相关专业理论的回顾与阐述、行政管理现象或事件的理论与事件逻辑、行政管理实践问题的解决途径探讨，以及案例所涉及的经验教训和启示的分析。简言之，就是要求学生能够运用与案例主题相关的各类知识点模拟、分析与解决案例主题相关的各种问题。情景模拟和案例思考题是教学案例的一个有机组成成分，也是案例教学对象分析案例材料的导向和基本线索。

2. 案例的基本采编步骤

明确了案例的基本构成之后，案例编写者或者任课教师的任务就是要创作或者选用一个能使得学生或案例分析人员在经过认真研究和分析之后能够有所收益，进而实现案例教学功能和目标的故事。而且，这个故事还必须具有可读性，能够鼓励和诱使学生或案例分析人员进行认真研究和分析。这表明，案例的采编与形成是一个类似于文学创作的过程。一般地，案例的写作通常包括以下六个阶段。

（1）案例说明书的拟订。案例写作的正式程序从设计案例说明书开始。所谓案例说明书，类似于文学作品的创意设计，就是对所要完成案例的说明和简要介绍，主要包括案例主题、适用对象及使用前提条件、教学意图、案例概要、信息源、编写计划及其可行性等基本内容。其中，案例主题是所要编写案例的灵魂与导向，是编写者打算体现的具有典型意义的行政管理相关知识点或实践事件；案例适用对象就是未来案例编写完成后的使用目标群体，使用前提条件则是指适用对象在分析该案例时所必须掌握的相关背景知识和经历；教学意图也就是案例编写所可能实现的教学目的；案例概要是所编写案例的大体思路和基本内容结构，就是为了实现教学目的和体现案例主题所必须涵盖的基本内容要件，也就是前文所讲的案例基本构成部分；信息源是案例编写所需要的基本信息资料的来源。

最后，所谓案例编写计划，就是完成案例编写任务所要实施的基本步骤和工作计划，包括案例材料搜集方式与时间安排、案例材料分析策略与基本步骤、案例编写和修改阶段时间安排等方面的具体工作部署。而所谓可行性，则是对案例编写计划的现实可行性分析，涉及案例编写所需材料的搜集可能性、编写者材料分析能力、所需时间与条件具备情况等相关问题的分析。值得注意的是，由于行政案例往往涉及对国家政府机关的信息搜集，相关部门能否予以合作、案例主题是否涉及国家机密等都是可行性分析必须加以注意的问题。

（2）案例材料搜集与分析。这一阶段主要是根据案例说明书的要求，采用合适的方法去搜集与分析案例编写所需要的各种信息材料，为案例的编写提供所需要的实践素材。这是一个行政管理信息搜集与处理过程，主要包括信息搜集、分析与补充搜集三个阶段。

首先，信息搜集阶段的工作就是根据案例编写的素材要求，依照案例说明书的安排，采取适当方法搜集所需的信息资料。根据素材性质不同，信息搜集方法可以划分为间接搜集与直接搜集方法两种。前者主要包括文献研究方法，也就是通过相关法律法规、政府文件与档案、图书馆、学术期刊、新闻媒体等二手信息来源间接搜集的案例素材。后者则是运用访谈等实地调查方法，通过与案例涉及主体的直接接触来搜集一手材料。由于行政案例编写所需要的信息涉及公共权力组织，往往不会为具有抵制心理的各类政府机关所欢迎，因此，相比较来说，间接搜集方法更容易进行。事实上，即使是使用直接搜集法，通常也应该是首先运用间接搜集方法，尽可能搜集相关二手信息材料，确保能够清楚在实地调查等直接信息搜集过程中必须搜集的信息种类及构成等相关要求。

其次，信息分析阶段的工作主要是运用对比核实、逻辑推理分析、筛选等步骤和方法对所搜集的案例素材实施去伪存真、去粗存精的一个信息分析与加工过程。这一阶段最为重要的工作就是实现所搜集素材的真实性、准确性、客观性与完整性。同时，由于搜集的信息量往往很大，还需要进行根据案例研究说明书剔除次要的、不相干信息的编辑工作。

最后，信息补充搜集阶段的任务则在于根据分析阶段的结论，对不够完整、不够真实、不够准确、不够客观的信息作进一步的补充搜集，以实现案例材料的真实、准确、客观与完整。相比较而言，这一阶段的针对性更强，带有很强的补充性色彩。

（3）案例初稿的拟订。本阶段的主要工作在于根据案例设计目的与计划要求，将搜集和整理完毕的素材编写成初步成型的案例文稿。案例初稿的起草要围绕案例主题凸显和教学目的实现这两个基本目的展开。然而，完成一个较高质量的案例文稿不仅要从内容的完整性、真实性、准确性和客观性着手，还要考虑到故事情节布局和语言安排的生动性、可读性。因此，案例撰写其实是一个创造性很强的文字工作过程。通常，一个较高质量的案例文稿应该满足以下几个方面的要求。

首先，案例应该提出一个没有明显正确答案或者说具有多种可替代性合理答案的分析主题。也就是说，案例应该具有挑战性和开放性，能够对教学对象的认知能力和情感能力形成挑战，通过吸引和鼓励教学对象积极参与案例研究与分析来使这些能力得到锻炼和加强。一般认为，案例分析过程应该可以产生多种可替代性的合理答案，实现不同分析视角与路径的交锋，以激发学习者的批判性思维，使得学习者的相关能力在分析与研究过程中得以优化。

其次，案例应该能够提供完整且真实的基本信息。对于前述六种基本信息要素，一个案例材料都必须能够提供齐备的相关信息，确保学生与分析人员能够系统分析案例所反映的行政管理现象或事件及其相关主题。具体地，案例材料必须提供案例主题所体现的行政管理现象或事件的产生、发展、后果以及主体、时间、地点、影响因素等相关构成要素方面的足够信息，使得案例教学对象能够据以明确所分析行政管理现象或事件的基本构成及其成因、关键主体与角色关系、解决问题的可能对策与思路。当然，由于案例的自身属性所决定，这些信息必须是真实而不是虚构、准确而不是模棱两可、简洁而不是拖沓冗长的。

再次，案例内容应该具有可读性和客观性。这主要是对案例编写过程中语言运用和情节布局的要求。一个好的案例应该逻辑思路清晰，语言生动流畅，故事情节既真实又生动有趣。事实上，教学案例也可视为一种文学作品，应该达到文学作品的一般要求，"即使是最复杂的主题和故事也可以用一种有趣和吸引人的方式来讲述，这正是你作为案例作者的目标所在"[①]。当然，必须指出的是，案例故事内容的可读性不能以牺牲故事的真实性和客观性为代价。在案例编写过程中，材料内容要忠实于实践事实真相，在描写和讲述过程中要尽可能地避免案例编写者自身的主观猜测、分

[①] 小劳伦斯·E.列恩：《公共管理案例教学指南》，郄少健等译，北京：中国人民大学出版社，2001年第1版，第136页。

析、评论，要尽可能杜绝以先入为主的理论和个人主张认识影响案例编写过程。

最后，案例编写还要保证信息的合法性。由于行政案例涉及的都是公共事件，或许会涉及国家安全等要求加以保密的信息，还有些可能会涉及相关主体隐私权等方面的信息，这类信息的获得与引用都要确保合法性。此外，在运用直接搜集方法获得的信息中，相关主体要求加以保密的信息，即使不涉及法律问题，也应该遵守承诺，予以适当处理。理论上，凡是案例中所涉及的真实主体，无论个人或单位，在案例写作过程中，如果由于真实性的需要而不能加以隐匿处理，在信息引用之前，一般应该获得相关主体的认同。

（4）反馈与修改。一旦初稿得以完成，编写者应该尽可能多地获取对案例的反馈意见。这主要包括同行评估和初步实施两方面反馈意见。前者是指编写者可以征询同行专家或者同事的意见，后者则是指通过在教学中初步使用案例，通过教学实验及其效果来搜集有关案例质量的信息和意见。经过一定时期之后，编写者应该对这些同行评估意见和实验反馈意见进行整理和比较分析，结合案例说明书所拟订的教学目的，对案例初稿作进一步修改和完善。当然，这应该是一个不断重复的过程。也就是说，编写者应该不断地根据各种反馈意见对案例内容进行完善。当然，这一工作也可以由使用案例教学的任课教师来继续完成。

（5）定稿与出版。在经过检验与完善之后，案例可以正式定稿，并予以发表和出版。不过，应该再次予以强调的是，在正式成文前，编写者应该主动地与案例材料提供主体以及涉及主体联系，征询他们的意见，并且在取得同意之后方可将案例予以公开发表。其目的既在于确保信息的真实可靠性、合法性，也在于维持编写者与这些部门之间良好的合作关系，为今后的合作奠定基础。

（二）案例教学的计划与准备

案例教学方法是教师为了达到特定教学目的而采用，经由案例分析与讨论达成特定教学目的的系列方法和技巧的统称。案例教学并不是一件容易的事情。它需要采用一个合适的案例，也需要良好的计划与组织准备。一般地，案例教学的计划与准备包括教案准备、组织动员、器材条件与讨论环境准备等基本内容。

1. 教学计划准备

作为案例教学的组织者，教师在实施教学之前，应该对有个全局安排，确保教学有序进行，促成教学目的有效实现。为此，在课堂教学实施之前，任课教师要做好教学计划安排，要做好教案。所谓教案，又称为教学大纲或者教学笔记，"它是一个能够为指导教师在备课或讲授案例时提供详细信息的非常完善的大纲或计划"[1]。对于案例教学来说，教案就是任课教师的案例教学计划。通常地，一个有

---

[1] 小劳伦斯·E. 列恩：《公共管理案例教学指南》，郏少健等译，北京：中国人民大学出版社，2001年第1版，第65-66页。

效的案例教案包括以下内容：

（1）案例概要。这通常是一段言简意赅的介绍，是对案例所反映行政管理现象或事件的简要概述。概要要凸显案例材料主题，包含案例所反映的典型行政管理现象或事件的内容梗概，并且要尽可能体现出案例所描述故事的价值与感染力。

（2）教学与培训对象和前提条件。前者是指案例教学的适用对象，不同类型的案例材料和主题适用于不同的教学与培训对象。后者则提出案例教学与培训对象在接受教学和进行案例分析之前应该掌握的基础知识、技能和经验要求。

（3）教学/学习目的。这主要是指围绕特定案例展开的某次教学所要实现的具体目标。前面已经从较为系统地分析了案例教学方法的基本功能，对于某次具体案例教学而言，其教学/学习目标则可以是其中一项、也可以是其中全部。不过，具体案例教学所能实现的功能取决于选用的案例所体现的行政管理主题、材料信息类型以及学生的自身条件等种种因素，因此，具体案例教学的目标要综合考虑这些因素后才能具体确定。

（4）补充思考题。除了案例材料设计中已经包含的情景模拟题与分析思考题之外，为了确保案例教学目标的实现，针对不同案例教学与培训对象具体情况，任课教师可能还要补充设计一些更为详尽的问题系列，以期利用这些问题在教学过程中引导学生的学习过程，促成教学目标的更好实现。

（5）课堂计划。这主要包括讨论内容管理、时间安排、不同教学工具的使用等方面的实施性计划。内容管理即处理课堂讨论的基本内容和可能论题；时间安排要确保有限课堂时间的有效利用；教学工具计划则要使教师在讨论期间能够根据教学目标和具体情形有效地采用不同教学工具和手段。

（6）案例思考题分析。这里指的是对案例材料及其相关思考题进行详细剖析，列出解决问题的各种可能替代途径以及教师本人的选择和理由。案例思考题分析其实就是任课教师本人对案例思考题的分析与答案，也是将给予学生的参考答案。

（7）注释和附加信息。主要是对一些关键术语、历史事件的解释以及可以利用的参考文献或者其他类似资料的介绍等方面的信息。

2. 组织准备

案例教学的组织准备工作主要包括案例分析小组设计和学习动员两个方面内容。

当学生人数超过一定规模时，由于课堂时间的限制以及学生惰性和搭便车行为等现象的可能存在，案例分析小组的组织和设计是任课教师不得不加以解决的重要教学组织问题。但是，小组究竟应该如何组成这个问题似乎并无定论。以往的教学实践表明，让学生自愿自主或者通过学生名册强制指定这两种组织方式在教学效果上似乎差异不大。不过，一般认为，小组设计要考虑人数规模、成员观点的差异性保持、性别与性格搭配等因素。简言之，要确保教学目标的实现，如果可能的话，就要尽可能维持适当的小组规模，维持小组成员观点的多样性，确保不同性别、性格与气质学员的合理配置。

学习动员是任课教师必须考虑的另一个基本教学组织问题。尤其是对于案例教学，学生参与积极性、对案例材料的兴趣等主观因素会直接影响教学目标的实现程度。这要求教师采取各种可能措施动员学生的参与兴趣和积极性。不过，除了案例吸引力、教师人格影响力以及学生学习习惯和人格特征等这些相对稳定和常态的影响因素外，对于某次具体的案例教学，尤其是对于学校课堂案例教学来说，教师可以使用的动员手段并不是太多。一般地，这类措施主要有评分制度、考勤、课堂表现的加分奖励、口头表扬等手段。这些手段的作用无疑是有局限性的。现实教学实践中，教师往往通过灵活运用讨论、辩论、模拟表演等案例讨论方式来鼓励和吸引学生的参与积极性。在条件允许时，还有些教师试图通过使用各种物质和精神奖励手段激励学生参与。

学习动员的主要目的就是鼓励学生积极参与课前准备和课堂讨论。其中，最为重要的就是动员他们做好参加课堂学习与讨论的准备工作。这要求学生能够在充分阅读案例材料的基础上，对案例材料所反映的故事情节有着较为充分的理解和把握，并且初步形成有关案例主题和思考题的个人看法与分析思路。如果事先进行了案例讨论小组的组织安排，还要通过小组成员之间的课前讨论形成较为一致的小组意见，或者是针对情景模拟以及辩论等案例讨论方式做好小组成员之间的角色分工和讨论组织安排等课堂展示准备。

3. 器材条件与讨论环境准备

这主要是一个创造良好的案例讨论条件和环境的问题。案例讨论往往要求充分使用投影仪、黑板、语音系统等各种教学设施，这要求教师在上课前充分考虑所需要使用的器材条件及其具备情况。同时，教室合适的座位安排、空间布局、以及灯光效果等因素也是案例讨论，尤其是类似于情景模拟、辩论这类讨论与分析方式得以有效进行的前提条件。例如，现代案例教学往往要求使用所谓"敏感教室"技术，以确保教室空间与座位等设施可以按照具体要求进行灵活的布置，使得教师和学生能够在教室里自由移动。这是现代案例教学情景模拟或者自由讨论会等组织方式得以实施的先决条件。

（三）案例讨论与分析

一旦计划与组织准备实施完毕，案例教学就进入了讨论与分析环节。这是行政案例教学的实践阶段，也是案例教学效果得以展现的关键环节。根据案例教学的基本思路，讨论与分析通常要经历一个针对案例材料的由事实分析→主题分析→逻辑分析→情景模拟与案例思考题对策分析→分析报告完成的逻辑过程，也要经过一个针对教学与授课对象群体的个体分析→小组预讨论→课堂集体讨论的组织过程。当然，前一逻辑过程贯穿于后一组织过程的每一阶段。总体上，可以把案例讨论与分析活动进一步划分为个体分析、群体分析、分析报告的撰拟与课堂总结三个基本阶段。

其中，个体分析将包含针对案例材料的由事实分析→主题分析→逻辑分析→情景模拟与案例思考题对策分析→分析报告完成这一逻辑过程的全部五个步骤。其实，这五个步骤是案例分析逻辑过程的具体体现，是任何案例分析组织形式都必须完成的分析过程。至于群体分析阶段，如果组织了案例分析小组，则群体分析就应该包括小组预讨论与课堂集体讨论两个层次的群体分析，其中每一个组织层次除了要完成个体分析所涉及五个步骤的逻辑分析过程外，还要根据讨论方式的安排完成群体成员（可以是小组成员或者是小组成员代表）的角色分工与群体讨论活动。不过，假如没有组织分析小组，则直接进入课堂集体讨论阶段。

1. 个体分析

这是学生个人根据案例教学的要求，在教师的要求与引导下，在课堂讨论之前利用课余时间独自完成的案例分析基本工作，主要包括五个基本环节。

（1）事实分析。通过对所讨论案例的仔细阅读与分析，在全面把握案例材料基本信息的基础上，用简洁的专业语言形成关于案例故事的事实判断与描述。也就是要描述案例相关事实，聚焦于案例的主体、地点、时间、事件内容、影响因素、发生过程等基本信息要素。其中，尤其值得强调的是对案例材料中行政管理现象或事件所涉及的相关主体判断。由于行政管理现象或事件是行政管理主体角色行为的体现与结果，这些主体之间的角色关系是理解特定行政管理"故事"之所以能够得以发生的基本切入点和实践依据。案例分析过程中，主体判断的主要任务就是要确定案例所涉及的各方面主体构成及其相互间角色关系。

①确定案例材料所涉及的各方面相关主体；
②确定所有相关主体之间在案例材料中所体现出来的角色关系；
③判断案例的核心主体及其所承担的具体角色；
④判断案例的次要主体及其所承担的具体角色。

（2）主题分析。所谓案例主题，就是案例编写者或任课教师通过案例组织所试图体现和分析说明的特定行政管理事件，涵盖各种行政管理现象、理念、方法、工具或其他行政管理实践构成要素。在事实分析与判断基础上，确定案例中行政管理事件所体现的主题构成，还要发现案例材料中围绕其关键主题发生的各种事件的主要表现形式。

①确定案例材料所可能体现出来的各种行政管理相关主题；
②判断相关主题之间的内在逻辑关系；
③判断案例材料所体现出来的或者是案例编写者试图突现的关键主题或核心主题；
④确认关键主题在案例中的主要表现形式。

(3) 逻辑分析。所谓逻辑分析是指对案例材料中围绕案例主题展开发生的行政管理事件发生发展的内在逻辑过程的分析。其目的在于确保案例教学与培训对象能够运用所学相关理论知识分析案例材料所体现出来的行政管理事件发生发展的内容逻辑过程，尤其是要能够分析与理解案例主题是如何通过这一逻辑过程得以展示和突现出来的。简言之，逻辑分析主要是要将案例材料围绕主题展开的行政管理事件发生发展的内在逻辑关系提炼出来。这一分析通常包括以下几个基本环节。

①相关规范背景分析。分析对象包括正式法律法规、伦理规范、政治规范以及可能对行政管理现象或事件的发生发展产生影响的任何其他类型规范，甚至是各种所谓"潜规则"。这些规范既是特定行政管理事件得以发生的动力机制，也是案例分析以及特定分析报告得以拟订的基本依据。

②相关理论背景分析。主要是分析与把握案例分析所能或者打算运用的各种相关专业理论知识与技能。

③确认内在逻辑关系。基于相关理论与案例事实，分析所涉及行政管理事件发生与发展过程的内在逻辑关系，主要涉及因果关系和时间承接关系；如果是探索型或者验证型案例，则可能要探讨所涉及理论与案例中行政管理实践之间的一致性关系及其因果关系。

(4) 情景模拟与案例思考题对策分析。在上述分析基础上，基于相关行政管理理论，结合案例材料及其背景，根据情景模拟和案例思考题的要求，初步拟订可能对策与答案，形成案例分析方案。由于行政案例具有开放性特征，分析方案往往应该存在多个可替代性方案。因此，理想的案例分析要求学生能够找到尽可能多的可替代方案，并且阐明方案之间的分类标准，以及各个方案的内在逻辑，包括分析依据、目标与实施举措等内容。但是，在实际教学与培训工作中，往往只能要求单个学生拟定一个分析方案，而寄希望于通过不同案例分析个体或小组之间的互动来实现不同分析方案之间的互动。

(5) 初步分析报告的撰拟。初步分析报告其实就是对上述事实分析、主题分析、逻辑分析、情景模拟与案例思考题对策分析四个步骤分析结论的初步汇总。不过，分析报告不应该是对这四个步骤分析结论的简单罗列，而应该是基于一定逻辑关系组织与撰写。其中，尤其是要阐明分析报告得以形成的理论与逻辑依据。

2. 群体分析

在个体分析工作完成之后，就可以进入群体讨论环节。除了群体讨论的组织方式这一问题之外，这一阶段在讨论内容上其实就是个体分析阶段前四个步骤——事实分析、主题分析、逻辑分析、情景模拟与案例思考题对策分析的重复。不过，群体讨论更加注重的应该是个体表达与辩护、群体智慧运用、群体协商与互动能力等实际技能的培养。此外，讨论群体人数应该控制在一定数量范围之内。教学与培养对象群体人数较多时，应该细分为若干小组；先进行小组预讨论，然后由各小组选派代表进行小组间讨论——课堂讨论。后者运作程序及其注意事项通常是小组内部预讨论的重复。

（1）小组预讨论。以小组为单元，在课堂正式讨论之前，小组成员之间围绕案例主题，按照上述五个步骤依次进行群体分析。讨论质量的关键在于个体成员的充分准备、意思的充分表达与共识的充分达成程度。在这一过程中，如果成员之间产生矛盾，应该分析分歧根源，采取必要方法，达致小组成员之间最后的观点协调。当然，由于案例及案例教学的开放式特征，往往会出现在小组预讨论阶段最终无法达成一致的情形。果真如此，这并不意味着预讨论的失败。只是在选取小组代表参与课堂讨论时，就需要在清楚介绍本小组预讨论各种不同观点主要内容及其逻辑的同时，还应该介绍分歧之所在及其根源。

（2）情景模拟。这是一种基本的案例教学与学习方法。具体做法是让教学与培训对象模拟案例中的某个主体角色，要求从其在案例材料中各自扮演角色出发，模拟案例发生发展过程，演示其可能发展趋势。不过，除了情景模拟之外，往往还可以采取辩论、对演法、头脑风暴法等其他案例讨论组织方式。

（3）群体人数限制。群体人数的规模是一个需要认真处理的问题。这需要综合考虑案例材料难易程度、所需理论知识与技能基础、学生学习积极性、教学条件，乃至文化背景等多方面因素。有学者认为，团体讨论规模在 15~35 人可能较好[①]。不过，多年教学经验表明，就中国本科及硕士案例教学而言，如果是一个学期的完整案例课程教学，且采取集体自由讨论这一典型案例教学方法，则个体数目一般不能超过 20 人，也不能少于 5 人，以 6~8 人为宜。由此，如果一个教学与培训对象群体成员个数超过一定规模，比如，通常是 5×5=25 人，就必须分成小组，先组织小组预讨论，然后再从各小组挑选代表参与课堂群体讨论。但是，如果群体人数不到 20 人，则一般无需分成小组，直接由课前的个体分析进行课堂群体分析就可以了。

3. 分析报告的撰拟与课堂总结

这是案例讨论与分析阶段的结尾环节，从程序上来讲，就是对初步分析报告撰拟环节的重复，在报告内容的结构方面也相似。不过，由于分析报告是在群体讨论与分析之后完成的，就应该尽可能吸收群体讨论的集体意见。因此，应该是对初步分析报告加以修改和完善后的产物。

分析报告完成之后，任课教师的一项任务就是要在计划的剩余时间内对本次案例讨论与分析过程进行即时总结。这一方面是要对学生及其案例讨论小组的准备、实施情况及其效果进行较为全面的分析，要肯定与奖励积极表现，指出其中不足，

[①] 小劳伦斯·E. 列恩：《公共管理案例教学指南》，郄少健等译，北京：中国人民大学出版社，2001 年第 1 版，第 63 页。

对于有些不良现象，还要提出适当的批评与惩处措施。另一方面，教师还应该提供自己对案例的分析思路与结论，并且阐明理由。

（四）案例教学的总结与反馈

案例讨论与分析的结束并不是案例教学过程的终结。案例教学是一个循环推动的重复过程。在一次课堂讨论结束之后，任课教师与案例编写者，尤其是任课教师要对本次教学过程进行总结，搜集反馈意见，推动所使用案例和案例教学方法的不断完善。

1. 案例教学大纲的总结与反馈

对于任课教师而言，所拟订案例教学计划是否科学、有效，教学实践是最好的检验过程。因此，任课教师应该尽可能在每次教学实践之后，对可能获得的经验与教训及时总结，对教案进行反思，使得教案不断得以完善。

2. 教学案例的总结与反馈

教学案例能否达到预期目标？案例信息是否完备？所设计问题是否科学？对于任课教师来说，这是一个所选案例是否合适的问题；而对于案例编写者则是一个案例撰写与设计是否成功、是否需要进一步修改与完善的问题。所有这些问题只有通过案例教学实践才能最好地得以检验。

3. 案例教学方法与知识的积累与完善

任课教师的教学技能一般是经由对具体案例教学实践的不断总结和反馈而得以完善。案例教学与培训对象的知识与技能也需要在案例教学实践的磨炼与反思过程中得以强化和提高。

三、行政案例教学中的角色定位与基本要求

案例教学是一个教师与学生之间围绕特定教学案例的准备和分析所进行的一个互动教学过程系统。一般认为，案例教学方法经历了一个以教师为主导的苏格拉底方法向以学生为中心（student-centered）的小组研讨及发言模式演变的过程。早期案例教学以讨论引导（discussion leadership）式的苏格拉底方法为导向。苏格拉底方法是教师和学生积极互动的别称，这种方法主要采用教师提问与学生回答的答辩式分析形式，学生通过自己寻找答案的方式来学习。很明显，在这种方法中，教师占着明显的主导地位，而学生处于一种被动应答的局面。不过，随着案例教学目标越来越倾向于提高和增强学生的批判性与分析性思维和概括能力、辩论能力以及说服能力和自信心。开放性教学方式成为现代案例教学方法的主流模式，相应地，教师主导的苏格拉底方法让位于以学生积极参与为中心、教职人员则承担指导角色的现代开放式教学模式。

（一）案例教学中的教师角色

在现代行政案例教学中，通常学生是关注的中心，在论题选择和讨论方式上教师与学生共享控制权，而且教师经常作为辅助人员或者资源提供者处于次要地位。其中，在案例教学过程中，任课教师主要承担以下几种角色。

1. 案例提供者与教案的主要设计者

任课教师是案例教学方法的采用者，在教学目标与主题的确定、教学案例选择、具体讨论与分析方式的确定以及教学实施方案的制订等环节都发挥主导作用。简言之，就是充当教学案例的提供者和教学大纲的主要设计者角色。为了确保教学目标的实现，任课教师应该综合考虑学生的知识与技能基础、案例主题与具体情节特征等方面因素，通过不断摸索与验证，探寻更为合适的案例与更为优化的教案及其实施方式。

2. 组织者与动员者

教师在案例教学中的一项基本任务就是要运用各种组织与动员手段，唤起学生的兴趣和积极参与案例讨论与分析过程的动机。现代案例教学是一种以学生积极参与为前提的开放式教学方法。学生对案例材料的兴趣、课前准备与课堂参与的积极性等主观因素直接影响教学目标的实现程度。这就要求教师采取各种可能措施动员学生的参与兴趣和积极性，尤其是要鼓励他们做好参加课堂学习与讨论的准备。

3. 主持人

任课教师的一个基本教学任务是确保教案得以顺利实施。这要求教师做好案例讨论与分析过程中的指导与控制工作，也就是要承担一个主持人的角色。在案例讨论过程中，教师要确保课堂计划得以顺利实施，使得讨论与分析过程始终围绕案例主题进行而不脱离正轨，确保有限课堂时间的有效利用，保证正常、有序的课堂讨论秩序，监督不同教学工具和手段的合理使用。当然，或许更为重要的是，一个好的主持人应该能够维持一种和谐、积极的讨论氛围，要杜绝冷场或者过激场面的出现。

4. 仲裁者与魔鬼辩护士

在这里，所谓仲裁者，并不是意味着教师要充当论点正确与否的法官，而是指教师应该承担为参与讨论的学生提供有关专业背景知识和分析技能方面的疑问解答角色以及有关案例材料信息理解与认定纷争方面的澄清角色。比如说，对于案例思考题的理解如果出现了分歧，任课教师应该予以澄清；又比如，对于一些专业理论与观点方面的分歧，教师也应该予以解释与说明。必须强调的是，在案例讨论与分析过程中，任课教师切忌充当学生之间论点分歧的裁判员角色，更不能对学生的论点随意加以驳斥和指责。否则，会影响学生的参与积极性，有碍于教学目标的实现。

在罗马天主教廷，曾经存在着这样一种习俗，就是在决定某个候选人是否应当被封为圣徒的过程中，"魔鬼辩护士"（Devil's advocate）办公室①要对其被奉为圣徒身份的证据和主张提出质疑，并由此揭露该候选人尚未被发现的弱点或不足之处。一个经受了"魔鬼辩护士"考验的候选人被认为是圣洁的。相类似地，在案例教学过程中，通过扮演"魔鬼辩护士"，教师更容易在讨论过程中引进一个未被提及的替代方案、事实或论题，而不会让学生感觉到教师是希望他们来猜测教师本人的想法。简言之，所谓魔鬼辩护士，就是要求教师发挥引导者角色。不过，魔鬼辩护士角色更重要的任务或许是引导学生对自己所提出论点不断进行补充论证，并得以在这一过程中不断加以完善。这其实类似于苏格拉底方法。值得指出的是，在扮演这一角色过程中，教师一定要让学生明白，教师并不是要提出自己的"正确"观点，而只是由于暂时需要才参与讨论过程。为了确保案例教学目标的实现，教师切忌过多的观点表达与参与，更不能颠倒案例讨论中教师与学生的主次之分，充当演讲者角色。

5. 书记员与终结者

在课堂讨论过程中，教师要当好书记员角色，对学生或学生代表的发言要点进行尽可能详细的记录。这有助于为今后教学方式与案例本身的完善积累教学经验素材，也是为案例讨论与分析的课堂总结作准备。

此外，教师还要充当案例讨论与分析活动的终结者角色，按照教学计划适时结束学生的课堂讨论活动。这既是教学管理的基本要求，也是培养学生守时观念和控时能力的需要。终结者角色还有一个对课堂讨论进行总结的任务。在总结中，教师必须在提出自己对案例及其思考题的分析意见和理由的同时，对整个案例讨论的准备与实施情况进行认真、全面总结，并且对学生行为要做到肯定和表扬积极参与，批评不良表现。

值得强调的是，教师不能在总结过程中仅仅是采用预先准备好的总结，而对学生的意见置若罔闻。这样做不仅会挫伤学生的参与积极性，其最大危险在于，学生

---

① 另一种相关的说法是，欧洲中世纪时的教会里，曾经设有一种叫"魔鬼辩护士"（Advocatus diaboli）的制度，教会每次讨论一种教义时，必须设置一个很有功底的传教士，作为反对这种教义的角色。布道教士每讲一段相关内容，作为"魔鬼辩护士"的教士就要充当布道教士的对立面而担起反驳角色，故意与布道教士唱反调。然后，大家一起与这位辩护士辩论。当这样一个"魔鬼辩护士"非常不容易，他必须口才出众，思维敏捷，博学多才，见多识广，对各种反对宗教教义的思想理论有着深邃的见识。而且，每次充当这个角色的时候，他都要做好充分准备，收集攻击这种宗教教义的所有各种观点、证据与相关材料。有时，遇到一个强劲有力的"魔鬼辩护士"，所有的教士与信徒都辩论不过他。由此，这又进一步促使人们去钻研教义，进一步拓展思维，寻找新的思想增长点。

由此极有可能会轻视他们在实际讨论中提出的见解或观点,并不假思索地认为老师的总结是权威的或全面的,从而不利于养成他们独立思考的意愿、能力和自信心。

(二)案例教学中的学生角色

案例方法是一种以学生参与为核心的教学方法。其中,学生承担的角色,或者说他们有责任承担的义务,就是对自己的学习负责,做好准备并在讨论中积极参与,抓住机会表达自己的观点,珍惜向他人学习的机会。相对于传统教学,案例方法为学生在高水平技巧和意识层次上全力展现自己提供了机会,也为其批判性、分析性思维和概括能力、辩论能力以及说服能力等多方面能力和自信心的提高创造了机会。正因为如此,一般说来,在案例教学实施过程中,学生不能只是充当旁观者角色或者逃避为准备发言作出努力的责任。总体上,在案例教学过程中,学生要扮演一个积极参与者的角色。

1. 积极的课前准备者

就个人而言,每个学生在课堂案例讨论开始之前的课余时间内,首先,要根据案例思考题以及相关提示,认真阅读和分析案例材料,必要时还要主动查阅相关背景资料与专业理论知识,尽可能充分掌握案例基本结构与相关信息要素。其次,运用所学专业知识与技能,分析与理解案例材料所反映现象或事件的内在逻辑及其经验启示与教训,对于案例所反映的实践问题的还要提出相应替代性解决方案及其理由。最后,在此基础上,还要按照案例思考题的要求,提出个人的初步分析报告和个人发言提纲。

如果组织有案例讨论小组,同学们还要主动参与小组内部的组织分工,努力完成小组所分派的任务,积极参与小组内部课前预讨论与分析活动。一般地,小组成员之间要通过讨论与协商,尽可能达成一致意见。值得注意的是,小组成员之间意见一致的达成应该是一个民主协商、观点互动、相互说服与妥协的过程,无论是否达成共识,最终形成的集体意见应该是共同讨论与集体意见的体现。

2. 积极的表达者

在课堂讨论中,同学们应该利用一切可能的机会使自己的观点得以充分表达。这其中,可以采用不同的表达方式,比如情景模拟、角色表演、辩论、演讲。不过,在这一过程中,一定要注意做到虚心、宽容待人,不能感情用事,既要竭力通过讲事实、摆道理去说服别人,也要认真听取别人意见,不要随意打断别人的发言,更不能强词夺理,把自己的意见强加于人。在小组或课堂讨论过程中,要坚持在相关行政管理专业知识基础上进行有效表达,坚持以理服人;与此同时,也应该明白,自己的知识是有限的,"三人行必有我师"。为此,要在讨论过程中积极听取、理解并吸取他人合理的观点,及时对自己不甚充分或不很合理的观点进行修改和完善。

3. 认真的总结者

在参与案例教学过程中,同学们要始终认识到,这是一个学习过程,"学而不思则罔"。为此，同学们不仅要在课余准备和课堂讨论过程中虚心听取其他同学与教师的讲解，更要始终不断对自己的观点和已有知识积累进行反思，总结不足，分析根源，力图取得并且珍惜新的收获。对于学生而言，做一个认真的总结者，是实现案例教学目标的基本要求。这其中，尤其是要认真听取任课教师的总结发言，参照教师的观点与分析思路，对自己观点的长处和不足进行比较分析。一般地，在每次案例教学结束之后，同学们都应该对自己在准备阶段所做的初步分析进行认真分析与修改，并在此基础上，认真撰写最终的案例分析报告。

除了上述角色外，学生们还要尽可能地创造机会与任课教师进行交流，这样不仅可以更为准确地把握住案例主题与内在逻辑，而且还可以有效地锻炼与培养自己的表达与交流能力。当然，就案例材料、案例主题，以及个人观点等方面问题与同学们进行积极交流，也是一种不错的学习方式。

（三）案例教学的基本要求

案例教学是一个教师与学生之间的互动过程。这一过程要实现其教学目标，除了教师和学生要充分履行好上述角色使命外，还有一些值得注意的基本要求。

1. 选择符合要求的有典型意义的案例

案例教学目标得以实现的一个基本前提是选择具有典型意义的行政管理现象或事件作为分析材料，以便能够吸引和鼓励学生参与案例分析与讨论过程。确保案例典型性既是行政管理教学案例的基本特征，也是案例教学的基本要求。为此，所选用案例应该符合行政案例的基本特征要求，必须在信息方面是真实、准确、客观、完整的，在逻辑思路上是开放的，在语言安排上具有一定可读性，更应该确保其主题与材料内容具有启发与借鉴价值。一般认为，在案例选用过程中，要确保案例的典型价值，以下几点情况要加以注意。

首先，案例所采用行政管理现象或事件是否应该避免成功型事件的问题。有学者认为，尽管成功的故事对学生会有激励作用——这一点不是很容易做到——但能激发大家思考和分析的问题却很少。在这类学者看来，一个什么事都很顺利的故事很难让人得到什么收获。"失败比成功使我们更能有所收获，因为失败会迫使我们去反省，而成功只是让我们庆祝而已。"[①] 不过，这种说法值得商榷。由于现代行政管理实践的复杂性，要想造成一项能够被称为什么都很顺利和成功的案例绝非易事。在行政管理实践中，除了屡见不鲜的失败事件外，更多的是成败参半的情形。果真有全面成功的个案，其经验与启示无疑值得认真研究与分析。而且，这同样可以锻炼与培养学生的分析与批判性思维能力。这或许是军事领域成功战例往往被视为经典案例的缘故。果真如此，在行政管理领域，也应该不仅仅是分析相对更普遍

[①] 小劳伦斯·E. 列恩：《公共管理案例教学指南》，郗少健等译，北京：中国人民大学出版社，2001年第1版，第150-151页。

的失败事件。

其次，案例材料应该避免采用只会偶然发生的行政管理现象或事件，或者是不可捉摸、使得人们不可能有所启发的某种独特行政管理情景。换言之，对于一些现象或事件，由于其极端独特性，主要是由于缺乏先例，从概念分析上来讲，就很难回答"这个案例讲的是什么行政管理现象或事件"这种试图得出定性结论的描述性问题。原因在于，从案例分析中得出定性结论需要借助于某种概念模型，以便识别影响答案的关键变量。如果没有必要的概念化过程（conceptualization），就会削弱学生的归纳与表达能力，从而很可能不是一个值得分析或研究的案例。而且，不可能再次发生的偶然个案或者不可捉摸的独特事件在实践上不会产生典型性或借鉴价值，从教学功能上讲也是没有价值的。应该强调的是，这里主要是从概念体系与认识论上来讲的，并不是强调行政管理现象或事件的概率或独特性问题。在行政管理实践中，很难发生在特定情势下只发生一次从而不能加以借鉴的事件，甚至也几乎难以判断特定事件是否真的只会发生一次。

最后，就是教学案例应该"不包含案例所提出问题的'正确答案'，没有思考或分析某一情况的'确切'方法，没有唯一的'最佳方法'"①。简而言之，案例必须具有开放性与挑战性。这一点在前文已经加以分析，这里只是加以强调，不再论述。

2. 案例分析与讨论应该围绕案例主题和材料展开

案例分析与讨论必须围绕案例展开，以案例所提供的事实材料作为分析与研究的主要事实依据，围绕由思考题所展示的案例主题展开。切忌滔滔不绝、离题万里，也要避免主观臆断、脱离案例主题和材料事实。这需要教师做好课前的组织动员与辅导工作，也是其课堂讨论主持人角色的基本职责。对于学生而言，首要的是要做好课余准备工作。

3. 要善于从就事论事上升到理论分析的高度

在案例材料分析过程中，同学们不能局限于就事论事，而要善于发现其中所包含的带有普遍性的东西。事实上，案例思考题一般正是遵循事实分析→主题分析→逻辑分析→情景模拟与案例思考题对策分析→分析报告完成这样的逻辑过程进行设计的。因此，案例分析的基本分析思路也是按照描述—说明（解释）—预测与对策这样的分析逻辑展开的。由于教学案例分析更加强调实践能力的培养，而且，单一案例一般不能作为理论构建的充分依据，教学案例讨论与分析的预测环节往往采取要求学生分析案例事件的经验启示与失败教训这类隐喻类推式分析形式。不过，也有些案例设计的思考题更加强调案例分析的对策性抉择与思维能力的培养，通常

---

① 小劳伦斯·E. 列恩：《公共管理案例教学指南》，郅少健等译，北京：中国人民大学出版社，2001年第1版，第18页。

是以要求提出问题解决替代方案这类思考题结束。

4. 案例分析与讨论过程要提倡争鸣，不强求思路与结论的统一

案例教学不同于科研案例研究方法，其基本目标之一就是要培养学生的批判思维与多角度分析能力，而不是探寻唯一正确的答案。开放性是教学案例的基本特征之一，这就使得分析思路与结论的多元性成为案例教学过程的自然结果。除此之外，强调行政案例分析与讨论过程不能强求思路与结论的统一，还有以下几个方面的原因：

（1）行政管理现象与事件的复杂性与价值多元性。行政管理现象与事件往往涉及价值判断，而且价值多元甚至相互冲突。比如，行政管理实践中，民主参与与科学效率都是基本价值，然而，对于不同价值主体，甚至对于同一价值主体而言，这些价值之间并非总是一致的，往往相互冲突。如此，则基于不同的价值取向，不同的学生在讨论与分析过程中往往会得出不同的分析思路与结论。行政管理价值多元性与主体价值观多元性从根本上决定了行政案例分析过程中观点、思路与结论的差异性，而不是一致性。

（2）案例分析角度与方法的多样性。行政管理现象与事件一般具有多种分析视角，比如，对于一个行政管理事件，决策视角、执行视角、信息视角、监控视角，或者是行政行为动力与阻力，制度结构，组织功能，等等，这些都可以作为分析视角。另一方面，行政管理分析又是一门综合应用性很强的问题取向型学科，在学科历史发展中，已经产生且正在产生着种种不同的分析方法。无论是视角的选取，还是分析方法的采用，这些方面的多样性，使得行政案例的分析过程只能是百家争鸣，而不可能强求统一。

（3）信息的片面性。典型案例是真实发生过的行政管理现象或事件的客观记叙。但是，这种记叙并非对所描述事件照相式的反映，而是采编者根据一定的教学目的加以整理和取舍后的产物。也就是说，案例材料所提供的信息在技术上是完整而不是全面的，不是、也不可能是对故事原形所包含信息的全部记录。即使是对于关键性的信息，甚至在编写过程中也可能有所疏忽。在这种情形下，案例材料所记叙的故事与故事原形之间往往存在着种种程度的不相一致。这种信息上的技术处理甚至是缺陷，就为案例分析提供了出现不同分析思路与结论的可能。比如，同样是对于一次行政抉择事件，案例采编者或许是试图突显抉择过程中主要领导意志的决定性作用，而可能忽略制度、管理对象等因素的影响方面信息完整性的保持。如此，则领导意志对行政抉择发挥影响的作用机制究竟是受制度因素的影响多一些，还是受人格因素或者对象主体因素的影响多一些呢？对于类似问题的分析，就可能有着完全不同的分析路径与结论。

5. 案例教学要适度把握完全理性与现实主义两种极端思维的关系

在行政管理领域，教科书中关于行政管理原理的理性思维常常会与社会实践相

矛盾。更经常的情况是，行政管理人员往往只是根据感觉或在对最表层因素进行"急躁而拙劣"的浅显分析之后就做出决定。案例教学的主要目标之一是帮助学生了解行政管理现实和培养实践能力。为此，案例教学方法就不应该过于书本化、理想化。但是，与此同时，尽管务实主义管理技能与决策方法可能更实际，而且在政治上更可行，"但这种不理想的方法既不应该作为管理的目标，也不应该作为未来管理者的训练手段"[①]。因此，作为行政管理官员重要培养手段的案例教学方法，既要避免片面强调行政管理"全面理性化"的教科书思维，也要避免过于务实的现实主义思维模式，而是要力图寻找一种在教科书和现实之间的折中。简而言之，案例教学以及其中的案例讨论与分析过程既要吸收现实主义分析模式的折中、复杂性与现实主义的特点，同时也要借鉴理性主义分析模式力求科学理性与民主决策的理论主张，并且避免走向这两个极端。

[①] 罗伯特·P. 沃森著，竺乾威等译：《公共行政：管理中的角色模拟与案例分析》，上海财经大学出版社，2003年第1版，第3页。

第一编　行政结构与功能

第1章
行政环境

一、本章学习目的与要求

说明：通过本章的学习，了解行政环境的含义、基本构成要素与功能特征，理解行政环境与公共行政系统之间的相关性及其互动机制，尤其是掌握中国现代行政环境的基本特性及其与行政管理实践之间的相互影响机制和具体表现形态。

二、本章考核知识点与考核目标

识记：行政环境的含义，各种行政环境基本构成要素的概念内涵。

理解：行政环境构成要素的基本类型、主要功能特征、表现形式及其与行政系统的互动影响机制，当代中国行政环境的核心构成要素、功能特征、存在形式及其与行政系统的相互作用机制。

应用：运用所学公共行政学理论知识，分析不同案例中特定行政环境的基本构成要素、功能特征、表现形式、发生机制，与特定行政系统之间的互动机制、功能特征、实践效果，以及不同行政环境下特定行政系统的可能适应策略。

案例1　　贫困县的"摆谱症"[①]

据中国新闻网2005年6月6日报道，近年来，越是贫困的地方，越喜欢打肿脸充胖子，把炫耀摆阔当做一种"时尚"，且大有泛滥成灾之势。"贫困县800万元修豪华广场"、"贫困县2 000万元豪华演出"、"贫困县5 000张吃喝白条"、"贫困县教育局吃掉600万元教育经费"等新闻屡屡见诸报端。这些现象的发生，成为社会热点话题，引起各界普遍关注。

---

① 主要参考文献：陶建群，《中国部分贫困县败家子官员多，盖豪华楼买高档车》，《时代潮》杂志2005年第10期。

办万人歌咏赛

2005年元旦前夕，国家扶贫开发工作重点县之一的陕西省P县举办了一场历时两个多月，耗资数百万元，号称万人参加的"喜迎元旦大型歌咏比赛"活动。其规格之高、规模之大、影响之广，为近些年之最。

据了解，P县委办、政府办早在2004年10月就联合下发文件，以凸显这次歌咏比赛的极端重要性。文件要求各参赛代表队控制在50~100人，必须有统一的服装，有各自的伴奏乐队。由P县各部门、乡镇主要领导参与组成的80多支代表队，大张旗鼓地参加了这次声势浩大的歌咏比赛。

据了解，很多参赛部门和乡镇都请了指挥、教练、乐队，统一服装，每支队伍花费都在3万到5万元，还有的乡镇100来人吃住在县城宾馆，连续训练了好多天。有的部门不仅服装统一，还配发了领带和皮鞋。全县这次活动花费累计在三四百万元。近几年，P县财政赤字每年都在2 000万元以上，目前县财政负债总额已超过5亿元。陕西省农调队对P县近三年农村贫困状况的监测结果显示，该县农民人均纯收入全面低于全国、全省以及所属的W市的平均水平。

修豪华政府楼

陕西省J县是一个财政赤字严重的贫困县，为发展当地的红枣产业，省里几个相关部门给该县拨款数百万元。可在该县主要领导的拍板下，这笔原本用于专项科技扶贫的款项，盖成的大楼却成了县政府的办公楼。2001年，这座总造价达460万元的大楼竣工，但因为拖欠施工单位近百万元工程款，施工方迟迟不愿交工，且一度锁了大门，到现在大部分工程款还没结清。在向施工方做了大量"工作"后，2003年大楼开始投入使用。当办公室分配方案宣布后，J县广大干部群众才发现，这座当初以"红枣科技服务中心"的名义立项的、总建筑面积4 800平方米的大楼，却变为县政府的办公大楼。

湖北省Y县是个有百万人口的国家级贫困县，其中农业人口占80%以上，不少人还生活在贫困线下。该县交通局却大肆挥霍国家资金，将一处耗资1 000多万元的办公大楼闲置5年不用，又打算投资400万元另盖一栋办公大楼。据在此看守的中年妇女称，她在这儿看守5年了，却一直不见有人进这楼办公。闲置的大楼与荒芜的工地，成了Y县交通局给当地人留下的两个难解之谜。

买高档小轿车

湖南省H县是个财政穷县，历年来财政累计负债高达7亿元。但就是在这样一个地方，不少干部近年来却争先恐后地坐上了崭新的广州本田、帕萨特等中高档轿车。据统计，2003年H县就花费近500万元为"公车消费"埋单。

与花大把的钱购置公务车形成鲜明对比的是：县里干部、教师多年连续不断地被不合理扣薪。在H县财政局工资统发中心，有这样一笔明细账：近年来，县级机关事业单位干部职工和教师都要被扣缴扶贫资金、老干部扶助金以及县乡公路改造资金，三项每人每年分别为24元、20元、150元。

乡镇教师多年来工资也不能全额发放，一个中学中级教师实发月工资往往不过700元。而一辆中高档轿车的价格相当于二三十个中学教师一年的收入。H县有群众对"公车消费热"发出了这样的抱怨："无钱发工资，有钱买好车！"

"西部贫困县，欠着群众钱；领导照摆谱，屁股坐丰田"这个顺口溜，则是云南某县群众对该县一位领导的批评。国家早就明文规定，除省部级领导外，党政机关和事业单位领导干部及工作人员的公务用车，价格不得超过25万元，但云南某县一位领导居然花了80万元，为自己购买了一辆8缸丰田越野车。其理由据说主要是"为了县里的形象"。

建高尔夫球场

2000年6月，安徽C县S镇政府与香港元一集团签订建高尔夫球场的《投资合作意向书》。随后，他们以每亩地3 700元的价格一次性向农民征地2 088亩，当年全部交给元一集团使用。征地范围涉及1 000多个农民。失地农民伤心地说，政府以低价剥夺了他们的"生活来源"，又不给安排工作，如今这些农民生活难以为继。

C县是一个有着50多万农业人口的国家级贫困县，近几年的农民人均收入在1 900多元左右，至今有10多万人尚未脱贫。人们不禁要问，在一个贫困县建这样一个高尔夫球场，到底能为地方经济发展作什么样的贡献？对此，当地领导一再说，建高尔夫球场是为了改善投资环境，"给外来投资者提供一个能够停留的地方，多进些项目"。一些政府官员甚至把高尔夫球场看做是投资环境的必要条件，认为项目本身"赚不赚钱不重要，只要有就行"。

修豪华广场

江西省F县面积655平方公里，人口只有20万人。然而就是这样一个小县，却花费3 100多万元，建造全省首屈一指的豪华广场和行政中心，造成拖欠民工工资1 000多万元的恶果。F县是国家扶贫的贫困县，许多地方连工资都发不出。每年要上级拨款几千万元。作为国家级贫困县，哪来的这么多钱修豪华广场和行政中心？据知情人介绍，就是加快卖土地的步伐，因为F县有的是土地。

辽宁省朝阳市B市（县级）在2003年9月兴建了一个规模巨大的广场，广场用的地砖全是大理石，各种雕塑、人工瀑布和霓虹灯布满广场。夜幕降临，霓虹灯绚烂闪烁，非常壮观。如此大的广场，来此休闲的人却十分稀少。据说，这个广场是在2003年9月初竣工的，工程总共耗资（加上征地补偿费用）1 000多万元，占地68亩。B市是个因煤而兴的城市，1994年后B市煤炭工业开始衰退，成为国家级贫困县，全市2004年财政收入仅8 400多万元，2001年因矿务局破产下岗的工人就有2.3万人。据了解，这样一个大规模占用耕地的广场竟没有办相关的建设手续。

治一治摆谱症

这些贫困县何以患上"摆谱症"？主要是在"形象"、"面子"、"注水数字"确实有用的浮躁环境里，那些经济相对落后的贫困县，要"弄出点响声儿"，以引起领导的注意。贫困县患上"摆谱症"的病因离不开两点：一是有一个热衷于搞"形象"、"出响声儿"的官场潜规则；二是贫困县的主要领导急于在这片贫瘠的土地上人为地创造出"亮点"。这二者如果合上拍，就会制造出"贫困县用巨款请明星演出"、"贫困县建高尔夫球场"等诸如此类的新闻来。

有关专家指出，要治贫困县的"摆谱症"，绝不能不考虑综合因素，不能只从贫困县本身找原因。从根本上说，要完善三个方面的制度：一是需要大力整治官场浮夸风，建立、完善一套科学的政绩评估体制；二是完善干部任用体制，不能让那些靠吹吹拍拍的官员尝到甜头，不然后来者会纷纷效仿，"摆谱"就会成为风气；三是加强监督，完善监督体系。像盖豪华办公楼、建高尔夫球场，不能单凭一个人或几个人一拍脑袋就定下来。在那些"摆谱"上演之前，我们的相关部门到底有没有担起职责？在"摆谱"上演之后，那些"败家子"官员到底有没有得到应得的处理？只有把住这些关口，贫困县"摆谱"症状才可能减轻甚至治愈。

【案例思考】

1. 从公共行政学角度看，本案例主要反映了一件什么行政管理事件？其基本构成要件是什么？

2. "摆谱"这个概念在本材料中的基本内涵是什么？从行政环境的角度，探析案例所反映的这些事件发生的主要原因。

3. 在当前情况下，防治政府部门"摆谱"现象再次发生的基本举措可能有哪些？

案例 2　　　　环卫工竞岗幕后[①]

俗话说，人往高处走，水往低处流。现代人才流动的一个基本规律是，劳动力总是从价格低的行业流往价格高的行业。一边是大学生就业难的现实，一边是"编制内"稳定、有福利保障的诱惑。于是，研究生、本科生争抢编制内清洁工职位的现象应运而生。一个典型例子发生在黑龙江省哈尔滨市，"事业编制"是此次招聘最大的亮点。

拒绝的勇气

决定竞聘成为一名环卫工人前，小佟用了半年的时间证明：自己的本科文凭"根本不值一提"。

2012年6月，他从哈尔滨一家三本院校毕业。原以为好歹也是个本科生，找份工不难。一次次失败却敲碎了他"仅有的尊严"。此后6个月里，小佟换了3份工作：在一家化工企业制作大大小小的罐头；在药厂做仓库管理员，守着一屋子五颜六色的药盒子；在保险公司做文员，"就是跑腿送传单"。枯燥，朝不保夕，是小佟最大的感受，每月不超过1 000元的工资，也让他觉得"没有未来"。

但是，生活似乎有了转机。2012年9月的某一天，母亲兴奋地拿着报纸走进屋，把"哈尔滨招事业编制环卫工"的新闻塞到他眼前时，小佟觉得"好像没了拒绝的勇气和力气"。

据了解，此次计划招聘环卫系统员工457名。其中，招聘的岗位共包括三类：环卫清洁车辆驾驶招聘307人、清洁车辆维修30人和手工清洁120人。为进一步提高环卫员工的社会保障待遇，本次招聘在福利待遇上给予了很大程度的提高。对新进人员均按照财政拨款事业单位工勤人员管理，使用事业编制；工资及社会保险等均按现行事业单位工勤岗位标准执行，在此基础上按照工作量和完成质量考核，实行绩效工资，多劳多得；对具有统招大专及以上学历的高校毕业生可保留原档案及身份不变；对在本岗位工作连续3年年度考核

[①] 主要参考文献：(1) 范承刚，习宜豪，贺风玲，《三千本硕毕业生争当清洁工——"扫大街也是公家的人"》，2012-11-01 11：12：28，来源：南方周末电子报，http://www.infzm.com/content/82627；(2)《哈尔滨7研究生环卫工上岗 落榜考生：死也要死在编制里》，2013-01-14 11：58：53，来源：光明网教育，http://news.gmw.cn/2013-01/14/content_6363932.htm；(3) 吴雨桐，《448名公开招聘环卫工人培训结束 7名研究生上岗》，《黑龙江晨报》2013年1月5日第4版。

优秀的新进人员,且在单位有岗位空缺、符合本单位《事业单位岗位设置方案》要求、具备转岗条件的前提下,可按照聘任工作程序,优先转为本单位管理或专业技术岗位;对新进外地人员可落为哈市城区户口。

母亲仔细研读了招聘公告,从中发现了最为闪光的四个字——"事业编制"。母亲劝说儿子:"这就是给政府干活。扫大街有啥的,政府不垮,我们不垮。"大学里弹了四年吉他、喜欢重金属音乐的小佟,最终决定听母亲的话。经历了半年的寻找工作艰辛,他累了,也想通了:"努力拼搏并不是让梦想实现,只是让自己过得好一点。"

然而,这份工作的取得远没有想象的那么容易。10月中旬,哈尔滨城管局公布报名结果:457个工勤技能岗位,却引来11 539人报名,最终通过资格审核并缴费的有7 186人。因为报名火爆,招聘单位不得不将报名时间延长一天。一家培训机构甚至针对本次环卫系统招聘推出了基础精讲班,优惠价580元。

小佟有些被吓到了:"要当个清洁工也这么不容易!"但既然如此,也只有一搏了。白天在保险公司上班,晚上则早早回家,开始看各种复习资料。他看得最多的是一套《环卫系统专业知识试题集题库》,印象最深的是一道是非题:"清道工人清扫道路时,扫帚是否要推着走。"

"简单,但要认真对待。"佟鹏说,"很多人说我们没有追求,'编制'就是最大的追求"。

管理者的意料

尽管已经做好了准备,但哈尔滨市市容环境卫生管理办公室副主任王勇还是坦承:"没想到会引起社会这么广泛的关注,这几天已经记不清接待多少家媒体的记者了。"

事实上,2012年9月,从哈尔滨市环卫系统公开招聘事业单位员工起,就注定了关注会是一种必然。10月中旬,哈尔滨城管局公布报名结果显示,最终缴费成功的7 186人中,有研究生学历的考生29名,占0.4%;本科学历2 954人,占41.11%;大专学历4 203人,占58.49%。其中,道里区城管局计划招收100名清洁员岗位引来了2 580人报名,成为报名人数最多的岗位。南岗区城管局计划招聘20名清洁员,有721人报名,每个报名者需要击败36人才能竞聘成功,成为报名比例最高的岗位。据统计,本次招聘中驾驶员岗位招聘报名比例为1:12,汽车维修员岗位比例为1:4,清扫员岗位比例为1:28。报名期间,哈尔滨人力资源和社会保障局设立的两部咨询热线,每天都接到近千个咨询电话。

据了解,哈尔滨城管局现有八千余名一线环卫工人,其中大部分为临时工，高中以上学历的不到10%，年龄在50岁以上的占62%，70岁以上的占23%，年龄偏大、学历较低、技能水平差，已经不能适应以路面清扫车、环卫清洗车为主的现代化城市管理需要。为此，城管局为此次招聘开出了前述前所未有的"优越条件"。据哈尔滨市人力资源和社会保障局副局长丁永林透露，此次招聘的环卫员工均是正式事业编制，按照财政拨款事业单位在编正式工勤人员兑现福利待遇和进行管理，这在哈尔滨市环卫系统招聘上尚属首次。哈尔滨城管局环卫办副主任王勇也对此次招聘寄予厚望："我们希望提高环卫工人的素质。"但是，招聘公告中"大专及以上学历、年龄在30岁以下"两条招聘条件仍然不免让人对此次招聘心里没底。

王勇称，这次全是环卫系统公开招聘事业单位员工，是政策上的创新，"哈尔滨市环卫作业队伍文化偏低、年龄偏大、技术岗位作业人员不足都是现实问题，按照市里的相关要求，我们要尽快建设一支年轻化、技能化、专业化的环卫队伍"。但是，他仍然没想到会有这么多人，更没想到会吸引到这么多的高端人才。不过，他认为，从另一方面看，这么多的高端人才青睐环卫工作岗位也属正常，而且也符合"哈尔滨市环卫系统的发展"。

王勇同样清楚的是，457个工勤技能岗位之所以能够吸引来万余人报名，不可或缺的因素就是"新进人员均按照财政补助事业单位工勤人员管理，使用事业编制；工资及社会保险等均按现行事业单位工勤岗位标准执行，对新进的外地人员可落为哈尔滨市城区户口。"其中，所谓"事业单位"，就是是指提供各种社会服务的组织，有着典型的计划经济时代特征：政府直接组织、管理与投入，也能最大程度保证政府意志的实施。对于应聘的火爆，哈尔滨城管局环卫办环境科李科长也很意外。李科长坦承，事业编制是这个岗位最大的诱惑。

正因为如此，为了防止人员流失，城管局也下了一道"紧箍咒"：被聘人员首次签订的聘用合同不得低于5年期限，一旦离开岗位则取消事业编制。

理　由

事业单位概念产生于新中国建立之初，一般指提供各种社会服务的组织，有着典型的计划经济时代特征：政府直接组织、管理与投入，也能最大程度保证政府意志的实施。数十年来，事业单位已然成为一个庞大的组织系统——中国现有全部事业单位约130万个，纳入政府事业单位编制的人员近3 000万，各项事业经费支出占国家财政支出的30%以上。作为老工业基地的哈尔滨市拥有事业单位近8 000个、职工近20万人，是当地党政机关总数的近5倍。

26岁的小林就是哈尔滨市宾县宾西镇政府办公室的一名编外职工。工作2年来，他每天都能感受到"不能入编"所带来的不安定感——没有具体工作，

"领导安排啥就干啥";也没有社保,没有晋升空间,甚至工资也不按月发放。于是,他决定选择放弃政府内部的清闲工作,参加这次招聘,试图成为一名城管局的清洁车驾驶员。人事编制是他唯一在乎的东西,"有编能当官,没编不能当官,这是本质区别"。

1983年出生的文芳最终成为中山小队的一名新环卫工人。研究生阶段学习食品专业的她在2008年毕业后,在两家食品私企工作了4年,除"五险"外,每月工资不到2 000元。为了谋得一份稳定的工作,在父母和朋友们的支持下,2012年10月,她也报考了环卫工人。对于学历差别,她已经很淡然,而这次公开招聘的环卫工人有稳定的编制,对她来说是一份很适合的工作。

不过,作为这批应聘本科生、硕士生的前辈,哈尔滨南岗区家政广场作业队的刘队长担忧年轻人会"中途逃掉":她每天3点起床,4点到岗,人均要负责7 000万平米的清扫面积,每天八九个小时都得站着。刘走上环卫工岗位已有18年,是一百余人的作业队里唯一的在编员工。临时工每月拿1 600元,她每月的工资是2 200元,"刚够糊口"。在她眼里,这份工作唯一的安慰就是稳定,"老了能领一份退休金"。如今,稳定对于23岁的小佟来说,也成了稀缺资源,他期待着"旱涝保收的一生"。报名后,小佟常会在路上观察清洁工人如何工作,看着那些"大都40岁以上的老临时工",他总会安慰自己:"我和他们不一样。他们是临时工,我是会有编制的。"

同样的,在成为环卫工人之前,阿丹是当地一培训机构的老师,月薪将近4 000元,工资上至少2 000元的落差并没有让她感到意外:"报名之前就估计会是这些收入,以前工作的薪水虽然比现在的高,但是没有安全感,说不定哪天工作就没了,我马上就要结婚了,然后面对就是生育问题,现在进入到事业单位就很有稳定感了。"稳定,也是父母力促阿丹报名的最大高频词。

不仅如此,对于众多报名人来说,如果能顺利考入,在工作三年后,如果管理岗位出现空缺,将有可能调整到管理岗位,这是更大的诱惑。毕业于哈尔滨当地一所名校的本科生阿丹就曾毫不掩饰地告诉记者:"那样的话,我就可以从科员开始做起,然后副科,到了一定的级别后,就可以自然转为公务员。"

事实上,已经连续4年折戟国考的她,认为这是自己改变命运的最后一次机会。

市长的希望

2013年1月4日,在哈尔滨市举的行环卫系统公开招聘人员培训结业式上,哈尔滨市市委副书记、市长宋希斌对全体新环卫工人说,从这一天开始,环卫战线的新生一代将迈出你们职业生涯的崭新一步,奔赴城市管理的主战场，开启哈尔滨城市管理水平大提升和环境卫生面貌大改善的新征程。通过老一代环卫工人的执著和敬业、新一代环卫工人的热情与活力，让我们在激情澎湃的同时，对这支新组成的队伍充满了期待，对哈尔滨城市管理的未来充满了信心。随着哈市国际化现代化城市的建设，我们需要一支有知识、有文化、有理想，甘于奉献的一代青年，在这次参与全市环卫工人招考的青年一代身上，我看到了哈尔滨未来的发展和希望。

宋市长强调指出，在环卫工作中，新人们也有三关是需要面对的，一是在城市卫生工作中能否经受住世俗偏见的考验，二是能否经受住体力劳动的强度，三是能否在这个过程中练就一身本领。

据哈尔滨市环卫办副主任王勇透露，哈尔滨市此次招聘的448名享受事业编制的环卫工人中，年纪最大的是1982年1月1日出生，而年纪最小的才22岁。其中，有7人是研究生学历，覆盖汽车驾驶员、维修员和清洁员三类岗位。目前，对于这一批高学历的研究生环卫工人，并没有针对性的职业规划。

【情景模拟】

结合国情和案例材料，如果您是哈尔滨市市容环境卫生管理办公室副主任王勇、小佟、阿丹、文芳以及一位高校大学生，如何对待和评价哈尔滨市城管部门的这次招聘经历？原因何在？

【案例思考】

1. 依据公共行政学相关理论，从行政环境角度看，本材料主要反映了一种怎样的行政管理现象？其基本构成要件是什么？
2. 结合案例材料与行政实践，材料中众多高学历人才报考和竞聘哈尔滨市环卫工人岗位的主要动机是什么？这种动机形成的环境因素主要有哪些？这些因素是如何影响案例相关主体的行为选择的？
3. 结合案例材料与国情，您认为有关公共行政部门能从这次招聘案例中吸取怎样的经验与启示？为什么？

案例3 "小姐培训班"纷争①

2006年10月16日，H市阴雨绵绵。温所长脸上也罩上一层阴霾。他的

---

① 主要参考文献：张悦，《政府办"小姐培训班"引发争论》，《南方周末》2006-10-16。

单位——H市疾控中心——正"坐在火山口上"。把他们推上"火山口"的是H市疾控中心性病艾滋病预防控制所组织的一次宣传教育活动。活动经当地媒体报道后，顿时掀起轩然大波。

争议在于，接受预防性病、艾滋病宣传教育的是一向被公安机关严打甚至被人唾弃的在娱乐场所从业的"小姐"（对性服务者的一种称谓）。有人指责此举的潜台词是暗娼合法化。基本事实在于，H市的50多名"小姐"第一次暴露在阳光下，在公开身份、职业状态下，接受了一次预防艾滋病和推广使用安全套的特殊教育。这一公开活动也引起了警方异议，一条重要的理由则是"不符合国情"。

当天，H市疾控中心领导的主要精力是"整汇报材料"。据市疾控中心党委书记、副主任王透露，"压力太大了，卫生系统领导、市里分管领导，甚至市一、二把手都亲自过问"。疾控中心内部也出现各种传言：一个版本是公安部和卫生部为了H市"小姐培训班"的事产生了矛盾；另一个版本是，国家疾控中心下令禁止继续宣传此事。

他们自己恐怕也没意识到的是，此刻自己已经站在了某种社会观念的最前沿。更大的背景是，妓女在建国之初就已"消灭"，多年后，卖淫嫖娼现象死灰复燃，以致成为性病、艾滋病传播的"主渠道"。此时的一个老问题是，承认她们并规范她们，还是继续高压打击她们？

其实，中国早就站在这一十字路口。

"她们晚上都挺辛苦"

10月11日早8点半，H市某区人口大厦4楼会议室内，陆续来了一群特殊客人。她们是参加防艾培训的女性性工作者。在内部，人们习惯称她们为"小姐"或"暗娼"。但这次，温所长称为"姐妹们"、"朋友们"。事实上，培训对象的特定称呼是"CSW"（女性性工作者）。不过，在授课时，这一称呼只使用了一次。

CSW们三三两两结伴而来，坐下就热络地讨论最近的"生意"以及最近买了啥衣服之类的话题。也有一个人来的，坐着不说话。9点钟，培训准时开始。讲课刚刚开始，很多人就趴在桌上打盹，还有四五个人，显然生物钟还没调过来，很快睡着了。

温所长本想叫醒她们，但转而解嘲道："算了吧，姐妹们晚上都挺辛苦的，让她们睡吧。"这句话顿时引发哄堂大笑，课堂也变得活跃起来。温所长顺势抛出第一个问题"什么叫艾滋病"，CSW全都低着头，没有人主动回答。在工作人员的一再鼓励下，一名女子打破了沉默，小声地说："艾滋病就是艾滋病呗！"又是哄堂大笑，这名女子有些不好意思，把头埋在胳膊里。工作人员却为她鼓掌,温所长说:"说得一点没错。为了奖励第一个发言的人,必须给她发份奖品。"

于是,课堂气氛逐渐解冻,对于温随后提出的"艾滋病的传播途径是什么"等问题,学员们开始积极踊跃地回答。期间,温拿出一盒未开封的安全套,要求有人能现场为演示一下正确使用方法。这又在现场引起一片议论。但是,久久也没有人主动上前。在温的再三鼓励下,终于有一个女子走上前去,在钢制模型上为在场人员演示了一遍。对此,工作人员说:"她做的是正确的,但中间还有几个地方需要改进……"

据了解,培训结束后,不少 CSW 表示还想参加这样的活动。据温所长的说法,对 CSW 进行培训其实很不容易,很多都是填补空白。甚至连钢制模型也是自己动手做的。为此,他光为买做"头"的钢珠就跑了一上午,之后又找了个合适的钢管焊上。

一位在场人士认为,政府部门愿意放下身段俯就这些风尘女子,实属罕见。他反问,这些平日为了生计,习惯为人轻分罗带、出卖颜色的女子何曾得到如许尊重?

与"小姐"合影的副县长

其实早在这年 6 月,温所长的机构就在 W 市和 M 县成功地举办了两次"小姐学习班"。

不过,把这些"小姐"组织到一起参加培训确实不容易。无论老板还是"小姐",最关心的是安全。如何将暗娼置于防艾大计的阳光下而不让其害怕"见光死",自然成为最头疼的问题。据了解,在 M 县当地疾控部门协调下,甚至动用了政府对娱乐场所的管理权,好说歹说才凑出了 50 人。参加活动时,很多"小姐"是在"老板"护送下才过来的。直到活动正式开始,她们方才放心。事后,几个娱乐场所老板主动找到温,表示以后再有这样的活动,就直接联系,保证带"小姐"来。

M 县分管相关工作的张副县长则亲自参与这项工作。张县长认为,防艾大计要是由 M 县自己做难度很大。因此,当防疫部门找他汇报,说市疾控中心想到 M 县操作相关事宜时,他当即说这是好事,表示支持。据当地媒体报道,张县长甚至还与"小姐"们合了影。但是,这种说法却让市疾控中心的王书记感到非常担心:"张副县长那么支持这项工作,那么开明务实,这么写会给他带来误解!"

对此,张本人却显得很淡然,"疾控中心的同志欢迎我去,但怕我有顾虑,我说我亲自参加!如果我不支持这次防艾培训,市里的同志会非常费劲"。据了解,开会时,按照安排,张副县长是坐领导席的。但是,他主动和与会者坐到了一起。在人们印象中,领导和这么多女性一起照相,对方很可能是"三八"红旗手。这次,这位副县长却和一群特殊的女性站在一起。

谈及照相一事,张县长说,"为将来做资料用,既然她们就坐在我身边,照在一起很正常,她们也是社会的一员,而且处在社会底层,我和她们一起学习,让她们感到政府是关心她们的"。

绘制"小姐地图"

为了确保有足够数量的"小姐"来听课,温所长发动了一切可以发动的关系,团结所有可以团结的人。

据了解,H市之所以能在这一尝试中有突破,秘诀在于利用了三种办法:一是通过公安系统掌握了"小姐"情况;二是利用卫生系统,比如给娱乐场所发卫生许可证、防疫证建立的关系;三是工作人员利用私人关系。温所长提到,他有一个做生意的朋友,经常去这些场所,包括在这些场所进行的请托,每年要花50多万元。这个朋友和很多老板很熟,由他帮忙进行说服工作比官方出面要方便许多。不过,即使如此,在调研过程中,疾控中心工作人员也得扮作客人。常常是匆忙吃过晚饭后,四五名工作人员便背起工作包奔赴娱乐场所。他们通常使用三种方法接近"小姐":假扮嫖客法、自我介绍法和熟人引荐法。

H市的性服务人员多集中在洗浴中心,工作人员会借按摩之机向服务人员刺探信息,有时则直接假扮嫖客接近"小姐",了解其个人情况、每周发生性关系的次数以及对性病和艾滋病知识的了解。据省疾控中心的一位工作人员介绍,参加调研之前,工作人员要经过严格的脱敏训练,比如看一些近似于色情的图片,反复的对话练习,能够达到在这些场所大声说惯用的脏字以及特定称谓而不失态的程度。当然,这些工作人员还要经得起诱惑。据温所长透露,有时候见"小姐"要先谈价,但由于结账时并未消费,此时就难免会有人对工作人员的身份产生诸多怀疑。期间,有的地方甚至出现过工作人员被老板找人围殴的现象。

在确定高危人群分布场所后,工作人员会尝试与老板沟通,征得同意后,他们就会对"小姐"们进行预防艾滋病宣传,并在场所内发放安全套。

通过历时一个月的调查,他们已制出5张地图:《H市市区暗娼人群地理分布图》、《H市市区男性接触人群地理分布图》、《H市市区性病诊疗机构地理分布图》、《H市市区安全套销售地理分布图》、《H市市区流动人口地理分布图》。不过,由于存在争议,甚至有说法称"暗娼地图"可能会成为"买春地图",于是,地图会否公布或者以何方式起作用,仍未有定论。

合法化疑问

H市疾控中心王书记坚信他们自己做得没错。他手中的砝码是一份国家疾控中心的材料。他指出，该材料的要求虽然没有明确指导用何种方式展开防艾干预工作，但是"我们出面对小姐进行培训是对要求的发展，也是完全符合该要求的"。省疾控中心主任助理刘君则指出，之所以会产生争议，除了文化和观念问题，主要是一些人对防艾工作理解不够到位。他透露，从国家疾控中心相关负责人到省卫生厅的领导都曾为此而给他们卸包袱。

在争议声中，人们不免设想这样一种局面：如果再培训时公安部门赶到对"小姐"一网打尽，会怎样？H市警方对媒体表示，对于防艾，警方一直大力支持，公安机关在抓到卖淫女后，首先就要对她们进行强制的身体检查，检查内容主要是性病、艾滋病，如果有病，必须强制治疗。警方做法就是将"扫黄"与"防艾"工作一体化，但对于疾控部门的方式，警方却不能认同。因此，警方希望疾控部门把握好"度"。

对此，M县张副县长直言不讳，"这也是一个中国特色，卫生部门做暗娼培训工作，说明地方上有这部分人存在，行政长官会认为影响政绩，而公安部门则觉得脸上无光"。据透露，有些省市卫生部门绘制出类似暗娼地图的材料之后，就曾有市领导直接拿给公安局长，说人家卫生部门都统计出来了，你们公安局是干什么吃的？其实，谁都知道在目前情况下，暗娼是无法肃清的，这个时候就更需要各有关单位配合行动。

第五轮中国全球基金艾滋病项目代理主管王先生曾公开表示，公安机关的打击和政府部门的对"小姐"的爱护并不矛盾，仅凭培训"小姐"和发放安全套便得出政府将暗娼合法化的结论是不妥当的。这次事件发生的一个大背景正在于，过去几年中，相关人士的共同努力使中国爆发了一场防治艾滋病的认知革命。为此，2005年6月6日，卫生部曾下发《高危行为干预工作指导方案（试行）》，重点控制艾滋病经性途径传播。

不过，这一革命并不顺利。不久前，卫生部一位副部长曾在CCTV一次节目中，直接称暗娼为"商业性行为者"，并表示，卫生部门官员在暗访中称嫖客为"客人"。不料，这些也引起争议。据说，中央高层实际上对此有着清醒的认知，上述方案已得到几位中央领导的支持。

曾参与卫生部方案起草的一位卫生部专家强调，"打击嫖娼卖淫是治本的，过去几十年我们一直用的是这个，但是我们看到的是，在暗娼无法肃清的情况下，治标也很重要"。在这样一种新思维发轫后，在原有意识形态中这一比较敏感的领域，也随着各种政府主导的防艾宣传和安全套普及工作而逐渐深入人心。

黑龙江省疾控中心一位专家表示,"艾滋病还没有生物学疫苗,但安全套是其社会学疫苗"! 但是,真实情况并不乐观。据温所长透露,从他们做的 427 个样本看,H 市只有 18% 的性工作者全程使用安全套,经常使用安全套的也只占 49%。在他看来,这个比例不能不令人吃惊。

【情景模拟】

结合案例材料与国情,如果您分别是 H 市市疾病控制中心主任、公安局局长、相关分管领导以及一个普通公民,您将如何处理或看待案例中所涉及的这一事件?

【案例思考】

1. 从公共行政学角度看,本案例反映的是一件什么事件?其基本构成要件是什么?
2. 根据案例提供材料,H 市市疾病控制中心开办"小姐培训班"的目的与理由各是什么?是否合法合理?为什么会引起争议?
3. 结合中国国情,从行政管理角度,谈谈本案例的经验与启示。

案例 4　　透明国际的中国路径①

对于透明国际这个全球最大的民间反腐 NGO——它的总部设在德国柏林,在 90 多个国家和地区设有分会——中国人并不陌生。每年由它发布的全球清廉指数（CPI）只要一出炉,总会在中国引发激烈讨论。在许多很在乎国际眼光的中国人眼中,它往往令人不舒服——从 1995 年至今的 15 次排名中,中国一直在 70 名左右徘徊,排名不高。但这只是硬币的一面。鲜为人知的是,在中国一系列反腐举措——国家惩防体系建设、建筑行业廉政公约、北京奥运反腐、反商业贿赂法、财产申报制度——背后,都有着透明国际力图影响的身影。为了能进入并影响中国这个世界上最大的发展中国家,在 2009 年中国取

---

① 主要参考文献:(1) 刘俊,《透明国际官员亲述如何"渗透"中国——解密全球最大非政府反腐组织与中国的交往路径》,《南方周末》2011-07-14 18:10:36,http://www.infzm.com/content/61372;(2) 胡佳恒,《解密"透明国际"在华谏言管道》,来源:凤凰博报,2009-05-28 00:33:15,http://blog.ifeng.com/article/2734802.html;(3)《赵增辉同志在市外经贸领域治理商业贿赂专项工作动员大会上的讲话》,来源:国公网,2008 年 7 月 2 日,http://www.21gwy.com/xiezuo/2066/a/1640/361640.html,另见:《2006 年上海涉外经济活动大事记》,来源:上海市商务委员会,发布日期:2009-06-18,http://www.scofcom.gov.cn/tsjjqqh/7744.htm。

得正式身份之前，透明国际已经默默在中国工作了将近十年。

该组织这十年的经历更像中国与世界接轨的一个缩影：一个是有西方背景的全球最大反腐NGO，一个是饱受西方批评的全球最大发展中国家。由此，透明国际与中国这段交往经历之复杂、微妙、艰难便不难想象。

高层拍板下开始接触

2011年3月，透明国际披露了一个雄心勃勃的未来五年计划，其中一项重要内容是推动"金砖四国"（中国、俄罗斯、印度、巴西）在反腐方面有更好的表现。在柏林透明国"金砖四国已经占到全球贸易总额的15%"。

如此重视中国的态度，和十年前却形成鲜明反差。当时，透明国际内部还几乎一边倒地拒绝和中国来往，"他们说，中国没有人权，没有公民社会，我们为什么要跟中国合作呢？"据透明国际亚太部高级主任廖燃回忆，即便一直被认为是中国人民"老朋友"的非洲同事，也这么看。长期从媒体上了解中国的西方人对中国有这样的印象，其实并不难理解。2001年，在经历了全球金融风暴的冲击之后，中国GDP（国内生产总值）依然继续保持8%的增幅。但也正是在这一年，"中国GDP注水"的"中国崩溃论"开始取代"中国威胁论"频繁见诸西方报端，而整个西方世界依然没有解除对华武器禁运。

身为华人的透明国际亚太部高级主任廖燃不能接受这个观点。由于当时还只是名普通雇员，在理事会没有发言权的廖只好在私下里一遍遍地找理事们试图做说服工作："你们不要忘了透明国际的使命是反腐败，中国有没有腐败呢？连中国自己都说反腐败，透明国际有什么理由歧视人家！为什么不跟中国交往？"不过，透明国际内部也不是完全没有跟中国交往的念头，而是想用一个在廖燃至今看来都有点荒诞的方式——跟绿色和平等国际NGO学习，将总部设在香港。廖说，"他们认为只要在香港建立一个灯塔，就可以照耀中国"。

另一方面，中国政府对透明国际的印象也一直不好。据公开资料记载，2006年6月11日，时任上海市纪委常委赵增辉曾在该市外经贸委组织召开的外经贸领域治理商业贿赂专项工作动员大会直言，对于透明国际，有些官员"开始对这一组织认为不能接触，他们别有用心"，甚至"一度弄得一些中央领导也很恼火"。究其原因，主要是因为在透明国际编制的清廉指数报告中，对中国这些年来的分值评价总是在2.8分和3.5分之内徘徊，排位也一直处于低位——按照游戏规则，清廉指数满分10分，从零分到10分，10分最好，零分最差，2.5分以下即为陷入严重腐败状态。这在许多亲历中国反腐进步的纪委系统官员看来，显然是难以接受的——"多年来，我们在反腐败上花了九牛二虎之力，但在全球清廉指数上始终反映不出来。"是年，按照"着力查处一批大案要案"的反腐思路，中国查处了包括安徽省副省长王怀忠、海关总署副署长王乐毅在内的多名高官,针对省部级领导干部进行的离任审计也正是从这一年开始试点。在中国官员看来,纪检系统业已在反腐败上花了九牛二虎之力,也感到在党政机关和党员干部队伍及政府廉政建设各方面都有了非常明显的改善。但这些在透明国际的清廉指数上"始终反映不出来,一度弄得中央领导很恼火,问为什么"。

双方互不信任的局面真正被打破是在2002年。据上述上海官员赵增辉透露,"中纪委一位领导认为,这一组织一定要跟他们接触"。不过,建立中国分会一事却依然迟迟没有进展,一个最大的障碍是出人意料的台湾问题。2001年3月,台湾地区开始筹备透明国际台湾分会,2005年正式组建,取名透明国际台湾。大陆方面却坚持认为,如果想在大陆成立分会,台湾分会必须改名,但当时正值陈水扁掌权时期,几乎没有商量的余地。

一本书打下的互信基础

因为没有正式的身份,透明国际跟中国最初的接触,被廖燃形容为"像在做地下党工作"。

中国方面负责接待的,并不是中共最高反腐机关中央纪委或者政府系统的监察部,而是一家隶属于监察部的学术研究机构——中国监察学会。这种民间对民间的接触模式,符合中国和世界交往的一贯逻辑,级别高低倒并不重要。由于跟监察部这层特殊的从属关系,中国监察学会拥有国内顶尖的反腐学者作为理事——这为透明国际日后跟高校来往打下基础,而且可以将情况直接反映给中央高层。

可是,面对一家有着西方背景的NGO,加之又是腐败这么敏感的话题,最初,双方的接触都很小心翼翼。打开中国政府信任大门的第一把钥匙是一本名叫《国家廉政体系》的书。"如果说清廉指数有时会有点哗众取宠的话,国家廉政体系才是透明国际的灵魂。"廖说,这个已在许多国家推行并广受好评的反腐理论评估工具的特别之处就在于,它认为,除了强调传统的三权之外,还要加强审计、反腐败机构、公共服务部门、媒体、私营部门、非政府组织以及国际组织等在廉政建设中的作用。廖说,"中国既然有了公检法制度,为什么还是有那么多贪污腐败?那肯定是制度不健全"。

经过两年的翻译,2003年,《国家廉政体系》中文版开印,负责翻译的是透明国际设在中国的联络处——清华大学廉政与治理研究中心。在廖看来,选择与清华廉政中心合作的原因并不复杂,一是它是国内最好的反腐研究机构之一,二是该中心比较容易跟中国监察学会打交道。当这本书送到中国监察学会官员面前时,透明国际的态度相当谦和:"我当时跟他们说,这本书不是针对中国的,全世界都是这样用的,你要是觉得好可以作为参考。"

或许是巧合，2004年，中央首次提出了要建立惩治、预防、教育一体的惩防体系，而这也正是透明国际"国家廉政体系"的精神体现。透明国际在是年出台的《全球反腐年度报告》中，一改过去谨慎的态度，盛赞中国"依靠国际合作来找到外部反腐动力和机制，这是中国反腐斗争的新趋势"。2006年前后，中国掀起的反商业贿赂浪潮，这一通过翻译书籍向中国建言的模式被再次复制——此前的2005年，透明国际《反商业贿赂守则》翻译完毕，"透明国际执行长与监察部领导一起在北京发布了这个文件"，廖燃说，这一文件正式通过商务部渠道传达出去。

但是，并不是每次提议中国都做好了接纳的准备。2004年，当透明国际向中国建议推行《财产申报制度》时，就吃了闭门羹。廖说，"我们一直认为，反腐不是什么高尖端的东西，只要把它公开透明，腐败就可以减少一半了"。然而，中国官员却并不赞同："中国官员有什么个人财产，大家工资都一样，部长挣多少，处长挣多少大家都知道，有什么可申报的，我一个人就那么几千。"对此，廖向的解释是，不光要公布工资性收入，还有其他的，比如灰色收入或其他财产。

在财产申报制度一事上的碰壁，并没有影响透明国际对中国的观感。相反，2004年的审计风暴中，在听闻一些被曝光存在问题的部门比较抵触后，透明国际马上发了一个新闻公报，"力挺"审计署，指出"这是中国朝着国家廉政体系建设方向努力迈进的一大步"。通过肯定一个国家的进步，给他们提供建设性意见，一直是透明国际的宗旨，这也是它跟许多喜欢批评中国的国际NGO的不同之处。"这个世界骂中国的人已经太多了，你骂他好了，他完全可以不听你的。"廖说，"透明国际靠的不是武器和金钱，完全是嘴皮子，要让人家采取行动，全靠人家听不听你的"。

不过，在政府官员眼中，透明国际在清廉指数中长期"低估"中国的表现依然让他们颇为"受伤"。根据赵增辉透露，在一次考察上海政务公开的过程中，面对上海官员对清廉指数公正性的质疑，时任透明国际主席就不停地向他们解释："我们这个分数可能是有偏颇的地方，但是我们可以弥补。"

避免被视为异类

不过这种解释看起来并未影响中国在清廉排行榜上的排名，后来中国官员向透明国际提议，能不能请制作指数的专家到中国来看看。

清廉指数由德国帕骚大学经济学教授约翰·兰斯多夫发明并制作，从1995年起开始由透明国际负责向全球发布。2004年开始，在中国监察学会的邀请下，兰斯多夫多次访华。除了向中国反腐专家详解清廉指数的制作方法这一常规行程，兰斯多夫还被带到中国各大政务公开场所参观——从公安部、海关总署，到天津的村庄。廖燃回忆，最令兰斯多夫印象深刻的是在深圳招投标中心的参观，"政府在网上公布工程，不跟承包商见面，避免内线交易，纪委监察局还派人在现场监察。有了这套东西，起码把中间的腐败给堵住了"。

这个经验后来被写到了《2005年的全球反腐报告》中，中国建筑行业"黑名单制度"亦受到赞扬，旁边还附上了1997年至2005年因腐败落马的交通厅官员。此前的2003年，建设部开始推行的廉洁公约——包工项目必须签订廉洁责任书——正是清华大学根据透明国际的廉洁公约翻译和修改而成。与此同时，一项公共采购透明化的培训也在清华铺开，参与培训的是包括五大国字号建筑企业。此后，培训队伍不断壮大，有北京奥组委的官员，也有国务院三峡办的官员。

事实上，早在奥组委成立后不久，作为透明国际在华联络处负责人的清华大学反腐学者任建明就向奥组委提出"廉洁奥运"的理念，并引起奥组委的重视。后来，北京奥组委专门成立监督委员会，开奥运史先河。透明国际很快从英国请来反腐专家，给奥组委讲解防范要领；任建明则负责带领他的团队，帮奥组委制定员工行为守则。

在奥运结束后不久出炉的2008年全球清廉指数上，中国排名出现了一次大的进步——中国获得3.6分，在180个国家或地区中排名从2004年的77名跃升至72位。其中，一个重要原因被认为跟奥运会有关，廖说，"奥运建设六七年的过程一直公开透明，这无疑给公众很多信心，这会反映在清廉指数上"。

与北京奥运合作不同，透明国际参与三峡反腐却是一次小小插曲的结果。2006年，透明国际要搞一个关于全球公共工程的报告，在第一稿时，曾有专家把三峡列为世界性腐败工程之一，被廖燃挡了下来："开玩笑，你们有什么数据来证明？"这一提议随即被放弃。次年，廖燃特地跟透明国际建筑专家到三峡考察。2008年，他跟中国三峡总公司一位老总在巴西偶遇，但却火速定下双方合作计划。这位老总答应，在三峡后期工程中，将采用由透明国际提供的反腐测评工具。

如此爽快，让廖颇感意外："十年间，中国官员最大的变化就是，不再把我们视为异类。"

教育与预防

中国官员之所以出现这么大的变化，一个原因是了解透明国际的官员越来越多，越来越多的中国代表团到透明国际参观，这些官员甚至到了地方市局一级机构的纪检书记。另一方面，透明国际成员到中国交流的机会也越来越多。从2004年开始，除了透明国际高级官员频繁获邀访华之外，作为大中华区的负责人，廖燃还常常获邀给各地监察系统、中国社科院，讲海外反腐形势，讲授建立国家廉政体系的思路。

立志要做中国廉政特区的杭州纪委是最早跟透明国际打交道的地方政府部门之一。2010年在杭州第三届廉政论坛上，廖燃反对建立廉政公署的讲话令杭州纪委系统一位官员印象深刻。廖当时说，"许多发展中国家盲目学习香港和新加坡模式建立反腐败机构，但这些反贪机构，由于动机不纯，资源投入不足，运作不久就陷入困境，韩国廉政公署就是例子。与其投入资源建立华而不实的机构，不如花大力气改革现有金融、税收监管体系，建设一个良治政府"。和反对建立廉政公署一样，反对杀贪官亦是廖燃一直向中国官员灌输的理念。他认为"乱世用重典"止不住前腐后继，"不建议用刑法来治理腐败，而是完全民法化，就是赔偿"。

影响中国干部只是计划中的第一步，透明国际中国分会更想影响的是另一个更为庞大的群体——青少年。这个计划中，透明国际也把另一家中国高等学府北京大学也拉了进来。2005年，在透明国际的帮助下，北大成立了中国第一个高校廉政社团——北大廉政会。该协会主要负责开发一些有专业针对性的廉政课程，比如在工程学、金融、银行学和医学等方面。透明国际现在的规划是，未来三年，这样的社团将发展到中国40家高校。清华大学廉政中心则负责前期调研和教育纲要的编写。鼓励更多的普通人参与到反腐中来，这是透明国际未来五年计划的一个重头戏，透明国际主席胡格特·拉贝勒（Huguette Labelle）说，"只有靠更多的普通人，才能抑制腐败"。

在历经多年的交流与合作之后，"合法"的身份终于来临。在2009年9月18日这天，透明国际中国分会在清华廉政中心成立，直管它的是北京教育纪检监察工作研究会，秘书处设在清华大学。事实上，2008年10月，透明国际就已经通过了接纳中国会员的决定。此时，成功当选台湾地区新领导人的马英九也同意了透明国际的更名请求。随后，透明国际台湾更名为透明国际中华台北。之所以没有单独成立一个NGO，透明国际考量听起来深谙中国国情。廖燃说，"如果是NGO，婆婆肯定是民政部，但我们要跟监察部合作，不好做工作"。

此时的中国，反腐的国际化正在突飞猛进。2010年，中国开始主动发布《中国反腐败和廉政白皮书》。2011年2月25日，中国又首次在刑法中增加了海外行贿的立法条款，这意味着海外行贿将受到跟国内犯罪一样的刑事惩罚。随即，廖燃草拟了一份贺信交给透明国际主席，请她给中国国务院总理温家宝发去。

对此，廖对南方周末记者说，"中国主动把自己的国内法提高到国际标准，印度估计得十五年之后才能做到"。

【情景模拟】

　　结合国情和案例材料，假设您分别是透明国际与中国政府相关部门领导人，将如何对待与评价透明国际与中国政府之间的互动与沟通？为什么？

【案例思考】

　　1. 从公共行政学角度看，本案例主要反映了一件什么事件？其基本构成要件是什么？

　　2. 结合案例材料与行政实践，透明国际与中国政府相关部门是如何实现沟通与互动的？这些互动与沟通对于中国相关政府部门的职能行为有何影响？为什么？

　　3. 结合案例材料与国情，您认为有关公共行政部门能从案例事件中吸取怎样的经验与启示？为什么？

第 2 章
行政价值与目标

一、本章学习目的与要求

说明：通过本章的学习，了解行政价值与目标体系的含义、多元性与基本构成类型，理解行政价值与目标体系的内在运作机制，掌握对特定行政现象与行为发生的价值动机，尤其是目标次优化等各种行政价值与目标冲突及其行为表现的分析技能，并初步理解实现行政价值优化的一般策略。

二、本章考核知识点与考核目标

识记：行政价值与行政目标等相关核心概念的基本内涵，公共产品与公共产品供给等相关核心概念的基本内涵，行政价值/目标冲突等相关核心概念的基本内涵。

理解：行政价值/目标体系的基本构成类型及其表现形式，行政目标冲突的基本类型与发生机制，行政目标次优化的发生机制及其影响，公共产品与公共服务供给成本-效益分担机制的类型、功能、特征、影响及其运行规律。

应用：运用所学公共行政学理论知识，分析不同案例中特定行政价值/目标体系的基本构成及其表现形式、发生机制，特定行政价值/目标体系与特定行政系统之间的互动影响机制，尤其是行政目标冲突或目标次优化现象在特定行政系统的发生机制、表现征兆，及其可能的优化策略分析。

案例 1　　消费者维权行动的无奈[①]

刚搬进新居不到半年的许先生一家碰到了烦心事：家里的燃气热水器发生爆炸。许先生在多次致电厂家讨说法未果的情况下，希望通过法律途径维护自身权益。那么，热水器爆炸究竟是产品质量问题引起的还是因为消费者使用不

---

① 主要参考文献：王冲寒，《热水器爆炸欲维权被高额检测费吓退》，《广州日报》2003-06-23。

当?许先生决心通过产品质量检测测个明白以界定责任,细问之下却令他打了退堂鼓。原来,一台燃气热水器的检测费高达两三千元。

消费者维权进退两难

2006年5月的某个晚上,许先生突然接到父亲的电话说,家里的热水器爆炸了。他慌忙赶回家一看,套间里的浴室被浓烟熏得漆黑一片,部分电线出现损坏。这台热水器是许先生前一年8月份在市区一家电器商行购买的,没想到这件"按照ISO9 000质量标准"生产的热水器用不到一年就出现事故,幸亏当时没有人在场,否则后果不堪设想。

许先生认为热水器的质量有问题。随后他多次联系了热水器的经销商与生产厂家,在没有得到满意答复的情况下,他只能保护好事故现场并希望通过质量检测部门对产品质量进行鉴定,以此作为日后索赔的依据。但是,为了这台价值几百元的热水器付上数千元的检测费,确实得不偿失。但是,如果不将责任问题分个清楚,许先生确实又心有不甘。

一瓶酱油检测成本需600元

据了解,进行相关检测所需费用实在不菲。以一瓶普通的酱油为例,需检测项目达18项,其中仅细菌检验一项所花时间就需要5天,如果一旦发现问题需复检,前后至少需半个月时间,检测费需600元。个别产品的检测费高得令人咋舌,如一瓶矿泉水的检测费达2 000多元。因此,个人送检的产品以高值产品为主,如珠宝鉴别等。除了企业生产所需或受有关部门委托,没有人愿意为了一件所值无几的产品付上高昂的检测费。

据粤东产品质量检验中心有关人士介绍说,检测收费标准都是根据国家和省物价部门规定制订的,检测费用之所以这么高,是因为产品质量检测是一项精细的工作,所需成本相当高,如检测矿泉水必用的液相色谱仪每台就需20多万元。

【案例思考】

1. 从公共行政学角度看,本案例主要反映了一件什么行政管理事件?其基本构成要件是什么?
2. 根据我国相关法律法规,粤东产品质量检测中心属于什么性质的机构?其主要职能目标是什么?
3. 根据案例资料,消费者权益是否能够得到应有的保障?为什么?
4. 结合我国类似政府组织的职能运行现状,谈谈促成这类组织有效实现其应有职能目标的可能举措。

案例 2　　陕北油井民间投资者之痛[①]

2003年6月27日下午，近1万名群众从各乡镇陆续来到陕西省榆林市D县县政府大楼门前，平静地等待政府给予他们"答复"。按照政府的一项决定，他们投资的430口油井将于第二天下午3点被"强行收走"。这个尘土飞扬的陕北贫穷县有30多万人口。但其中的几千个家庭将可能因此倾家荡产。这些大部分身为农民的投资者，在过去10年间响应地方政府"招商引资"的号召，投资于高风险的油田开采，现在却面临非同一般的困境。

"强制收回"

2002年年初，一位樊姓农民以2分利息的高利贷借款10万元，从银行贷款2万元，又从亲戚朋友那里借了一些钱，共计17万元入股开采石油。此刻，政府收回油井的决定，将造成他60%以上的投资损失。一位借高利贷5万元参与了油井开发68岁高姓男子说，"这辈子我也还不了这笔高利贷了"。

前来"请愿"的大部分是当地的农民。一位冯姓农民说，他们大部分人把卖粮食、卖羊和土豆的钱，甚至女儿的彩礼投到油井开发中去，也身负高利贷。冯从1991年开始参与油井开采，目前已经累计投入20万元。他说：和政府签的合同原本2006年才到期。而根据当地政府的现在的"补偿办法"，他只能收回全部投资的20%。从1998年参与陕北油井开采的陈女士来自内蒙古，先后投入400多万元，其中70多万来自自己和父母的房子的抵押贷款，很大一部分是2~3分利息的高利贷。她近似哭声地说，她将失去300万元，这会使她无家可归。

时间已经是下午5点，太阳仍然火辣辣的。政府门前，没有人出来面对群众的请愿。县委书记和县长声称"比较忙"而没有露面，目前还不清楚政府方面有怎样的表态。

据了解，与这个县石油公司联营进行石油开采的有170户民营企业，其中大部分以个人入股的形式组建。其实，D县是榆林市最后一个强制收回油井的县。2003年3月，从延安市开始，陕西省就开始强制收回民间投资的油井。陕北地区延安、榆林两市涉及地方石油开采共有15个县、近1 000家参与石油开采的联营单位——也叫联营公司，约50亿元的油井资产被县政府要求强

[①] 主要参考文献：张立伟，《陕北民间油井投资者陷入困境，数千家庭可能破产》，《财经时报》2003-06-30。

行收归国有。这引发了1万多参与联营公司投资人的困惑和不满。6月23日,榆林市几个县的3 000多名投资者代表曾经前往陕西省政府,表明对"无偿收回"他们倾其所有开采油井的申诉。

调动民间积极性

陕北油田的特殊角色导致了这种被当地人比喻为"赌博性的民间投资"的油田开采。根据《中华人民共和国矿产资源法》和1998年国务院颁布的《矿产资源勘探登记办法》、《矿产资源开采登记办法》,中国具有油田勘探开采权的只有四家公司,分别是中国石油天然气总公司(下称中石油)、中国石油化工总公司、中国海洋石油天然气总公司以及唯一隶属地方政府的陕西省延长石油工业集团。

早在1907年,延安市延长县打出了中国第一口油井。时至1999年,国家几个部委一份联合调查报告显示,陕北地区由于位于鄂尔多斯盆地陕北斜坡,油气资源量占整个盆地的80%,勘探开发前景广阔。但是,由于油藏规模小、地点分散、油层低渗透等原因,开发成本高,风险大,被喻为"井井见油,井井不流"。1958年,当时的石油部把延长油矿管理局下放给陕西省政府管理;1966年,陕西省又进一步把这个局下放给延安市管理。1999年,陕西省政府将延长油矿管理局、延安炼油厂、榆林炼油厂合并,组建了陕西省延长石油工业集团,成为"上下游一体"的地方石油企业。

然而,20世纪80年代中期,延安市在延长油矿管理局集中开发高产区块的同时,对一些边远地区的旧井和部分低产井,采取了"县区承包"的经营方式,一些县相继成立了钻采公司。据了解,1990年,当时的一位国务院领导同志提出,"把老百姓的积极性调动起来,各县发一台钻机,叫老百姓打井采油"。于是,陕北延安、榆林各县相继成立了国有的石油钻采公司。

1239号文件

但是,各县钻采公司大都陷入严重亏损甚至破产。于是,各县政府争相出台"优惠政策",吸引民间投资商开发石油资源。他们给投资商办理了可以直接从事石油开采的营业执照和相关手续,以"与县钻采公司联营单位"的名义,签订了石油开发协议。J县和D县近几年的相关政府文件显示,开采期一般为5年,甚至改为长期合作开采。不料,来自全国各地的投资者蜂拥而至,到1998年年底,延安、榆林地区各县石油开发总投入已达50.5亿元,其中联营企业32.9亿元;共钻井5561口,年产油量达到168万吨,累计实现税利11.3亿元。

与此同时，石油开发的一系列问题逐渐暴露。1999年12月，国家经贸委、国土资源部、公安部、环保总局、工商管理局和陕西省政府做出《关于陕北地区石油开采秩序的调查报告》，认为根据《矿产资源法》，石油探矿权和采矿权具有排他性，应归国家一级管理；吸引民间资本和外资属于违法行为，参与石油开采的主体混乱，根本不具资质。最重要的是，地方钻采公司和联营单位技术落后，采收率不及大型石油企业的20%。同时，土炼油厂达到几千家，干扰市场秩序，破坏环境。

1999年12月，国家经贸委、国土资源部发布了"1239号文件"，要求各县政府必须依法行政，"坚决停止和纠正允许投资商参与石油开采活动的做法"，"要坚决停止和杜绝越权审批石油区块及井位的行为"；"根据联营单位的不同情况，分别采取划转、收购、兼并、资产入股等多种形式，进入陕西省延长石油工业公司，实行统一管理"。至于善后处理，文件要求，对已经开采的区块、油井采取"评估赎买"的办法收回，或由长庆局和陕西省延长石油工业集团协商解决。

"三权"纠纷

然而，陕北采油各县并没有贯彻执行"1239号文件"。从2000年3月起，各县大量审批、卖出区块，和联营公司签订给予投资者更加优惠条件的开发协议，又一次掀起石油开采的新高潮。仅J县新批区块达600多平方公里，收款5 000多万元。9个月后，地方政府迫于中央要求整顿的压力，发出《立即停止引资开采活动的决定》。仅在A县，因此导致47口打了半截的油井报废，100多个井场荒废，给投资者造成直接损失8 000万元。2002年11月，榆林市府出台一系列文件，要求各县对所有联营投资者的油井实行"先接管后清算"，一律收回所有权、经营权、受益权。2003年3月16日，延安市在未和投资人协商、未和投资人签署资产转移法律文件的情况下，采取"先收井、后算账、再解决遗留问题"的办法，收回油井收益权，这涉及投资者约8亿多元的油井资产。

6月23日，陕西省经贸委、榆林市的有关领导接见了投资者代表，答应协商解决投资者提出的问题，并表示"省里出政策，市里督促检查，县上实施解决"。据悉，目前各县出台了一些补偿办法，但与投资者的要求差距较大。一些人并表示"不清楚补偿措施的具体内容"。陕西省经贸委一位副主任指出，已经安排9月10日前落实4亿元的中国工商银行贷款兑现对投资者的补偿。据悉，榆林市安排了3个亿，但是，D县联营公司投资就达20多个亿，涉及2 000多口井。

事实上，投资者不约而同地表示支持国家整顿和收回油井，但是，地方政府必须按照"1239号文件","采取划转、收购、兼并、资产入股等多种形式进入陕西省延长石油工业公司,实行统一管理"。还有投资者质疑地方政府,为何"明明1999年就知道中央政府不允许民间资本参与投资油井开发,但仍然鼓励老百姓投资"?

要求依法办事

一位投资者指出,政府在石油开采活动中几乎不承担什么风险,拍卖一个井位5~6万元,区块费每平方公里8万元,打井后收取各种费用1.3~1.4万元左右。有知情人透露,陕西省强力突击整顿石油企业,是因为中石油和地方政府在争夺陕北油田的利益。隶属中石油的长庆油田一直不满地方政府开采石油。据陕西省经贸委一位副主任透露,2002年年底,国家经贸委、财政部、公安部、矿产资源部、中石油、陕西省政府等10多个部门召开会议,讨论陕北油田的整顿和未来开发问题。中石油向国家经贸委经济运行局提供了书面意见,但是他不知道意见内容,最后的讨论没有形成统一意见。

一位不愿透露姓名的人士指出,中石油上市后,一直想把陕北油田的开采权要过去,2002年年底为此再次提请中央政府。由此,陕西省政府自2002年底到次年年初,把挂靠政府公司的联营公司收归国有,同样没有资质的地方政府所有钻采公司并入具有资质的延长石油工业集团,以保住地方政府利益。负责石油资源管理的国家发改委能源局一位工作人员说,根据《中华人民共和国矿产资源法》以及国务院的有关文件,陕北地区各县都属于"无证非法开采";地方政府招商引资的行为是非法的。他透露,公安部门正在介入调查这件事情。

【情景模拟】

假如您是其中的某一个角色,比如一个民间投资者或者是D县、陕西省、国家发改委能源局等政府部门以及中石油相关负责人,该如何处理这一实践问题?

【案例思考】

1. 从公共行政学角度看,本案例主要反映了一件什么事件?其基本构成要件是什么?
2. 本案例所涉及政府主体的职能各是什么?职能之间的关系又如何?
3. 案例中各个行政主体是如何履行其职能的?其各自依据与理由又是怎样的?
4. 结合我国相关政策,分析本案例相关民间投资者的可能结局,并谈谈其经验与教训。

案例 3　　　　　　S 市暂住证风波[①]

2001年10月30日，国家计委、财政部联合发出《关于全面清理整顿外出或外来务工人员收费的通知》，主要内容：除最高不超过5元的证书工本费外，各地对外来人口所征收的暂住费、暂住人口管理费等7种收费一律取消。没想到的是，这个旨在减轻外来工负担的政策，却在S市引发了一场历时半年的风波。

艰难的暂住证之旅

湖北青年何生几乎整天躲在S市的一间出租屋里，一听说查房便感到紧张，因为他一直没有一个可以在S市合法停留的身份：他没有暂住证。一年来，何生经历了S市的三次暂住证风波。谈到办暂住证的过程，他苦笑中一连说了三个"难"字。

2001年年底，何生来S市找工作，抵达该市后的第一件大事就是去办理暂住证。S市有三种暂住证：S市经济特区劳务暂住证、S市经济特区非劳务暂住证和广东省流动人员暂住证。按规定，像何生这样的外来打工者应该办理劳务暂住证。但是，他没能如愿，因为在前几天，S市市政府已经发出通知：停办暂住证。从报纸相关报道可以得知，停办的原因是S市政府执行中央的决定，在停止收费的同时停止办暂住证，等待新的政策出台。于是，何生只好借住在朋友租住的房屋里等待。两个月后，事情才有了转机，S市政府宣布恢复办证。但是一打听，又有了新的烦恼：这次办理暂住证需交每个月25元的管理费，外加暂住证的成本费20元，一年共320元，比以前还多了20元。更不划算的是，市政府在恢复办证的同时宣告该证在6月底到期，这就意味着何在三个多月之后又得再办一次暂住证。何生很自然地想到，反正都要交钱，不如到6月底再办，少花一笔钱不说，办的证至少可管一年；何况到时也许就真的取消收费了。

这一想法其实代表了当时大多数外来者的心声。根据一份调查，从1月到2月底前，S市暂住证到期的外来工有110万人之多。此值春节之后，又有数十万新增加的外来者开始拥入S市。但是，如此庞大的外来务工人群中，愿意在此时交费办证的不到一成。

不久，S市各家媒体开始接到大量热线电话，反映公安局为了"突击办证"，出动大批警力在火车站、汽车站以及市内各处查验暂住证。据新华社这

[①] 主要参考文献：曹勇，《暂住证背后的利益格局》，《南方周末》2002-07-26。

年2月20日报道,自2月18日凌晨开始,S市火车站派出所每天抽调80名警察查验证件,证件不全者按有关规定驱逐出关,或者被当场扣押。何生记得,他的一些朋友就在这个时候被带走,最后被迫办了暂住证,同时还交了一些说不出名目的费用。

事后,S市政府一位官员解释说,实际上政府当时规定只收两个月的管理费外加20元成本费,但是,"不可否认的是,一些部门在实施过程中为了自身利益擅自增加收费,导致局面失控"。有人尖锐地指出,出现这种"突击办证"的怪事,体现了相关部门不甘心放弃既得利益的一种侥幸心态。因为根据国家计委和财政部的文件规定,停止办证收费的最后期限正是2月28日。而广东省物价局则指出,此前S市无论是取消还是恢复收费,都没有向省物价局上报。鉴于各方面的强烈反对,2月28日,广东省物价局下发紧急通知,要求从3月1日起,在广东省新的关于外出或者外来务工人员管理费收取政策出台前,一律停止除暂住证工本费外的各项收费,否则将按乱收费严肃查处。

不料,物价局通知一出,S市又停止了办证。随后,从3月到5月,S市市委一位常委和市政府办公厅一位负责人先后两次飞赴北京。关于他们的去意,一种来自民间的说法认为,两位要员是到北京汇报S市的特殊"隐情",争取可以收费的特殊政策,但最终却遭到了失败。S市市委市政府一些工作人员在一些场合也默认了这种说法。

S市的特殊"隐情"究竟是什么呢?据一些知情人透露,S市每年都要掏出一大笔钱来管理外来人口,这笔钱实际上就是靠办理暂住证来获得的。比如2001年,S市共办理暂住证343万个,收费金额约10亿元,这笔资金虽是通过财政专户收上来,但事后大部分又按一定比例拨付给公安、劳动、计生等部门用于暂住人口管理队伍的经费开支。如果分毫不收暂住人口管理费,一下要拨出十几亿甚至更多的经费来填这个新"窟窿",S市财政恐一时难以承受。另一种正式的说法则来自市政府办公厅。前述那位去北京的负责人后来在接受采访时声称,他们并非如外界所说是到中央争取特殊政策,而是请国家计委有关部门核算卡式暂住证的成本,并对其报批的价格进行批复。

5月初,国家计委核准S市市暂住证的成本价为15元。随后,S市公安、劳动、财政、人事、计生、物价、社保7个部门于5月10日联合发文,宣布将于6月3日恢复办理暂住证,同时,不再收取管理费。

陡然增高的"门槛"

在S市,暂住证具有相当的"含金量":凭证可以申请工商营业执照、驾驶证照、出国出境证件、申领新购汽车号牌,解决子女入学入托、司法公证、税务登记等,还可以凭《特区暂住证》往来S市、珠海经济特区。于是,受取消收费政策的鼓舞，120万暂住证到期的和原先没有办理暂住证的200多万外来工潮水般拥向S市劳动局和人事局设立的13个审批手续工作点。然而，心急办证的人们突然发现，与收费时期相比，取消收费后，暂住证的办理一下子困难了许多。

这首先体现为办证周期太长。市政府曾向大众承诺，在受理办证人申请后15天之内出证单位应将暂住证交给申请人，但实际办理时间均超出这个数字。S市劳动局就业处一位副处长回忆当时的情景说，"从早到晚，每个工作点都人头攒动"。为此，从开始办证的第三天起，每个工作点每天不得不增加两个小时的工作时间，而且还派人给1 000人以上的企业提供下班之后的上门服务。当时，这位处长指出，"即使这样，到6月底我们最多也只能办理40多万个"。S市政府将造成这种局面的原因归结为两点：首先是政策出台太晚，本该在半年时间内陆续完成的换证办证工作堆到6月份一个月里要办完。其次是办证网点的减少，以往劳动和公安部门交叉办证，遍布全市的100个派出所都可以直接办证，而现在没有经费支持后全撤销了。

办证的第二大难是办证手续繁琐，"门槛"太高。按照规定，办理暂住证时必须提交劳动合同、社会保险、计划生育、就业证、人事手册等有关证明材料，手续极为繁琐。有人统计，办一个暂住证要盖11个公章：签订流动人口合同要盖2个章，查验流动人口生育证明盖2个章，就业证盖2个章，S市特区劳务工指标登记本盖2个章，暂住户口登记盖1个章，S市暂住人口登记表盖2个章。少一个都不行。在所有的"门槛"中，社保是最高的。按规定，企业必须给职工办理工伤、医疗、失业、养老等社会保险，一位企业主算了一笔账，一名职工一年的社保要1 000多元，这对企业来说是个不小的开支。对此，S市政府副秘书长尹士说，2002年和往年最大的不同，就是加大了查验社保的手续，这是市政府按照国家规定为规范劳动市场、确保外来务工人员权益而采取的重要管理举措，"但是很显然，他们把这看做是增加了办事环节"。另一个"门槛"是一些不合理的规定。按照S市政府规定，各公安派出所在受理暂住证申办时，应查验申办人暂住地是否在本所管辖区内，并且不得跨区、跨所办理。据了解，某企业的员工分散居住在S市各个区，如果按员工居住的地区一个一个按要求跑手续的话，要为500多名员工办好证，可能一年时间都不够。此外，个体工商户如果想办证的话，必须持营业执照、身份证、计划生育证明、暂住人口登记表等材料，由所属辖区个体劳协统一到劳动部门办理用工手续，到社保部门参保后，才能办到暂住证。根据调查，许多区的个协只给加入个协的会员申办用工手续，而加入个协的条件是，要交纳数百元不等的会费。

不过，与倒霉的何生等不同，来自四川的打工妹万小丫从一开始就采取了"灵活"的方法。她通过一个所谓的熟人，到派出所附近的一家照相馆交了

100元钱，不需要出具任何手续，在办证难达到高潮的6月中旬，只花了不到一个星期的时间就拿到了暂住证。万小丫说，很多人都采取了和她相同的方式办证，照相馆收了钱后，再拿到派出所去办——照相馆老板拍胸脯保证：派出所会把一切都搞定。这就是为S市众多媒体倍加指责的"黑点办证"。据一位参与过"黑点办证"调查的人士透露，从黑点办了证的外来工绝对不在少数。

官方的解释

在此次暂住证风波中，7个部门共同办理暂住证被认为是手续繁多、门槛太高的主要原因，一个问题被顺理成章地提了出来：为什么要这么多的部门共同来办理暂住证？为什么暂住证的办理要以外来者们履行各职能部门规定的手续为先决条件？

一些人认为，这是政府部门想出来的高招：一方面它顺应中央的政策取消了暂住证管理费的收取，另一方面它又通过各个部门设置障碍，增加附加条件，实施暗中收费，比如要求个体工商户加入个协交纳数百元会费、派出所利用黑点办证就是明证。但是，政府副秘书长尹士认为事实并非如此，他认为出现办证难和黑点办证、个协收费等情况，是因为"操作失控"原因导致的。在他看来，暂住证的问题实际上反映了一个深层次的社会问题：在城市化速度加快、大量外来人口和农民工拥入城市的大趋势下，我们的政府怎么应对并实施科学、有效、合乎人性化的管理手段？尹士说，S市形成了几个部门共同办理暂住证的局面是有其历史原因的。作为中国改革开放的试验地，无论在使用外来劳动力的绝对数量上，还是外来劳动力与本地劳动力的比例上，S市都居全国前列。目前，S市户籍人口只有130万人，而外来人口有600万人。外来劳动力与S市的社会结构、劳动力市场结构、人口结构及社会治安等直接相关，对外来劳动力的管理就成为S市社会管理的一个重要环节。目前，外来人口管理的一个重要手段便是实行居住证明制度。

据了解，S市从20世纪80年代初就开始实行暂住证管理方式，并形成了劳动+公安的"二合一"捆绑行政模式。尹士说，劳动和公安捆绑在一起，是基于一个极现实的原因：劳动部门要对劳动双方实施有效的监控和管理，维护劳动者的利益，实行规范用工。但是，仅凭劳动部门几十上百号人，以及它本身的管理力度等，根本不可能做到这一点，必须借助于公安的力量才能完成。对于规范用工的要素诸如签订劳动合同、交纳劳动保险等，政府的期望是借办暂住证的机会将各种手续"一次过"。S市政府的一些总结材料也认为，这种"二合一"的捆绑行政模式在后来很长一段时间内，在当时历史条件下较好地发挥了政府部门的整体功能作用。后来，这种"二合一"模式逐渐加入了别的环节，诸如人事、社保、计生等。

尹士说，从现时发展的角度来看，几个部门共同办理暂住证的模式有一个好处：它可以将外来者各方面的信息加载在暂住证上。政府管理的一个最重要的方面就是掌握信息。暂住证制度实际上就是一个信息化制度——这是一个重大的历史飞跃。至于为何要指定几个部门共同办理暂住证，尹士声称，初衷之一就是想通过这种方式简化手续，达到用最少的人力、最少的环节获得最大的管理信息。

另一种说法

S市市委一位相关部门的负责人指出，几个部门共同办理暂住证，实际上隐含的深意是：防止一个部门大权独揽，在办理的过程中出现腐败——毕竟，对于拥有五六百万外来工的S市来说，暂住证的收费是一个颇为丰厚的"蛋糕"。这位负责人说，但长期以来，在利益的驱动下，实际上不仅没有达到这个目的，政府管理（包括加载信息）也未能到位，某些部门在一定程度上还成了纯粹的收费者。事实上，在开始办理暂住证的时候，S市各部门也开始了收费。按照最初规定，可以收费的仅限于劳动和公安部门，但随着"二合一"捆绑行政的范围扩大，一些部门也开始收取各种名目的费用，给到S市的外来务工者们带来了沉重的负担。为此，1990年，S市政府出台了一份旨在降低务工人员负担的文件，规定暂住证的办理实行捆绑收费，对办证的外来者每人每年一共收取300元的管理费，涉及外来人员的其他收费一律取消。同时，由财政局在各办证点设收费处，统一收费。

那么，这块大"蛋糕"如何切分呢？据悉，为了平衡各部门的利益，S市政府曾专门出台文件，对办证的具体方法和利益分配方式作了详细的规定。1996年的一份会议纪要规定，市劳动局、人事局、公安局等三家办证单位办一个，各可以得到33元、30元、72元的报酬；计生部门则可以得到4%的报酬。不料，一场错综复杂的利益之争由此产生。到了后来，不仅市劳动、人事、公安之间，区劳动、人事、公安之间存在竞争，就连市与区之间、上级和下级之间也存在激烈的竞争。激烈的利益之争使行政管理行为被商业化：很多办证单位根本不按市政府必须查验流动人口计生证明、劳动合同、社会保险等规定办，只要交钱，即可办理。S市政府的一份调查资料显示，从1996年以后，一些区劳动部门为了和人事部门竞争，每年的3月份办理劳务暂住证的高峰期，与基层派出所联合在人流比较集中的街道、商业区、工业区摆摊设点，提供"一条龙"服务；为了使派出所和自己配合，区劳动局向派出所许诺：将零散暂住人员申办暂住证表格送劳动部门审核（劳动部门盖一个章才有一份报酬）一个，劳动部门给予派出所8元的回扣，年终结算；与此相对应，区人事局除了也搞"一条龙"服务外，把许诺的回扣提高到每个10元，且按月结清。

出于利益之争,一些本来只能为干部和技术人员服务的区人事局(人才交流中心)还超越职权将用人单位的一般劳务工如流水线装配工、酒楼服务员、农民工等,按"聘派干部和技术人员"身份办理用工手续,甚至还把小商品市场、街道门店、居民屋村小商店的从业人员统统纳入"聘派干部和技术人员"的范畴。在这种情况下,1998年L区聘派干部、技术人员共2.5万人,而短短一年之后就急剧膨胀为13万人。1999年L区人才交流中心"办理劳务暂住证工作取得突破性进展"和"吸引了大量回头客"(按:这是其当年的工作总结语)后,办理"聘派干部"手续20万人,比同期L区劳动部门办理劳务用工手续的6万人多出了两倍多。结果,当年L区人才交流中心获得报酬700多万元。

在这种背景下,劳动、人事、公安部门轮番派人到企业催办暂住证,一些派出所甚至将没有办暂住证的人员从工厂带回派出所,迫其交钱后才放回。为难之下,一个著名的建筑企业干脆把企业需要办理暂住证的4 000人分成三部分,分别到劳动、人事、公安三部门办理。据了解,每年S市政府和各媒体都要接到大量这方面的投诉。受办证巨大利益的诱惑,一些居委会和照相馆也纷纷"搭车",要求有关部门给他们分"一杯羹",委托其代收外来人员申请办理劳务暂住证的有关表格。而这种不合理要求竟在有关部门"方便群众办证"的理由下得到满足。于是,居委会、照相馆都俨然成了政府行政管理部门。一些受委托的照相馆公开打出"办理暂住证"的横幅,做起办理暂住证的政府工作,他们既不按规定程序查验合法证件、资料表格,还存在乱收费问题,如把每办一证规定收300元改为320元或330元。有的居委会为招揽"生意",甚至搞起了"批发业务"。办一个证收费330元(比规定多收30元),对单位成批来办的则给予"优惠",每人每证可少收10元。一位熟知内情的政府官员说,这就是这一年6月办证难中"黑点"办证的根源所在。

S市劳动局一位工作人员说,各职能部门抢办暂住证,导致的最大恶果是各职能部门的职责不清,给各方面管理工作都带来大量隐患。据统计,近年来,S市劳资纠纷案件不断上升,发案率占全国的11%,占广东全省的38%,其中绝大部分都是因未签劳动合同而侵犯劳务工合法权益的争议。而这些案件因为劳动手续的不全,大多数无法解决。至于政府部门,唯一得到的好处就是,每年可以得到一笔可观的财政收入。但是,S市市委一位相关部门负责人在7月初接受采访时曾表示,S市政府不想成为一个只注重"蝇头小利"而忽略长远发展的收费者。这位负责人说,这次之所以大家喊难,一个原因就是因为在取消了收费后,各职能部门对查验各种用工手续认真起来了,给人的感觉是"增加"了不少手续——从这个意义上说,办证难未尝不是一件好事。

尾 声

在媒体的强烈呼吁下，2002年6月25日，S市政府作出调整决定，扩大劳务暂住证的办理对象范围，简化申办手续，在各公安派出所设立临时工作点直接受理申办和发证工作。但是，过后不久，2002年7月9日，S市人口管理工作会议又作出一项决定：将对出租屋开征治安管理费。S市公安局负责人在会上坦承，开征治安管理费的目的，就是为了弥补2002年S市暂住证收费大幅下降后的亏空。至此，困扰S市有关部门和广大外来工达半年之久的暂住证风波总算宣告终结。

【情景模拟】

您分别被指定为一名民工、S市劳动局局长、人事局局长、公安局局长以及市政府分管领导（假设为一名副市长），在案例所显示背景下，您将采取怎样的应对策略？如果您是分管领导，请您帮助解决问题，改进暂住证相关管理工作，提交相关工作方案。

【案例思考】

1. 从公共行政学的角度看，本案例是一件什么样的事件？涉及了哪些行政主体？它们在本案例中的职责又各是什么？
2. 从行政目标与利益价值相关理论角度看，本案例主要说明当前我国行政管理实践中存在哪些问题？它们为何会发生？
3. 结合国情与案例材料，运用公共行政学理论，谈谈S市暂住证收费风波的经验与启示。

案例 4　　广电、电信话语权之争[①]

广电系统与电信系统关于数字电视和IPTV的话语权争夺战升级。2006年3月21日，广电总局副局长张海涛在2006年广播电视展主题报告会上透露，年内广电总局即将出台数字电视传输标准政策，在全国统一实行，而这将对数字电视传输、手机电视等领域的标准大战起决定性的影响。

而来自市场的调查数据也显示，截止到目前，数字电视的用户已超过450

---

① 主要参考文献：李健，《手机电视靓女待嫁，广电、电信擦枪走火》，《中国经营报》2006-03-25。

万,远远高于电信系统 IPTV 的用户数。但是,行业专家和市场人士却流露出些许担忧,认为应尽快出政策解决数字电视和 IPTV 的对立关系,以免造成两败俱伤的结局。

新仇旧怨

张海涛在这次大会上表示,广电总局的工作将全面围绕着推进数字电视转换进行:"广播电视数字化工作是 2006 年工作的重点,必须压倒一切地进行。"而在这其中的一个决定性的工作将是年内出台地面数字电视标准,包括手机电视在内的移动多媒体也要统一标准、统一格式,不能一个城市一个标准。广电总局广播科学研究院一位专家预计,手持式接收终端将是 2006 年数字电视发展的新亮点,"手持设备上加了电视的功能,一定得由广播电视统一管理"。

将移动多媒体纳入标准范围毫无疑问是广电和电信对数字电视和 IPTV 争抢的延伸,广电的行为将遭到电信系统的强烈反击。而信息产业部一位不愿透露姓名的官员甚至认为广电总局将制定手机电视标准的打算是"笑话"。显然,包括手机电视在内的手机娱乐看做是赢利宝典的电信系统是决不肯将监管权拱手让人的。

目前,多种不同"出身"的企业都在进军手机电视领域,且存在标准之争:北京广播电台和上海文广旗下的东方明珠都采用的是韩国 DMB 标准制式,诺基亚、爱立信和高通等则倾向电信运营商推荐的 DHV-B 等标准。

广电与电信的"积怨"已久。张海涛年年都要拿广电与电信的受益做比较,2006 年的新数字依然不乐观:2005 年,中国的广播电视行业收入 888 亿元,增长了 7.77%,中国的有线电视用户的 ARPU(平均每个用户每月贡献的收入)值只有十几元,相当于电信运营商 1/4 至 1/3。而电信运营商互联网的宽带收入也明显超过有线电视收费的收入,15 万宽带用户能带来的收入超过 60 万用户的有线电视的收入。

多年来广电在收入上与电信的差距,可谓旧怨;广电与电信对标准虎视眈眈,可谓新仇。新仇旧怨,广电、电信战事再升级。

差异竞合主导政策

对于广电系和电信系关于数字电视和 IPTV 的"火拼",行业专家和市场人士表现出了部分担忧。中科院声学所一位教授指出,目前我们国家出现的这种竞争是一种"错位",竞争应发生在为 IPTV 提供宽带接入的各种接入方法之间。他认为,这种"错位"将妨碍 IPTV 和数字电视的发展。

一位业内高层主管人士认为,数字电视产业发展的根本问题还是管制思路，而在目前的状况下，数字电视用户的发展速度超过 IPTV 是暂时也是必然。如果现在国家的监管方式和行业主管部门的分工基本上不做调整，维持现状的话，数字电视用户的发展速度肯定会远远超过 IPTV。

这位人士认为，数字电视内容必须由国家监管没错，但需要与运营分开。所以监管一定要有的，应该统一监管，不论对广电还是电信都应该统一。但是在商业运营上应该是平等竞争，既然允许大家去运营的话，广电在推数字电视，原则上来说管住了内容，电信运营商愿意传播你所管理的内容，应该让它传播。

业内人士建议，IPTV 与数字电视在竞争上有错位价值取向，这样有竞争将利于数字电视的推广与发展。其实 IPTV 也对数字电视产生了积极作用，假如没有 IPTV 的存在，数字电视在 2005 年很难达到 400 多万用户，广电也不会大刀阔斧地提出整体平移战略。

市场人士认为，两斗必会两败俱伤，这样的结果谁也不愿看到，即将出台的标准中某些条文是否涉嫌"过界"，现在只有等广电总局和信产部共同的上级主管再次定性和出面协调。

【案例思考】

1. 从公共行政学角度看，本案例主要反映了一件什么事件？其基本构成要件是什么？

2. 根据材料以及相关法律规定，案例涉及的行政管理部门各自的相关职能是什么？出现案例中现状的合法理由又是什么？

3. 结合中国行政管理现状，运用部门利益理念以及相关理论分析案例中问题出现的深层次原因，并探讨其可能解决办法。

案例 5　　　　彭州乌木所有权之争[①]

2012 年春节时，四川彭州市通济镇麻柳村农民吴高亮在自家承包地中，发现了这笔"横财"露出的一小段枝丫。一个月后，吴高亮开始发掘，没想

[①] 主要参考文献：(1) 雍兴中，冉金，《身价暴涨，地下乌木变国有？》，2012-06-01 10：11：21 来源：南方周末电子报，http：//www.infzm.com/content/76482；(2) 胥辉，《彭州：天价乌木之争冲击产业链？》，《四川法制报》2012 年 08 月 08 日 02 版；(3) 祝迅，《谈崩了　乌木归谁法庭见》，2012 年 11 月 1 日　成都商报电子版，http：//e.chengdu.cn/html/2012-11/01/content_ 358062.htm；(4) 高柱，《国内首例乌木官司"诉前"三次调解失败凸显法律空白——"究竟多大属国家、多小算个人的？"》，《工人日报》2012 年 11 月 10 日　第 5 版。

到半路杀出了当地政府,夺走了乌木,称乌木属于国有。

家门口的宝贝

2012年是吴高亮的第三个本命年,按照民间传统的说法,这一年他要么非常走运,要么非常地不走运。如坐过山车一般,两个极端,他偏偏都赶上了。

春节时,吴高亮陪朋友在自己田地里闲走时,发现地里伸出的一小段枝丫。枝丫发黑,有一股异香,吴和朋友粗略查看,判断枝丫只是冰山一角,地下很可能埋藏着很大的乌木。乌木又称阴沉木,是楠木、红椿、麻柳等树木因自然灾害埋入淤泥中,在缺氧、高压状态下,经长达成千上万年的碳化过程形成的。因树种的不同,市场价值又有不同,以楠木属的金丝楠木最为昂贵,可达八至十万元每立方,而年代越久,保存越完好,价格也越高。随后的鉴定证明,吴高亮发现的乌木正是楠木形成的。随后,吴高亮花钱请了一位民间专家,后者找来北京探测公司,探明地下确实有巨大的乌木。经专家估计,最大的那根乌木可值数百万元。

对吴高亮来说,发现乌木的地方,是如字面意义的"家门口"。麻柳村位于彭州山区,一条属湔江支流的河沟将村子一分为二,吴家居住在河沟右岸,承包地就是左侧的河坝地,两边直线距离不足60米,开门可望。自家门口的自家地里挖点东西能有什么问题?于是,吴高亮开始着手挖掘乌木。2月8日,他雇了一台挖掘机,从中午开始挖了5个多小时,巨大的乌木仅挖出三分之二。在吴高亮的印象中,"刚挖出来时还有香味,站在家门口都闻得到"。

可能一夜暴富的工程,一下子人尽皆知。吴高亮说,挖掘时镇上曾有人找到他,有意合伙挖乌木,但他拒绝了。事后吴高亮颇有点后悔这个决定,因为从这时起,事情开始起变化。当天晚上,通济镇派出所来了两名警察,吴只得停了下来。

"我们当天是接到了群众举报,有人私采滥挖。"据通济镇党委副书记高先志介绍,接到这个情况后镇上通知了派出所。他解释说,彭州矿产丰富,盗矿者一度十分猖獗,当地政府像打黑一样在打击私采滥挖。可是面对挖到一半的乌木,通济镇也拿不准它算不算矿产资源。"但是我们想它总有一个前提,它是属于国有的财产。"通济镇做出了这样一个界定,并且派出警力对现场进行了保护。吴高亮才意识到,自家门口的东西真的有可能不属于自己。

"夹生饭也吞下去"

警察表示只要吴高亮停下来不挖,后续交给镇政府处理,"就不追究私采滥挖的事了"。随后几天,镇政府领导上门,反复劝说吴高亮放弃乌木。后来，镇政府也愿意作出一些让步，时任通济镇党委书记杨勇表示，镇上将乌木挖起来，会给他申请最高奖励，他前期的投入也会补偿，甚至在以后这根乌木进博物馆展览，下面会有一个刻有他名字的牌子，让吴高亮"流芳百世"。

但是，双方始终未能达成一致，吴家则试图组织亲属阻止镇政府起出乌木，事态一度有些失控。回忆起当时的情况，被请到现场做顾问的成都文物考古研究所副研究员张擎大摇其头："吴的母亲对政府的人破口大骂，什么难听的都有，我们都挨了她的骂。"事态迅速升级，镇政府派出了警察、城管，还准备好了120救护车。所幸，没有发生冲突。

最终，2012年2月20日，从发现地共计起出乌木7根，其中一根长34米、直径1.5米、重约60吨。据说，这是迄今为止，世界上发现最大的乌木，可申报吉尼斯世界纪录。这些乌木全部被运到了通济镇安放。有意思的是，吴家的阻拦反而让镇政府下决心"保护"好乌木。同是顾问的彭州市文物保护管理所副所长肖礼颖说，因为最大的乌木长达34米，起吊方案中曾提出过锯开分段起吊，但政府反对，坚持要保持乌木完整。

政府通过公开比选方案，雇了西南地区最大的起重车，这样的车成都有一台，重庆有一台，动一天的费用就是上万元。据肖礼颖透露，当时就是西南没这样的车，政府也会从全国其他地方找，"用政府的话来说，就是夹生饭我也要把它吞下去，我必须要把它拿起来"。事实上，不仅是起吊设备花了钱，为了从山沟里运出34米的乌木，沿途拆除又恢复了一些电杆，将乌木从麻柳村运到通济镇总花费接近100万元。

"国有"并非一贯主张

纳乌木为国有，并不独通济镇。近几年，四川崇州、什邡、南充等地发现大型乌木后，都由当地政府收归国有。然而，这并非政府的一贯主张，起码在乌木价值还未显现时，政府的身影并未出现。

成都乌木博物馆馆长、台商卢泓杰从20世纪90年代就从事乌木的收藏和保护。据他了解，自古乌木在民间就是名贵木材，四川有俗语"家有珠宝一箱，不如乌木一方"，但真正使乌木市场价值堪比珠宝的时间并不久。在他的记忆中，20世纪90年代，人们远没有现在这么重视乌木。

1994年，卢泓杰曾在广汉一位老大爷家中用蜂窝煤换来一根乌木。因为老大爷是拿乌木当柴烧的，卢泓杰就提出用煤和他换。老大爷说这根乌木够烧两个月，卢泓杰于是用相应的蜂窝煤作为交换，总共1 000个，那时蜂窝煤好便宜，"一个才1毛左右"。那一时期，卢泓杰不仅从个人手中收购乌木，还从事发掘。有时，挖沙船发现了沉在水里的乌木，卢泓杰就把挖沙的"沙窝子"买下来。"我们就挖乌木，挖沙留给他们。"而当时，各取所需，政府从未干涉过。

　　乌木价格攀升大约始于2000年。其时，卢的乌木博物馆小有所成。恰逢"中国西部论坛"在成都召开，卢展出了5件乌木艺术品，引发了强烈的关注。那之后，"木材"摇身一变成为"木财"，市场趋之若鹜。据卢泓杰回忆，2000年左右收乌木大概就每方600元，2001年就飙到2 000多元，"随后一两年就4 000元、8 000元、12 000元这样往上翻。"现在，乌木因其树种、年代和品相而价格不一，但较低的也是每方近万元，像保存较好的楠木属乌木，价格都在每方10万元左右，相比之前上涨了数十倍不止。阿里巴巴上甚至有厂家的楠木乌木开出了令人咋舌的高价：每方80万元！

　　"现在的乌木市场完全是无序的。"卢泓杰说，他已绝少到地方上收购乌木，不仅因为价格高，还有摆不平的地方势力。现在，一条从产地四川到消费地京沪的产业链已经形成，而在四川一旦发现乌木出土，就会有复杂的地方势力介入，各种乱象丛生。

　　此时，从不闻不问，政府对乌木也开始逐渐重视起来。大型乌木被发现后，政府都会以保护姿态介入，不可避免地与个人利益产生冲突。据四川高扬律师事务所喻远军律师透露，近期他接受类似案件的咨询已有五六起。

　　34米，相当于11层楼的高度，至今通济镇也没有这么高的楼。乌木运到通济后，吸引了不少人前来观看。但是，通济镇政府发现，如何处理这一巨大财产成了一个难题。所在的彭州市文管部门和国土资源部门均表示，没有依据对乌木进行处置。通济镇也自忖无权对其进行处置，于是向彭州市（市委市政府）打报告，请求国有资产管理局牵头文管部门来进行下一步安置。

　　7月3日，彭州市财政局国资办召集文管、林业、司法、水务、国土等部门，对吴高亮作出正式答复，奖励他7万元，乌木属国有。彭州市财政局分管国资办的副局长陈彬说，乌木属于地下埋藏物，且藏之时已距今成千上万年，无法查清系由人为或是地质变异所致，故其应为所有人不明的埋藏物。彭州政府和通济镇政府根据《民法通则》第七十九条，共同给予吴高亮7万元奖励。

　　然而，这与吴高亮的期望相距甚远。发现乌木以来，吴高亮前前后后花了七八万元。而所发现的7根乌木，市场估价已高达2 000万余元。由于感到身心疲惫，母亲和妻子也不断抱怨他的行径破坏了原本平静的生活，吴高亮甚至曾经多次想过撤诉，但又觉得媒体和众人的支持让他不能回头。在他看来，他要求的并不多，只希望能够实现之前当初镇政府拉走乌木时承诺要给他乌木价值的20%作为奖金，甚至能有200万元到300万元的奖金就可以了。但很明显，这与政府所愿意支付的相距甚远。

　　政府方面也面临着不小的压力。其中，一个首要的问题在于：乌木究竟算什么？乌木形成时间大多在3 000年至8 000年不等，虽然也是一段漫长的时间，但还不足以成为植物化石；同样，它也不属于矿产。所以，保护乌木并不适用《古生物化石保护条例》和《中华人民共和国矿产资源法》。"各地发现乌木，一般都找文物部门去，但其实它不是文物。"成都文物考古研究所的张擎说，文物是指人类活动遗留下的产物，属于社会学科，乌木则是一种自然形成、正在向植物化石转化的中间产物，属于自然学科。

据肖礼颖介绍，20世纪90年代，成都市文物保护管理条例里增加了一条，"古树名木参照文物进行保护"，但在2002年中华人民共和国新文物保护法颁布后，明确了学科的分野，古树名木并不是文物保护范畴，同时修订的成都市地方法规就删除了这一条。

不过在张擎、肖礼颖等文物学者眼中，乌木包含了丰富的古生态信息，是不可再生的"资源"，仍应当属于国有。成都市最大胆的尝试是试图制定地方法规：2004年由市文化局文物处牵头，会同专家起草了《成都市乌木资源保护管理暂行办法》，但这一办法并没有正式出台。

公与私的界限

四川多地发生的乌木收归国有，官方援引的都是同一条款，即1987年起施行的民法通则第79条：所有人不明的埋藏物、隐藏物，归国家所有。对于这一条款的理解，国内民法学者的观点并不一致——中国社科院法学所研究员孙宪忠认为，可将乌木认定为所有权人不明的埋藏物，由"国家"取得其所有权。原因在于，其他集中处理方案都不合法理和中国法的规定。北京大学法学院教授尹田则认为，"埋藏物指的是本来有所有人，由所有人埋藏在地下的"。也就是说，"埋"和"藏"都属于人为行为，乌木系自然形成，不属于埋藏物。不过，殊途同归：乌木都会落入公有的箩筐中——尹田主张乌木为有主物，应由土地所有人享有。在中国土地不为个人所有，因此乌木可属于国家或集体，但不会是吴高亮个人。

武汉大学法学院教授孟勤国表示，尽管我国法律对无主物没有明确解释，但基本包含两种情况：没有所有权人和所有权人不明，"（乌木）这个就是标准的无主物"。他还认为，"无主物归国家所有，我们国家的惯例就是这样的。"对于这一点，孙宪忠说，"在（物权法）立法的时候我多次反对盲目地把一切无主物都处理为'国家'取得所有权。因为这一做法常常是不必要的，也是无法普遍实现的"。而孟勤国则举例说，像垃圾这种无主物，国家不可能也没必要主张国有。其实，物权法还回避了许多国家和地区民法都明文规定的"先占"制度，即对无主物，先占者先取得所有权。实际上，拾荒者拾荒就是为大众所认同的一种先占行为。一位学者解释说，"先占"制度显然与无主物归国家所有相冲突，物权法最终没有涉及。于是，按现行法律，只要是"无主物"，都会掉入国有的箩筐。

但是，在中国著名民法学家、物权法核心起草人梁慧星看来，政府和吴高亮引用的《物权法》和《民法通则》都不恰当。梁慧星教授分析说，埋藏物、隐藏物的前提必须是人为埋藏、隐藏。彭州发现的这个巨型乌木，既不属于化石、矿产，也不属于文物，法院判决时可推定为天然孳息。根据《物权法》第116条：天然孳息，由所有权人取得；既有所有权人又有用益物权人的，由用益物权人取得。因此，所有权争议的焦点应该在于发现地点。如果是在村民承包地发现，权益应该由承包者享有；如果是在河道中发现乌木，河道属于国家，乌木就应由河道所有权人国家取得。虽然有"先占制度"的说法，但这未写进我国物权法，且"先占"的前提必须是"无主物"。不过，即使是在国有的河道中发现，梁慧星也认为，目前政府给予乌木发现者的7万元奖励"过低"。

因此，吴高亮和通济镇政府面临的其实是一个棘手的问题：公权与私权的边界问题。正因为如此，地方政府有时会采取截然不同的做法。可堪对比的例子就在吴高亮发现乌木地点上游2里处：同是麻柳村的牟登良在河沟里起出了长约1.8米的一根乌木，没有受到任何阻拦，已经运到了彭州待价而沽。事实上，大量民间挖掘、买卖乌木已成经济活动常态，无主物统归国有，政府往往会陷入"抓大放小（选择性执法）"、"疏于管理"、"与民争利"的窘境，面临社会更多诘问。

7月26日，吴高亮正式向成都市中级人民法院提起诉讼。8月，乌木诉讼进入立案前调解阶段，吴高亮非常愿意调解解决，但前提是要先谈乌木归属问题。10月29日，调解失败，成都市中级人民法院正式受理乌木案。原告代理律师张敏律师强调，吴高亮的乌木诉讼案在全国都是首例，这关系到公权力和私权利的边界，是国家财产和公民财产确定。他认为，《物权法》没有明确类似乌木的归属问题，国家也没有能力管理每一条乌木。如果吴高亮的乌木属于国家所有，那市场上的乌木是不是都属于国家所有呢？如果是这样，那市场上的乌木交易岂不都是非法交易？

张敏说，手中又陆续接受好几个类似的案件，这些案件"本质都和吴高亮乌木案一样，只要这个案子解决了，其他类似官司就可以迎刃而解"。

【情景模拟】

结合案例材料与国情，假设您就是吴高亮、通济镇政府主要领导、一名民法学家、一名普通公民，将如何对待和评价此次乌木所有权的争议？为什么？

【案例思考】

1. 依据公共行政学相关理论，从行政环境角度看，本材料主要反映了一个怎样的行政管理现象？其基本构成要件是什么？

2. 结合案例材料与行政实践，吴高亮与彭州相关政府部门之间的乌木争议是如何形成的？相关政府部门所采取行为的可能目的与动机是什么？为什么？

3. 结合案例材料与国情，您认为应该如何避免类似纷争的发生？为什么？

第3章
行政功能与职能

一、本章学习目的与要求

说明：通过本章的学习，了解行政功能与行政职能的概念内涵、基本构成类型，理解行政功能与职能的实施条件、运作机制、表现形式与运行特征，知晓行政功能与行政职能在实现过程中可能存在的主要问题与应对策略。

二、本章考核知识点与考核目标

识记：行政职能与行政功能相关核心概念的基本内涵。

理解：行政职能与行政功能的概念关系，行政功能与职能的实施条件、形成与运作机制、表现形式、基本特征及其主要影响因素，中国各级政府基本行政职能体系的历史演变、基本内容、构成现状、职能关系、实施机制及其发展趋势。

应用：运用所学公共行政学理论知识，分析不同案例中特定行政管理事件或现象发生过程中相关行政职能的表现形式、影响因素、发生机制、功能特征、实践效果、可能存在的问题及其可能的经验教训与应对策略。

案例 1　　　　广州不明病毒危机[①]

2003年年2月11日上午10时30分至11时15分，广州市许多市民是在电视机前度过的：他们看到自己选举出来的市长和高级公务员面对镜头发布信息，消解了几天来盘桓在他们心头的阴影。

信息迷局

2003年2月8日，农历正月初八，休息了7天春节假期的广州市恢复了永不停歇的活力。不料，中午时分，一条消息悄悄在人群中蔓延——"广州

[①] 主要参考文献：陈海，江华，《广州抗击不明病毒》，《南方周末》2003-02-13。

发生致命流感"。这条信息以手机短信和口耳相授等形式传播。其标准版本是：春节以来，广州出现多例流感性肺炎致死病例，几家医院有数位患者死亡。"死亡"的字眼无疑加剧了人们的恐惧。找熟人打听，就成为广州人对不明病毒的第一反应。广东移动几日来的短信息流量数据统计：8日，4 000万条；9日，4 100万条；10日，4 500万条。在数十小时里，广州的城市生态发生了微妙的变化。

从2月8日晚间到2月9日，一些网站上开始出现可怕的字眼：禽流感，炭疽……到网络上找原因，成了不少广州人的第二选择。同时，广州各大医院正在继续传出消息：中山大学附属某医院呼吸内科全科多名医生被病人传染，目前睡觉均戴口罩；中山三院呼吸内科主任因被患者感染，被隔离治疗。

使医生都倒下的病毒究竟是什么？如何防治？

其实，从春节前开始，广东的河源和中山等地就传出"流感死人"的传言。1月初，河源还出现了市民到各大药店抢购某抗病毒药的风波，只是因为距离比较远，没有引起广州人的注意。不过，1月5日，广州某媒体"唐突"地发布了一个报道：河源市疾病防疫控制中心2002年12月15日接治了两名患者，紫金县人，症状是畏寒发热、咳嗽，随后分别转到深圳福田医院和广州陆军总医院。其后，有关部门组成专家组于1月2日奔赴河源，几位患者初步诊断为某种病毒感染。

药！药！药！

2月10日上午，终于有媒体"模糊"地报道：近期广州患"感冒"和"肺炎"的病人增多。临近中午，南方网谨慎地发布了官方信息：广东省部分地区先后发生部分"非典型性肺炎"病例，该病主要表现为"急性起病，以发热为首发症状，偶有畏寒……有明显的呼吸道症状……该病有一定的传染性"。据了解，预防措施包括保持空气流通，醋熏，勤洗手和谨慎接触病人。

随即，大半个广州都颤动了起来。"买药了吗"和"买醋了吗"成了广州人的见面语。走过居民区，随时可以闻到一股股醋的味道；在一居民小区，物业管理人员开始喷洒消毒药水。大街小巷，只要有药房的地方，人们就排起了久违的长队；板蓝根和抗病毒药物成为人们哄抢对象，甚至清热解毒的中草药和凉茶也都成了抢手货。上午10时44分开始的7分钟里，建设六马路广东创建大药房前后有28个人前来买药，而这些药早在两个钟头前就卖完。当天夜里9时，位于番禺区的广州碧桂园，人们不让药房关门，宁愿连夜排队等候店家到他处调药。而此时板蓝根已由平时的一包6.5元涨至20元。各种抗生素更是"只能等待明天了"。据说可以预防流感的白醋甚至被商人炒到了100元一瓶。

不久，药物和白醋的热销"狂潮"连同"流感传言"传出广州，越过省界。从2月10日起，深圳大小药店都已买不到板蓝根和抗病毒药物。为了购买一种所谓"特效药"，某单位立即派人到香港购买。远在贵阳，板蓝根也"卖疯了"，价格翻到12元、15元，最贵的甚至卖到23元一包，市民仍在疯抢。贵阳机场10日起接运大量板蓝根，目的地——广州。相同景象几乎同时出现在国内各大中城市，北京、武汉、长沙、海口……人们纷纷给远在广东的亲友寄"药"。与此同时，抗生素、抗病毒药物也备受重视，截至2月11日止，浙江某药厂库存的某抗病毒药大部分已销往广东，苏州某药业公司的同类药在广东方面销量猛增。连最基本的药物——板蓝根也在某些药店告罄。中山某药厂称"生意极好"，电话声此起彼伏，工作人员甚至已经顾不上接了。2月9日和2月10日，股市出现"小阳春"，几只医药股和一只醋业股一度涨停板，网络上发表了一篇题为《医药激情领跑，大盘企稳反弹》的股评。

依当时较为确切的信息，此类非典型肺炎最早病例出现在广东中山一个厨师身上，时间是2002年12月26日。2003年1月初，中山市出现10余例同类病例，此情况于半个月后引起广东省有关专家的注意。2003年春节前，广州出现了非典型性肺炎病例，由于开始时少数医院对此病认识不足，导致医护人员也被感染。

短时间内，一种某公司生产的进口药（处方药）在医院里被当成"特效药"，而此药的消耗直接反映了当时"传言"的严重程度：1月31日，广州市仅存为数不多的这种进口药被全部用完，不得已紧急从外地调运。为解决燃眉之急，广州紧急从中山市调运100盒。2月9日中午，在不停催促下，这种进口药第一批3 000盒抵达广州，立即被守候在机场的广州七家医疗机构"瓜分"殆尽。据了解，此时，广州已有近100名医护人员先后遭到传染。2月10日晨，9 000盒进口药再次空运至白云机场。2月11日上午，广州需求量增至30 000盒！2月11日中午，该药广州销售经理的手机再次响起："广州，急需15 000盒！"

广州的大量药品需求引起了国内其他城市的疑虑，烟台、苏州、杭州虽然不知何故，也开始增订药品。

政府的声音

2月11日上午10时30分，广州市政府召开针对此事的新闻发布会，广州市副市长、市委副秘书长和市卫生局局长现场解答。会上，广州市卫生局局长黄炯烈宣称，一种病毒引起了"非典型肺炎"，目前病原鉴定工作尚未能作出确切定论，但可以排除传言所说的鼠疫和炭疽。黄局长同时向社会承诺：广州市有能力和水平，有足够的经验维护病人安全。他透露，该病在广州市已发生了一个多月的时间，从死亡人数和总体发病人数来看，相对于广州地区1 000多万人口，其实比例很小。

当天下午4时30分，广东省卫生厅也相应召开新闻发布会，卫生厅厅长黄庆道介绍此病情势：全省的21个地级市中，有6个城市（佛山、河源、江门、中山、深圳、广州）发生这种病情。从2002年11月6日到2003年2月9日，总共有305例，其中，佛山19例，江门15例，河源11例，广州226例，中山28例，深圳6例；医务人员感染发病的有105例。

据黄庆道介绍，到目前为止，还没有特效药可以治疗，临床上采纳的主要是对症治疗。该病的源头和病因还没有分离出来，但专家称病毒感染的可能性极大。此次非典型肺炎的特征是家族性、散发型，医务人员的发病率比较高，其中多数是因为未及时采取保护性措施。专家认为还可能看到有新病例发生，现在只是初步遏制。至于为何迟迟没有公布病情的缘由，黄庆道解释说是因为典型性肺炎并未纳入法定报告传染病之列。他强调，即使在美国，每年的非典型肺炎患者也有560万，住院治疗的有170万，总死亡率为5%，住院死亡率占13%，其中很多病原体都没有找出。

据与会的中国工程院院士、著名呼吸内科专家钟南山透露，从病人临床状况来看，很像是由病毒引起的肺炎，但是目前还没有证据表明是什么病毒引起的。尽管症状也是高烧、全身酸痛，但是，和感冒引起的肺炎是不同的。首先是它引起的机会比较多，另外如果病情没有得到控制，恶化较快，比一般感冒引起的肺炎要严重。呼吸病专家黄文杰则指出，此种病毒的潜伏期最短的时间为2到4天，长一点为11天左右，只要通风条件良好，病原体达不到一定的浓度，一般不会传染。公共场所也是不会传染的，不必要戴口罩。

上午广州市政府的新闻发布会进行了电视直播，使人们对非典型肺炎的认识逐渐清晰起来。2月11日晚7时，五羊新城一家客家菜餐厅，稀稀落落的食客散坐其中，显得十分冷清。不远处，原来门庭若市的按摩院也门可罗雀。但另一方面，原来高价的白醋已经没那么热销了，药店门口的长队伍此时自动消失。

尾　声

2月10日以后，关于广州发生病毒入侵的信息通过电话、短信、互联网被逐步放大、扭曲发散到全国各地。值得反思的是，广州媒体不断接到全国各地同行求证，却出乎意料地沉默。于是，一些不甘失去权威解释的居民开始在网络上发布各种各样的"判断和指导"，近乎专业的叙述分析和有出处的权威资料，让人们的思维向炭疽、鼠疫等恐慌疾病靠拢——芜杂的信息已经让所有的人失去了判断力。

11日上午10时30分至11时15分,广州市的许多市民是在电视机前度过的。他们看到自己所在城市的市长和高级公务员面对镜头,消解了几天来盘桓在他们心头的阴影。但是,一位医学专家说:"这3天的时间被传言占领,政府尽管做得很不错,毕竟在和病毒争夺控制公民意识走向和活动权的斗争中,失去了3天宝贵的时间。"而一位医学博士则指出,1 000多万人口的城市,不发生疫情不可能。不过,我们希望,不管病毒用什么的方式和面孔出现,没有恐慌,没有迟滞。"即使消灭不了它,我们可以以最小的代价打败它。"

【情景模拟】

假设您分别是一名普通市民、药店经理、相关药品制造商、广州市卫生局局长、广东省卫生厅厅长,在案例所显示背景下,您将采取怎样的应对策略?如果您是分管领导,请设计相关工作方案,以健全相关职能部门的履责工作。

【案例思考】

1. 从公共行政学角度来看,政府职能行为是如何发生的?其主要决定因素有哪些?

2. 在本案例中,相关的行政职能主体有哪些?各自是如何履行其职能的?产生了怎样的影响与效果?有无需要改进的方面?为什么?

3. 结合事件,谈谈案例中有关政府职能履行机制及其制约因素的可能发展趋势、经验与启示。

案例2 内蒙T县政府"护污"事件之后[①]

新华网呼和浩特2006年10月24日电,经过两个月的停产整改,安装治污设施,曾经大量向农田排污的S制药有限公司已于近日复产调试。到10月中旬,该公司所在地内蒙古自治区T县的情景已经大为改观:污黑的流水正在变清,充斥在空气中的恶臭逐渐消失。然而,这里的农民仍不满意:"害死我们的庄稼、毒死我们的牲畜,至今没个说法,这叫什么'痛下决心'整改?"

农民们的抵制情绪大部分源于当年春天发生的T县政府动用执法力量"护送"污水进农田事件。

[①] 主要参考文献:刘军、石志勇、王艳明,《政府"护污"事件骇人听闻,余波未了还难见反思》,新华网2006-10-24。

政府"护污"事件

从2005年年初开始，以生产青霉素的S公司为主的几家制药企业，日排放量约6 000吨污水，通过引黄灌渠进入农田，导致数千亩庄稼减产、近百只牲畜死亡。据T县环保局2006年六、七月间的抽样监测显示，污水的COD（化学需氧量）指标平均在1万毫克/升以上，最高时达到3.6万毫克/升，高出国家排放标准100多倍。这些企业的排污结果是，距离很远就能闻到令人作呕的气味，黑色污水由专设的排污管道涌入黄河灌渠，再混在黄河水中流进农田。

双河镇大羊场村是T县毛不拉扬水站引黄灌渠经过的第一个村。据村民反映，2006年春灌前乡里领导就通知，说是"药厂的污水没地方放了，要大家浇地，掺在黄河水里，减一半水费"。但是，4月20日开始放水时，因为有头一年污水浇地庄稼受害的教训，村民们都不同意。不料，24日一大早，十几辆小车、警车和救护车开到了村头，带队的是一位副县长，说是要与农民"协商"污水浇地的事。

在县领导和警察进村的同时，污水也进了村。接着，79岁的村民张月小便遭遇了让他感到很是不满的一幕——"人老了，看不懂人家拉根布条子就是警戒线，我用拐棍碰了碰那个布条儿，一个警察上来就把我拿下了，拐棍也被踩成三截子。"上前说理的邓三娃等10多位村民也被抓起来。冲突过程中，陶小女等几位村民被救护车送往医院。最终，数百名男女村民只好默默看着污水流过灌溉渠道。

对此，T县公安机关给的说法是：确实抓了人，但那天没有在黄河水中掺污水，村民们阻拦浇地没有道理。但村民说，要是没有污水，正是春旱时，谁会阻拦浇地？在T县燕山营镇、伍什家乡以及双河镇其他地方，村民们都很无奈地说："听说大羊场那边因为这事抓人了，咱就听政府的，用污水浇吧。"

难以消除的影响

经过两个月的停产整改，造成污染的制药企业恢复生产，开始调试治污设备。制药企业复产调试期间，产生的污水不向外排放，主要存于厂内储水池内，用于厂区绿化。而环保局的近期监测表明，企业污水达标率比整改之前有了明显改观，主要指标大幅度下降，污水的臭味问题已基本解决。

据制药企业的一位负责人透露，因为污染问题药厂和周边农民发生过多次矛盾，这次该企业终于痛下决心停产改造。目前，投资4 600多万元、设计日处理污水能力1万吨的进口治污设备已订货，将于2007年4月份投入使用。经过处理，污水可以变成中水，用于企业的循环水补给、养鱼、绿化等。

尽管如此,"护污"事件在农民群众中造成的影响却远未消除。伍什家乡主力汉村绿树成荫,但是,村民二娃子却说:"我们村原来空气很好,春天是春天味,夏天是夏天味,可现在就剩了一股臭味。"另一个村民则指出,2006年4月份以来,村民们发现喝了井水就肚子疼,后来乡里不让喝井水了,开始专门派车送水。他还指出,就在几个月前,村里近100只羊在两三天内全部死亡,怀胎母羊大量流产。县畜牧部门的说法是,死羊的最终化验结果还没出来,初步判断是"羊痘病"引起,但不能排除与污染有关。

对污水浇地与农业减产的关系,农民与药厂则各执一词。村民们反映,入秋以来,污水浇过的田减产了大约七八成;一个多月前,乡里派人来登记了损失情况,至今没有说法。药厂则认为,庄稼大面积枯死与农民大水漫灌、夏秋以来雨涝有关,可能是浇水过多淹死的。

据T县环保局一位干部透露,自2005年初开始排放污水以来,相关药厂处理污水的主要方法是"挖坑法":开始是在工厂附近挖了一个容量约40万立方米的污水暂存库,放满之后,又占用了几十公里外的两个总容量为100万立方米的存水池。但是,2005年,暂存池污水曾经溃坝,吞没了双河镇农民部分农田。"护污"进农田事件正是在这种背景下发生的。

让大羊场村农民最为耿耿于怀的是,10多位乡亲因阻拦污水浇地而被抓,有关部门迟迟也不给个"说法"。在他们看来,这叫大家难以相信政府"痛下决心"整改的许诺。一位村民坚持认为,"县里的领导们知道,如果把污水排进黄河,国家会治他们的罪,就不敢往黄河里排。我们这些种地的头皮软好剃,就专门往我们的农田里排"。因此,他对于污水是否还会进农田表示担忧。

难见有关部门反思

农民们的担忧并非没有道理,因为至今还没有看到有关部门对"护污"问题的反思。有关媒体就这一问题进行采访时,有关部门的回答大多闪烁其词,县环保局的干部更是面有难色,连说"不必再问"。

据县里一位干部介绍,因为一些"特殊原因",这家制药企业建厂时就没执行"三同时"(即建设项目中防治污染的设施与主体工程同时设计、施工、投产使用)。他说,这是个大项目,企业一投就是几个亿,带来了好几家配套企业,还解决了1 000多人的就业问题。据了解,每次排污灌农田前,地方管理部门还会向污染企业收取大笔"提水费"。

至此,所谓的"特殊原因"似乎也一目了然。事实上,据S公司一位副总经理透露,企业通常不与农民直接打交道,污水通过黄河灌渠掺入黄河水浇地的事,也是经过T县有关部门运作的,企业只负责向县里交"提水费"。他说，对于农民的损失，只要确认是企业造成的，企业承诺一定照价赔偿，现在有关损失情况正由 T 县的有关部门登记汇总。他表示，今后对于涉及农民的问题，企业一定认真对待，决心和当地的农民融为一体。

内蒙古自治区人大常委会环资委一位不愿透露姓名的人士表示，招商引资、发展经济绝不能拿群众的利益和污染环境作为交换，采取简单、粗暴、极端的手段处理群众合理要求的做法，更是不能容忍的。

【案例思考】

1. 从公共行政学角度看，本案例主要反映了一件什么事件？其基本构成要件是什么？
2. 根据案例资料，T 县政府"护污"事件是如何发生的？其原因可能有哪些？
3. 结合我国国情，谈谈避免类似事件发生的现实举措。

案例 3　　"改革中枢"的前世今生①

2011 年 5 月，在深圳市委书记王荣的支持下，长期有名无实的"深圳体制改革办公室"（以下简称"改革办"）深圳改革办在被实际撤并两年后重新浮出水面。尽管改革办主任乐正否认了"改革办无所作为"，但他承认，"改革推进过程中，有复杂的利益纠葛"。正因为"过于高调会产生意想不到的阻力"，改革办一直低调行事。

作为 20 世纪八九十年代中国改革的中枢机构——体改委的"再生"机构，今天的改革办复出后的沉寂，让许多人对它的作用心存疑虑。更重要的是，深圳市的地方探索并未上升至更高层面——在中国改革受部门利益牵扯，进展步履维艰的今天，曾经以利益超脱的身份主导改革的体改委系统日渐为人所怀念。当年，这个全名为"国家经济体制改革委员会"的国务院组成部门，曾经聚集了一大批意气风发的中青年，有着一段与改革开放共生的辉煌岁月，亦见证了改革的困境、徘徊。

复　　出

2004 年 2 月，甘肃省体改办被撤销时，时任甘肃省常务副省长徐守盛曾

---

① 主要参考文献：(1) 方可成，王磬，《"改革中枢"能否浴火重生》，2011-12-15 17：05：52 来源：《南方周末》，http：//www.infzm.com/content/66313；(2) 马克，《体改办 23 年：中国改革之路的一个缩影》，《南方周末》2003 年 6 月 9 日第 A9 版。

在讲话中说:"将省体改办的职能并入发改委,是适应经济社会形势发展的需要,不仅不会削弱改革,而且有利于综合协调改革和发展的全局工作,从整体上、宏观上更有效地指导和推进我省的经济体制改革。"

如今看来,改革的效果并不如意。体改委系统撤销后,在政府序列中,从中央到地方,发改委都下设立了综合改革司(处),但由于层级不高、势单力薄等缘故,这个承担综合改革职能的内设机构更多只能扮演调研的角色。而在党委序列中,体改办普遍被并入政策研究室。取代体改委的角色,在改革中进行部门间统筹协调的,是名目繁多的领导小组。如2008年成立的"国务院深化医药卫生体制改革领导小组",副总理李克强任组长,成员来自卫生部、财政部、中宣部、保监会等约20个部门;又如2010年成立的"国家教育体制改革领导小组",组长是中央政治局委员、国务委员刘延东,成员单位亦有20个部门。国家行政学院经济学教研部主任张占斌认为,"领导小组下面设有办公室,但办公室主要是办一办领导交给的任务,做不了系统的改革研究,也无法很广泛征求群众意见"。此外,数量庞大的议事协调机构也牵扯了领导人的精力。

正是在这种背景下,深圳市改革办得以"复出"。事实上,这个机构的诞生可追溯至2005年,时任深圳市委书记李鸿忠为"深圳市体制改革办公室"揭牌,主任南岭是市委和市政府的"双料"副秘书长。然而,由于改革阻力巨大,改革办当年提出的深圳事业单位七项改革方案推行滞缓。2008年,改革办被一分为二:在市政府序列中被纳入发改委改革处,在市委序列中则被纳入政策研究室,与政研室实行"一套班子,两块牌子"式的架构。改革办随之一度陷入沉寂。

转机出现在2011年5月。是时,深圳市委书记王荣召开以改革为主题的工作会议,改革办被作为特区改革的主导机构重新出山,由市委常委、统战部部长张思平分管全市改革日常工作,深圳市深院院长乐正担任改革办主任。学者出身的张思平,曾经担任广东省体改委主任。

据改革办主任乐正介绍,改革办其实在5月份之前就草拟了年度全市改革计划,共有32个改革项目,8个重点项目,由市委常委会审议通过。"5月份后,改革办的主要工作就是推进这32项改革,尤其是8项重点改革。"在这些改革项目中,不乏财政预算公开、公务车改革等,一度引发强烈关注。

随后半年多时间里,改革办几乎未向公众释放关于改革进展的信息。但是,"全市光是关于改革的会议就已经开了三十多次"。乐正说,"只是我们做得较低调……而且改革不是一蹴而就,有些跨年度的改革,仅凭今年是无法完成的"。在他看来,有张思平的主导,以及书记和市长的频繁听取汇报,改革办能够拥有跨部门协调能力。

成功的关键

跨部门协调能力，正是昔日体改委成功主导改革的关键因素。

国家体改委在20世纪80年代成立时，在中南海办公，主任由国务院总理兼任。据曾任国务院经济体制改革方案办公室副主任的杨启先介绍，国务院赋予体改委五项职能，"它们是理论研究、规划设计、组织协调、指导实践、组织试点"。当时，各部委的所有改革方案都要送到体改委征求意见，经过体改委协调后才能上报。

这个"超高规格"的部门，是被改革形势"逼"出来的。1978年12月的中共十一届三中全会确定了改革开放的总方针，但具体怎么做，谁心里也没底，只能是"摸着石头过河"。这种背景下，为了规划和协调改革全局，1980年5月，"国务院体制改革办公室"应运而生，时任国务院秘书长杜星垣兼任主任。但是，高层很快发现，"当时体改办只有二三十人，事情多得根本就干不过来"。而且，国务院体改办在推动改革举措落实时仍不够权威。1982年5月，五届全国人大决定设立国家经济体制改革委员会，成为国务院组成部门，由国务院总理兼任主任，5位副主任中还有时任副总理薄一波。

总理兼任部级单位的一把手，实属罕见，但却理由充足。"如果一个部长当主任，就协调不了。"中国经济体制改革研究会会长、原体改委副主任高尚全说，"比如现在发改委主任是正部级，而人民银行行长、财政部部长、税务总局局长，都是正部级，协调就很困难"。

除1987年4月至1988年4月，体改委主任由中央政治局委员李铁映担任外，总理兼任主任的配置一直维持至1990年。1990年9月，原中石化总经理陈锦华接替时任总理李鹏出任国家体改委主任。尽管规格有所降低，但体改委仍和计委、经委同处政府组成机构序列的最高一层——宏观调控部门之列。当时，陈锦华还请总理的秘书列席体改委党组会，会上讨论的重大问题、重要决定，都由他及时跟总理汇报。

主任高配的另一面，是体改委在利益上的超脱。张占斌指出，"过去的体改委是一个在计划经济下没有既得利益的部门，所以改革最坚决，能形成对原有政府部门的重要制约"。中国政法大学资本研究中心主任刘纪鹏也认为："利益超脱是体改委成功的最重要因素。"刘曾参与体改委的股份制研究设计工作，被称为"中国股改第一人"。

国家体改委主导了多项至关重要的改革：提出"商品经济"，推进国有企业股份制改革，设计财税制度、金融制度、城镇职工养老保险制度、城镇住房制度、投融资制度、现代企业制度、流通体制、土地制度等改革方案。杨启先说，"推动中国从计划转向市场，体改委一直不遗余力"。据他透露，体改办综合调研司司长吴天林调任中央企业工委监事会主席,离开体改办之前,曾和同事们讨论了一个"重大问题":体改委(办)搞了这么多年改革,到底有什么是真正拿得出手,经得起历史检验的东西?讨论结果,大家一致认为是"推行股份制改革"。

事实上,体改委大放异彩的20世纪80—90年代,也被普遍视为中国改革的黄金年代。

调整的动因

20世纪90年代后期开始,体改委逐渐式微。1998年机构改革中,原体改委组织制定企业综合性经济法规的职能移交给国务院法制办和国家经贸委,组织现代企业制度试点和审批中央企业改制为股份有限公司的职能移交给国家经贸委,指导和协调地区各类综合配套改革试点的职能下放给地方政府;机构由国务院宏观调控部门降格为政府组成序列之外的办事机构——"体改办",退出国务院组成部门序列,编制由200人削减到85人。结果,体改办能做的事情也就很少了,主要工作是奉国务院之托开展调研。此后5年中,它调研了棉花流通体制改革、供销社体制改革、小城镇改革、整顿药品市场流通秩序等许多内容,"目标"变成了获得国务院领导批示。2002年11月,国务院体改办末任代主任王岐山卸职南下,就任海南省委书记。此后,体改办在没有正职领导的状态下运行了不到半年,次年3月结束了历史使命,被并入国家发改委,不再作为独立机构存在。

体改委为什么被逐步削弱,乃至撤销?曾在体改委任职、现任中国经济体制研究会副会长的石小敏认为,体改委撤销前的二十多年"可以分成两个阶段,前十多年是改革,后十年是转型。前一段,改革基本上是自上而下推动的,需要有一个宏观调控部门来指导和协调各方面的利益。而在后十年,改革呈现多元动力推进的局面。体改委能起到的作用自然越来越小"。而杨启先则认为,"1998年撤并机构是对的,计委、经贸委、体改委,机构重叠、职能交叉,没有一个国家的政府同时设立三个宏观调控部门"。在他看来,三委合并的任务到朱镕基政府才算是真正完成,而"计划"二字的取消宣布了计划经济的彻底完结。

不过,也有观点认为,改革有风险,不如埋头搞发展。这种变化从"发改委"就可以看出来——"发展"在前,"改革"在后,"发展"的逻辑代替了"改革"的逻辑。还有人猜测,体改委在产权改革上过于"激进"。对此,刘纪鹏不无遗憾地指出,"改革远未完成","我们从经济体制改革入手,从放开价格,到企业股份制改革;先改经营权,再触及所有权,进行产权改革。国有企业的所有者是政府,改革目标是将政府的所有者职能和调控者职能分开,但刚改到政府，体改委就被解散了"。

从组织架构上，体改委的队伍确实被解散了，除少数人进入发改委工作外，一些人调往其他政府部门担任要职，如王岐山、马凯、周小川、潘岳、楼继伟、李剑阁、李小雪等，刚履新不久的证监会主席郭树清亦是"老体改人"；有些人则成为专职学者，如刘纪鹏、曹远征、张维迎等。

出路何方

2004年7月，刘纪鹏在媒体上发表了一篇题为《从想念体改委说起》的文章，引发一轮追忆体改委、反思改革的讨论。究其动机，"我（当时）对中国未来的改革能否成功有很大的忧虑"。刘纪鹏说，"现在看来，当初的忧虑不无道理"。在他看来，中国改革的成功不是经济学家鼓吹出来的，而是体改委等一线改革机构艰苦干出来的，这是正确的改革方法论。在改革远未结束的时候就将体改委撤销，不利于改革推进。

原国家体改委主任陈锦华也曾表示："国家体改委机构撤销，人员没有留住，有些重要改革也没有深化下去。体改委消亡有点儿过早了，中国还不到这一步。"张占斌则认为，"没有了体改委，也就没有了对既得利益部门的重要制约，有时改革也就成了一些政府部门重新寻租、创租的借口。这种情况加剧了改革的复杂性，增添了许多不必要的矛盾和混乱"。而北大光华管理学院教授张维迎说得更直接："任何部门提出一个方案，没有跟它辩论的机关，没有驳回的机关。有的部门名义上进行改革，但实际上打着改革的旗号，干着反改革的勾当。"

在这样复杂的局面下，体改委能否重生？据深圳市改革办主任乐正透露，国家发改委综合改革司多次通过内参介绍深圳改革办的经验。同时，乐正还指出，"省委主要领导也有批示：如果可以在全国推广，首先应该在广州市推广"。

不过，一些人希望，国家层面对改革进行更重要的顶层设计。张占斌认为，"改革进入深水区，利益博弈更加艰难，恢复体改委类似机构对高层做出更好决策有帮助。中央也有认识，十七届五中全会提出了'加强改革的顶层设计'"。刘纪鹏则提出，"发改委权力越来越大，说明人们对行政审批权的留恋根深蒂固，它不光要管石油、电信，还要管茅台、月饼、方便面。建议削弱其计划审批职能，强化规划职能，降格为国务院发展改革规划署，专做长远规划"。

"有必要反思改革。"刘纪鹏说，"政府职能的转变，得由利益超脱的部门来操刀"。

【案例思考】

1. 从公共行政学角度看，本案例主要反映了一件什么行政管理事件？其基本构成要件是什么？

2. 根据案例材料和国情，体改委/办主要承担哪些政府职能？其承担这些职能的优劣势各有哪些？效果如何？

3. 结合案例材料和国情，国家体改委/办经历了一个怎样的组建与调整过程？其可能原因有哪些？

4. 结合案例材料和国情，深圳市体改办"复出"的原因可能有哪些？对于国家层面，深圳市体改办的复出及其影响可能会产生怎样的经验与启示作用？为什么？

案例 4　　　　公共图书馆的再定位①

公共图书馆是地方的资讯中心，备有各种知识及资讯供读者取用。

公共图书馆提供无私的服务，不因年龄、种族、性别、信仰、国籍、语言或社会地位而有差异。少数民族、身心障碍人士、住院病患、在监人士等，有事实上的困难，无法利用常态性的服务及资料时，公共图书馆应针对他们的需求，提供特别服务。

馆藏及服务不应屈从任何意识形态、政治或宗教的审查，也要抗拒商业行为的压力。

——摘自联合国教科文组织《公共图书馆宣言》（1994 年版）

深圳图书馆新馆是深圳市政府投资兴建的大型现代文化设施，位于深圳市行政文化中心区内风景秀美的莲花山前，新馆占地 29 612 平方米，总建筑面积 49 589 平方米。深圳图书馆建筑造型独特，极富现代感，建筑模式也从传统模式变为全开放、大开间、无间隔的"模数式"布局，成为深圳一道独具特色的文化景观。耗资 8 亿元、占地近 5 万平方米、国际知名建筑师矶崎新设计、公开打出"公共图书馆"的旗号，这些都使得深圳图书馆的新馆备受瞩目。

---

① 主要参考文献：万静，漆菲，黄冰如，《图书馆，公共了吗？》，2006-08-24 14:52:32，来源：《南方周末》，http://www.NANFANGDAILY.com.cn/zm/20060824/wh/whxw/200608240052.asp。

公共图书馆的三个要素

深圳图书馆新馆并不是最贵的。2012年5月竣工，12月28日正式对外开放的广州市图书馆新馆投资13.4亿元，占地2.1万平方米、建筑总面积近10万平方米，号称世界上最大的城市公共图书馆之一。但深圳图书馆仍然在一个数据上保持领先——他们每年购书经费是1600万元，与之前每年300万的购书预算相比，提高了4倍，这个数字在国内的图书馆中显得很"富有"。

深圳图书馆新馆开张前，馆长吴晞就放出话来：深圳图书馆要做"公共图书馆"。普通读者可能并不都知道"公共图书馆"意味着什么，吴晞的另一个说法就更容易理解一些："进馆可以不带钱包"——按他的理解，公共图书馆的第一个要素就是"免费"。深圳图书馆新馆全馆共分六层服务区，一、二、三、五层的普通阅览无需任何证件，过去属于收费项目的时装、电子等专题阅览室现在也可以免费进入，只有在进入六层的特藏阅览和四层的电子阅览时才需要出示读者证。新图书馆的读者证，除了外借押金，其他费用一概全免。市民只要携带身份证件及一寸近照一张，就可在图书馆二楼大厅服务台办理读者证。需要开通外借功能的读者，中文图书外借，交纳押金100元，外文图书外借，交纳押金200元。无论什么人都能够在图书馆享受到一视同仁的服务，一般性服务全部免费，打印、复印只收取工本费。

2006年7月12日，深圳图书馆新馆开张当天，有近5万人进馆。一个月后，每天进馆人数还稳定在1.3万人左右。开馆当天，有人跑到馆内的饮料摊喝饮料不给钱——"他说你们馆长说这是免费的。"对此，吴晞也觉得好笑。图书馆所规定的免费，是指对图书馆藏资源的使用不用花钱。据吴晞透露，"我们一张借书证成本大概是十三四元钱，原来准备收10元，后来规定20元。现在免掉了"。然而，开张伊始，更多人对图书馆"免费"承诺的态度大都是不相信。吴晞为此觉得很是郁闷——"这是我们干公共图书馆的人的耻辱，没有让人们明白公共图书馆是干什么的。"

吴晞认为，公共图书馆的第二个要素是"开放"——"市民不需要任何证件，不需要任何手续，都可以进馆看书。"按照承诺，图书馆不光是对市民开放。一方面，所有文献对所有读者全面开放，一、二、三、五层的普通阅览无须任何证件，过去属于收费项目的时装、电子等专题阅览室现在也可以免费进入，只有在进入六层的特藏阅览和四层的电子阅览时才需要出示读者证；另一方面，在新读者证的办理上，不分市内市外、有无户籍，只要是持有合法证件的人都可以办理读者证。但是，吴晞笑着说，辖区的派出所对此有意见，"他说，你怎么纵容三无人员呢？你不光不协助我们治安，还让大家都能进，万一有什么小偷、流氓、精神病之类无理取闹怎么办"？

事实上，开馆当天，图书馆还真丢了东西。吴晞通过监控录像，眼睁睁看着一个人将供读者无偿使用的电脑液晶显示器塞进包里拿走了。此外，吴晞说，"明显的精神病，我们恐怕得拦一下"。这也是有经验教训的。之前在老馆的时候，有次中央台记者来采访，吴晞特意叮嘱馆员维持好秩序，然而，"结果一个市民犯起病来，一边脱衣服一边跑，几个保安都追不上"。对此，他强调说，"你必须把他请出去，不然别人怎么读书？要是不发病在那看书，自然不会有人管他"。

在吴晞心目中，公共图书馆的第三个要素是"平等"———"不分三六九等，不分贵贱贫富，都可以享受服务。"无论什么人都能够享受到一视同仁的服务，是深圳市图书馆新馆的基本服务理念。但是，"有的人很不注意，穿着背心、拖鞋，穿着睡衣，就进来了"。尽管觉得这样实在不文明，门口的"读者须知"也写着要求衣着整洁，不过，吴晞说，"广东的习俗也就是这样子，就不做强制性要求了"。

为了方便盲人，图书馆建了一个曾经是全国最先进的盲人阅览室。除了有盲人书籍，还有盲人专用的电脑。但开馆一月多，来的盲人不多，阅览室的门也常关着。附近服务台的馆员介绍说，"有盲人来了才开门"。对此，吴晞打算跟残疾人联合会联系一下，让他们来参观，希望"到时人会多一点"。

为谁服务之争

刚建馆的时候，深圳图书馆新馆根本就没有考虑要建单独的少儿阅览区，更没有相应的游乐设施。开馆时，图书馆并没有阻拦小孩进来，结果，"孩子来了后，就成了游乐场，楼上楼下连跑带喊"。

"看书的读者非常强烈地投诉。"吴晞说，"我们只能向在馆里读书的人倾斜，尊重他们的意见"。于是，深圳图书馆重申了当年的老规矩——"14岁以下儿童谢绝进馆。"但实际上，这一规定并没有严格执行。对太小孩子，一定要进馆的话，就由馆员带着参观；大一些的，自己说满14岁了，也让进，吴晞这么跟门口的保安交代，"看着不像，不像就算了，也不那么严格"。

这种模糊处理规条的做法，在图书馆领域不罕见。美国公立大学的图书馆都向公众开放，不需要出示任何证件。有些私立大学不对外开放，但实际操作中并不严格拒绝外人进入。哈佛大学是私立学校，原则上只有老师和学生才能进去，但市民进去也不会被拒——门卫没有检查证件这项工作职责。

与此对应的是，近年来"大学图书馆是否应向公众开放"屡屡成为国内热门话题。与北京大学图书馆等一样，中山大学图书馆不对外开放。对此，中山大学图书馆前馆长赵燕群的解释是,国内外大学图书馆的根本差异在于,"国外大学,人没那么多"。"按照国家给中山大学的拨款,读者数已经多得不得了,所以很长时间内,甚至连继续教育的那些人都没给借书证。"赵燕群认为,如果全部开放,藏书的数量、座位的数量等都远远不能支持。赵的结论很坚决——"全部开放等于谁都没有。"

不过,对读者来说,座位有时并不那么重要。在美国旧金山公共图书馆,虽然也有空位,很多人却宁愿坐在地上,甚至还有人躺在地上看书,前提是不影响别的读者走路。至于藏书,旧金山图书馆也经常有借书借不到的情况。系统显示书还在馆内,但就是找不到。事实上,美国图书馆的防盗措施并不出色,而读者想借多少就能借多少;读者真要将书拿走,也就拿走了。对此,有学者将美国图书馆的开放和"麻痹"归结为他们政府花的钱多,有充足的财政基础,虽然有很多图书丢失,图书馆仍然要保证尽量满足公众的读书需求。

服务模式

中国的图书馆学也曾走过美国模式。

中山大学教授谭祥金曾任北京图书馆(1998年改名为国家图书馆)副馆长。据他回忆,1949年前的图书馆学还是以美国模式为主,因为几个主要教授都有美国求学的背景。但在1949年后,中国的高等教育全部套用苏联模式,图书馆学也逐渐"用苏联的那套来改造传统的美国式的图书馆教学"。有学者指出,苏联模式是建立在计划经济基础之上的、高度集权的政权的产物,为当政者服务、为机关服务,而不会太多考虑弱势群体、普通民众。在这种思路下,图书馆的建设更像政绩工程。

谭祥金1963年到北京图书馆工作,1973年至1987年担任副馆长。据他回忆,当时社会科学方面的图书到馆以后,都要被分为公开、参考、内部三种类型,再根据这三种类型划分不同的读者。谭祥金说,"那个时候,特别是'文革'中,很滑稽的。科技期刊上有穿三角裤的,我们都要画上条裙子才能拿出去"。

令深圳图书馆馆长很苦恼的少儿阅览的问题,根源也在原苏联模式。美国并不设专门的少儿图书馆,而是在公共图书馆中设单独的少儿区,不仅会有少儿图书和颜色鲜艳的书架,还会有一些游乐设施。但苏联并不这样,而主张在大城市建专门的、大型的少儿图书馆,跟成人图书馆完全分开。其中逻辑,吴晞的解释是,"少儿馆管少儿馆的事,成人馆管成人馆的事"。

中国照搬了苏联模式,文化部还将大城市有无少儿馆作为考核评估标准。在这种思路下,深圳市也建了单独的少儿图书馆。对此,吴晞有些无奈:"原来我们在一起,楼下就是少儿馆,楼上就是成人馆,比较简单。现在搬到这里就隔得比较远了。"

不过,"我们想弥补一下"。吴晞打算在馆里找个合适的地方建个少儿阅览区,"至少可以帮助那些带着孩子来图书馆看书、孩子没地方放的人"。

体制困局

在国内图书馆领域曾发生了两件影响较大的事件——国家图书馆事件和苏州图书馆事件。

2004年10月,暨南大学出版社副总编辑周继武在《南方周末》上发表《国家图书馆借书记》,讲述了他在国家图书馆遭遇不公正对待;所谓苏州图书馆事件,则是2005年年初,北京大学中文系教授漆永祥在网络上发帖子,愤怒地讲述了他为了借阅善本与苏州图书馆交涉半年而不得的过程。两个事件都引发了关于图书馆的大规模讨论。

在这些讨论中,一些年轻学者经常提到联合国教科文组织《公共图书馆宣言》。这让谭祥金教授有些恼火——"就好像除了他们就没人知道似的。"这位北京图书馆前副馆长认为,年轻人以为老一辈不懂公共图书馆,其实他们都懂,只是难实现。

1980年到1982年,为筹建北京图书馆新馆,谭祥金曾经去澳大利亚学习建馆经验。他不仅研究了澳大利亚国家图书馆,还去考察了堪培拉市立图书馆,以及下面的社区图书馆。但回到中国,他发现还是很难照搬澳大利亚的那套方法。1988年,谭祥金从北京图书馆调到广州中山大学。当时一批"计划单列市"的图书馆长到广州开会,谭祥金介绍了澳大利亚的总分馆制。据他回忆,"大家都非常感兴趣,说回去之后试试看。结果一个也干不起来"。

在当前中国,办公共图书馆究竟难在哪里?在谭祥金看来,财政和人事体制是制约当前中国公共图书馆发展的原因之一。譬如分馆制,谭祥金举例说,在堪培拉市立图书馆系统中,图书馆的资金完全由市政府承担,分馆馆长由总馆任免,分馆事务由总馆统筹调配。但是,中国的财政体系是"分灶吃饭",市图书馆的经费由市负责,分馆的经费则由区负责。在这种体制下,如果区财政紧张或不重视图书馆,就很难保证分馆的正常运作。

事实上,在吴晞的日常事务中,行政工作占了很大比重。作为馆长,他甚至还需要签订《计划生育责任书》。谭祥金对这个也有怨言,"在澳大利亚,国家图书馆馆长只需要操心自己的业务。即使图书馆失火,那也只是治安员的事情,不会去追究馆长的责任"。不过,在吴晞和谭祥金看来,想建公共图书馆，更重要的得要有钱，资金不够，是导致国内很多图书馆无法"公共"的主要原因。

就任馆长之初，吴晞觉得自己更像经理，"首先要想怎么去搞钱——下个月奖金发不出去了怎么办，年终奖别人发了2 000元，我们怎么样也要凑1 500元钱出来"。在他看来，国家图书馆事件实际上就是创收的问题——"它的经费只够60%，另外40%要自己去筹。"吴晞笑着说，"'创收'这个词香港同行都听不懂，我跟他们讲是'to make money'，就是'找钱'"。在他看来，现在很多图书馆在这些小项目上收费是捡芝麻丢西瓜，"无论怎么讲，国家的拨款是最重要的，争取社会资助、社会支持是最重要的，这是西瓜"。

据谭祥金介绍，图书馆创收是1978年开展"以文补文"活动后开始的。其中缘由，他分析，"主要原因是一些领导人和主管部门对图书馆事业不重视，图书馆事业的地位得不到应有的承认，经费没有法律保证"。对此，谭祥金认为，中国图书馆进行创收活动，虽然对缓解个别馆的经费紧张起到过一些作用，但整体效果并不好，特别是目前还存在大量低收入人群的情况下，这种做法更不应该。

吴晞说，"公共图书馆眼睛是向下的，主要服务于那些没有机会读书的人。书是给人看的，公共图书馆是'天下之公器'。公共图书馆还是现代社会所需要的制度，代表了民主精神，代表了民治民享的思想"。

【情景模拟】

结合案例材料和国情，假设您是深圳市图书馆新馆馆长吴晞、中山大学图书馆前馆长赵燕群、一名普通的深圳市民以及一名非深圳市户口的外来务工人员，您如何理解和评价深圳市图书馆新馆的功能定位和服务理念？为什么？

【案例思考】

1. 从公共行政学角度看，本案例主要反映了一个怎样的行政管理现象？其基本构成要件是什么？

2. 根据案例材料和国情，公共图书馆主要承担哪些政府职能与功能？其承担这些职能的优劣势各有哪些？效果如何？其可能影响因素是什么？

3. 结合案例材料和国情，深圳市图书馆新馆的功能定位是什么？其功能定位的影响因素和依据又是什么？

4. 结合案例材料和国情，分析我国公共图书馆在职能与功能定位方面的可能发展趋势与制约因素。

案例 5　　我国政府应急预案的紧急启动[①]

当地时间 2006 年 2 月 15 日下午 5 点多，一串枪声打破了巴基斯坦俾路支省胡布镇的宁静，3 名参与阿托克水泥厂设计施工的中国工程师倒在了血泊中。在国人焦虑地关注着同胞命运的时候，相关应急预案已悄然启动。距离国务院颁布实施《国家突发公共事件总体应急预案》之后仅仅一个月，涉外部门的首次突发公共事件应急机制随即启动。

应急机制紧急启动

当日 5 点半，中国驻卡拉奇领馆的电话铃声急促地响了起来。电话内容正关涉刚刚发生的枪击事件，几乎是在一瞬间改变了领馆的工作日程。随后被调动起来的，还有中国驻巴基斯坦大使馆、国内的外交部、商务部以及相关地方政府部门……

中国驻卡拉奇商务参赞赵清茂在获悉消息后迅疾带队赶赴事发现场。在确认三名遇难者的身份后，领馆决定，迅速撤离其余 11 名中国技术人员，并同时上报外交部。随即，从巴基斯坦传回国内的情况，扣动了中国政府应急预案启动的扳机。于是，当北京已是万家灯火的时候，境外突发事件应急机制在外交部和商务部先后启动。

外交部忙着联络国内各级政府和有关部门、机构，力求尽快安排运回遇难者遗体，并指示驻外机构与巴方协调。商务部则要求中国建筑材料集团总公司和负责此项工程的安徽合肥水泥工业设计研究院立即组成善后工作处理小组，即赴巴基斯坦处理善后事宜。

稍晚，中国驻巴大使张春祥向巴政府和军方通报了有关情况，要求巴方尽快缉拿凶手，保障中国公民安全。由于巴基斯坦总统穆沙拉夫不日访华，次日凌晨，李肇星外长又紧急与巴外长卡苏里通话，就此事进行进一步沟通。

善后处理小组成立

当晚，安徽合肥水泥工业设计研究院便已获悉 3 位员工在巴遇难的消息。在商务部的通报下达后，该研究院连夜成立了"2·15"事件应急处理小组。次日，由院长徐宁带队飞往卡拉奇。来自中国建筑材料集团总公司的工作组也更早一步抵达巴基斯坦。

---

① 主要参考文献：李盛，《应急预案紧急启动，中国应对巴基斯坦血案》，《南方周末》2006-02-23。

同时，在24小时之内，三名遇难者的家乡——安徽、江西、江苏的地方政府也被调动起来，展开对遇难人员家属的安抚和善后工作。

据驻卡拉奇总领馆政治处官员介绍，在此次行动中，外交部的主要工作是护侨，商务部的工作则是处理和有关企业的善后工作，具体工作则是由领馆领事处及经商处实施。在各机构启动应急预案后，卡拉奇总领馆还于2月16日上午召集中资机构召开紧急安全会议，通报中国工程师遇害事件，并安排应对措施。

遇难者遗体辗转回国

2月17日上午，距中国工程师遇难不到36小时，他们的灵柩在卡拉奇费萨尔空军基地的一架C-130运输机上被安放妥当。这一次，巴内政部国务部长哈亚特、巴外交官员将护送他们回家。根据原计划，运送中国遇难工程师灵柩的专机将在乌鲁木齐短暂停留后直飞安徽合肥。不料，巴专机在抵达乌鲁木齐后出现机械故障。不得已，外交部部长助理李辉紧急主持召开部际协调会，商定就近派遣在乌鲁木齐的南航波音757飞机临时执行运送遗体任务。外交部领事司则立即与民航总调室、新疆维吾尔自治区和安徽省外办等部门协调落实相关事宜。

几经周折，3名遇难中国工程师终于在北京时间18日凌晨6点50分抵达合肥。巴方护送官员也同机前往。遇难者的遗体分别由各自家乡所在地政府接回。此时，距离惨案发生不到96小时。这并非国人第一次在巴基斯坦遭遇袭击，但是，这次事件却第一次检验了相关政府部门在遭遇突发事件时的快速反应能力。

防患于未然

据了解，对于在危险区域工作的中国工程人员，巴方原本已经采取了24小时的立体防护：壕沟、电网、探照灯……还有警察与保安的重重护卫。尽管如此，恐怖分子还是有机可乘。据中国驻巴使馆经商处统计，截至2005年年底，中国援巴及中巴合作的在建项目大约有117个，主要包括互利合作项目、承包工程、成套设施技术转让及大型基建工程。这些项目分布在巴基斯坦全国，全面护卫的难度可想而知。

其中，位于俾路支省的项目有三个：正在建设中的瓜达尔港和山达克铜矿是中国国家援助项目；另一个是穿越俾路支的高速公路项目。据中国驻巴大使馆经商处一位秘书介绍，出于安全考虑，使馆早就建议国内公司尽可能不要接不安全地区的小项目。这次出事的阿托克水泥生产线项目正是这类小项目之一。

自 2004 年 5 月发生针对中国工程师的汽车爆炸案后，中国人在俾路支省的安全问题日益突出。南亚问题专家傅小强认为，由于俾路支省局势恶化，其他国家的工程队都已悉数撤离，剩下的中国人便成了人数较多的外国人，也就更容易成为袭击的目标。

除安全保障外，保险也是备受关注的一环。3 名工程师遇害前 20 个小时，合肥水泥研究设计院为他们投保的团体人身意外伤害保险才刚刚生效。傅小强指出，像巴基斯坦这类高风险、高危险的工程，很多保险公司并不愿意提供保险。他认为，中巴合作符合国家利益，但此类事件的发生有其必然性，是"付出的代价"，只能尽量避免。他同时也指出，国内公司在考虑接洽项目的时候，就应该有"风险意识"，要考虑自己的"承受能力"，把反恐成本作为预算的一部分。

背景资料

《国家突发公共事件总体应急预案》

国务院 2006 年 1 月 8 日颁布实施《国家突发公共事件总体应急预案》（以下简称总体预案）。总体预案是全国应急预案体系的总纲，明确了各类突发公共事件分级分类和预案框架体系，规定了国务院应对特别重大突发公共事件的组织体系、工作机制等内容，是指导预防和处置各类突发公共事件的规范性文件。总体预案将突发公共事件分为自然灾害、事故灾难、公共卫生事件、社会安全事件四类。按照各类突发公共事件的性质、严重程度、可控性和影响范围等因素，总体预案将其分为四级，即Ⅰ级（特别重大）、Ⅱ级（重大）、Ⅲ级（较大）和Ⅳ级（一般）。

【情景模拟】

假如您是中国驻卡拉奇商务参赞，遇到类似事件，您将如何处理？

【案例分析】

1. 从公共行政学角度看，本案例主要反映了一件什么事件？其基本构成要件是什么？
2. 根据材料，结合有关立法，试描述我国突发公共事件的应急管理组织体系与工作机制基本构成。
3. 在本案例中，相关突发公共事件应急管理体制运行效果如何？有何经验与启示？

第4章
政府间关系

一、本章学习目的与要求

说明：通过本章的学习，了解政府间关系的含义、基本类型、各自功能特征、运行机制、基本原理及其发展趋势，掌握当前我国政府间关系的历史沿革、基本结构、运行特征、存在的问题与发展趋势。

二、本章考核知识点与考核目标

识记：政府间关系及其相关核心概念的基本内涵，市管县体制的概念内涵。

理解：政府内部关系的一般结构、基本类型，不同类型政府间关系的表现形态、功能特征、运行原理，中国政府间关系的历史沿革、基本结构、功能特征与发展趋势，中国市管县体制的历史演变、基本特征及其发展趋势。

应用：运用所学公共行政学理论知识，分析案例中特定政府间关系的类型特征、表现形态、功能特征及其各自优缺点和发展趋势，及其可能的经验启示与优化策略分析。

案例 1　　　　武陵源规划困局[①]

在卫星从高空拍摄的中国地形图上，一片浓郁的绿色非常醒目——东经110度，北纬30度，方圆397平方公里，在云贵高原向洞庭湖斜插地带，250～1 300米的海拔高度上，生长着世界上独一无二、莽莽苍苍的石英砂岩峰林峡谷。这就是我国湖南省著名的世界自然遗产地——张家界武陵源风景区。然而，1998年9月，张家界武陵源风景区因"城市化倾向"而遭联合国教科文组织官员尖锐批评，联合国专家认为，"武陵源景区现在是一个旅游设施泛滥的世界遗产地区"，"在峡谷入口处和天子山这样的山顶上，城市化对自然

---

① 主要参考文献：张捷，《张家界调查》，《南方周末》2002-09-05。

界正在产生难以估计的影响"。随后,该景区出台了相应的规定,采取了一定的措施进行纠错,但不久又因"一边拆建筑,一边建建筑"而遭到国内外不少专家的质疑。

"小拆大建"

张家界森林公园管理处门票站的所在地是锣鼓塔,这个峡谷入口处至今繁华依旧。早在 2001 年,北京大学世界遗产研究中心教授,有"当代徐霞客"之称的谢凝高给中央领导写信,阐述世界遗产过度开发破坏的现状,信中批评武陵源景区在"小拆大建",其中就提到了锣鼓塔区域。

门票站外是 1 公里长的道路,两旁遍布酒店。路边的一块蓝色路标牌上,罗列了十几家酒店:湘电山庄、某某单位湖南总队接待站、青岩山宾馆、红十字会度假村、有色山庄、石化山庄、某某单位张家界培训中心……湘电山庄的后半部建筑还搭着脚手架,看起来仍在动工。据该山庄的销售部周经理介绍,酒店是湖南省电力局 20 世纪 80 年代投资的,2001 年刚刚扩建,90 间房改成 150 间房。后面正在扩建的是康乐部,包括棋牌室、保龄球室、健身房等。"老干部们爬完山,回来可以好好泡个脚。"她说,"我们这酒店应该不会拆,拆的都是小的,我们这么大规模"。

据了解,附近"华龙"、"三龙"和"红河谷"三家酒店,都是在 2001 年五一节前后重新装修开业的;旁边的灰楼是某个"很厉害"权威部门的,还没装修,但看来迟早是要装修开业的。一个公开的秘密是,锣鼓塔附近最老的字号——金鞭岩酒店正是张家界森林公园管理处(当地简称为"张管处",下同)自己开办的,"这里开发了多久,它就营业了多久"。

当地一个知情人士一语道破天机:拆掉的都是"没太大来头的",不拆的甚至在建的,都是"有更大来头的单位"。

谁的房子?

在锣鼓塔地区,金鞭溪静静地流淌在峡谷中,前来考察的联合国专家曾经称为"世界上最美的大峡谷"。据当地人说,这里以前有不少猴群,还会把游客的包抢走。当然,这是过去的事情了,现在没了。取而代之的是,不少污水被排到溪里,水里的石头以前都是白白亮亮的,特别好看,现在,发棕发黑了。

在一个名为紫草潭的地方,景区一位工作人员指着远处水上的泡沫,不无忧虑地说:"那不是正常的水泡,应该是洗涤剂造成的。"据介绍,1988 年,他还在此地上小学,下了课后大家就跑到溪里喝水,但现在,"让我下到水里玩都不敢"。40 多岁的老彭是天子山上的居民,他说:"污染肯定是锣鼓塔多,以前我们这里的污水往下流的时候，经过沙土过滤还好点。但锣鼓塔的污水，那是直接流到金鞭溪啊。"

武陵源区建设局副局长、拆迁工作组成员李生认为，武陵源最要害的问题应该说正是锣鼓塔。这是武陵源核心区上游最大的肿瘤，是造成金鞭溪污染的源头。在他看来，这是明眼人都能看到的、无需争论的问题；而且，问题的严重性不言而喻。其实，早在2001年5月，在武陵源区筹备拆迁的一次会议上，李局长就提出"必须解决锣鼓塔问题"，认为"张家界森林管理处应该迁走"。但在那次会议上，他发现自己很孤单——"我是唯一一个提出这个问题的人，没人附和。"

后来，武陵区的拆迁范围最终确定以森林公园的门票站为限，而锣鼓塔刚好在门票站以外。就这样，棘手的问题被巧妙地回避了。"这很滑稽。说实在的，我们费了那么大力气拆建筑，看到这个地方还在批、还在建的时候，感到很痛心。"李局长有些无奈地说，"但盖房的都是实权单位，我们的压力是绝对大的。我们这里不批别的地方也要批，下级不批上级签字，我们只有一个字——难！"

部门摩擦

包括李局长在内的基层官员都为板子光打在他们身上而觉得委屈——"锣鼓塔的问题不是区政府就能解决的问题，没那么简单。"

在张家界遗产地，有两个处级单位：武陵源区政府和张家界森林公园管理处（林业部门所属）。他们都有管理职能。后者既是事业单位，同时也行使部分行政职能，还直接参与企业管理：该处管辖着两个自然村，人口近3 000人，还拥有7家宾馆，有固定资产1.3亿元。按当地人的说法，这是一个拥有自己的医院、学校和派出所的小社会。区政府一位官员埋怨，专家希望拆锣鼓塔的一些建筑，但张管处不同意，区政府只好回避："这不是我们能解决的问题。"

不过，张家界森林公园管理处宣传科的宋科长显然有不同的看法：如果没有张家界森林公园，就不可能有武陵源区。他还振振有词地指出，如果说因为锣鼓塔在上游，对金鞭溪有污染就要拆掉房子，那么上海在下游有污染，是不是上面的长沙、武汉、西藏都要拆掉？所以，"我们认为锣鼓塔应该考虑的不是拆迁的问题，而是怎样提高质量的问题"。

调整规划难点

从新闻单位前来挂职，主管2001年开始进行的规划修编工作的武陵源区副区长阎生说，自己有一个梦想。这个梦想就是用高台旅游来取代峡谷旅游。

他说,"武陵源的峡谷里栖息着几乎所有的珍稀植物和动物。金鞭溪是世界最美的溪流。但是峡谷不走是不行的,怎么设计这条峡谷游道?人必须给动物让道,我们用栈道的形式高高架起。人在栈道上走的时候就可以看见金钱豹看见云豹看到黑熊看到鹿看到豺。人和自然高度和谐的局面就会出现"。

阎区长在野外踏勘时,曾经经过一条因政府无力量维修而荒废的游道,结果在那里发现了五步蛇。他为这个发现而兴奋。他认为,"这是生态的恢复。人类退一步,大自然就给回报"。至于具体措施,阎区长的个人看法是,锣鼓塔不能搞休克疗法,而用包抄的形式,加强东口,打开西口和北口通道,在西边和北边建立新的旅游镇,对南边造成围而不打的态势。锣鼓塔通往市区的峪园隧道修好后,会对游客回市区居住形成很大吸引力。锣鼓塔终将因游客分流而萧条。

对正在操作的规划修编,武陵源区"极为重视"。北京大学景观规划中心中标承担了这次规划修编任务,为此,他们使用了最新的遥感影像系统和地理信息软件。北京大学景观规划中心的李生希望把这个规划做成一个典范。不过,他也希望规划完成以后,能有一个非常宽松有利的实施环境。与以前的规划相比,新的规划重点将是保持遗产地的真实性和完整性,"百龙电梯"之类的项目将不会再出现了。根据新的规划,将打通遗产地北部外围环路,发展新的旅游镇,并希望十年内将核心景区的酒店拆除、居民迁移。专家们认为,即使体制问题留待以后解决,张管处也完全可以迁到任何一个旅游镇或者18公里之外的张家界市区,并继续管理公园。

但是,规划阶段的压力显而易见。有关人士透露,新规划引起了一些人士的不满。湖南省某部门一位人士就已经发了话:"你们忘记张家界怎么来的了?"与此同时,锣鼓塔地区"提高质量"的工作正在加紧进行。1998年后,宾馆酒店全都使用了"微动力"污水处理系统。为提高排放标准,一个大型的污水处理厂也于2001年开工,日处理污水能力3 000吨。一条通往张家界市的隧道正在修建,它可使单程时间缩短为半小时。这个项目的目的是,分流锣鼓塔人流,将这里建设为有民族风情的、环境幽雅的高档接待区。

不过,大部分当地人对拆除锣鼓塔建筑持怀疑态度。景区内一位工作人员很肯定地说,"锣鼓塔拿不掉"。他的理由很简单,"牵涉的面太广、太复杂"。

【情景模拟】

如果您是武陵源区分管规划修编工作的副区长,将如何做好铜锣塔区域规划工作?

【案例思考】

1. 根据公共行政学基本原理，政府内部关系的基本构成包括哪些内容？对这些关系有哪些基本要求？
2. 本案例中，主要涉及的政府内部关系有哪些？其运行状况如何？
3. 结合当前我国政府实践以及案例资料，分析本案例中政府内部关系的影响。

案例 2　　湖北 X 市财政债务危机①

2004 年正月十五刚过，湖北省 X 市 F 区财政系统会计陈艳红就被派到 T 镇去执行一桩她本人非常不乐意的任务——向农村合作基金会的股东们偿还本金。事实上，因坏账太多，资不抵债，当地农村合作基金会于 1999 年 7 月被关闭后，拿什么偿还农民们入会参股的血汗钱就成了该市政府官员最大的一块心病。

2000 年，当地政府终于申请到中央银行用于偿还农基会股东的本金的再贷款资金。但是中央银行的这笔资金是以市政府的名义贷来的，贷款协议上注明了要用市财政收入作抵押，到期不能偿还就要从国库返还的税收中扣除。由于前两期贷款未能足额偿还，X 市市级财政业已捉襟见肘，被迫勒紧裤腰带过日子，拖延财政工资发放。像陈艳红这样在财政系统工作的公务员都未能幸免，她 2003 年就被拖欠过两个月的工资。按照市里的部署，第三期兑付农基会股东本金工作要封闭运行，直接由市、区一级财政面对农户，防止乡镇方面挪用这笔资金。就这样，陈艳红被派到了 T 镇。当她坐在镇财政所向农民们兑付本金时，心里难免不太好受：这一笔笔付出去的钱都是以自己的工资做抵押的。

为什么非得要用发工资的钱做抵押向中央银行贷款？X 市财政局预算科科长陈年的解释是，农基会问题牵扯面很广，几乎每个村子，每条街道都有人入会；农基会破产关闭后，成千上万的股东都要追回本金，事关稳定大局，首先要算政治账。但是，在中部地区，地级财政基本上是"吃饭财政"，既不能列支赤字又不能发债，腾挪手段有限，只能采取这个办法。陈年说，以前像这种背政策包袱的贷款还可以指望中央能核销，至少是减免。现在看来央行是打算亲兄弟明算账，寸土不让了。可是，作为预算科长，他却没法儿跟县、乡一级明算账，因为县、乡一级财政的账上剩下的只有负债了，而地级财政好歹还有

---

① 主要参考文献：卢波，《湖北 X 市地方财政债务危机调查》，《经济》2004 年第 3 期。

点地税，有点返还。

债务危机

目前，X市财政陷入一场债务危机。构成危机的一个主要因素正是对农村合作基金会的本金赔偿，据陈年估计，X市市级财政突然背上的这个包袱规模有10亿之巨。据X市市长在2004年该市"两会"上做的市政府工作报告称，该市2003年全年的地方一般预算收入为16.9亿元。这意味着，仅农基会善后工作一项就占了市级财政可支配资金的一半以上。

这还不是全部。X市2003年搞行政区划改革，将4个周边乡镇划入城区管理。据陈年说，搞行政区划改革的一个主要动机就是因为乡镇财政债务太重，需要城区搭把手，但这些安排对本来就不宽裕的市级财政来说无异于雪上加霜。

事实上，按照分税制原则，X市市级财政安排的财源本来就只够吃饭。像该市这样税源不足的中部城市，基础设施建设、教育条件改善等公共产品资金一向很紧张。以前，政府还可以通过土地出让招投标收入搞点市政建设，现在国家将城市土地审批权收到省级，最后一条生财之道也被堵死。"发展财政"彻底变成"吃饭财政"。在该市，"吃饭财政"原本犹可维持，但是从2000年开始，市级财政背上了不少农基会兑付这类的包袱，连"吃饭财政"都难确保了，拖累市级公务员工资也不断出现拖欠现象。

有关数据显示，2000年以来，X市全市总共兑付农基会股本6亿多元。其中，市财政拿出配套资金5 000多万，偿还历年本息2亿多元，仅这项支出就占到常年财政支出四分之一强。一般中部地区市级财政预算都是满打满算的，这多出来的25%的开支就只能指望拆东墙补西墙。教师工资过于敏感，不好拖欠，其他政府部门也都不好得罪，往往就需要暂时挪用本系统员工工资，结果是，老百姓都知道了"财政局也发不出工资了"。

大包袱的由来

农基会这个10亿元的大包袱是怎么背上的？

农村基金合作会实际上是农村实行包产到户后，人民公社的行政职能被乡镇政府替代，而它的经济职能，特别是投融资职能无法体现的条件下，由县、乡政府出面协调建立的一种农村金融合作组织。20世纪八九十年代，中央对农基会总体上是鼓励和支持的。但是，到了20世纪90年代后期，农基会出现了高息揽储、高风险放贷、政府干预放贷等问题，造成全国范围内农基会坏账、呆账比例极高，甚至资不抵债。于是，1999年7月，中央下令关闭农基会，由农村信用社接受其债权债务。然而大多数地方的农基会由于负债过多，最终都是地方政府买了单。X 市也没有能够例外。

X 市财政局金融科科长李生认为，从源头上看，农基会就不是一种正常的金融组织，它出问题是迟早的事儿。首先从产权制度上，它就带有明显的"双轨制"痕迹，与现代企业组织相去甚远。据了解，X 市的农村合作基金会组成形式可谓多种多样，但无论是哪个级别，产权都是虚设的。农基会章程规定，基金会的产权是"个人和组织的一组受保护的权利，它们使所有者能通过收购、使用、抵押和转让的方式持有或处置某些资产，并占有这些资产运用中所产生的效益（或亏损）"。但在实际上，农村合作基金会从来就不是一个独立的经济组织，没有自主行为的能力。它的产生、发展、经营管理从来就没有独立过。农民只是名义上的股东，合作基金会实际上由政府控制，只是政府行政部门的附属品。

在农基会组建之时，明晰产权概念在国内还没有人提出来，集体产权占据农村财产的主要地位，人们还习惯于计划经济时期集所有者和经营者于一身的做法，这使农村合作基金会在产权结构上存在着先天不足，与政府关系过于密切。在当时，农基会在垂直系统上接受农业部门管理。在 X 市，农基会事务由农经局主管；县农村合作基金联合会的董事长是农业局局长，主任是农业局农经股的股长。这批政府官员一般都没有金融工作经验，缺乏相关专业知识，对金融行业的风险往往估计不足。更严重的是，在乡镇一级，合作基金会理事会主任往往由乡镇长兼任，监事会主任由乡镇党委书记兼任。这实际是把农民集资的钱直接交给乡镇政府经营。一方面乡镇财政紧张，一方面股东们缺乏约束基金会资金使用的能力，让乡镇干部不打这块"唐僧肉"的主意几乎是不可能的。

X 市农村合作基金会的坏账规模之所以能够达到 10 亿，还有另外两个直接原因：一是不顾风险高息揽储，另一个是政府官员干预贷款投放。市财政局金融科李科长参与审查农基会账目时发现，时至 1995 年，全国大多数地方的高息揽储风早已平息，当地农基会竟然继续以 2 分到 2 分 5 的高息吸引人们入股，使得农基会资金规模剧增。资金源膨胀相应地刺激了乡镇官员的投资胃口，他们随意设立各种投资项目，很多项目还没有开工，就因市场形势变化而成了一堆废物。

T 镇水泥厂是 X 市农基会贷款项目中相当不错的一个，曾经从农基会贷款 400 多万。在这次清收农基会债务中，水泥厂还的贷款成为最大一笔清收款。水泥厂厂长对农基会关闭提出了另一种解释，他认为农基会破产主要是因为这几年中部地区的乡镇企业日渐衰微，农业又未能实现产业化，农基会失去了盈利的支撑。如果大环境好一点，高风险也许真能带来高回报。不过，这位厂长也认为，不能排除农村信用合作社等正规金融机构出于维护垄断利益、防止竞争,故意把农基会说得一团漆黑。作为企业,他们还是希望农村金融市场有点竞争才好。

财政倒挂

到1999年年初,不断扩张的X市农基会出现危机,无力支付年息,股东开始恐慌性地挤兑现金。为了避免事态恶化,1999年7月23日,X市市政府发布公告,宣布冻结农基会债权债务。害怕血本无归的入会农民通过各种手段向政府施加压力。出于维护社会稳定考虑,市政府决定不管财政多困难也要兑付农基会股东的本金。为此,市政府向中央银行争取专项再贷款基金贷款来偿还,同时,市政府还与区、乡两级政府签订协议,要求区、乡政府一方面尽量清收农基会应收欠款,一方面挤出资金按一定比例与市财政贷款配套,共同解决兑付问题。

然而,在该市F区T镇进行的调查发现,乡、村级财政完全无力负担这笔额外支出。T镇主管财贸的雷镇长指出,农业税改革后,费全部取消,村一级完全失去了税源,现在村一级根本没有收税资格,村支出由乡返还的农业税附加支撑。农业税附加几乎是完全固定的。根据雷镇长的调查,T镇所辖村组平均年开支为4 000元,而每年留给村里的农业税附加只有1 000元,从中央到省市都杜绝村里收取任何费用,这个差额无法弥补。村干部可以凭觉悟少领或者不领工资,但是乡村道路维修和村小学支出是无法规避的支出,只能"倒逼"乡财政。

雷镇长认为,如果说市里、区里是"吃饭财政",那乡镇一级就是"饥饿财政"。在"三留五统"的时代,村财政就业已债台高筑,现在更是入不敷出。在他的记忆中,自从2000年主管镇财政以来,还没有哪个月能完全足额按期给干部、老师们发放过工资。据雷镇长透露,T镇农基会收不回来的2 300万坏账基本上是这样形成的:当时管辖他们的Y县下达的税收指标太高,村里完不成,就被迫向农基会借款来完税。现在农基会的坏账名义上还挂在村委会头上,可是他们那时候就没钱,所以才找农基会借贷,现在哪里能还得上?所以市里要求筹措配套资金参与兑付,乡镇政府只有挪用正常开支,"有时候往往是挪用了学校老师的工资来兑付她爱人的股本"。

据了解,T镇把化解村级债务当做2003年农村税收改革的主要任务。基本改革思路是这样的:征收农业税的任务归到乡镇之后,农民纷纷将往年村里打的欠条作为税款抵缴。作为政府,这些欠条不能不认账,但乡镇却不能把收来的欠条当税款交到上边。有鉴于此,他们没有效仿上级,要求每级财政都要自筹一部分资金配套参与兑付,而是干脆免去村级的筹款责任。

从2003年10月开始,T镇向农基会股东进行第三次兑付。据了解,前三期共兑付了 4 028.9 万元股金本息。期间，尽管镇财政自筹比例很小，总数不到 50 万，勉强占到 1.5%，但也给财政带来了很大压力，部分干部职工的工资被拖欠。三期兑付下来，T 镇实现了 88.2% 的赔付率，其中镇政府出面吸纳的股东 100% 得到了兑付。但是，即使如此，是不是已经万事大吉，再也没有窟窿了？在雷镇长看来，谁都不敢这么乐观。

对于农基会股东们来说，拿到本金已经是万幸的事情了。T 镇某办事处一位李姓个体医生，在农基会参股十多万元，他这笔资金被占压多年，没有任何利息收入。但这位乡村医生说，能返还本金就很满足了，因为他知道镇里的确困难。事实上，至今，他所在的办事处还欠他好几千元防预针钱呢。另一位在镇上开杂货店叫王娥的个体经营者也表示愿意放弃利息，尽管当初入会时，她得到的利息承诺为 2 分。

公平负债问题

对于农基会这个 10 亿元的大包袱，X 市觉得全部让地方来背是不公平的。市财政局金融科李科长认为，农基会问题的是非曲直现在还难下定义，怎么下结论他们也不关心，但有一点是肯定的，那就是这个农村金融组织的建立是经过中央批准的，而且，中央多次下文要求推广。现在，农基会出了问题，中央又下令关闭，由此造成的债务全部由地方财政来背。在李科长看来，这与要求责权相适应的现代财政观念相违背。

李科长认为，农基会债务与国有商业银行不良资产的性质没有什么不同，都是"为改革付出的代价"，中央财政至少应做部分承担。而且，现行分税体制使财政收入向中央高度集中，中央财政有能力解决这个问题。据统计，农基会被关闭时全国共有 2.1 万个乡级和 2.4 万个村级农村合作基金会，融资规模大约为 1 500 亿元。同期，为降低商业银行不良资产比例，中央一次就向建行和中行划拨了 450 亿美元，而解决全部农基会坏账只需要 200 亿美元。

X 市有关人士抱怨说，农基会融资中形成坏账的部分主要集中在乡镇企业不发达的中西部地区，中央要求地方财政背负这些债务，实际上是一种对中西部省区很不公平的转移支付安排。

背景资料

农村合作基金会的兴亡

1987 年中央 5 号文件正式提出，"一部分乡、村合作经济组织或企业集体建立了合作基金会；有的地方建立了信托投资公司。这些信用活动适应发展商品生产的不同要求，有利于集中社会闲散资金，缓和农业银行、信用社资金供应不足的矛盾，原则上应当予以肯定和支持"。

1990年中央19号文件又一次指出，要"办好不以盈利为目的的合作基金会，管好用好集体资金"。

1991年11月中央十三届八中全会《决定》要求，各地要继续办好农村合作基金会。

1991年财政部和农业部在联合下发的两个文件中都对农村合作基金会的发展给予了充分肯定和支持，鼓励其进一步发展。

1992年国务院在作出的关于发展高产优质高效农业的决定中，提出了"继续发展农村合作基金会，满足高产优质高效农业发展的需要"的要求。

1999年7月，中央下令关闭农基会，由农村信用社接受其债权债务。

【情景模拟】

如果您是X市F区财政系统会计陈艳红、X市财政局预算科科长陈年、金融科科长李生、T镇水泥厂厂长、T镇雷镇长，该如何看待这场债务危机？

【案例思考】

1. 从公共行政学角度来看，本案例中所体现的"危机"是一种什么事件？
2. X市本次地方财政危机产生的主要促成因素有哪些？这些因素又是如何形成的？
3. 农村合作基金会形成与发展的政策依据是什么？由基金关闭导致的债务全部由X市地方政府承担是否合理？为什么？
4. 根据本案例所提供的资料，中国现行财政管理体制的基本构成是怎样的？是否存在什么问题？为什么？

案例3　　浙江"强县扩权"改革进行中[①]

审批转型

2003年9月初的某一天，在浙江省绍兴县行政审批中心，42岁的陈君满头是汗地等着办理公司的自营进出口权手续。老陈是该县一家橡胶制品公司的项目管理部主任，8年来负责主管公司最棘手的"跑手续"一摊子事儿，不怕

[①] 主要参考文献：李梁，《改革悄行一年秘而不宣，浙江"强县扩权"独家披露》，《南方周末》2003-09-18。

烦的主儿，人称"老审批"。他这次来办进出口权手续是做好了"跑脱一层皮"的心理准备的，根据以往的经验，这次办理手续，在地区和省里少不了又要跑几趟。

然而，看过材料后，外经贸窗口的工作人员却说，"好了，你回去等消息吧"。陈君不由得愣住了，问道，"材料全部留给你们？不用去市经贸局了"？工作人员认真地回答："以前要去，现在不用了，我们帮你直送省里办"。5天后，半信半疑的陈君接到了县审批中心的电话："办好了，派人过来取吧。"

对此，老陈百感交集。6年前的1997年8月，他也是为所在公司报批自营进出口权手续——"那跑得叫脚底生烟啊"。那时，报批手续要往市里跑，还要报省里批，手续经过的部门也多。从县外经贸局跑到市外经贸局。当时，最让陈君感到头痛的是"部门领导总是很忙，不是出差就是下去检查工作"，硬着头皮敲门，老是找不到人，而一般人员又做不了主。紧要关头，一位部门领导出国考察半个月，陈君只好多等了20天。当时的审批过程，按陈君的说法是，"政府一级级掌勺，企业一级级跑堂。很多环节毫无实质意义，跑路子的费用不说，公司好几笔出口业务被耽误了，损失不知道找谁赔，搞那个手续前后花了6个月的时间"。

现在，当年花6个月才办下的手续，5天就搞定了。陈君的这一经历转变与江省2002年推出的一项政策有直接关系。根据这项改革政策，从2002年8月17日起，浙江省把地区一级的大部分经济管理权限直接下放给包括绍兴县在内的20个县区，经济上近似"省管县"。随后，这项改革以一种低调的风格稳步推进。随着各项权力逐步下放到位，县级的基层管理权力得到充实和简化，企业对此感同身受。

化繁为简

从县到市到省的层层审批，曾让"心急"的老板们心急火燎。杭州市萧山区民营经济发展迅速，区内用电缺口很大。为此，萧山电厂准备紧急上马两台30万千瓦的发电机组，3年前就开始做方案，但随之而来的层层审批让电厂"头都大了"。经过多次催促和漫长的等待，所有批复才弄齐备，工程迅速上马，但耽误的时间已无法挽回：区内2003年用电达65亿度，缺口创纪录地达到了近1/3。

萧山区发展计划局局长蒋建国说，发电厂现在技术成熟，只要当地政府认为对生产力布局、可持续发展和生态环境保护等问题没有影响，项目放到省里批就行了，何必要让我们层层报批？在蒋建国看来，现在计划经济的残留主要体现在行政领域，很多经济权限实际上是按照行政层级来划分，违背了经济发展的规律，阻碍了经济发展。

事实上，浙江省高层也看到这一点，审批改革的化繁为简一直是个时机问题，而不是认识问题。早在1992年，为"在经济上和上海接轨"，浙江就曾经对13个经济发展较快的县市进行扩权，扩大基本建设、技术改造和外商投资项目的审批权，但在当时遭遇很大阻力。据绍兴县发展计划局老职工倪某回忆，那次扩权改革出台的只是一些"原则性的意见"，实际执行中，由于"地市和省级部门意见不一致"，一些权力放不下来。实施过程中，一些项目按规定可以直接向省上报批，但地区一级不高兴，怎么办？后来操作过程中，县级政府只好部分项目向省里报，留一部分报到市里。

2002年上半年，浙江省委政策研究室到嘉兴、义乌、绍兴等地，对县一级扩权进行前期调研，经济强县对扩权的热情让参加调研的官员印象深刻。有的县领导替当地企业说了话、拍了胸脯："省里给县里多大场子，我们就能摆多大的筵席。"浙江省委政策研究室副主任沈建明前前后后去了义乌（县级市）三次，义乌的领导很心急，第一句话就是："你们都来了多次了，到底行不行？"老沈就说："那你们把想要的权限写下来吧。"结果一两天的时间，义乌一下子提了60多条，其中包括一些原则性的条款，这些条款细化的话，一条就是一二十项。

浙江省高层下了决心，既然经济发展到这一步，该给松绑的，就松绑吧。

权力大挪移

2002年8月17日，在浙江省委、省政府的强力推动下，313项本该属于地级市经济管理的权限终于"空降"至20个县级政区头上：绍兴、温岭、慈溪、诸暨、余姚等17个县和杭州、宁波的3个区。这313项权限事无巨细，一一罗列，被认为是"真金白银"。这份浙江省委办公厅下发的浙委办【2002】40号文件涵盖了计划、经贸、外经贸、国土资源、交通、建设等12大类扩权事项，几乎囊括了省市两级政府经济管理权限的所有方面。

文件里用四个字来表述扩权的总体原则——"能放都放"，即除国家法律、法规有明文规定的外，须经市审批或由市管理的，由扩权县（市）自行审批、管理；须经市审核、报省审批的，由扩权县直接报省审批，报市备案。用绍兴县一位企业家的话来说，"企业今后搞审批，要么到县里，要么到省里，市里这一关就直接跳过去了"。

随后的一条规定更加显示出浙江省高层强力推行"扩权"的决心：对国务院有关部委办文件规定的，须经市审核、审批的事项，原则上也要放，具体操作中可以采取两种形式，一是采取省、市政府委托、授权、机构延伸、个案处理的办法；二是积极争取中央有关部委办授权或同意。文件语言很枯燥，但对于经济强县而言，这些话的意义是实质性的——几乎是一夜之间，它们在经济管理权限上几乎和行政上级地级市"平起平坐"了。

浙江省委政策研究室在主持制定"扩权"政策时，其中还包含了行政管理体制创新方面的考虑：当时根据调研情况曾提出一种方案，经济强县直接划归省上管辖，形成"直辖县"，但考虑到直接这么提，国家有关部门肯定批不下来，所以换了相对比较让人能接受的现有方案，而且"低调处理"。浙江省委政策研究室一位官员指出，当时期望的最好结果是，两种方案同时执行，加快县域经济发展的同时对行政管理体制创新作一些探索，但也非常担心会让扩权改革变得更复杂。

浙江大学财政研究所所长朱柏铭教授认为，在这样的情况下，就是要虚化甚至撤掉地级市，使它成为本来意义上的城市，在行政级别上和县平行，实行省县两级政府的地方行政管理体制。在他看来，浙江最具备这方面的条件。首先，浙江一直实行"省管县"的财政体制，县财政直接归省财政管辖。同时，县里主要领导均由省上直接任命。在财权和人事权方面实际上接近于"省管县"行政体制。"强县扩权"又使这些经济强县直接掌握了经济大权。由此，改革之后，地级市对这些扩权县的管理已经相当有限。

手续简单化

8月扩权通知下达后，县政府报批文件盖的是省政府的章，县计委报批文件盖的就是省计委的章，这在以前是想都不敢想的。

就绍兴县国土资源局而言，扩权以前只能批2公顷以下的土地，现在5公顷以下的也能自己批了。改革的结果，首先是审批时间大大缩短。仅在扩权文件后的10天时间里，绍兴县国土资源局就为6家等得着急的企业办理了供地手续。而扩权前，一个面积2到5公顷的建设用地项目审批，报到市里去最快也要一个星期，慢的要两个月，平均要3个星期。从项目报上去的那一天起，用地单位就不断催促。县国土部门夹在中间很被动，只好一方面和市里不厌其烦地电话联络，另一方面对用地单位反复解释，直到土地批下来为止。另一方面，由于审批时间太久，建设工期耽误不起，一些企业便只好把建设项目拆分成一期、二期工程，分几次在县里报批——"老要躲躲藏藏的"。而县里很多政府部门碰到这种现象，考虑到企业的难处，也就睁一只眼闭一只眼。这样一来，审批窗口的工作量自然增大了，许多不规范的审批也由此产生。

绍兴县国土资源局工作人员的感觉是，扩权之后，政府部门的工作总体上比过去更轻也更规范了。当然，真正享受到扩权好处的还是企业，减少审批环节和审批时间缩短，企业生产经营不受影响，其得到的好处不言而喻，"完全可以用金钱和效益来计算"。

实际上，一些扩权县在尝试"活用"省里的扩权政策：这次扩权条款中，扩权县能自行审批的企业技改项目投资额度已被提高到 3 000 万元。但"生意做大的"的一些扩权县区政府自行审批的项目投资额已经远远超过了这个数。萧山区发展计划局的一位负责人就曾坦率承认："1 亿元以下的我们都自己批了。"

地区的意识转变

地级市政府的感受颇为复杂。放权之后，下级的地位陡然上升，"到省里开会，原来的下级和自己坐在同一个位置上"。同时，权力发生了转移，上下级关系起了变化，在工作衔接方面一度有些问题。放权一开始，嘉兴市就在文化馆、体育馆等基础设施建设规划方面和几个扩权县都出现了些矛盾。

浙江省委政策研究室副主任沈建明表示：有不同意见是完全正常的，市委书记和县委书记的考虑当然是不一样的。但从长远看，地方经济繁荣是市县两级政府的一致愿望。其实，按政策设计者的考虑，扩权对于市级政府是个转变职能的机会，事务性工作少了，更像一个服务型的政府，官员有更多的时间和精力去研究更宏观的经济管理问题。

有意思的是，地区级政府在此次扩权改革中的态度转变：开始"难免会有失落情绪"，但给县里放权后带来的经济活力很快让他们看得更清楚，态度也逐渐转弯了。其中，嘉兴市在此次扩权中受到的影响很大，全市 5 个县中海宁、嘉善、平湖、桐乡均为扩权县，仅海盐未能进入。但不久，嘉兴市政府"自动放权"，对未享受扩权县政策的海盐全面放权。宁波和杭州索性让未进入扩权县名单的其他县区全部享受"扩权县"的待遇。就连浙江经济欠发达的衢州、丽水也参照省上的扩权政策，宣布给部分县区放权。据了解，这几个地区完全是自发进行的，相互之间没有通气。

有鉴于此，浙江省一位参与制定政策的官员感慨地说："事实上思想观念最解放的是基层，实践最具创新性的也是基层。也许该反思的是我们自己"。

改革纵深发展

值得注意的是，这次县一级扩权改革和浙江省其他"松绑政策"是同源相生的。比如，浙江 2003 年出台规定，今后在浙江，民营资本将可以进入绝大部分领域；社会性投资项目将以"登记制"代替沿用多年的"审批制"，

"24小时完成登记，零收费"。浙江省委的一位官员指出，这些政策归结一点：最大限度地扩大经济自由度，解除民营经济发展的各种政策性束缚。从这点上看，县一级扩权仍要继续。

浙江省委政策研究室正在进行第二次扩权的准备工作，准备使扩权县的总数达到25个左右。同时，还要增加一批扩权事项，包括一些地市级的社会管理权限，如出入境管理、户籍管理、车辆管理等。时任浙江省委政策研究室工业处朱处长说，下次扩权相对来说难度较大，省里都不一定解决得了，因为"现在还保留的审批权限，控制在省级部门和中央部委手里"。朱处长表示，在目前的行政区划框架下，县级政府继续扩权的空间不大，第二次扩权更多考虑的是如何促进服务型政府的转变上。

扩权县及企业的意见也差不多，它们把"扩权"的要求直接指向了省级部门和中央部委，并希望在继续扩大经济管理权限的同时，扩大社会管理方面的权限。例如，扩权后的政策仍然规定，进出口经营权企业年审需要报送省审批，许多扩权县对此意见纷纷。绍兴县外经贸局一位官员抱怨："绍兴县有459家这样的企业，地区不用送了，可是我们把材料收起来，然后再送到省上，一拖又是好久。"

朱柏铭教授指出，放权并不能完全消除行政成本，行政层级并没有取消，行政效率仍要提高。强县扩权是进行中的改革。他推测，按现在的县级扩权政策执行下去，如果哪天有中央大政策的支持，浙江或许真有可能在行政区划改革方面率先实现突破。

【情景模拟】

如果您是"老审批"，时任绍兴县外经贸局局长、绍兴市外经贸局局长、浙江省委政策研究室沈副主任、嘉兴市市长，将如何做好或应对浙江省这轮"强县扩权"工作？

【案例思考】

1. 从公共行政学角度看，本案例主要反映了一件什么行政管理事件？其基本构成要件是什么？

2. 根据案例材料，浙江省"强县扩权"改革的动机是什么？主要推动因素与阻碍因素各是什么？

3. 结合政府间关系现状，分析浙江省相关改革的发展趋势和可能采取的巩固措施。

4. 联系我国政府改革实际，谈谈浙江省"强县扩权"改革的经验与启示。

案例 4　　太极洞风景区污染治理历程[①]

位于安徽广德的太极洞是国家首批 AAAA 级旅游区，作为华东地区最大喀斯特溶洞，明代冯梦龙将之誉为"天下四绝"之一，人在洞中宛如置身迷宫。太极洞位于安徽广德新杭镇，江苏宜兴太华镇，浙江长兴白岘乡三地交界处，景区管辖权在安徽广德县。然而，曾几何时，在江苏和浙江两省被限制和禁止的数十家排污企业，先后搬迁到太极洞附近，将太极洞团团围住，致使太极洞风景区遭大面积毁灭性破坏。太极洞风景区和广德县政府部门多次与江浙有关方面协商解决，但污染和破坏却愈演愈烈。

跨境环保难题

其实，广德县政府很早就出台规定，关闭景区规划范围内的所有排污企业，并在 2002 年组织环保、工商、公安、国土资源等相关部门，将景区周围的当地排污企业全部关闭。但太极洞所在山体为皖、江、浙三省共有，位于江浙土地上的数十家排污企业根本不理睬安徽的相关规定，反而加紧施工。为保护太极洞风景区的山体，广德县政府只得向排污企业妥协，花费 500 余万元买下太极洞后山的几家排污企业，将其关闭。然而，不久以后，更多的江浙排污企业纷纷在这里建厂房。更有甚者，2003 年，江苏宜兴市太华镇在太极洞旁开办了化工园区，众多在苏锡常一带被禁止的化工企业蜂拥而至。

资料显示，仅仅在太极洞景区规划保护区内，目前就有 12 家采石矿山、25 座石灰窑、7 家化工企业，如果加上对太极洞产生污染和破坏的上游的非保护区区域的化工厂和石灰窑，那数目将更为庞大。其中，仅江苏宜兴市太华镇化工工业在 2007 年就达到 20 亿的年产值，而其中很多就分布在太极洞上游。太华镇的化工工业园区 B 区紧靠太极洞，园区企业主要生产油漆、工业用油脂等。由于江苏地势高，而安徽地势低，化工园区企业排放的废水流向安徽境

[①] 主要参考文献：（1）孙小林，《跨省环保治理探索：太极洞试验半垂直管理模式》，《21世纪经济报道》2008 年 6 月 5 日第 8 版；（2）潘骞，《皖苏浙共治太极洞污染》，CCTV.com 2009 年 08 月 14 日 13：28，来源：中国环境报，http：//hb.cctv.com/20090814/107108.shtml；（3）何雪峰，《江浙污企继续"围攻"广德县太极洞》，www.ah.xinhuanet.com 2008-07-14，来源：新安晚报，http：//www.ah.xinhuanet.com/news/2008-07/14/content_ 13804435.htm；（4）何雪峰，刘高威等，《江浙小厂"围攻"太极洞》，2008 年 01 月 15 日 00 时 56 分，来源：中安在线-新安晚报，http：//ah.anhuinews.com/system/2008/01/15/001932067.shtml；（5）王立武，《皖苏浙联手治理太极洞污染》，2010 年 01 月 21 日 11：21：11，来源：新华网，http：//news.xinhuanet.com/politics/2010-01/21/content_ 12849462.htm。

内，带着化工异味的工业废水通过地下河不断向太极洞内渗透，造成洞内水体严重污染，河水呈铁锈色，气味刺鼻。废水渗入太极洞后，太极洞出口处的水质由过去的Ⅰ类地表水降为Ⅳ类地表水，已不能饮用。

广德县环保局执法人员检测太华镇化工园区化工污水时发现，污染物排放明显超标，其中一项COD指标最高时竟超标120倍。广德县环保局一位部门负责人指出，COD是水污染的主要指标，超标一两倍就说明排污相当严重了，超标120倍则说明排污企业没有任何环保设施，将污水直排，"像这样疯狂的排污，我们在环保检查中还是头一回见到"。

但是，危及景区的不仅仅是化工企业的污染。沿着太极洞所在山体的一条小径往北边的后洞口走出不远，放眼望去，太极洞后洞口采石场、石灰窑林立，对太极洞主景区形成包围。太极洞所在山体已被开采去一半，面目全非，太极洞后洞口甚至被炸开一个大口子，成为无法恢复的创伤。远处的采石矿山和石灰窑扬起冲天的灰土和粉尘，如同罩在浓浓大雾之中。山上的绿色植被很少，仅有的树和草也都被厚厚的灰所覆盖。据附近的村民介绍，这里过去山清水秀，如今却光秃秃一片。同时，由于山体植被遭到破坏，整个山体的含水量急剧减少，导致太极洞内的许多钟乳石因为没有滴水而"死亡"。景区一位工作人员说，这些企业快速吞噬了太极洞赖以生存的山体，"如果不加制止，不用几年，太极洞将随着这一山体的消失而不复存在"。而且，开采石材的企业在炸山时所用的开山炮威力很大，一炮下去能炸开几万吨石头，数公里之外都有震感，附近一些民房都被震裂了。太极洞本身自然也无法幸免，据这位工作人员透露，"太极洞洞体也因炸山而不断震动，常有钟乳石受震动而脱落"。

此外，广德县环保局一位部门负责人说，"江浙污染企业如今不仅对太极洞形成破坏，也使周边群众吃水安全受到严重影响"。太极洞所在的新杭镇有一条流洞河，是新杭镇及附近居民的主要水源。然而，江浙污染企业的工业废水和生活污水流入流洞河，威胁数万居民饮水安全。2008年5月，环保部调查组在一份调查报告中写道："新杭镇许多居民以地下水作为饮用水，而由于井水受流洞河污染的间接影响，已不适合饮用。"这也得到了太极洞附近的酒店的证实，"我们几家酒店一起从山上引了个水管，花了一万多，地方和我们说了，已经都向上反映过了，但好像没什么效果"。

针对愈演愈烈的污染形势，广德县各级部门都进行了大量努力，但由于缺乏跨区协调和相关约束机制，"治污"收效甚微。其中原因，广德县环保部门相关负责人认为，"除了管辖权的问题，其中阻碍治污的根源在于地方保护和经济利益"。这些污染企业给太极洞景区带来威胁，但为所在地带来可观的经济效益。在环保部门执法手段不强、地方追求GDP的冲动难以遏制以及跨区协调机制不完善的情况下，很难促使这些企业自动关门大吉或者采取相应的环保措施。

协调的尝试

《环境保护法》和《水污染防治法》明确作出规定：跨行政区域水污染纠纷，由有关地方人民政府协商解决，或者由上级人民政府协调解决，但相互扯皮的事件常有发生，致使很多跨界污染事故得不到妥善及时的解决。遇到这种情况，广德采取的是和对方协商，寻求法律依据和向上级主管部门反映三种手段，这也是当前中国处理环境跨区域污染治理的主要方法。

广德县环保局一位人士说，"最先采取的方法就是新杭镇的领导和太华镇以及白岘乡的相关负责人联系反映问题，希望对方能重视这种情况"。无论是镇与镇之间，还是县与县之间都进行过反映，甚至开过好几次碰头会，每次会议基本都得出一些共识，诸如，太极洞不仅是广德的旅游资源，也是三省共同的旅游资源，需要大家打破省域界限，共同保护；具体遇到环境难点问题，及时通过联合执法的形式，合力解决。然而，广德县环保局的这名干部说，"会上谈得很热闹，但效果不是很好，会后那些污染企业有些收敛，但过几天一切又照旧。谁有积极性去割自己身上的肉呢"？对此，一位环境专家则表示，"没有一种机制去约束产生污染的单位必须合作，这就导致了协商的效果打折，除非有凌驾于协商单位之上的上级主管部门插手"。

之后，寻求法律依据成为选择之一，广德方面期望争取到一顶法律"保护伞"。早在2005年1月，广德县旅游局就编制了《广德太极洞风景名胜区总体规划（2005—2025年）》（以下简称《规划》），并上报国家建设部和国务院审批，一旦批准后，广德县就可以依法对规划区内造成污染的企业下"逐客令"。该《规划》明确太极洞片区缓冲区包括风景区范围内和风景区紧邻的4个乡镇，包括安徽的新杭镇，浙江的白岘乡、槐坎乡，江苏的太华镇，以上述乡镇的行政边界为界，总面积200平方公里左右。《规划》还明确指出要取缔沿广宜路两侧的买卖"太湖石"的长廊，取缔任何在风景区范围和缓冲区范围的各类采石场。事实上，在山洞北部采石已经威胁到太极洞的生存。

据广德县一名官员透露，"2006年《规划》上报，2007年就已经通过了国家层面的批准，目前正式文件还没下来，但在国务院建设部等八部委联席会议通过之后，其实已经生效"。然而，据调查得知，除了广德自身的管辖范围内污染企业得以关闭，对其他企业相关执法部门很少采取措施。究其原因，太极洞管委会一位人士说，"毕竟一些地方不是我们的管辖范围，最终还是要走上协调之路"。

三省联席会议机制

诉诸上级领导部门是可以选择的第三种尝试。

2008年，全国政协十一届一次会议期间，来自安徽省的侯露、夏涛、后力、吴春梅、牛立文、穆可发、李宏塔等七名全国政协委员联名呼吁：要加大对太极洞这一风景名胜区的保护力度，坚决关闭景区内的小矿山和小化工企业，以保障国家级旅游资源的安全和永续利用。而新杭镇，广德县环保局、建设局也坚持不懈地向广德上级城市宣城、安徽省以及中央反映。据一位熟悉内情的广德县人士透露，2007年11月，国家环保总局华东督查中心人员经过安徽时，广德县就将太极洞风景区受污染的事作了汇报。不懈的努力，终于使得问题引起了当时国家环保总局的关注。随后，协调机制开始"提速"。

2008年3月，刚刚升格的国家环境保护部环监局委托华东环保督查中心调查处理太极洞风景名胜区环境污染与生态破坏问题。华东环保督查中心主持召开了协调会，积极组织苏、皖、浙3省环保部门，建立长效联动机制，统一协调部署太极洞风景名胜区及其周边地区污染防治和生态整治工作。随后，国家环保部华东督察中心、国家建设部、国家林业局先后于5月7日到8日到太极洞进行考察，"苏浙皖三省的旅游局和环保局一把手都过来了，调查了太极洞的情况，去了污染的企业，还进行了取水测试"。

5月8日，环保部华东督查中心在广德县组织召开苏、浙、皖3省太极洞风景名胜区整治环境污染与生态破坏第一次联席会议，要求建立三省环保部门、三县市政府及相关部门长效联动机制，联合检查督促，实现信息互通。会议明确了联席会议成员单位的主要职责，并要求宜兴、长兴、广德三县（市）政府完善整改方案，加强沟通与协商，联合治理景区环境污染与生态破坏现象。随即，5月31日，广德县政府牵头组织太极洞景区环境综合整治三县市第一次协调会议，确定建立三县市联动机制。6月4日，安徽省环保局牵头召开三省环保系统第一次联席会议，建立了苏浙皖三省太极洞风景名胜区整治环境污染与生态破坏联席会议制度。

8月28日，安徽省环保局在广德主持召开会议，三省环保系统代表参会，会议经现场查看、讨论，形成验收意见，同意太极洞风景区规划范围内广德县5家企业关闭通过验收。会上，三县市均拿出整治方案，确定了具体的时间与整治要求，并相互进行了通报。目前，长兴县、宜兴市已停止对新入驻工业区企业的审批，并将按计划关停污染企业。

跨区协调机制"破题"，为彻底解决太极洞污染创造了条件，有力地保障了太极洞风景名胜区环境综合整治工作的顺利开展。据了解，截至2009年年底，太极洞规划区内的安徽广德县5家企业全部关闭，广德县位于广宜路沿线

300 米内的 17 家琉璃瓦厂也都关闭；江苏宜兴的 3 家企业关闭或搬迁、宜兴太华镇化工工业园区 B 区的 14 家化工企业落实了管网铺设和收集工作，实现了废水向景区零排放；浙江长兴县的 10 家企业，除白岘富强化工建材厂（石矿）仍在开采中外，其余 9 家全部关闭。

【情景模拟】

结合案例材料和国情，假设您是广德县环保局负责人、宜兴县环保局负责人、长兴县环保局负责人，三县主要负责人，安徽省环保局负责人，国家环保总局华东督查中心负责人，将如何处理太极洞污染治理问题？为什么？

【案例思考】

1. 从公共行政学角度看，本案例主要反映了一件什么行政管理事件？其基本构成要件是什么？

2. 根据案例材料和国情，太极洞环境污染与生态破坏问题治理的主要困境是什么？其影响因素有哪些？

3. 结合案例材料和国情，广德县相关部门应对太极洞环境污染与生态破坏问题的解决途径各有哪些？各自效果如何？

4. 结合案例材料和国情，太极洞风景名胜区环境污染与生态破坏问题综合治理机制是如何形成的？有何经验与启示作用？未来发展趋势如何？并阐明其可能原因。

第 5 章
政府与社会关系

一、本章学习目的与要求

说明：通过本章的学习，了解政府与社会关系、政社不分以及政府社会管理体制等相关概念的基本内涵，理解不同类型政府社会管理体制的基本结构、功能特征、运行机制及其发展趋势，尤其是要掌握当前我国政府社会管理体制的基本结构、功能特征、运行机制及其面临的困境和发展趋势。

二、本章考核知识点与考核目标

识记：社会自治、居民/村民自治等相关核心概念的基本内涵，社会团体及其管理体制等相关核心概念的基本内涵。

理解：政府与社会间关系的各种基本类型及其各自的基本结构、功能特征、运行机制与发展趋势，中国社会管理与社会自治的相关制度规定、基本内容、运行原则、实施机制，当前中国居委会/村委会与乡镇政府间关系的相关制度规定、结构特征、功能影响与发展趋势，中国社团管理体制的历史沿革及其发展趋势。

应用：运用所学公共行政学理论知识，分析案例中特定行政管理事件或现象发生过程中案例中不同类型政府社会管理体制，尤其是政府与社会间不同关系类型的历史沿革、表现形式、基本结构、功能特征、实践效果、面临的问题与挑战、发展趋势，以及可能的应对策略与经验启示。

案例 1　　　　村公章的集中保管试验[①]

鞠副主任拉开抽屉，是一片红彤彤的颜色——各村委会的 87 枚"大印"，在这里排成了方阵。近两年的"锻炼"让这位公章保管者熟能生巧——找哪个？通常不超过两次，他就能命中目标。自 2004 年 9 月，山东莱西市 R 镇就

[①] 主要参考文献：徐楠，《村公章缩进镇政府抽屉》，《南方周末》2006-09-14。

收走了下属 87 个行政村的村委会公章，把它们统一锁进了镇政府的这个抽屉里。

"卡印儿"的烦恼

村会计们对此颇有怨言，为了"卡印儿"，每次都要他们跑腿。而在 R 镇最边远的村子，会计要跑 10 多公里，才能卡上一个印。迁户口、考大学、当兵、开证明还可以缓缓，但赶上病号出院就不行了，村里要出参加合作医疗的证明，医院等着结账，啥时候办村会计们啥时候立马得去。

胶东半岛的农民们，习惯把盖公章叫做"卡印儿"。鞠副主任在公休假日经常被找出来"卡印儿"。他是 R 镇"为民服务中心"副主任，这个中心而今有了这项新职能：公章管理，并辟出一个专柜用来"卡印儿"。最初开设时，鞠副主任忙乱了很一阵子——由于不熟悉"业务"，找个公章花了不少时间。有一次，倪家庄、福山后村都去"卡印儿"，倪家庄的章差点盖到了门家庄的合同上。

但是，为统一管理，这种模式已被"推广"。H 镇也收了村印。2006 年 5 月 8 日起，莱西市经济开发区也收了下属 40 个行政村的公章。不过，次日，麻烦就来了——一场民事官司中，开发区下属的院庄村向占用其土地的工厂讨补偿，法官发现《法定代表人身份证明书》要加盖村委会公章，会计只能骑上摩托，"突突突"一趟，到区去"卡印儿"。谁知法庭又说委托代理授权书需要重写，于是会计又跑了一趟。为此，调查中断了半个多小时。

对此，莱西市民政局基层政权科一位科长曾表示，到底有多少乡镇实施这样的"统一管理"，他们也不掌握。不过，没有一个乡镇为此形成任何文件，或者在乡镇会议上传达。而全市的村子超过了 800 个。

据 R 镇镇长透露，收取公章是为了对村子行使权力进行监督，村里有大事，比如要土地买卖、签合同了，镇上要调查是否属实。所以，当鞠主任的面前出现合同时，要卡这个"印儿"并不简单。有些可能需要镇领导签字。R 镇某工作人员直言：不收不行了，村公章用得太乱了！尤其是在村委会换届的时候。

收印目的

村官姜某对此深有体会。

当 2004 年 12 月，他当选为姜家庄村村主任时，麻烦便接踵而来：

1. 一份铁矿开采协议，用本村的便笺写的：整个矿 3 年的承包金额为 1 万元，但村里不得以任何方式阻挠承包人开矿，阻挠 1 天支付对方 1 万元补偿，如果阻挠 3 天以上，此后该矿产权归承包人所有；

2. 承包16亩土地，从2002—2008年，一共需付给村里400元；

3. 买断一窑厂，外加河坝，还包括周边10多亩土地的使用权，从2002—2035年，一共需付13.6万元……

但所有合同，无一例外地盖有姜家庄村委的印章，有前任书记和村主任的签名。但新任村官姜某作为前任村委委员，对这些"合同"毫不知情。

先在空白便笺上盖好了印章，以后需要时再写上内容——这是公开的秘密。得到这些合同的"乙方"，其背后往往是村官的亲友，或者经过私下的利益勾兑。于是临近换届，还在任上的村书记就要提前预备好这样的"空白合同"——万一"下去"了，还可以继续"制造合同"。前述这几份属于一看内容就明显有问题的，但村里的财产也就这样流失了。还有，按说合同应该至少一式三份，可是有人拿着一张纸就找来了，到会计那一查——没有留底，"根本就对不上"！像窑厂和大坝那个，会计那儿也有底，但是光用地，钱始终没付过。姜村官的应对方法是——"俺们就叫他限期付钱，最后2005年1月1日之前他拿不出来，合同就算作废了"。

通常，合同标的在10万元左右。对一个村庄来说，这实在是很大的数字。找上门来的除了合同，还有欠条——"今欠某某多少多少元，用途为……"只要有村书记的签字和村委会公章，欠条就入账了。

一个极端的例子是，在泊子村，早年农业税收不上来，要求村干部集资。村副书记孙某借来4 000元交上了。2003年，村里账目显示：已经归还他3 000元，并且打了条子（相当于还款凭证）。这位从1964年就开始当村干部的老人，颤颤巍巍到经管站去，看到了那张入账后的条子，除了书记的签名，上面清清楚楚有着自己的签名，可是他完全不知道此事。入账便意味着3 000元钱已经由集体支付，还给了老书记。但是钱去了哪里？恐怕只有签单者能够回答。对此，经管站负责人曾对泊子村的两位村委委员说："账目的事情，能有2/3的单子是合理不合法的。这一堆单子就是一包定时炸弹。"

一次次换届中，从来没有人去进行过墨迹鉴定，"村里不可能自己去搞，上面也没说起过"。就这样，一张张欠条顺利入账，有真有假。积累下来，到姜村官上任时，等着他的此类"饥荒"已有30万元。而在R镇——这个并不富裕的乡镇，村级债务少则三四十万，多则近百万。正是因为如此，姜某等村官是赞同统一管理印章的。尽管很多人从上任起，就没摸到过大印。

不过，2001年7月22日，国务院办公厅转发了民政部、公安部《关于规范村民委员会印章制发使用和管理工作意见的通知》，其中明确规定，村民委员会印章要有专人保管，保管人由村党支部、村民委员会提名，并经村民代表会议讨论后决定。有关专家指出，根据相关法律，乡镇政府对于村委会印章只能行使以下四种权力：制发各村委会印章；指导印章的使用和管理；在新旧村委会换届交替的过程中监督移交；如果村委会被合法罢免，而新的村委会还未产生之前，政府可以暂时代为保管印章。在这几种情形之外，乡政府不能干预和控制，除非是经村民会议决定：主动提出请乡政府代为保管。

镇政府的角色

被当地人议论最多的一个问题是，如果该村里"做主"的事情，镇上越俎代庖怎么办？

R镇东靠胶东最大的天然水库——产芝湖。2005年，青岛某大酒店看中了这里，投资的目光聚焦于N村的300亩土地。这些土地，大部分是村民的责任田。一般的租地开发程序是：开发商与村集体及农民们协商。在各方同意的前提下，开发商除与村集体订立合同之外，还与村民分别订立包租合同。但对于R镇来说，"3 000万元的投资可实在是个大主顾，得给人家创造好条件"。于是，村书记兼村主任李某拿着一份协议书，开始挨家挨户上门了。协议书的内容是：村委会向农户租赁其责任田。这个9分，那个一亩，就这样签下48份"协议书"，将该地块大部分的经营权，先"收"到了村委会。

但村民们说，村里从未为此事召开过代表会议。然而李村官在各家各户拿出的两张纸，全部是盖好印章的——48份协议书，一式两份，至少共计96个"印儿"。一名村民说，"这应该是镇里做的主"，但公章已经被收走了，他们有什么办法呢？

后来，R镇党委书记老魏亲自到场。他向围在一起的村民讲开发的好处——能够带来效益，能够安排就业，说这项目要是走了要后悔的。那天，R镇的干部会议开到夜里1点。第二天一早5点钟，机关干部们就陆陆续续骑摩托进村了，他们分别包片包户来做"工作"。但是，三天过后，依然毫无进展。

【情景模拟】

如果您是案例材料中的山东莱西市R镇鞠副主任、姜家村村主任姜某、R镇某边远村会计、国家民政局基层政权与社区建设司某司长，会如何做好或对待山东莱西市R镇推行的村公章集中保管试验工作？

【案例思考】

1. 根据有关法律规定，村委会与镇政府是什么关系？
2. 本案例中，山东莱西市R镇是如何处理村委会的印章管理问题的？其合法合理性如何？为什么？
3. 结合案例资料与我国国情，分析村委会与镇政府关系发展现状和存在问题，并谈谈山东莱西市R镇做法的未来走势。

案例 2　　　　浙江瑞安外来工自治尝试[①]

浙江省瑞安市 T 镇 C 村几乎没有安静的时刻，除了 104 国道上嘈杂的汽车声不断外，村里 29 家工厂的机器声似乎也从没停止过。这个常住人口只有 958 人的沿海小村，外来人口已经超过 1 500 人。不过，这段时间，C 村打工仔中流传最广的一个词是——外来人口协会。他们中的绝大部分都成了会员。从 2002 年 4 月 1 日起，他们被要求在工作和生活中学会自我管理和自我约束。这是从未有过的尝试。

逼出来的尝试

对 T 镇派出所来说，C 村外来人口协会可以说是在"断粮"后"逼"出来的尝试。2002 年 1 月份以来，全国各地相继取消外来人口收费项目（瑞安市以前一个外来工须缴纳暂住证费、治安管理费、计生费共约 60 多元，现只需缴暂住证工本费 8 元）。特别是治安管理费取消后，全市 23 万外来人口的管理工作失去了经费来源。"断粮"后如何使外来人口管理"人员不散"、"力度不减"，就成了对警方更大的挑战。

据多年从事外来人口管理的 T 镇派出所副所长罗先生介绍，"T 镇是瑞安市私营经济最发达、外来人口最多的地方。外来人口违法犯罪率高，大部分犯罪与外来人口有关。取消收费后警方的管理越来越感到力不从心"。事实上，外来人口管理工作中，除了治安层面外，作为困难群体的外来人口，其合法权益如何保护也是个问题；而且，这个群体也容易受到不法分子的侵害和利用。

能否建立一种社会中介组织，吸收外来人口参与管理，既分担政府职能部门的部分管理功能，又能维护外来者的群体利益？C 村成了试点。

能享受到哪些服务？

3 月下旬，在多次请教社团管理机关——瑞安市民政局后，这个村级外来人口协会在严格的程序中筹备开来。C 村村委委员、协会常务副会长林先生是个曾自费跑到浙江大学听社会学讲座的年轻人。他对筹备过程之谨慎记忆犹新："那段时间连续召开了村两委会议、村民代表大会、企业主座谈会、外来人口代表大会，为的就是听取更多的意见。"

4 月 1 日，外来人口协会正式成立。协会被定性为非营利性、非政治性的

[①] 主要参考文献：谢春雷，《外来工自治组织初现浙江瑞安》，《南方周末》2002-07-14。

群众组织。此后,该村1 500余名外来人口中有1 450多名成为协会的会员,入会率为96.7%。协会管理人员有9名,有2名是外来人口,其余为村干部、企业主和派出所协管员。第一届协会理事会同时产生:村委会主任出任会长,村委委员林先生为常务副会长,贵州来的外来工宁先生被选为副会长,另一名外地人担任理事。T镇派出所罗副所长认为,从数量上讲,在协会管理层中外地人并不占优势,但这只是一种过渡,因为协会目前"最需要利用一些社会资源为外来人口服务"。至于以后协会管理人员中本地人和外地人的比例会产生怎样的变化,罗所长说:"这还要看以后的实践才知道。"

副会长宁先生是村里一家工厂的生产部主任,1992年贵州大学中文系本科毕业。3月的一天,村里派人找到他,问他是否愿意参与协会的管理工作。壮实的宁先生很坦率,认为这是件好事,二话没说就答应下来。宁的当选与他的性格有关,不少外来工都说,"宁叔人很正直,敢提意见,文化程度又高,他当副会长我们放心"。事实也是如此,是正因为宁先生在协会筹备期间召开的外来人口座谈会上敢于发表意见,而且切中要害,分析入理,才被协会筹备组挑中。

协会制定了章程,规定吸纳会员需严格坚持"自愿入退会的原则"。会员优先享受协会提供的服务,但需缴纳20元会费。入会的每个外来人口都持有一张统一格式的会员证。会员的主要义务就是缴纳会费,对此绝大多数人没有异议,倒是协会的主管部门T派出所一直担心收会费可能会成为矛盾的焦点。不过,许多外来人口均表现出观望的态度。30岁的四川籍工人小杨的话具有一定代表性:"这笔钱谁都出得起,关键是缴了钱后,我们能享受到哪些服务?"

据了解,"服务"一词在协会内部确实被一直强调,协会的主要工作就是通过为会员提供各种服务来实现。具体地,根据章程有关规定,外来人员可以从协会中享受到以下服务:(一)开展暂住人口有关法律、法规的宣传,发掘、表彰、宣传优秀的外来务工人员;(二)帮助沟通外来人员与当地政府部门的联系,积极为外来务工者提供政策、法规、信息、技术等咨询;(三)反映外来务工者意愿,维护他们的合法权益;(四)在法律许可的范围内,积极为会员解决劳资纠纷;(五)上门为会员办理暂住证,并定期送证上门;(六)关心会员疾苦,对患病、伤残、病故或遭灾的会员,协会将组织人员前往探望、慰问。这些服务项目通过协会《给外来人员的一封信》传达到每个会员手头。同时,还被编制成"服务承诺",贴在C村外来人口协会办公室的墙上。

常务副会长林先生说:"我们的思路就是——融管理于服务之中。"他认为这与以往"重收费、轻管理、淡服务"的旧模式有着根本区别。值得一提的是协会非常注意对社会资源的开发。C村的做法是尽可能多地吸纳企业作为单位会员入会。目前全村29家企业中，已有25家加入协会。协会的一名管理人员说，"我们不用怎么费力就可以建立一张就业网络，可以为外来工提供实实在在的就业服务"。

伍氏事件

现在要对C村外来人口协会的作用下定论为时尚早。不过，它运行两个多月的表现确实给外来人员带来了许多惊喜。调查发现，尽管许多外来人口还不能理解自己参加的外来人口协会是个什么东西，但他们至少有一个朦胧的意识——出了事情可以找它。这一点协会的管理人员乃至主管机关瑞安市公安局有关人士也承认，协会就是要靠为外来人口解决一件件具体的实事来扩大影响。

得到了惊喜的外来工伍氏无意中成了一个宣传的范本。"伍氏事件"当时在村里闹得很凶，现在看来它其实只是一件小小的劳资纠纷。村里某企业的四川籍外来工伍氏因对工种不满与资方争吵，企业扣发了他两个月的工资，伍氏数次以拉电闸"回敬"，双方最终拳脚相向，伍氏受了轻伤。在内行人看来，这类劳资纠纷如果处理不当是非常危险的信号。不久前，隔壁M镇因劳资纠纷，一外来工将老板7岁的幼童杀害。协会于是介入调解，但外来工普遍存有抵触情绪。他们的顾虑是：由村里主持的这类调解往往会使本地人（资方）得利。结果出乎意料，在协会出面下，资方高姿态地解决了此事，伍氏不仅顺利拿到了被扣发的工资，还得到了200多元的医疗费。事情到此并没有完，失去工作的伍氏又找到协会"碰运气"，通过协会单位会员构筑的"就业网络"，他很快又在另一家企业找到了工作。发生在协会初创期的"伍氏事件"使协会顿时声名大振，外来工纷纷提出入会申请。

随着C村外来人口协会服务项目的开展，这样的例子越来越多。安徽人孙某的老板拖欠工资，他以拉走厂里一辆三轮车相抗衡，协会出面摆平，两边握手言和。2001年村里一外来人员的人力三轮车遭劫，破案后他不知怎么办才好，协会帮他找律师提起了刑事附带民事诉讼。由协会出面开办的不定期法制教育课正处于积累阶段，其效用或许有可能会体现在不久的将来，因为许多听讲座的外来人口表示这是他们"平生第一次接受这样的教育"。

协会这个中介的出现，也使村里开始重视倾听外来工的声音。副会长宁先生接到外来工反映：以前村里协管员隔三岔五查夜，打扰外来工的休息。在协会召集的外来人口代表大会上，宁先生提出了"查夜应少一点，应礼貌待人"的建议。村里很快采纳。在这几个月，C村这样的会议每月要开四五次，气氛十分活跃。而且，一些外来工认为，"大家能把烦恼一股脑儿倾吐出来，落实的效果也不错"。

协会在村里的亮相及与资方老板的频频接触，也让资方在处理劳资纠纷时大多会"卖"协会一个面子。而且，他们中的大部分还是协会的单位会员，协会的协调地位由此体现。事实上，一些企业主表示，即使是以前，他们也不愿在劳资纠纷上过多纠缠，只是当时没有这么一个让外来工和资方都信任的社会中介出面调停。当地的一些法律工作者则认为，外来人口作为劳工一方在与本地资方的对话中始终处于弱势地位，外来人口协会的出现，可以让协会代表外来人口出面与资方谈判，实现一种相对平等的协商和利益较量。

外来人口对协会的期望值则越来越高，甚至延伸至很细小的生活领域。又一次外来人口代表大会上，贵州人小康想了一会儿终于蹦出一句，"我们去市场里买菜，老是要缺斤短两，协会能不能管一管"。江西人钟某则提出抗议，经过村里的某公交线路对外地人经常多收费，协会可以帮助向有关部门反映吗？这样的小事在协会的服务项目中没有细化。但副会长宁先生认为，协会应该管这些事情，只有生活安定，生产才能稳定，小事情不解决，会变成大事情。宁会长的这种观点得到了T镇警方的赞同。

从"管"到"疏"

作为全市23万（占瑞安总人口1/5）外来人口的主管机关，瑞安市公安局对C村试验也大力支持。试验结果同样让警方兴奋。据T镇派出所称，协会运作两个多月来，C村还未发生过一起治安刑事案件。究其原因，副所长罗先生认为，一是许多矛盾纠纷通过协会及时化解。另一点就是，这种方式使警方能够全面掌握外来人口的底数和动态，为打击犯罪提供了一些有价值的线索。用瑞安市委常委、公安局局长施先生的话说就是，"公安机关在无意中实现了以前一直提倡的外来人口'分层次'管理的目标。C村96.7%的外来人口入会，这部分人基本可以实现自我管理和自我约束，我们所要重点管理的是剩下3.3%的未入会者。这为基层公安机关减轻了许多压力"。

在取得明显成效，并获得当地政府的支持后，2002年4月，宁先生等5人提出筹建瑞安市外来人口管理协会的申请。经该市民政局同意，5月31日，瑞安市外来人口协会召开会员代表大会，选出了由23位理事组成的理事会，其中有外来人口代表6名（一人当选副会长）。市级协会的框架为一个市—乡镇—村居三级外来人口管理网络，即市里设协会，各乡镇设立工作站，在村居设立管理小组，工作站在协会授权范围内开展活动。

官方希望见到的前景是，这一管理网络正式启动后，"将全面增强外来人口对居住地的归属感和责任感"，最终实现"共居一地，共创平安"的良好局面。身为瑞安市公安局局长，施先生认为这是一次有意义的尝试："浙江有的地方现在靠财政拨款来管理外来人口，老是靠政府拨款形不成一种长久有效的机制。我们所要做的是跳出计划经济的管理模式，在市场经济下，作为一种'小政府、大社会'的探索，利用社会资源包括外来人口自身，建立一种长效的管理机制。"

【情景模拟】

如果您是案例材料中的瑞安市委常委、公安局局长施先生，T镇派出所副所长罗先生、C村外来人口协会常务副会长林先生、副会长宁先生，四川籍外来工伍氏，T镇某企业老板，会如何做好或对待瑞安市T镇C村推行的外来人口协会及其运行工作？

【案例思考】

1. 从公共行政学角度看，本案例主要体现了一种怎样的行政关系？这种关系在我国的现状如何？
2. C村外来人口协会是一种什么性质的组织？它是如何成立起来的？为什么能够成立？它的成立，对于T镇派出所而言，会产生哪些方面的影响？对于其他当事主体呢？
3. 从我国当前政府职能转变的角度，谈谈瑞安市外来人口管理协会成立的意义及其可能的发展方向。

案例3　　"厅级会长"难产记[①]

意外的结果

一切很平静。46名常务理事陆续走进会议室，嘻嘻哈哈开着玩笑，说着一些业务问题，这些N市的注册会计师当天要选出会长，但他们都避而不谈。

选票发下来之后，上面只有一个名字——现任会长余时先，他也是唯一的会长候选人。余退休前是N市财政局副局长。理事余萍略一思度，没有在余时先名下画圈，转而在选票上写下另一个名字——徐民选。徐是财政部注册会计师专家咨询委员会委员，现N市注册会计师协会顾问，30多年从事企业会计实务工作。

[①] 主要参考文献：陈欢，《"厅级会长"难产记》，《21世纪经济报道》2006年7月14日第5版。

"余时先、徐民选、余时先、徐民选……"唱票完毕，所有的人都惊呆了，唯一的候选人余时先只有22票，而原先并不在候选人之列的徐民选竟然有24票。

N市注册会计师协会原隶属N市财政局，和N市的其他100多家行业协会一样，是一家事业单位。2001年，余时先从财政局副局长的位置退休后，被财政局、审计局联合指定为第三届会长。

2005年1月，N市下发文件《N市行业协会管理办法》，要求所有的行业协会和行政主管机关人、财、物全面脱钩。2006年4月6日，经历了一年的过渡期后，N市注册会计师协会首次会长无记名选举如期举行。

这样的结果出乎余时先的意外，而台下的徐民选则沉默不语。一时间，选举现场气氛尴尬。此时，主席台上就座的一位江苏省注协副会长、前财政厅副厅长，站起来发表了一番短暂的讲话。话说得很隐讳，但是意思很明显，就是让大家选余时先。

协会一名理事指出，选余时先还是徐民选，实际上是协会要继续保持行政管理还是自治的问题。这个问题困扰了他们许久。

选举无果而终

前副厅长讲完后，由于票数高者也没有过半，第二轮选举重新开始。但这一次，选举形式有了细微的变化。第一轮选举是无记名投票，大家自己上去投，第二轮选举的时候，选票挨个发下来，又挨个收上去。一名理事的说法是，"这样一来，谁选了谁对着座位一查就能知道"。

不少理事都注意到这个细微变化，余萍对着选票想了片刻，最终什么名字都没有写，她选择弃权。而另一名理事则当即站起来大声说，"不能这样做，这样不民主"。台上就座的一位领导严厉地对他说："你不是代表，不要乱说话。"这名理事并不服气，反驳说："你也不是代表，你也不要讲话。"

在这样的僵持气氛中，第二轮选举的结果出来了——余时先12票，徐民选还是24票，另有10票弃权，比前一轮更让人惊讶。一名常务理事指出，"我们也没有想到会是这样的结果，不过既然说了行业协会要自治，要'自理会务、自筹经费、自选领导、自我约束'，那让我们自己选就是这个结果，这就是民意的体现"。余萍则有点怨怨地说，"我觉得我被愚弄了，说是自治、自选，其实根本不是，所以第二轮就弃权，反正选来选去不会选出我们要选的人"。

而N市民政局相关人士的解释是，"行业协会的会长，由上级主管行政机关的退休领导担任是惯例，各地各协会都如此"。

场面火药味越来越重，主持人宣布暂停。第一次选举无果而终。第一次选举失败之后，理事会在5、6月间接连召开三次会议，讨论会长候选人人选，但每次都没有结果。一名理事认为，按理说，徐民选在第一次选举中得票最高，理所当然是候选人，但不知为何，上面就是不同意，非要指定余时先为唯一的会长候选人。

后来各方提出了一个折中方案，让徐民选和余时先一起参加选举，若徐民选得票高则任会长，余时先任名誉会长，保持原有会长待遇不变，但这个方案也未能通过。

一个显然的事实是，会长之位也是有些益处的，N市注册会计师协会目前账面资产有600多万元，每年每个注册会计师事务所要向它上缴总利润的2%，每个注册会计师还要缴年费，加在一起，这是笔不小的收入。

行政的影子

8时30分，余时先像往常一样准时走出小车，走进位于N市注册会计师协会会长办公室。旁边的人打着招呼，"余会长，您可是厅级会长啊"。

"哎，我是副厅级会长。"老余忙不迭地更正，不苟言笑的脸上浮现了一丝难得的笑容，已经完全看不到不久前在会长选举中以12票/24票落选的阴影。

一名会员不解地追问，"现在我们想不明白的是，行业协会到底是行业内的自治组织，还是行政机关的附庸"？而余萍的说法是，"当时也没有多想，事先也没和其他理事商量，就觉得余时先年纪大了，60多岁，行政领导出身，不太懂业务，我们毕竟是专业协会，还是要选个业务能力强的人做会长"。

事实上，徐民选也是60多岁了，之前是N市财政局会计处的处长。据说，研究会计制度是他的爱好，就像有人爱下围棋，有人爱打牌一样，他的爱好就是没事干看会计准则。徐民选微胖，夏日里奔走得满头是汗，一边憨笑着擦汗一边说，"看出什么问题了，就和财政部会计司的同志切磋"。

一名前协会的工作人员指出，有一次，一个所的审计报告出了质量问题，财政部要处理，余时先得知消息后没有首先帮事务所想办法找原因解决问题，而是先打电话劈头盖脸把所长骂了一顿。相反，徐民选则带着这位所长去了北京，找到财政部会计司，仔细地呈明之所以这样会计处理的理由，最终，财政部接受了他们的意见，免于行政处罚。对此，N市一个事务所的所长说，"我们注册会计师执业风险很大,我们要一个娘家人,能为我们说话,而不是一个行政领导"。

选举未果之后,注册会计师协会副会长、N市永华会计师事务所储所长在各方之间斡旋沟通。财政局、审计局、民政局、省注册会计师协会他都跑过,而且还要和理事、常务理事们沟通。储所长得出的结论是,"上面的意思是各有优劣,协会需要一个人去和方方面面沟通,和市里、税务等部门协调,考虑到余时先的行政级别,沟通起来可能更好,徐民选嘛,做技术指导比较好"。但是,尽管这样的意思通过各种渠道发散开来,却从来也没有任何一个上级领导在会员代表大会或者理事会上公开表达过。行政影响,就是那么一个影子,看不清楚,影影绰绰。

储所长认为,"现在我们就处于一个过渡阶段,从行政指派到自主选举的过渡阶段"。但会员们不同意他的说法。他们的依据是,《N市行业协会管理办法》中明确规定:遵循自主办会的原则,自愿入会、自理会务、自筹经费、自选领导、自我约束。

在各方争议时,第二次选举也正在筹划中,但选举方式改无记名投票为举手表决,在第一次选举中以12票对24票落败的余时先,仍然是唯一的会长候选人。

储所长说,"一定要保证选出来,如果还是无记名,肯定还是选不出来,那就是大笑话了"。

【情景模拟】

如果您是案例材料中的江苏省注协副会长、前财政厅副厅长、现任会长余时先,N市注册会计师协会顾问徐民选,理事余萍,注册会计师协会副会长、N市永华会计师事务所储所长,N市财政局、民政局相关人士,会如何处理或对待N市注册会计师协会本次改选工作?

【案例思考】

1. 从公共行政学角度看,本案例主要反映了一件什么行政管理事件?其基本构成要件是什么?

2. 根据有关法律法规,结合案例材料,N市注册会计师协会是什么性质的组织?其法定产生与管理机制是怎样的?实际上又如何?

3. 结合我国实际,分析案例事件出现的基本原因,并谈谈其可能发展趋势与解决途径。

案例 4　　一个县级市的全民慈善运动[①]

2010 年 4 月 8 日，2009 年度中华慈善奖在京揭晓，荥阳创建全民慈善城市获得"中华慈善奖·最具影响力慈善项目"。时任国家民政部社会福利与慈善事业促进司司长王振耀在做客深圳文化大讲堂时对此项目的评价是，"河南荥阳一个小城市的'全民慈善'，也许会在不经意间改变中国慈善事业的进程"。

红头文件的推动

2009 年 8 月，荥阳市慈善总会向社会各界发出倡议，希望全民参与慈善活动，帮助需要帮助的人。据荥阳市慈善总会负责人梁艳透露，"从今年 1 月份至今，慈善总会只筹集到 100 多万元善款。大半年募集到的钱还不到去年的 1/8"。不过，这种局面很快受到荥阳市委市政府的高复重视，慈善总会的倡议随即变成了荥阳市委、市政府的红头文件。

8 月 5 日，一份名为《中共荥阳市委、荥阳市人民政府关于在全市开展全民慈善活动的意见》的红头文件传到了荥阳市市直各单位，各乡镇、街道和企业。该文件明确指出，为更好地帮扶该市困难群众、发展社会公益事业，依据《中国慈善事业发展指导纲要（2006—2010 年）》，荥阳将在全市开展"全民慈善活动"，并出台十项措施，包括在各大商场、超市、饭店等消费密集区设立募捐箱；设立"慈善饭桌"，建立"慈善超市"、"慈善药店"，开展文艺慈善活动、书画慈善活动、医疗慈善活动、荥阳"慈善日"活动，评选"慈善之星"，通过媒体举办"每周一善"宣传活动。

除了政策上的支持，荥阳市还组建了"以市委书记、市长任组长，四大班子领导任副组长"的领导小组，领导小组办公室主任是荥阳市民政局局长。

[①] 主要参考文献：(1) 胡心洁，《荥阳"全民慈善"100 天》，《河南日报》2009 年 11 月 12 日第 10 版；(2) 韩俊杰，段艳超，《河南荥阳：一个县级市的全民慈善》，中青在线-中国青年报 2009-10-20，http：//www.cyol.net/zqb/content/2009-10/20/content_ 2894086.htm；(3) 熊玉伟，《河南荥阳红头文件 要各级部门兼职搞慈善》，2009 年 08 月 11 日 03：40 来源：大河网-漫画月刊，http：//cd.qq.com/a/20090811/001109.htm；(4) 申剑丽，《河南荥阳红头文件推动后慈善组织增至 600 多个》，2010 年 04 月 30 日 03：11 21 世纪经济报道，http：//finance.ifeng.com/city/cskx/20100430/2129893.shtml；(5) 姚辉常，《民政部中华慈善总会首肯荥阳全民慈善行动》，2009-08-15 12：07：41，来源：中原网，http：//www.zynews.com/news/2009-08/15/content_ 638400.htm；(6)《慈善：政府推动 民间实施》，2009 年 08 月 13 日 08：18，来源：央视《新闻 1+1》，http：//cd.qq.com/a/20090813/001154.htm。

同时，荥阳还将建成1 000个左右的慈善组织，推举出5 000名慈善大使。

但是，在人口仅仅50多万的一个县级市，怎么构造出1 000多个慈善组织网络？对此，梁艳说，慈善总会下面有71个慈善工作处，每个慈善工作处下面又有多个慈善工作站，每个慈善工作站里，又有多名慈善爱心大使。据了解，这些慈善组织大多设置在各乡镇、各局委、街道办事处、居委会、村委会等，由这些部门的正职兼任负责人。

"它们其实就是一个联络处。"荥阳市慈善总会办公室主任王志永说，这些"慈善组织"主要负责宣传慈善事业，有人要捐钱、捐物的时候，工作人员负责联系慈善总会。王志永认为，通过慈善网络的建设，会影响、带动一些人参与慈善事业，把荥阳打造成一个"慈善城市"。慈善工作处、工作站不能接受群众捐款、捐物，工作人员也不能以慈善的名义，搞与慈善事业无关的事。

"现在已经有一部分居委、乡镇的主要负责人'兼职'慈善工作处负责人。"王志永说，以后要逐步普及，所有政府部门都要搞慈善，人人都能做善事。

潜移默化

自出台红头文件推动"全民慈善"以来，荥阳市各种慈善活动呈"井喷"态势。在机关、学校、乡村、商场，各种形式的捐助活动经常发生。不仅本地企业踊跃参与，来自上海、山东、郑州的企业也积极参与。据了解，仅仅三个月之后，荥阳市已在市直单位、乡镇、街道设立慈善工作处71个，在学校、村、居委会和较大企业设立慈善工作站444个，发展热心慈善、乐于助人的慈善大使2 560名，参与慈善事业的志愿者达1万多人。

在荥阳市，出现了许多以慈善命名的超市、药店、医院、影楼、饭店等。荥阳的五保户、低保户和孤儿等贫困人群，可凭借市民政局颁发的爱心卡，在慈善超市、药店享受九折优惠。在慈善饭店特设的"慈善饭桌"吃饭，或在慈善影楼拍摄"慈善套餐婚纱照"，店家在顾客的监督下，将消费额的10%或5%投入慈善总会设立的捐款箱。此外，荥阳还在人流量密集的地方设立募捐箱，举行书画义卖、慈善演讲、慈善书籍进校园等常规慈善活动。据统计，仅当年8月，荥阳市慈善总会便接受社会各界捐款99万元，救助困难对象344人，救助金额319 570元；定向捐助资金29万元，受益对象1 100人。

在政府倡议下，民间力量被极大动员起来。在2009年12月2日，一名戴着大框眼镜，30出头的女子拎着装钱的纸袋到了慈善总会，一次性捐出20万元，并未留名。日常慈善行为更为普遍，荥阳出租司机小汪说，"以前没那个概念，现在到了爱心超市，一毛两毛的钱就捐了"。而企业家做善事的热情也被激发起来。据荥阳慈善总会办公室主任王志永介绍，2010年郑州某公司拿出两万元，专门成立基金，用于资助0~6岁的学龄前贫困孩子，今后还将每年追加两万元。一些市民甚至发动了海外友人，由于和本地一位画家熟识，一位俄罗斯画家一次性为荥阳慈善总会捐了16幅画。除荥阳本地人外，慈善总会还接收到来自外地同乡，乃至湖南、广东、山东等地市民的自发捐赠。

"市里提供的平台很好，既给了我们回报社会的渠道，也让我们了解了捐款的去向。"一位每年捐款但不愿透露姓名的荥阳企业家说，"全民慈善，不单可以引导人们行善，更能促进社会和谐"。而荥阳市慈善总会的一位秘书长说，"这种捐助改变了过去每年年终一次'送温暖'式的捐助活动，捐助者知道款物去了哪里，受助者清楚是谁帮助了他们，对双方来说都是一次精神的洗礼"。在他看来，荥阳慈善正在从"散兵游勇"到"爱心大集合"。

2009年8月16日，《荥阳慈善报》第一期出版，报纸免费发放到荥阳居民手中。在荥阳街头，56岁的市民杜大伯说，"慈善报纸和慈善电视台里播放的都是发生在身边的好人好事，可以教育年轻人，是件大好事"。据了解，荥阳开展慈善活动以来，打架的少了，违反交通规则的少了，丢自行车、电动车的少了；捐款、捐物的多了，送儿童上学、扶老人过马路，助人为乐的好人好事多了。

有了"父母"的孤儿

"俺孙子今年13岁，从小没了爹娘，跟我这个老婆子过。现在孩子一个月能收到700元的捐款，一年就是8 400元，都够我们两个人用了。"家住河南省荥阳市（县级）贾峪镇槐林村的刘奶奶激动地说，"真是感谢政府，世上还是好人多啊"！事实上，刘奶奶收到的不全是捐款，而是从2009年7月起荥阳市所有未成年孤儿均享受到的包含生活、教育、医疗三方面的每月最低700元补助。

据了解，荥阳市将孤儿的范围划定为"父母双亡、或父亲死亡而母亲改嫁异地、或父母双方因死亡或残疾等原因无力抚养的孩童"。而该市要求，各级各部门、各有关单位落实帮扶任务，确保每个帮扶孤儿的教育、医疗、生活水平达到荥阳同龄人的平均标准线。帮扶单位必须长期帮扶孤儿，建立"对口帮扶"领导小组，安排一名联络员负责定期走访孤儿。帮扶责任者调离工作岗位，由继任者接班负责。每个季度还要在电视台、广播电台、报纸上，公示各单位的孤儿帮扶进展情况。

通过这种对口帮扶新模式，该市197名孤儿都有了相对固定的"父母"，生活发生了很大改变。同时，荥阳还将孤儿纳入医保范围，帮扶单位还要根据孤儿的病情每年再救助5 000元，民政部门结合孤儿病情每人每年最多再给予

5 000元的大病医疗救助。在日常生活上，帮扶单位每月救助不低于300元，慈善总会在此基础上每月再发放200元，民政局还将孤儿全部纳入最低生活保障范围，全额享受低保待遇。这样，每名孤儿每月就有700元的生活费。2009年10月，在荥阳"全民慈善动员，建设慈善城市"研讨会上，时任国家民政部社会福利与慈善事业促进司司长王振耀说，"目前，孤儿月补助额全国能达到600元的城市就极少，荥阳是全国老大"。

荥阳慈善总会办公室主任王志永介绍说，荥阳还将市原有的两个有线电视台之一改为"慈善频道"，于2009年9月1日开播，每天轮流播出"慈善播报"、"榜样"、"公益访谈"、"中华慈善五千年"等八个专栏节目，关注草根慈善，"这在全国也是第一家"。

运动基础

荥阳的全民慈善运动实施不久，就有学者指出，打造慈善文化，营造慈善氛围，出发点是好的，但这是一个长期坚持的过程，不能一蹴而就；荥阳打造"慈善城市"的目的，无非是想多募集点善款，帮助更多的人，但这与当地经济发展密切相关。如果百姓不富裕，他就不会拿钱去做慈善，所以慈善也要与当地经济发展紧密联系起来，这不是哪个部门能解决的问题，需要的是城市综合实力提升。

对此，河南省慈善总会宣传部部长林斌认为，打造慈善文化、打造慈善城市，确实是一个长期的过程，但长期的过程并不意味着可以此为借口而长期不作为。在他看来，慈善事业要想有大的飞跃，总是需要一个突破口，也许，荥阳市的"全民慈善"正是一个契机。林斌强调说，荥阳早在2007年就跃居全省县域经济综合实力第二位。在河南，这样的县市如果发展慈善事业综合实力还不够的话，不知道河南还有哪个地方才有资格去讨论发展当地慈善事业。

据了解，2007年，荥阳市财政收入达10多亿元，有5 000多个经济组织，其中营业额在500万元以上的有400多家，具有较为雄厚的民间资本力量。但是，综合实力处于河南"亚军"的荥阳市，与其他发达城市一样出现了一个问题：城市贫富差距随之而至，而且贫富差距越来越大，医保、教育、环保、老年福利等一系列社会问题也日益尖锐。

在河南有两个特例：一是孤儿扶助，全省5万多孤儿在各级政府的关爱下，九年制义务教育得到了保证，但是九年义务教育以后没人来负担这个费用，是一个很大的社会空当。另一个是养老问题，河南的五保户集中供养达到了40%，在全国是最好的，但仍然不能达到100%。但是在荥阳，自从"全民慈善"运动以来，197名孤儿可以被帮扶到上大学；五保老人在幸福园集中供养，可以得到老有所养。时任国家民政部社会福利与慈善事业促进司司长王振耀曾指出,"孤儿问题、养老问题在荥阳得到了解决,主要靠政府强力的行政手段,另外一方面需要社会各界更加灵活的办法来解决,这就需要慈善事业来补充"。

有人担心,政府花巨大精力搞慈善活动,是否会造成浪费或者造成其他方面工作的偏废?对此,河南省慈善总会宣传部长林斌说:"有人对荥阳全民慈善的关注,大多集中在其意义和争议上,而荥阳在未成年孤儿补助和宣传慈善方式上的成绩,很明显地被忽视了。"林斌说,慈善作为最容易令人动情的行为,是有效缓解社会矛盾的良药,但在国内发展较慢;个中缘由,是"因为中国政府的职能性很强,而民间组织的力量却很弱。同时,因为慈善不属于政府职能,所以有些地方政府觉得慈善做大,是对政府工作不力的反衬,就对慈善抱着不支持、不反对的态度,这也是中国慈善发展困难的原因"。他认为,荥阳的"全民慈善",是创新全国慈善事业的一个契机,具有指导和借鉴意义。"它构建了一种到处都是慈善的氛围,它所带来的社会精神意义,远比物质层面意义来得重要,同时也是在慈善政策、体制和方式上的创新尝试。"

针对不同观点,荥阳市委书记杨福平的看法是,"用道德和善举的力量推动全民慈善、为民办实事,能够引导全社会讲关爱、讲责任、讲奉献,形成强大的凝聚力和向心力,同时也是在改善城市人文环境,提升发展'软实力'。这种'软实力'能够反过来促进荥阳社会经济又好又快发展"。

利民利己

荥阳慈善运动的一大特色,就是鼓励商家让利困难人群。王志永认为,要发掘民间慈善力量,除了政府参与,还得有可持续发展的办法。因此,慈善总会还倡议在全市设立"慈善超市"、"慈善药店"。凡是挂上"慈善"的商家,都必须对"五保户"等困难人群提供打折优惠。如不兑现承诺,市民可向荥阳市慈善总会反映,一经查实,慈善总会将摘掉其"慈善"的头衔。王志永说,"让企业让利或保本经营,这样才能可持续发展,而不是让企业免费给救助人赠送东西,企业生存、发展了,才能做慈善事业"。

在荥阳市最大的零售超市——建业量贩,4家店面同时挂上"慈善超市"牌子。牌子下面的一张告示上写着"慈善超市""爱心卡"使用说明:"凡我(荥阳)市的五保户、低保户、孤儿,凭相应证件和'爱心卡'到建业超市综超内购物,享受九折优惠(每人每月限额200元)。"据了解,在慈善运动启动三个月之内,荥阳市产生了4家慈善超市、4家手机卖场、2家慈善药店、2家慈善饭店、10家慈善医院、1家慈善影楼。据了解,"慈善超市"亮相后,很多饭店、药店打来电话,希望能挂上慈善牌。王志永说,"效果还是不错的,长期坚持下去,相信会有很多人投身到慈善事业中去"。对于这些资源申请加入的商家，慈善总会要对其进行考察核实后，确定是否发放慈善标志，同时对捐款的数额及使用情况，由纪检、审计部门进行审计监督。

有人担心，荥阳实行的"全民慈善"，政府以行政力量强力介入推动慈善，会不会造成企业"被慈善"？对此，林斌表示，企业是被政府引导着慈善，而不是企业被迫慈善。他强调说，"同时不必把慈善看得过于纯洁，只要政府不搞摊派，在不违法的前提下，企业可以带着获取荣誉或经济利益的目的参与慈善"。

4家慈善超市都是建业量贩所属。总经理张德说，从2001年开始办超市，就一直参与慈善公益活动，为贫困户提供一些免费的基本生活用品。荥阳开始打造慈善城市，感到这个想法跟自己想到一块去了，就给慈善总会打电话申请加入。凡是在建业量贩4个慈善超市购物的低保户、五保户和孤儿，都可以享受9折的优惠。张德算了一笔账：市区内的城市低保户有1 000多家，以每户每月购物200元让利10%计算，一个月就是两万元，一年就是20万元左右，企业还能承受。更不用说，成为慈善超市又提升了建业量贩的社会美誉度，营业额有所增加。"这是利国、利民、利己的好事，当然要积极参加。"张德说，"对他们来说我在物质上'慈善'了他们，但反过来我从捐助他们中得到了精神的'慈善'，也是他们在'慈善'我"。

相类似，自从挂上慈善影楼的牌子，王林的非常台北慈善影楼需要把费用的5%投入慈善总会在影楼设立的捐款箱。据他介绍，前来拍摄婚纱照的新人，当年10月份比上年同期多了16对。此外，王林的慈善影楼还诞生了荥阳市第一家民间基金会。店里的员工大多是下岗工人，以前员工有困难都是老板掏钱资助。从当年9月份开始，每月王林拿出200元、店里60名员工每人拿出10元，成立爱心基金。基金由大家推选的员工保管，专款用于员工中的突发事件，是否捐助、捐助多少，基金会说了算。对此，王林欣喜地说，"通过基金会的捐助，员工们感到自己成了大家庭的一员，以店为家，我的生意自然好了"。

政府角色

对于荥阳市委市政府在"全民慈善"运动中的角色名，引起了较大的争论。

在中央电视台的一个访谈节目中，时任中国青少年发展基金会副理事长的徐永光强调，慈善事业有两个最基本的原则：第一，它不是政府行为，是民间行为；第二，慈善捐款必须是完全出自于自愿，如果政府越权、越位做慈善，实际上是让企业和个人在政府的压力下面捐款，这个就不叫慈善捐款，可以叫做苛捐杂税，有的人比较善意地说是"被慈善了"。而且，他强调指出，我国公益事业捐赠法有这样的规定：政府要出面募捐、做慈善，只有在发生重大自然灾害的情况下，政府才有权来接受捐款。为此，现在再让企业给政府捐款，实际上有钱权交易的行为，这样政府越权、越位做慈善有很多的忌讳：第一，它是对公权力的滥用；第二，也扰乱了市场秩序，而且破坏了慈善的规则。他还透露，前几年发生过一些地方搞"慈善风暴"，前民政部部长、中华慈善总会创始会长崔乃夫曾非常严厉地批评说是对慈善事业的破坏行径。

事实上，荥阳"全民慈善"确实带给人们将为强烈的隐性暗示作用。其中，关于慈善单位的星级评选，标准是按照各单位、企业每年参与组织慈善公益活动6次至15次，募捐资金1万元至5万元不等的数量，给予一至五星的五个等级评定。另一个存在争议的地方，是作为荥阳市慈善城市建设目标的千余慈善工作组织，以及数以万计的爱心大使和志愿者。有人曾推算，荥阳市是隶属于河南省会郑州市的一个县级市，总面积908平方公里，总人口62万人，人口密度为每平方公里597人。按照设立1 000多个慈善组织的规划，每一个慈善组织的活动范围不到1平方公里，覆盖人口仅仅500人左右。也有学者直言，这种四大班子齐上阵，大规模的"行政排场"，可能会给民众一定的心理压力。甚至有论者询问，成立如此多慈善工作组织，会否导致人员和机构的膨胀，加大财政供养压力。此外，将慈善事业纳入干部考核更是一道紧箍咒。清华大学NGO研究所副所长邓国胜直言，政府的出发点肯定是善意的，但问题的关键是考核什么，怎么考核，"政府对慈善强调过度了，可能矫枉过正"。邓进一步指出，通过考核方式发展慈善，完全可能引发政绩冲动，其结果是慈善大跃进，浪费稀缺资源，导致民众对慈善的曲解。

另一方面，王振耀则认为，上述争论其实反映了许多人对慈善的认识存在误区。他表示，慈善事业扶危济困、帮扶困难群众，是关注民生、改善民生的重要体现，是政府的重要工作内容之一。荥阳市委、市政府开展慈善事业，关注困难群众，各级部门推动慈善事业发展，并非是在兼职做慈善，恰恰是其分内之事，是其履行自身工作职能的体现。王振耀说，在目前，慈善事业是一个新兴事业，基础还比较薄弱。借助于政府的行政手段，可以迅速有效地改变民间组织力量单一、薄弱的局面，使慈善事业规范化发展，为慈善事业提供动力和支持。因此，在慈善事业刚刚起步的现阶段，政府出面号召全民慈善，推动慈善事业发展，应该予以肯定。据他透露，发红头文件的做法也并非荥阳市独一家，很多地方党委和政府不仅发红头文件，而且以通过批准同意在职领导兼任慈善组织领导职务等多种方式推动慈善事业的发展。如北京的一位副市长兼任首都慈善公益联合会会长，江苏、浙江一些城市的市长兼任慈善总会会长。王振耀甚至说，"如果荥阳取得了成功的经验，可以在全国推广"。

中华慈善总会常务副会长李本功则表示，荥阳开展全民慈善活动，建立健全慈善组织网络，采取有效措施推动慈善工作，符合中央要求和胡锦涛总书记2008年会见出席中华慈善大会代表时的讲话精神，应给予肯定和支持；中华慈善总会第三届三次理事会议提出，要把遇到大灾大难时激情式的慈善活动向常态化的慈善活动发展，荥阳市的做法就是具体体现。

有些人则提出了进一步予以改进的建议。河南省慈善总会宣传部长林斌说，慈善最大的生命力，是保持公信力。他指出，荥阳的捐款数额和用途目前还不够公开，监管机制也尚不健全，"应该更细化，可以多设立助学、扶残等专项基金，因为专项基金的监管和公开更易实现。同时慈善形式和内容也可以多些创新"。河南农业大学法律系杨姓主任认为，慈善工作的内容、地位和意义都很特殊，要使其健康长久地发展，政府的确应该加强参与力度。同时，他对荥阳全民慈善活动能否长久表示了担忧，"哪些慈善活动政府可以加大介入力度、哪些不可以介入、如何介入、如何监管等问题，应该在实践中逐步完善。只有形成制度化、保持恒温化，慈善事业才能良性地发展下去"。

补充材料：

中共荥阳市委文件（荥发【2009】17号）
中共荥阳市委　荥阳市人民政府关于在全市开展全民慈善活动的意见
（2009年8月5日）

广泛开展全民慈善活动，是深入学习实践科学发展观、落实大民生建设、构建和谐荥阳的重要举措，对于弘扬中华民族的传统美德、增强公民社会责任、调节利益分配、缓解社会矛盾、促进社会公平，具有十分重要的意义。为更好地帮扶我市困难群众、发展社会公益事业，依据《中国慈善事业发展指导纲要（2006—2010年）》，结合我市实际，特制定如下意见。

一、指导思想

开展全民慈善活动要以邓小平理论和"三个代表"重要思想为指导，深入贯彻"十七大"精神，全面落实科学发展观，坚持党委领导、政府推动、法律规范、政策引导、民众参与、慈善组织实施，形成推动慈善事业发展的合力，全面激活慈善事业的生命力。注重宣传教育，弘扬慈善文化，增强社会各界和公民慈善意识，培育发展慈善组织，加强慈善组织能力建设，大力推进志愿服务活动。通过开展全民慈善活动募集更多慈善资金，扩大慈善救助范围，推动我市慈善事业又好又快发展。

二、活动原则

（一）坚持扶贫济困的原则。发展慈善事业要重点解决群众基本生活困难，帮助困难群众排忧解难，提高困难群众的生活水平。

（二）坚持自愿无偿的原则。慈善捐赠应当自愿无偿，不得强行摊派或者变相摊派，由捐赠人自主实施捐赠行为。

（三）坚持公开公正的原则。慈善捐赠程序、捐赠款物的管理使用要公开，接受社会监督，公布捐赠款物要尊重捐赠人的意愿。

（四）坚持政府推动的原则。制定慈善优惠政策，依法监督管理、规范募捐行为，规范使用捐赠款物，维护慈善组织和捐赠人、受益人的合法权益。

（五）坚持民间实施的原则。充分发挥慈善组织的主体作用，引导群众的慈善行为，营造社会慈善氛围，调动各类慈善资源、广泛开展各类志愿服务活动。

三、活动内容

大力开展形式多样的慈善募集活动，各级各部门、各有关单位要积极配合荥阳慈善总会，逐步落实各项活动的开展，全面激活慈善事业的生命力，开创具有荥阳特色的慈善事业，将荥阳营造成一个具有浓郁慈善氛围的城市。

（一）设立慈善募捐箱。在全市各大商场、超市、饭店、宾馆等消费密集区以及学校设立慈善募捐箱，募集所得善款全部用于慈善事业。

（二）设立慈善饭桌。在全市各大饭店设立慈善饭桌，凡自愿在慈善饭桌消费的，结账时由饭店将不低于消费额的10%捐入慈善募捐箱。

（三）建立慈善超市。超市经营群众日常生活所需的各种物品，低保户、五保户、孤儿持相关证件可享受优惠价格。

（四）建立慈善药店。药店经营群众日常生活所需的各种药品，低保户、五保户、孤儿持相关证件可享受优惠价格。

（五）开展文艺慈善活动。成立文艺慈善宣传分队，由我市宣传、文化部门负责人担任队长，邀请省、郑州市著名戏曲表演艺术家或歌星担任顾问，适时组织慈善文艺义演活动。

（六）开展书画慈善活动。成立书画慈善分队，由市文联负责人担任队长，邀请省、郑州市书画名家担任顾问，适时组织慈善书画义卖活动，活动所募集善款，通过慈善总会全部用于我市慈善事业的发展。

（七）开展医疗慈善活动。成立慈善医疗分队，由市卫生局负责人担任队长，适时开展慈善助医活动，免费为我市困难群体义诊救助。

（八）继续开展"荥阳儿童福利日"活动和荥阳"慈善日"活动，动员社会各界和广大群众积极参与，奉献爱心。进一步增强全民慈善意识，募集更多慈善资金，加大对我市孤、残、特困儿童和特困家庭的救助力度，努力改善和提高我市困难群体的生活环境和生活质量。

（九）开展"慈善之星"评选活动。通过电视、网络、调查问卷等渠道评选出100名荥阳慈善之星，并通过媒体进行大力宣传。

（十）举办"每周一善"专栏。通过《荥阳学习》和广播、电视等媒体对我市慈善活动中涌现出的先进个人和先进事迹进行宣传，提高全民慈善意识。

四、组织建设

（一）加强领导。为切实加强对我市全民慈善活动工作的领导，经研究，决定成立以市委书记、市长任组长，市四大班子领导任副组长，市委各部委常务副职、市直各委局行政正职及各乡（镇）、街道党（工）委书记为成员的荥阳市全民慈善活动工作领导小组。领导小组下设办公室，办公地点设在荥阳慈善总会，市民政局局长兼任办公室主任。

（二）建全网络。建立健全慈善网络和慈善爱心人士队伍。在全市范围内设立1 000个慈善组织，各乡镇、市直各单位建立慈善总会工作处，各村及规模以上企业建立工作站。建立由5 000名慈善大使组成的慈善爱心人士基本队伍，并建立健全慈善档案，使慈善服务网点遍布全市，逐步完善以荥阳慈善总会为龙头，各乡（镇）、街道、市直各单位、规模以上企业设立的慈善组织为骨干，各村民委员会、社区服务网点为依托的慈善福利服务体系。

（三）整合资源。由荥阳慈善总会牵头，将市总工会、团市委、市妇联、市红十字会等单位开展的救助活动全部纳入全民慈善活动，统一协调救助范围和救助对象；建立联席会议制度，定期通报救助对象情况，加强信息沟通，研究制定救助措施，设立救助台账，强化救助效果。

（四）完善志愿服务制度，成立志愿服务队伍，形成志愿服务体系。

五、活动要求

（一）高度重视，精心组织。为切实做好全民慈善活动的各项工作，各级各部门要根据活动内容，高度重视，加强领导，精心组织，认真筹备，务求实效，确保全民慈善活动扎实有序开展。

（二）加大宣传，深入发动。广泛宣传慈善文化，市委宣传部负责组织舆论媒体，广泛宣传我市全民慈善活动，普遍增强公民的慈善理念、企业的社会责任，调动社会各界参与慈善事业的积极性和主动性，形成良好、浓厚的社会慈善氛围。

（三）加强监督，公开透明。建立由纪检、审计部门组成的监督组织，对开展的各项慈善活动和慈善款项的管理跟踪监督，并对监督结果及时向社会公布。

【情景模拟】

结合案例材料和国情，假设您时任荥阳市委负责人杨福平、荥阳市慈善总会负责人梁艳、荥阳市慈善总会办公室主任王志永、河南省慈善总会宣传部部长林斌、国家民政部社会福利与慈善事业促进司司长王振耀、建业量贩总经理张德、荥阳市一位普通市民、一名行政学者，您将如何对待和评价荥阳市的全民慈善运动？为什么？

【案例思考】

1. 从公共行政学角度看，本案例主要反映了一件什么行政管理事件？其基本构成要件是什么？

2. 根据案例材料和国情，试分析荥阳市全民慈善运动中政府与相关慈善组织的各自角色定位及其可能影响因素。

3. 结合案例材料和国情，了解当前我国社会慈善事业的基本运行模式，分析社会慈善组织与政府间关系的基本现状、可能存在的问题及其未来发展趋势，并阐明可能原因。

第6章
政府与企业关系

一、本章学习目的与要求

说明：通过本章的学习，了解政府与企业间关系、政企不分、政府行业管理体制等相关概念的基本内涵，了解政府与企业间关系的基本类型及其各自基本结构、功能特征与运行机制，理解当前以政府与企业间关系为核心的中国现行企业与行业管理体制的历史沿革、基本结构、功能特征、运行机制、面临的问题与挑战及其发展趋势，尤其是要掌握中国当前政企不分现象的表现形式、形成机理、运行机制、实践影响、发展趋势与改革策略。

二、本章考核知识点与考核目标

识记：政府与企业关系、行业管理、政企不分等相关核心概念的基本内涵，行政垄断的概念内涵，政府企业管理体制与行业管理体制等相关核心概念的基本内涵。

理解：政府与企业间关系的基本类型、结构形式、运行机制、功能特征及其运行原理与发展趋势，中国现行行业/企业管理体制的历史沿革、结构形式、运行机制、功能特征、运行原则、存在问题与发展趋势，当前中国政企不分现象的表现形式、形成机理、运行机制、实践影响、发展趋势与改革策略。

应用：运用所学公共行政学理论知识，分析不同案例中特定政府与企业间关系的构成特征、表现形态、运行机制、功能特征、实践效果、可能存在问题及其原因，以及可能的经验启示与优化策略分析。

案例1　"常乐"申办定点屠宰厂受阻记

B市有个常乐家畜有限公司（以下简称"常乐"）。据经济参考报2002年7月12日报道，2000年10月，该公司向市政府提出建家畜屠宰厂的申请，迄今没有结果。B市屠宰办给"常乐"的说法是"无权批复"。"常乐"为股份制民营企业，6名股东都是B市原个体屠宰场的老板。

1997年，为"拯救"受到个体屠宰场冲击陷入困境的国有食品企业总公司（以下简称"食总"），"食总"与个体屠宰场老板张一民合作，投资730万元，组建了B市肉联厂。1998年，B市政府发布通告：关闭全市13个集体、个体性质的屠宰场，市区范围18个市场出售的猪牛肉品，必须由肉联厂提供。而"失业"的个体屠宰场业主则全部转成为肉联厂组织猪源的批发商。好景不长，肉联厂与这些批发商的合作很快出现摩擦，导致肉联厂猪源不足。与此同时，市场上出现了大量的"私宰肉"，高峰时占到上市猪肉一半以上。为解决肉联厂猪源问题，市贸易局、屠宰办向市政府提出取消批发商，改由肉联厂自己独家采购生猪。

自称被"逼得没有办法"的6名批发商注册成立了"常乐"，并于次年向市贸易局和屠宰办提出办屠宰厂的申请。"常乐"的理由是：市区只有肉联厂一个定点屠宰厂，造成生猪屠宰进点率由1998年以前的95%下降到33%，每天私宰猪达300头以上，与原来有13家屠宰定点相比，每年偷逃的税费达数百万元。理由似乎很充分，但审批却一直没有下文。等得心急的"常乐"再次递交了要求在东郊办屠宰点的报告。这份报告，按主管副市长的指示，送到了市政府所有与定点屠宰相关的职能部门征求意见，普遍认为增建屠宰点有利于"改善定点布局，遏制私宰行为，打破垄断经营，减少税收流失"。市贸易局则明确提出反对意见，认为肉联厂两条生产线吃不饱，另建屠宰定点是"重复建设"。于是，这一申请，再次被搁置起来。

2001年8月18日，B市四套班子举行盛大的"招商引资咨询接待日"活动，"常乐"就办屠宰厂遇到的问题向市长刘君书面反映。刘市长作了"请抓一下，问题究竟在哪里……我们既要吃'放心肉'，又绝不能搞垄断"的批示。当年12月25日，在这一批示未得到落实的情况下，"常乐"再次致信刘君市长，详细列举了生猪屠宰因垄断经营出现的诸多问题。刘市长批示"责成有关部门对全市猪肉市场进行调查"，并指出："定点屠宰是对的，但不一定非是国营不可，越垄断越出问题，应该引入竞争机制，经过批准适当建一两家符合卫生要求的非国营的屠宰厂。"

在"常乐"申办屠宰厂过程中，不能不提到一个政府职能机构——B市屠宰办。在关于这一事件的政府行文中，"屠宰办"经常在市贸易局后面的括号里出现，这意味着这两个部门在某种意义上是一样的。市贸易局对"常乐"建屠宰点的态度一直很明确：不同意。这也是屠宰办的意见。贸易局是肉联厂的股东，又是市食品企业总公司的主管部门，所以，贸易局这样的态度容易理解。但是，屠宰办是B市政府的下设机构，不是贸易局的，它的看法为什么与贸易局如出一辙呢？

B市屠宰办成立于1995年，就机构本身而言，它是"市生猪屠宰市场管理领导小组"下设的日常办事机构，所以"顺理成章"设在当时主管这一行业的贸易局内，人员由各部门抽调。"领导小组"是虚的，办公室是实的，每天要管事，自然而然行使起了原来贸易局对生猪屠宰的管理职能。这样一来，一个本来隶属于市政府的机构，实际上变成了贸易局的一个部门。由于其非设的性质，屠宰办没有独立编制，人员工资在原单位发，财政不予拨款，靠在管理中收取费用作为机构运行的开支。在B市肉联厂成为市区唯一的屠宰定点后，查处私宰肉成了屠宰办的一项日常工作，经常牵头会同公安、工商等部门以"联合执法"方式行动。由于没有经费、车辆，而且人员不足，显然力不从心。因为打击私宰肉直接维护了唯一的屠宰定点肉联厂的利益，肉联厂成了屠宰办的经济后盾。肉联厂每宰一头猪提0.5元作为屠宰办的经费；每次行动，由肉联厂提供车辆和出勤补助，有时人员不足，肉联厂的职工直接上阵成了执法者。在2001年春节期间一次查处私宰点的行动中，肉联厂厂长张一民就表示他"到了现场"。

　　事实上，"以管养管"也使屠宰办处境尴尬。每次接到肉联厂举报私宰肉而出动的他们，仿佛成了肉联厂使唤的打手，而在查处过程中与群众引发的摩擦，更使一些工作人员对这种管理感到困惑。而且，市场上的私宰肉并没因为他们的管理而减少。负责为肉联厂进行检疫的B市兽医站提供的数字表明，2000年进厂屠宰生猪比1998年减少了54.6%。肉联厂厂长张一民则透露，2001年肉联厂日平均宰猪310头，最少时仅200头左右，而市区18个市场每日猪肉销售量为500至600头。这意味着"私宰肉"占了四成以上。

　　B市场上大量的"私宰肉"，使国家规定生猪实行定点屠宰，保证老百姓吃上"放心肉"的要求成了一句空话。从某种角度来说，这是屠宰办的失职。与一般人看法不同的是，屠宰办并未认为肉联厂事实上的垄断是造成这一现状的根源。相反，这一机构认为是工商、公安等部门配合不够，造成打击不力的结果。该部门一位负责人提出，猪肉不是一般的商品，关系到群众的身体健康，生猪屠宰不宜放开；而要管住私宰肉，应明确屠宰办的职能，落实编制，国家出台专门的关于定点屠宰的法规，做到有法可依。正是出于这种认识，以及与肉联厂形成的"利益共同体"关系，使得屠宰办始终对"常乐"申请建屠宰厂不予理睬。更为奇怪的是，肉联厂的经营并未因为保护而得以兴旺。B市常务副市长唐先生对此的评价是：屠宰办对肉联厂一直一味保护，甚至出台了奇怪的规定：不让外地定点屠宰的猪肉进入B市区销售。保护不仅没有解决私宰肉问题，对企业本身也没有好处，越保护越不行。从肉联厂开始每日宰500多头猪到后来的每日只宰200多头，就证明了这一点。

　　B市一位曾担任过屠宰办主任的领导深有感触地说，当年成立屠宰办是做了一件"最蠢最蠢"的事,这种机构根本没必要存在。生猪屠宰本来就有行业管理部门,政府不应再以"加强管理"名义去插手,不仅徒劳无功,还大大降低了行政效率。民营企业申请建屠宰厂两年得不到拍板,市长签了字也不起作用,就是很典型的例子。

【情景模拟】

假设您是B市时任贸易局局长、市屠宰办主任、市长、市肉联厂厂长以及常乐公司负责人,您将怎样处理或对待常乐公司申办屠宰厂的申请?试图结合案例资料,以及我国具体国情,各扮演一个角色,进行角色互动,模拟可能出现的情形与结局。

【案例思考】

1. 从公共行政学角度看,本案例主要反映了一件什么行政管理事件?其基本构成要件是什么?
2. 本案例几个主体间关系各是什么关系?各个政府主体在本案中又各自充当了怎样的角色?"常乐"的申请合理合法与否?为什么?其他主体的相关行为呢?
3. 结合所学公共行政学知识,谈谈本案例发生的原因,并探讨可能对策。

案例2　D市农民自建变电站的合法性危机[①]

2005年7月14日,河南省D市Y镇煤炭协会筹资建设的变电站开始运营了。这是一家农民筹资建的变电站,平价供电,不求盈利,救活了当地十几家因为缺电而停产的企业,打破了电力输配必须经由电业局的模式,也向我国存在已久的电力垄断格局发出了挑战。变电站的运营获得了当地政府和企业的支持,同时也在实际运作中遇到了很大的阻力。

企业电荒

8月18日上午,D市Y镇某特材集团有限公司的生产车间内,机声隆隆,一片红火景象。这是当地的一家福利企业,大多数职工都是残疾人。该公司的主营产品是磨料磨具,年生产能力8万吨,在全国同行业排比中位居第二。公司董事长德夫当初开建企业时,看中的就是这块市场。但是,不曾预料的是,

---

[①] 主要参考文献:卢曙光,《河南农民自建变电站挑战电力垄断,电力局称违法》,《郑州晚报》2006-08-29。

当时D市电力供应充足，可是到了2002年企业建成后，电力输送严重紧张，工厂只得停工。其实，公司的隔邻就是一家发电厂，从发电厂的配电室到厂区的配电室只有120米远，但对属于并网发电的电厂来讲，配电的权力并不在他们。看着投资6 000多万元的工厂不能开工，德夫心急如焚，跑市里、跑职能部门，主管市长来了一次又一次，协调会开了一场又一场，但是电还是没能送到。

电，让德夫投资创业的豪情一下子降到了冰点，他不明白，为什么D市一些发电厂的电卖不完，而他们的企业没有电用呢？在他的一个电力账本上，清楚地记录着下面的一组数据：2003年，公司实际用电量4 560万度，占实际需要的32%；2004年，实际用电量3 485万度，占实际需要的24.8%；2 005年1月至7月末，实际用电量1 500万度，占当年同期需要的18.3%。德夫指出，当时国际市场对磨具磨料的需求旺盛，如果按照订单，他的公司每年需要用电在2亿度左右。但由于电力的限制，让他害怕违约而不敢接受订单。这使得企业在建成头3年里，就亏损了800多万元。这个结果让很多人难以想象。

与德夫有相同命运的还有当地的14家企业，他们都是在2001年时开始建厂，但由于电力短缺，先进的设备蒙上灰尘，厂子关门，投资者不得不外出躲债。Y镇副镇长韩先生指出，这些企业前期的投资大多在1 000万元，投资者想法筹措资金把厂子建成了，但是因为没有电，迟迟开不了工，最后把流动资金也花光了。现在没有了启动资金，这些厂子即使有了电，也无法开工了。

电力困局

老桂是D市政协常委，当地有名的农民企业家，D市Y镇煤炭协会会长。他也是Y镇煤炭协会筹资建设变电站的主要推动者与组织者。

老桂从1984年起开始办煤矿，事业最高峰的时候，曾经拥有7个矿井。让老桂没想到的是，他会因为电而引来广泛关注。2001年时，全国煤炭行情一路看涨，但电力短缺成了老桂企业发展的最大瓶颈。其实，他的矿从1990年开始就不断停电。据他介绍，即使按照现在的造价，停电给他带来的损失建10个同样规模的变电站也用不完。

虽然经济上的因素让老桂盼电心切，但这还不是主要的因素。老桂每个月都要下矿井几次检查安全。2002年的一天，老桂例行下井检查工作，就在他检查完要出井的时候，矿上突然停电了，老桂被困到井下。当时，老桂被困在井下4个多小时，最后工人用钢丝绳系在他腰上，一点点把他拉了上来。对这次下井的狼狈，老桂记忆犹新。出井后，老桂直接就去了附近的郑煤集团大平煤矿找关系，想通过这家国有煤矿架一条通往自家矿井的线路，以保证不再发生类似的事故。

当时这个矿上的负责人看到他这个狼狈样，同意了他的要求。就这样，老桂的煤矿用上了双回路电，解决了经常停电问题。可2003年时，事情又出现了意外。当年颁布的《安全生产法》规定，为了避免因为停电造成安全事故，煤炭矿井必须使用双回路电源。D市要求各个矿井必须进行双回路改造，验收工作由D市电业局组织进行。当时，老桂的矿井中，有两个矿井是单回路，其他的5个矿井是双回路，也就是电业局和大平煤矿两条供电线路。电业局在验收的时候，单回路矿井签字合格，而双回路的矿井被确认为不合格，要求他必须拆掉来自大平煤矿的线路，否则不签字验收。尽管老桂认为这样的规定很不合理，可5个没有签字的双回路矿井还是停产了。

自建变电站

2004年8月19日，在Y镇煤炭协会开安全生产例会的时候，老桂把缺电这件事提了出来。每年因为停电都会发生多起安全生产事故，Y镇上的煤矿也因此深受其害。如何保证电力的充足供应马上成为了讨论的热点。老桂当时给各个会员算了一笔账。如果自己建一个变电站的话，既可以保证电力的充足供应，也可以节省大量的电费。而投资一个小型的变电站才需要2 000万元，如果企业共同出资，这笔费用是可以承受的。这笔账深深地打动了与会煤矿企业负责人的心，本来是老桂一个人大胆的想法，最终转变成为了集体的行动。会议开完的当天，他们就将建设变电站的报告递到了Y镇政府的领导手里。

当时正为电力短缺而发愁的镇领导听说他们要自己建变电站时，很是高兴。在表示支持的同时，镇上的领导也向煤炭协会提出了一个条件。他们对老桂说，要建就建一个大一点的，否则不支持。老桂也理解镇里领导的难处，可当他把镇领导的意思转达给其他煤炭协会会员时，很多当初愿意出资支持的人却打了退堂鼓。

按照镇领导的想法，要建一个中等规模的变电站，需要6 000万元，这笔资金不是一个小数字，担心赔本和其他方面的原因，很多矿主选择了退出。老桂只筹措到了300多万元。但是，既然已经许诺，老桂并没有选择退缩。2004年8月22日，也就是开会讨论建变电站后的第三天，一座投资6 000万元的变电站开工了。

服务竞争

老桂聘请专家进行设计，并请专业施工队进行施工。2005年7月14日，变电站开始向企业供电，用户都是当地的煤炭企业和一些高耗能企业，这其中也包含德夫的特材集团公司。变电站一共有11名员工，而同等规模的变电站最少也需要50人。

D市Y镇的副镇长韩先生指出，D市是一个电力充足的地区。但就是这么一个电力充足的地方，辖区内的很多企业却因为缺电而无法开工。他认为这本身就是一个矛盾，是一个很滑稽的现实。

变电站采用双回路供电，分别采用D市电力集团和向阳电厂的电，虽然是向高耗能企业供电，但是这家民营变电站的利润与国有变电站相比却低了很多。据老桂的介绍，变电站采购电厂的电价是每千瓦时0.347元，当地的电力部门购电才需要0.305元。但他们售出电价是0.352元，每度电盈利还不到0.5分，基本上是保本运营。变电站运营一年后，根据财务报表，该电站总共盈利27万元，加上Y镇政府的财政补贴90万元，这就是整个变电站的利润。

这些利润相对于6 000多万元的投资，利润率是非常低的，甚至还不如银行的利息。如果算上设备折旧，根本就不赚钱。但是，老桂说他们却很高兴，因为变电站的运营救活了一些企业，也让镇政府领导向企业的许诺变成了现实。

根据Y镇工业办公室副主任李先生的介绍，Y镇拥有丰富的矿产资源，但是仅有一家外来企业，还是一家电厂。可以说，在很大程度上，电力供应不足的现实限制了该镇对外招商引资的步伐。现在，这个变电站的投入运营在一定程度上缓解了我们电力不足的困境。事实上，较低的价格使这家民营变电站受到了周围企业的欢迎。目前，变电站已经向25家企业供电，几乎囊括了该镇所有大企业。而且，Y镇一家企业老总指出，由于有了老桂变电站的竞争，其他变电站服务态度也好了，以往要是停电了，喊他们很长时间也不来，现在的态度可好了。

电业局的裁定

敢于从垄断企业里分一杯羹，老桂的举动引来了广泛的关注。就在Y镇煤炭协会变电站顺利运营9个月的时候，变电站收到了有关方面要求停业整顿的口头通知，受到当地政府、企业和老百姓支持的变电站遭遇到了第一次挫折。

由于能保证供电，而且电价较低，很多企业都准备把电业局的电路改换成这家民营变电站的。但是，由于有关方面的规定，老桂修建的变电站最终没能办下来手续。没有合法的身份以及有利益冲突，自然引来了当地电力行业的强烈反对。

D市电业局政治工作部主任郭先生对老桂变电站的结论是，"他的变电站绝对违法，绝对不安全，绝对不允许"。郭主任说，按照国家法规，变电站的技术操作有严格的规定，而老桂变电站职工的素质根本达不到要求，存在很大的安全隐患。而且，"他架的线路根本没有得到国家有关部门的批准，属于私自架设。他们的电价低，因为他们没有三峡基金、农网改造等项目，所以这是不正当的竞争"。

目前，整个 D 市的装机容量是 100 万千瓦，而 D 市的负荷才有 10 多万千瓦。也就是说，D 市是一个电力充沛的地区，发的电根本用不完，其中较大的电厂 D 市电力集团根本就没有并入电网，而是采用了自配的方式来养活企业。

据郭主任介绍，D 市电业局在该镇有两个变电站，分别是 11 万千瓦和 3.5 万千瓦，完全可以保证该镇企业的用电，但是这种非正常的竞争扰乱了整个电力市场秩序。因此，电力局已经向有关部门反映情况，要求给一个答复。

D 市电业局认为，民营变电站的运营不但违法，而且还存在相当大的安全隐患，万一发生停电事故，给企业造成的损失是无法估算的。目前，D 市电业局的态度非常坚决。该电业局认为，按照《电力法》的规定，D 市电业局是当地唯一合法的供电机构，其他的变电站应当立即无条件拆除或者移交当地电力部门管理。

垄断争议

相对于 D 市电业局的强硬和老桂的不认可态度，D 市经贸委副主任马先生非常无奈。D 市经贸委成了具体处理该事件的单位，其副主任马先生为主要牵头人。一个是电业局，一个是当地著名的企业，作为 D 市经贸委的副主任，马先生感到相当棘手。

马主任指出，根据《电力法》规定，一个供电营业区内只设立一个供电营业机构。D 市电业局是该市内唯一的合法机构，Y 镇煤炭协会的变电站根本就没有上报手续，所以是不合乎规定的。同时马主任也承认，即使老桂按照有关规定申请，也没有一点准许批复的可能性。

Y 镇政府在此事上给予了老桂支持。Y 镇政府副镇长韩先生指出，按照电业局 11 万千瓦和 3.5 万千瓦两台机组的说法，电应该够用，可是他们实际的输电能力才 4 万千瓦，远远不够。电业局认为，如果要扩容的话，经费需要当地企业出，可是企业都不愿意。

8 月 21 日上午，马主任曾透露，他们还在调查，也在协调，至于什么时间能处理好，他们没有时间表。河南省发改委能源处副处长杨先生则明确指出，"这不是违法，而是违规"！

作为河南省发改委能源处的负责人，杨处长参与了对 D 市 Y 镇煤炭协会变电站的调查。杨处长认为，我国的《电力法》并没有规定像这样的情况属于违法。相反，根据国家电力体制改革方案和 2005 年国务院 3 号文件精神，国家鼓励非公有资本进入垄断行业和领域。从这个角度来讲，这家民营变电站并没有违反法律的规定。没有违法并不等于没有违规，他们没有进行土地等手续的审批，违反了程序上的规定。这位负责人很形象地比喻说，这是电力体制改革过程中的"未婚先育"。

杨处长坦诚，这是一个观念问题，即使他们申报，也不会有单位敢审批。

在他看来，我国电力市场并不短缺，但随着经济的不断发展，终端用电企业也不断增多，现有电力输配环节仍然存在严重不足。D市的这家民营变电站就是在电力部门不能解决输配矛盾的前提下建立的。从这点上看，民营资本能够解决一些垄断行业的痼疾。

杨处长的观点是，我们不能一棍子把这个新兴的事物打死，应该是在保障安全的情况下，规范它的发展。

【情景模拟】

假设您是河南省发改委能源处杨处长、D市时任经贸委马副主任、D市时任政治部郭主任、Y镇韩副镇长、Y镇煤炭协会会长老桂、Y镇某特材集团有限公司董事长德夫，您将怎样处理或对待D市Y镇煤炭协会变电站？试图结合案例资料，以及我国具体国情，各扮演一个角色，进行角色互动，模拟可能出现的情形与结局。

【案例思考】

1. 从公共行政学角度看，本案例主要反映了一件什么行政管理事件？其基本构成要件是什么？
2. 目前我国电力管理体制基本构成是什么？结合材料，分析案例中民营变电站为何存在审批难题。
3. 结合我国公共管理体制改革趋势，分析案例中民营变电站合法化困境的解决思路。

案例3　　绍兴市的民营企业监管冲动[①]

2009年，在全球金融风暴肆虐之后，一份名为《绍兴市关于新形势下加强民营企业监管的调查和思考》的内部调研报告（以下简称《报告》）在浙江各市间传阅。来自"兄弟市"的官员们纷纷在掂量这份调研报告的分量，甚至考虑仿效。从这份文件看，因为金融危机中遭遇沉重打击，浙江绍兴市政

[①] 主要参考文献：(1) 曾航，《"做大"之感：绍兴开启民企监管时代？》，《21世纪经济报道》2009年7月27日第1、3版；(2) 马光远，《绍兴式民企监管是打开潘多拉盒子》，2009-07-29 14:55:10 来源：21世纪网，http://www.21cbh.com/HTML/2009-7-29/HTML_MRNGH0V8U37T.html；(3) 林治源，《绍兴监管民企 不能承受的"国企化"之重》，2009年07月28日08:14 来源：东方早报，http://star.news.sohu.com/20090728/n265532170.shtml；(4) 竺逸超，《如何加强民营企业监管绍兴县今年想破这道题》，《绍兴晚报》2009年2月23日第5版．

府旨在加强对民企监管,他们正酝酿"将对国有企业监管的有效办法逐步引入民营企业","成立民营企业党工委和纪工委,视情委派党组织负责人进驻大中型民营企业"等措施,将政府对民营企业的监管日常化、程序化。

这一针对民企的监管体系,一旦建设完毕,绍兴当地上千家规模以上大中型民企的一举一动都将在"政府手眼"的掌控之中。可这一宏大的计划,似乎使得一个基本命题经过三十年的螺旋式上升后又回到了原点:政府和市场、企业的边界在哪里?

规模企业的"政府之眼"

在2009年年初的绍兴县两会上,身为绍兴县政协委员的绍兴华越联合会计师事务所合伙人祝自力递交了一份建议加强对重点民营企业进行经营风险日常监管和评估监测的提案。祝自力在这份提案中写道,"我们建议政府建立起一套行之有效的机制来,了解重点民营企业的资产负债、经营实绩及现金流量情况,防范重点企业的投资经营风险"。这份提案正好挠中了绍兴县政府的痒处。5月底,祝自力收到了绍兴县财政局的书面答复称:民企监管的体制框架已经基本建成运行,并在财政局成立了联席会议办公室。

这一监管体制的核心便是所谓的民营企业财会监管联席会议制度。联席会议由财政、税务、公检法、工商、电力等18个经济职能部门组成——联席会议办公室的设在县财政局,由县财政局副局长赵忆怀兼任办公室主任。

按现有的制度,企业每月均需向统计、工商、税务、财政、银行等机构上报大量涵盖财务信息的数据。但是,赵忆怀说,"政府这么多的监管机构,却管不住企业的多套报表,对企业报表信息不对称、不真实现象熟视无睹"。究其原因,主要是由于这些部门之间的信息缺乏横向的沟通,导致企业能够轻松地作假掩盖自身的问题。

因此,民营企业财会监管联席会议制度的第一步,就是建立《绍兴县民营企业财会监管预警信息化平台》。这其实是一个监控系统,联席会议下各职能部门将通过这一电子系统上报主要民企的财务动态。按照《报告》的要求,在绍兴市,将有1 369家规模以上(即销售额超过百万元)企业都将被纳入这个系统。如果监控系统发现一个企业的财务状况开始恶化,就会提高对该企业的监管级别,相关部门将采取行动。例如,公安部门会限制企业老板出境。由于发现问题更早,政府将有更长的介入时间,比如出面协调银行债务等。

赵忆怀说,"这意味着,绍兴的主要领导每天打开电脑就能对主要民营企业的财务状况一目了然了"。同时,为保证这些数据不发生泄密,这一系统的登录权限限定为一定级别的官员,并只能在政府内网查看。

不断延伸的"政府之手"

如果说由18个经济职能部门组成的联席会议办公室只是政府在内部各部门"缺位"之后的"补位"行为,那么,绍兴的另两条实验性做法则走得更远。

《报告》提出,将在各开发区、乡镇建立内部审计指导机构,在重点骨干企业中建立和实施企业内部审计体系,并重点对企业财务、资产和资债状况依法进行审计和监管。这一提议,被简化为一句——"审计进民企"。而这也让当地民企有"陡然一惊"之感。对于绍兴来说,这已经在操作之中。在金融危机前后,为拯救一些"问题民企",政府对多家大型民营企业进行了注资、参股。这也让政府有机会直接在这些企业当中直接委派监事、党组织负责人等专职人员,并开展年度国家审计工作。事实上,这并无可非议之处。

如果说,这是上述"问题民企"咎由自取。那么,"对于民企报上来的财务报表,审计部门可以进行审计"的这一提议则被视为一个风向标:对于银行贷款较多、负债偏高的民营企业,政府也将实施延伸审计。据祝自力透露,过去审计部门只针对国企和政府机关。而现在,根据这一报告建议,对于大型的民营企业,以后也可以在某些名义下对企业报上来的财务数据进行审计,以保证其真实性。

依据同样的逻辑,《报告》中提到的另一项重要监管措施便是"成立民营企业党工委和纪工委,视情委派党组织负责人进驻大中型民营企业"。事实上,从2009年年初开始,首批19位来自政府部门的"助企指导员"已经进驻21家大型民营企业。

绍兴最大的纺织企业之一华港集团便是其中一家。据该集团董事长肖国英介绍,驻企指导员每周都会到企业办公几次,了解企业经营情况,并协助企业解决一些实际困难。据了解,在绍兴市政府发出动议后,当初是华港集团自己向政府申请要求派驻官员的。从2009年5月14日开始,绍兴县建设局规划处村镇科科长徐君开始到华港集团开展工作。肖国英说,"我们会让助企指导员参加大多数公司会议。如果他们要求看企业的财务报表,我们也给她看"。不过,助企指导员只有建议权,真正的决策权还是由企业股东自己做出。

据了解,以往政府对于有问题的大型民企,以委派工作组的形式进驻也是常有。然而,委派官员长期进驻民营企业的情况,在全国尚很少见。据悉,经调研,在绍兴1 200多家符合条件的民营企业当中,有近300家企业愿意接受派驻。对此,祝自力的理解是,"企业经营状况好的时候,往往不愿意政府派驻。浙江民企有不露富的传统"。同时,"另一些不好的企业也不愿意",因为一般的民企多多少少存在偷税漏税、短贷长用等行为,这些民企担心政府官员进驻后给他们带来麻烦。

而如华港者之所以对此表示欢迎,也往往由于他们认为这是一笔划算的买卖——在政府官员进驻企业之后,帮助企业嫁接了一些行政资源。肖国英表示,"助企指导员帮助我们去申请银行贷款、帮助企业招聘工人。我们自然十分高兴"。比如,华港集团正在建设一个灯饰市场,门口需要政府铺设一条人行道,这原本是一项十分复杂的过程。政府官员进驻后,将人行道工程的申报进度大大缩短。同时,绍兴一家有官员派驻的企业董事长曾私下里表示,"能够给企业带来好处,我们就欢迎派驻,万一有一天这个制度搞得不好了,我们就可能抵制"。他举例说,该企业的"助企指导员"帮助企业解决了新厂房基建上的困难,因此企业对此还是表示欢迎的。

目前,向企业派驻官员仍然处于起步阶段。据绍兴县委组织部企业党建指导科科长吴炎标介绍,政府派驻的企业的官员主要分为两种类型:一种是已经退休的老干部,政府要求这批官员每月至少有一半的时间必须待在所派驻企业;另一种则是较优秀的年轻干部,要求在工作之余每周至少有一天的时间待在企业。

吴炎标还表示,"条件成熟的时候,我们会考虑委派官员到企业里去担任党委书记或者党委副书记"。当然,这批派驻的干部将由政府发放全额工资。

亡羊补牢

一般认为,绍兴此一番变革主要因此轮金融风暴而起。绍兴华越联合会计师事务所的执行董事冯晓燕表示,"这两年民营企业的经营出了问题,最终却要由政府来承担后果,让社会公众的利益受损。所以必须对民企进行监管"。

据了解,在此轮有金融风暴导致的民企危机中,为挽救上述几家大型民企,绍兴市政府不得不动用了大量的财政资金。据测算,仅仅为挽救华联三鑫,绍兴财政就拿出了10亿左右的专项资金(华西集团和绍兴县政府等相关企事机构联手注资17亿)。事实上,当地也对这次民企危机做了估算,一旦政府不拯救,华联三鑫彻底倒下,绍兴的经济很可能将倒退5到10年。如果计入银行贷款的损失以及对地方经济的打击,民企倒闭所带来的严重后果或许可能远远超出了地方政府的承受能力。

《报告》指出,在这次危机中,绍兴暴露出来了民企严重投机、偏离主业、跟风股市和房地产、实体经济被虚拟经济抽空等深层次问题,地区金融环境恶劣,民企互保、高利贷等现象盛行。绍兴企业互相担保甚多,如华联三鑫公司,截至2007年年底,对外互保合计19.4亿元,在华联三鑫行将资金链断裂的时候,企业高层决定孤注一掷地豪赌期货。事后审计调查的数据显示,华联三鑫在PTA0809一役的亏损就多达5~6亿元。当地政府部门对此给出的质疑和结论是,"这么多的资金,怎么让他们拿去炒期货的,银行、政府对华联三鑫目前无法有效监管"。

绍兴华越联合会计师事务所的冯晓燕分析说,不应该将民营企业的破产都归咎于金融危机,"如果你去看过一些民营企业的内部财务管理,会觉得这些企业出事只是迟早的事"。而绍兴市财政局副局长赵忆怀则透露,"我们到下面去做了一些调查,许多大型民营企业的老板,连财务报表都看不懂,企业财务管理混乱,漏洞百出"。

由此,绍兴市政府实质上是被动地卷入了一场拯救民企危机的运动。正如赵忆怀指出,"在本次金融危机当中,地方政府扮演的是救火兵的角色,等到出事了才介入,已经十分被动"。也正是由于被认为是一个惨痛的教训,才促使绍兴市政府决心对民营企业加强监管。

历史的轨迹

绍兴在《报告》中明确提出,要依据《公司法》、《会计法》、《银行业监督管理法》、《税收征收管理法》、《企业内部控制基本规范》等法律法规的框架内依法行政,不得超越法律范畴。而所有绍兴官员都一再声称,"监管并不是目的。目的是加强服务"。然而,政府在实施监管过程当中,怎样才能保证有效同时又不过多干涉民企经营?绍兴地方政府所推出的种种举措,真的能实现上述良好愿望吗?

早在20世纪80年代,绍兴地区乡镇集体企业十分发达,当地纺织工业开始获得长足发展。在赵忆怀局长的记忆里,那时还是短缺经济,绍兴的纺织品,"只要生产得出,就卖得掉。"在这一时期,政府习惯于通过"经管办"来监管集体企业,当时政府对企业发工资、投融资都可以监管,对企业的经营、财政状况都了如指掌。但是,在这一阶段,各种集体企业的经营效益恰恰一直相当低下。

到了20世纪90年代,卖方市场变成了买方市场,市场竞争日趋激烈,集体所有制企业的经营体制弊端也逐渐暴露。对此,赵忆怀的解读是,"厂长赚了钱不是自己的,只拿工资。又需要花很多功夫去抓经营,所以没有动力"。正是基于此,20世纪90年代中后期,绍兴在浙江全省率先启动了集体企业向民营企业的转制,并且在1997—1998年前后完成转制过程。转制的本质就是将经营自主权还给企业。结果是随后10年成为绍兴民营企业快速发展的黄金十年。到金融风暴前一年——也就是2007年,全县民营企业发展至1.3万余家,成为绍兴县工业发展的主力军。而在这之前的4次民企百强排名中,绍兴都是稳坐浙江这一民营经济大省的头把交椅。可以说,如果政府没有为民营企业营造一个宽松的环境,当地民营企业不可能发展到现在的规模。对此,赵忆怀也予以承认，"这充分证明了当年改制的正确性"。

然而，问题的出现似乎正是在民企"做大"之后。支持此次监管体制改革的本地官员指出，在这次金融危机当中，最大教训便是，绍兴民营企业近10年来扩张太快，内部管理很难跟上，内部失控，使得民企经营风险十分突出。例如，华联三鑫所在的PTA产业，一条生产线的投资就高达20亿元人民币，华联三鑫一口气就上了三条——绝大多数资金都来自于银行贷款。结果，民营企业越来越依靠资本运作来维持公司发展——这反过来又让民营企业给政府带来的潜在风险被迅速杠杆化。赵忆怀分析认为，民企往往会出现大股东一股独大的局面，"老板一句话，一个亿的资金可能在几分钟时间内就划出去了。其决策往往没有经过认真的论证"。在他看来，相比之下，国企则有一套相对严格的审计、内控体系，有重大的决策、投资，要经过多级的论证、决策。

但是，对此有明显不同的看法。财经作者吴晓波就此的评论是一个简单的反问——"为什么绍兴当年的国企大多消亡了呢？国有企业都管不住，怎么能够管得住民营企业呢？"事实上，纵观改革30年来，中国企业与政府关系变迁的历史，其实就是一部不断扩大企业自主经营权和限制政府干预的历史，无论是从国企还是从民企的制度变迁和价值取向来看，都是为企业自主经营权而斗争，通过立法不断给企业放权，而限制政府权力，合理划分企业与政府之间的权力边界。这个价值取向，不仅为30年来民营企业的激荡发展所证实，更为国企改革实践所证明，是我国改革开放以来最重要的共识之一。有学者认为，"绍兴式"监管思路显然与这种共识背道而驰，不管制度设计的初衷如何，毋庸讳言的是，在当下中国的特定语境下，将面临两大"制度困境"：一是实质上扩充了政府的权力，赋予政府对民营企业的无限干预权，而在政府权力缺乏制约机制的情况下，这种以收集企业信息之名，而可能实施滥用监管，给政府寻租创造很大制度空间的做法难免使得企业置于政府奴役之下的风险；二是将政府视为市场风险的万能拯救者。似乎只有政府才可以发现民企经营的风险，而事实已经证明，政府在风险预知和控制方面的敏感性，至少并不强于企业。

不可否认，在金融危机的情况下，的确有很多民营企业在资金和经营方面出了问题，但这种非常规风险在某种程度上属于不可抗力，是市场经济国家企业所面临的共同问题。特别是，当前民营企业面临的许多风险，不是因为没有政府的介入，恰恰是因为政府介入太多酿成的苦果。以绍兴县江龙控股为例，江龙控股"出事"后总负债高达22.17亿元，其中银行贷款12.81亿元，社会性借款5.87亿元。回顾江龙控股的"做大"历程，不难发现，恰恰与地方政府出于扶持大企业、提高本地GDP这个朴素愿望而采取的种种"缺位"和

"错位"行为不无相关性。

为此,上述学者不无忧虑地说,在当前我国企业与政府的关系问题上,最值得担忧的不是政府干预缺位,而依然是干预过度,走政企不分的老路,通过所谓的制度创新和参股使政府重新成为民营企业名正言顺的"老板加婆婆"。一旦政府全方位介入民企日常经营,则在强大政府面前,企业根本就没有博弈机会。果真如此,潘多拉之盒将再次打开,政企不分的制度困境将为期不远。

【情景模拟】

结合案例材料和国情,假设您是县财政局副局长赵忆怀、华港集团董事长肖国英、财经作者吴晓波、绍兴县政协委员祝自力,以及一位非绍兴市民营企业家,将如何对待和评价绍兴地方政府所提出或实施的相关监管措施?为什么?

【案例思考】

1. 从公共行政学角度看,本案例主要反映了一件什么行政管理事件?其基本构成要件是什么?

2. 结合案例材料和国情,绍兴地方政府主要提出了哪些民营企业监管举措?其目的与原因各是什么?

3. 结合案例材料和国情,绍兴地方政府提出的各种民营企业监管举措可能存在哪些问题?为什么?

4. 结合案例材料和国情,分析我国民营企业与政府间关系的未来发展趋势,并阐明可能原因。

案例 4　　　　国资委空降董事遭否决[①]

2012年5月25日,格力电器举行股东大会,到场股东代表55人,股份占表决权的67.3%。在大股东珠海格力集团与机构、散户激烈博弈后,由国资

---

① 主要参考文献:(1)齐文婷,《格力股东会中小股东完胜 国资委空降董事遭否决》,2012年5月26日 08:11,来源:第一财经日报,http://it.sohu.com/20120526/n344128947.shtml;(2)徐立凡,《官员空降格力遭否决很难复制》,2012年5月26日 06:38,来源:京华时报,http://epaper.jinghua.cn/html/2012-05/26/content_793631.htm;(3)王珍,《格力集团总裁落选格力电器董事 中小股东票往哪里飘》,2012年5月28日 02:45,来源:第一财经日报,http://finance.ifeng.com/news/special/greehs/20120528/6522628.shtml;(4)胡明发,《传周少强落选格力震惊珠海市高层 或开临时股东大会》,2012年6月6日 09:17,来源:南方网,http://finance.ifeng.com/news/special/greehs/20120606/6569196.shtml。

委提名的董事周少强因机构、中小股东反对，最终被投票否决。由耶鲁大学、鹏华基金推荐的冯继勇获得113.66%同意票，"击败"周少强成为格力电器新任董事。公开信息显示，周少强系格力集团党委书记、新任总裁。

中小投资者发难

在珠海格力集团的总部大楼，集中了众多机构和中小投资者，椭圆形的会议桌周围坐满了人。会议组织者表示，此次前来参会的投资者超过了此前历届的规模。一位来自中国平安的投资者表示，他是平安的一名管理人员，此前从未参加过任何公司的股东大会，但他破例来了，因为这次会议可能会决定格力电器的未来。

会议在略显压抑的氛围中开场。格力电器董事长朱江洪表示，他将正式结束董事长任职。朱江洪称，自1988年始，他已为格力服务了24年零5个月，并为此投入了全部精力，现在退下来，要给年轻人在台前表演的机会，让他们得到更好的锻炼。

在朱江洪发言后，会议就董事会成员换届选举的议案进行投票。选票发出去了，却迟迟没有人上交。但接下来发生的事情证明，此刻的平静只不过是惊雷到来的前奏。很快，有机构投资者率先抛出质疑：珠海格力集团是格力电器第一大股东，其拥有格力电器不足20%的股权，却提名4位董事，而第二大股东仅提名了1位候选董事；格力集团还由珠海国资委直接空降周少强担任董事，这些做法反映了格力集团一股独大的状况并没有改善。

在上述连珠炮似的发问后，现场迎来了一片尴尬的沉默，似乎没有人能够回答这个尖锐的问题。格力集团总裁董明珠则埋头于案上，忙碌地在笔记本上做笔记。随即，有人提议大家先将选票交上去，一边等统计结果一边讨论公司经营问题。然而，响应者寥寥。

"珠海国资委是格力电器的第一大股东，对公司拥有很大的控制权，未来周少强会不会被当成重点接班人来培养？格力电器如何保证中小股东得到应有的回报？"又有人开火了。格力集团高层整齐地坐成一排，但没有人愿意对此开口。

朱江洪出来解围，但他的回应非常委婉。"企业也有成分之别，有国企、民企、国资、外资，国企之中又有资源垄断型、行政垄断型、一般竞争型，以及高度竞争型。格力处于高度竞争的家电行业之中，成分相当于地主富农，身份决定了不能参军、提干、高考。做一个竞争型的国企非常难，它必须要打破自身性质决定的条条框框，而打破这些东西的个人就要承担一定的风险，要明确地知道把自己摆在什么位置上。投资者的心情可以理解，但企业的性质也需充分考虑。"

对此，有投资者指出，格力集团只拥有格力电器不足20%的股份，因此格力不能再被视为传统国有企业，希望大股东考虑中小股东的利益，不要把公司当成资源进行抢夺。同时，企业高管只有由公司内部产生，才能保持其组织体系和文件价值的良好延续，因此不应被空降委派。

落选与胜出

现场的气氛被越激越烈，一些机构开始毫不避讳地发表自己的看法。

一位坐在第一排的机构投资者表示，建议在场机构和中小投资者联合起来，将国资委空降的官员选出去。坐在她旁边的一位投资者则提示，格力集团拥有约20%的股权，因此只要大股东想让人进入董事会，那么其他的投资者是无法真正阻止的。此时，一位坐在对面的机构投资者似乎被激怒了。他表示，如果在股东大会上无法得到公正的结果，那么他所在的机构完全可以抛掉格力的股票，"在资本市场上用脚投票"。现场响起了热烈的掌声。

更多的在场人士开始响应。有人提议，几个机构股东联合提出议案，让朱江洪继续留任董事职位，或者担任企业的顾问。他说，"只要朱董事长的心还在格力，我们就放心了"。另一位投资者发言称，周少强此前只有在银行及政府的工作经验，对家电行业缺乏了解，是否能够胜任如此高压的工作令人怀疑，希望了解他进入格力后主要负责哪方面的工作。对此，朱江洪表示，公司也是突然接到大股东的委派通知，投资者的担心也是他自己的担心，但他无法代表大股东进行回答，只能转达投资者意见。

这时，有人突然发问，周少强为何没有到场参加这么重要的股东大会？我们对他不了解，又怎么能赞成？这句话再度激起共鸣。有人提议把他打电话叫过来，有人则喊道，"朱总应该再做个3年6年"。现场局面一度陷入混乱。值得注意的是，在讨论关于董事会换届的议题时，基本上只有朱江洪一人在回应，其他公司高层均保持着微妙的沉默。

在激烈的争论后，结果终于出炉。经过现场统计，周少强获得36.6%同意票，因未达到出席有效表决股份总数的50%落选；由耶鲁大学、鹏华基金推荐的冯继勇获得113.66%同意票，成为格力电器新任董事。

宣布结果后，与会人士鼓起了热烈的掌声。

表象与实质

周少强落选，是意料之外却也在情理之中。

从表面来看，周少强作为"空降兵"，缺乏家电行业的从业经验成为被否决的直接原因。一位在格力电器股东大会现场的投资者表示，"周少强此前只有在银行及政府部门的工作经验，对家电这一充分竞争的行业缺乏了解，其是否能够胜任如此高压的工作令人怀疑"。家电行业观察家刘步尘认为，具有投票权的这些人会更加关注所选董事对格力战略、文化的理解，对格力的忠诚度多高，也会关注候选董事的业绩和实力，但在这些方面，周少强都是拿不到分的。刘步尘说，"他无法证明有企业管理的经验，更没有在格力的工作经验。当然也谈不上任何的业绩"。

不过，这并不是周少强出局的全部原因。有分析人士指出，格力电器的中小股东、管理层同大股东及其背后国资委之间的控制力争夺，或许才是根本。在大会上，格力电器前十大流通股东之一的某基金公司负责人对议案投了反对票。谈到反对的原因，他说，否决议案并不是针对某个人，我们只是觉得掌握19%股份的格力集团不能决定51%的事情。在他看来，大股东对董事的提名数量过多，而流通股东也持有不少股份，在董事会中却没有董事代表，这是不合理的。另一方面，家电分析师梁振鹏说，"珠海市国资委的主要用意还是让周少强监管国有资产，加强对上市公司的控制力"。周少强只是大股东格力集团的总裁，如果能够进入格力电器董事会，无疑会增强大股东的话语权。事实上，由于大股东的股权不断被稀释，而格力集团的主要资产集中在格力电器，珠海市国资委必须通过在上市公司层面的人事安排来显示出自己的分量。目前，作为格力电器的第一大股东，格力集团的持股量仅占总股本的18.2%，第二大股东河北京海担保的持股量已经达到了9.38%。梁振鹏认为，控股股东最少要达到30%的股权，才能有绝对的控制权，从这个角度看，格力集团的控制力时刻都受到威胁。

另一个不容忽略的情况是，格力集团同格力电器之间的利益纷扰由来已久。早在2004年，双方就因为品牌使用等问题，爆发了所谓"父子之争"。随后，格力电器通过增发等方式稀释了大股东格力集团的股权，其控制力也不断被削弱。在梁振鹏看来，这次投票不过是双方的又一次较量。事实证明，格力电器现有董事会和管理层对周少强是有一定抗拒和排斥的。有股东称，根源或许在于此次大股东敲定新董事会候选名单时没有征求朱与董两人的意见，造成周少强未获得朱与董两"巨人"力挺——一个保持沉默，一个持模糊评价。这也印证了网络上所谓的股东大会内幕——朱江洪曾在会上透露"大股东新一届董事会名单没有跟我商量过。"家电分析专家洪仕斌也指出，周被排除在董事会之外，显性因素的确是周未获朱江洪和董明珠的认同与力挺，中小股东与QFII（合格的境外机构投资者）依靠格力赚得盆满钵满，并无特别的话语权，只要朱与董两位格力"巨人"发话，现场介绍与推荐周少强，与会股东当然会应和。而周之所以没有到会，或许是早已估计到出局的命运，为避免尴尬而不想现身。此外，一个可能的更深层次原因应在于，除大股东之外的关联方已成利益共同体，不希望被外在力量打破，因而管理层、投资机构以及二股东京海担保等"合纵连横"击败了大股东。

难以复制的样本

对于这一事件,有网友称,这表明中小股东权益得到了保护,这是中国证券史上的"小里程碑"。在人们的印象中,国资委作为上市公司出资人,对上市公司的影响力并不全然由出资份额决定,而是具有与权力背景有关的综合影响力。相较于这样的出资人,股东大会通常处于弱势地位。一股独大,是上市公司的常态。在这种情况下,官员空降格力遭否决,就显得与众不同。

然而,有分析人士指出,这次否决有其特殊性。一方面,格力电器前十大股东中,具有海外资本背景的QFII占了5家。这些机构投资者更熟悉国际资本市场经验,并能充分运用上市公司任免高管的程序章程。正因为如此,在同一次股东大会上,国内QFII与基金首次推选的董事顺利当选。在这位分析人士看来,如果不是大股东中QFII权重较大并积极作为,否决的一幕很难出现。另一方面,尽管这次否决是机构与中小股东联手所为,但中小股东不是主要推手,而是大股东希望体现与其权重相吻合的话语权。在很大程度上,中小股东仍如同跟在大股东后面的羊群,只不过,这次是跟在不同的大股东身后。因此,当前上市公司普遍面临的中小股东权益保护问题,不会因为股东大会否决官员空降有实质性变化。

股东大会充分行使权利,本来就是保持上市公司独立性,优化公司治理结构,从而保证投资者特别是中小股东权益的应然之举。从这个角度说,乐观点看,这次否决可以视作股东权利意识觉醒和公司治理结构趋于成熟的结果。但现实点看,这样在股东大会上真刀实枪地博弈,并没有多大的复制空间。多数上市公司,在公司治理上还有很长的路要走。真正长期的利好,是资本市场管理者、出资人、机构、中小股东等各方一起努力,共同推动公司治理结构的优化,建立保护中小投资者利益的有效机制。一旦这样的局面得以形成,官员空降格力遭否决这样的事情,也就不会让人感到新奇了。

【情景模拟】

结合案例材料和国情,假设您是珠海市国资委负责人、时任格力电器董事长朱江洪、副董事长董明珠、参加2012年5月25日格力电器股东大会的到场机构负责人以及普通中小股东代表,您将如何对待这次股东大会?为什么?

【案例思考】

1. 从公共行政学角度看,本案例主要反映了一件什么行政管理事件?其基本构成要件是什么?

2. 根据案例材料和国情，尤其是结合国有合资股份制企业的基本经营模式，试分析格力电器股东大会上珠海市国资委空降董事候选人周少强被否决的可能原因。

3. 结合案例材料和国情，分析我国公有股份制企业与政府间关系的未来发展趋势，并阐明可能原因。

第 7 章
行政组织与编制管理

一、本章学习目的与要求

说明：通过本章的学习，了解行政组织与行政组织编制管理等相关基础概念的含义，理解行政组织编制管理基本内容、功能结构、运行原理，知晓行政组织与编制管理法制化的基本要求、运行机理及其实施措施，掌握我国行政组织编制管理体制的基本结构、运行机制、面临问题与发展趋势。

二、本章考核知识点与考核目标

识记：行政组织与行政编制等相关核心概念的基本内涵，行政编制与岗位管理等相关核心概念的基本内涵，组织结构与派出机构等相关行政组织概念的基本内涵。

理解：行政组织的基本结构及其类型，不同行政组织结构模式的基本特征、运行机制及其原则，行政组织纵向结构与横向结构间关系及其制约因素，行政编制的基本结构类型，行政编制管理的基本程序、功能作用、运行机制及其基本原理原则，中国行政组织与编制管理体制机制的历史沿革、基本职责、组织结构、功能结构、运行机制、相关法律法规依据及其发展趋势。

应用：运用所学公共行政学理论知识，分析案例中特定行政组织及其编制管理行为或现象的基本构成、功能特征、运行机制、可能存在的问题及其成因，以及可能的经验启示与发展优化策略。

案例 1　　一个贫困县的十二个"县官"[①]

《安徽某县政府县长配置情况》的网上帖子——"安徽某县县长配置竟是

---

① 主要参考文献：陈晓芬，《一个国家级贫困县竟有十二个"县官"》，《小康》2006-08-18。

一正十一副"在著名网站天涯社区上一经贴出，立即就有人提出强烈的质疑："天啊，这么多，国务院才几个副总理!"

根据帖子上提到的县长、副县长的名字，不难得知，"某县"是安徽省六安市的H县。该县地处安徽省西部、大别山北麓，湖北、湖南、安徽三省交界地带。2 043平方公里的H县境内，海拔1 500米以上的山峰就有20多座，有点文化的做茶叶生意的本地人王老板形容H县"七山一水一分田，一分道路和庄园"，典型的边区、山区，耕地缺乏，交通不便。1986年，H县被列入首批"国定贫困县"。在王老板眼里，现在H县县城里居民生活还好，但是山里的农民，日子过得还是相当的苦。这一说法在H县政府扶贫办办公室变成了一组更切实的数据：H县全县37万人，县城镇人口只有不到5万，其他都是农民，而他们的人均年收入只有880万元。扶贫办下去"送温暖"时，常能看到的景象是，一家几口人的全部家当就是一张床和一床薄薄的被子。

至于H县政府到底有多少副县长，人们似乎并不清楚。天天看H县电视台新闻的王老板认为经常露面的副县长也就四、五个。离H县政府不远的一家饭店老板则认为可能有八、九个。至于有这么多副县长的理由，他认为很简单，"这个还用问？做县长好呗"。

根据中国共产党H县第十二次代表大会有关资料，大致可以勾勒出H县政府领导班子的构成：

县委副书记、代县长：陈仁

县委常委、常务副县长：江明

县委常委、副县长：高晓

县委常委、副县长：许一民

副县长：王祥、杨海、王儒、袁啸、宜平、春辉

不过，除县长和9个副县长外，还有修存、李欣两个非党员的副县长。答案终于出来了：H县县政府的县长正是一正十一副。

十一位副县长从何而来？

据了解，11位副县长中，江明、王祥、杨海、李欣、王儒、袁啸友、春辉7位是地方任职干部，而高晓、许一民、修存、宜平4位则是不同上级机关在H县的挂职干部——高晓来自国家劳动和社会保障部，许一民来自安徽省皖林集团，宜平来自安徽省民政厅，修存来自六安市发展改革委员会。

在H县县委组织部副部长谢先生看来，H县县政府11位副县长的组织人事安排还是令人满意的，"目前国家对县级政府副职的规定是一正六副，H县基本是符合规定的，而对于挂职国家就没有什么限制了"。挂职锻炼的干部，他们的工资还是由原单位发放，并不需要H县支付，同时，这些挂职干部还

能给H县带来各种资源、信息。因此，H县很欢迎上级机关干部到H县挂职锻炼。1992年，劳动和社会保障部成为H县对口扶贫单位。此后每年他们都会有一个干部到H县挂职锻炼。1995年，劳动和社会保障部的王文到安徽挂职，给H县争取到了荷兰王国政府对中国的第一个无偿援助项目，援助2 000万荷兰盾，折合人民币8 600万元。谢部长的说法是，"国家劳动和社会保障部的干部们在H县挂职时，一般还都只是处长，副处长，回去后，现在基本上都已经是司长、副司长了，所以大家也都愿意到H县挂职，而H县也欢迎他们"。

挂职干部是怎样的组织程序呢？挂职干部数量有规定么？国家果然规定了县级政府，政府领导班子副职是"一正六副"么？

据六安市委组织部徐副部长透露，修存是六安的一位高级人才，其专长是旅游规划。H县正好有旅游资源需要整合、开发，所以组织部门就让他到H县去挂职锻炼。中央、省级机关的干部也都可以到县级机关挂职。具体程序是H县县委根据地方发展，需要什么样的挂职干部，向六安市委组织部门反映，六安组织部门再向上级反映。上级部门同意，就会有相应的干部到H县挂职。地方挂职干部数量的多少，国家并没有规定。至于职数问题，徐部长不认同县委组织部谢部长的说法，但也感到有些不确定。相关文件一时也找不到，他的印象是，国家对县级政府领导班子数量的规定应该是"一正四副"，或者是"一正五副"。不过，他认为，县与县、县与市之间会有干部交流，H县多出来的那几个任职副县长，"算是交流储备"。

对于此，中共中央组织部"12380"举报热线工作人员的看法是，国家未对县级政府副县长的数量有过明确规定，人员多少，由地方按实际需要产生，但H县副县长的数量确实多了。

副县长们的"恩怨"

H县的11个副县长在具体分工以及领取薪水方面，略有一些区别——4位挂职副县长在原单位领取薪水，其他7位任职副县长每月从H县财政领取1 600元左右的薪水（上下波动不超过10%）。但无论是任职还是挂职，他们都是H县的副县长，都在县政府办公楼三楼办公，每个人都有自己15平方米左右的单独办公室，每个办公室配一台液晶台式电脑，一个壁式空调。每位副县长每年都有100万元的招商引资任务，同时，每年有2万元的招待费。他们都没有专职秘书或者助理（但据县政府办公室的小庞介绍，事实上政府办公室有10多个工作人员，所以每个副县长都有一个"单线联系"的对象），也都没有自己的专车，而是有事需要用车的时候与办公室联系，由办公室统一安排，"根据每个副县长分工的不同，具体用车需求和情况不大相同"。11个副县长,各司其职,相安无事。

修存,经济学博士后、理学博士,2004年6月就职H县副县长,只负责"旅游开发、电子政务"两项工作。他很瘦,说话语速相当快,但逻辑非常清晰。打开H县政府网站,就能看到天蓝山清水秀,白鸟飞翔的H县自然生态景象。2005年3月,修存受命筹建政府网站,他把电子政务中心挂靠到县广电局办公,并以全员聘用制的方式招兵买马,5月1日网站即正式开通。9月底,"2005(第四届)中国电子政务技术与应用大会上","中国H县"被评为"2005中国优秀政府门户网站",并荣登2 000多个县级政府网站的榜首。

在修存的感觉中,H县政府开会的时候座位怎么排,鲜花怎么摆,一切都是很有讲究的。大家都认为博士就是应该在实验室做研究的,甚至还存在有高分低能的偏见,认为博士不懂农民问题,甚至说知识分子不能喝酒。不过,修存是农民出身,酒也能喝七八两。尽管如此,他还是处处小心。因为眼睛散光比较严重,修存说他看人都是双重的,但是在H县政府大院内他从来不戴眼镜,因为这里一些人对"知识分子"和"眼镜"存有偏见。

当局者体验到的政府大院"故事"难免带有很多个人主观色彩。旁观者看到的却更多是冷峻的现实:"县处级副职多,就抢了、揽了科级单位、乡镇长的权,就会争权,就会有不高兴;那么多副县长,会议坐主席台的就多,会议发言就多,会议时间就长,记者的镜头就忙。有些位置排前的副职,甚至计算出自己的镜头比其他副职少了八九秒而对电视台不依不饶;副县长多了,就要讲究排名。因为排名就意味着权力的大小,各种因排名而起的或明或暗的争执难免;副县长多了,各人分管的工作就更换得频繁。出了成绩是自己的,出了问题是别人的;办公室要一般大,车子要一样的规格,一样的使用,电脑要配一样价钱的,否则,就会摆不平。"

副职能负几多责

主管教育文化、计生卫生、广电体育等方面工作的副县长袁啸,体型略胖,肤色略黑,见到认识的人,不管是领导还是下属,都会主动打招呼,同时,还会现出很亲切的笑容。袁啸描述起11个副县长的事并不觉得有什么特异。

到H县前,袁啸曾在六安行署人事局、六安地区机构编制委员会办公室工作了整整15年,对县级领导的人事编制问题,不可谓不熟:"县长,主管经济等全面工作;常务副县长,主管日常财税工作;一位副县长主管工业经济;一位副县长主管农业经济;一位副县长主管社会事务。"然而,说完一正四副的安排后,袁副县长已经想不出还要那么多的副县长干什么,只能说"还要有人分管旅游、招商、商贸"。

北京大学政府管理学院一位教授认为，县级政府副职按照常规是4位。"挂职"有助于上级政府部门更好地了解下情、锻炼干部，一个地方有一两个挂职干部，是正常和值得提倡的。但是挂职多了，也是不正常的。一些地方政府，常借挂职干部，向上争取资源——要照顾，要补贴，"好说话"，而上级部门的一些干部也愿挂职"镀金"，这样挂职就变成了皆大欢喜的事情。他指出，中国从秦王朝到清王朝，县级只有知县一位"公务员"，知县下面不设任何副职。知县的师爷，都是知县自己掏银子"聘用"的。国外欧美国家基本上也都不设副职，亚洲国家日本也只有省部级以上官员，才设副职。

这位教授还发现了一个有趣的现象，在中国，经济越不发达地区，副职越多，因为地区贫困，找工作难。对于公务员而言，又有升迁难的问题。因此县级政府的副职第一届时，可能是4个人，但到二届、三届时，就可能变成了5个人、6个人。中国不仅政府存在副职多的问题，4套班子都存在副职过多的问题。这是"官本位"和"权力崇拜"所致，而根本原因又在于政治体制改革不够深入。政治体制改革的主要目标之一就在于实现"小政府，大社会"，建设一个精干的执政党队伍。目前官职层次多，副职多的现象都要有所改变，同时作为公务员掌权就要承担相应的责任和风险，并且要有民主和法制的程序去保障公务员责任的落实及不落实的惩罚。这样就不会有那么多人想去当官，也就不会有那么多的副职了。

【案例思考】

1. 从公共行政学角度看，本案例主要反映了一件什么行政管理事件？其基本构成要件是什么？
2. 根据案例材料以及相关制度规定，H县政府副职职数是否过多？形成这一现状的原因及其可能影响又是什么？
3. 结合我国国情，分析当前政府副职设置方面存在的问题以及可能发展趋势。

案例2　　S市政府驻汉办谢幕[①]

2006年9月12日上午，武汉市S大厦顶层，6间办公室和1间机房全部门窗紧锁，正对楼梯口的墙壁上，悬挂着一块半米见方的铜牌，上书"S市人民政府驻汉办事处"（下称"S市汉办"），锈迹斑驳。

[①] 主要参考文献：聂春林，姚海鹰，《驻京办整顿底层样本：S市政府驻汉办黯然谢幕》，《21世纪经济报道》2006年9月15日第6/7版。

S市汉办已在同年8月底被正式撤销,再过8天,S市汉办旗下主要资产——S大厦将迎来第二次拍卖。此前,拍卖曾在7月份进行过一次,因1 100万元的底价太高而流拍。武汉大学一位教授认为,在国家有关部门欲对52家驻京办整改之际,S市汉办的解散,或许带有一定启示意义。理由很明显,地级市驻省会办事处功能和驻京办作用大同小异,只是活动范围和空间不同而已。

撤　摊

日前,S市高层在市委常委会上高票通过"撤销汉办"决议,并由S市机构编制委员会正式下发了《关于撤销S市人民政府驻武汉办事处的通知》。随着驻汉办的撤销,S大厦的处置迫在眉睫。

S大厦1997年10月26日正式投入使用,共耗资近1 800万元,其硬件设施,全省其他汉办无出其右。知情人士透露,在高峰期,整个S市汉办员工多达100多人,至少相当于S市下3个行政部门的职工人数总和。事实上,在S市汉办的老主任段某看来,汉办曾是个很红火的行政单位,"方方面面的关系都要往里面进人"。一般而言,仅汉办人员工资发放、办公经费、水电交通、对外接待、公务车养护等,一年开销至少在120万元左右。而从20世纪80年代中到2001年,S市财政每年划拨给汉办的财政经费仅为每年2.5万元。

据汉办一位原负责人介绍,从启用之日起,S大厦就一直在亏损。10年来,仅在1997年开业那年,账面上勉强做到了收支持平,"其余时间一直都是亏损"。据不完全统计,S大厦到拍卖之时,整体亏损700万元以上,至今还拖欠10年前的工程欠款和贷款200多万元。S市财政局资产管理科杨科长毫不讳言地指出,汉办目前全面亏损额已超过1 000万元,即便卖掉S大厦也不够弥补整个亏损。

据了解,撤销S市汉办历时两年之久,而力推这一决定的关键人物,是前S市市长祝先生。据S市编制办夏主任披露,为排除阻力,祝市长曾在市长办公会上疾言厉色道:"汉办现在是个摆设,还需要守摊子吗?谁阻挠谁就去当汉办主任"。

没有人愿意再去接这块烫手的山芋。

从"钦差"到"鸡肋"

然而,曾几何时,对于省内各县市来说,"汉办主任"都是手眼通天、红极一时的"驻外大使"。

S市汉办的历史要追溯到20世纪50年代。S市当时名为随县，只能在X市驻汉办内设置一个联络处。1993年S市成为省管市，2000年又升格为地级市，S市汉办也随之升格。在机构设置上，同众多地级市驻省会城市办事处一样，S市汉办虽小，却五脏俱全，不仅有汉办机关，还有招待所和S大厦宾馆及一个物资公司。

S市汉办最风光的时候，是在20世纪90年代。在S市编办何科长眼里，那时汉办的工作人员就相当于政府派驻省城武汉的钦差大臣和公使，他们通过各种渠道了解与S市利益相关的信息，如侦察到较大利益信息，就通告S市主要领导出面协调。一般情况下，汉办代表政府与各重要职能部门斡旋，主要场所就在汉办。吃饭、开会和有关决策都在汉办进行，汉办成了地方政府在武汉的主要公务场所。此外，汉办还经常代表市政府在省里开会，向省政府及各部门汇报工作。更为重要的是，每年到年终都会开汉办春节座谈会，市四套班子主要领导都要参加，向支持过S市的省里各部门领导拜年。宴请规模一般都有二三十桌，席间的主要议题是，通报本市明年计划，希望得到省里的扶持。

20世纪90年代中期以后，一个变化不可逆转地发生了：政府按计划分配的东西少了，跑关系的作用小了，汉办代表S市政府在省城"获取地方利益"的功能，开始迅速萎缩。H市政府驻汉办一位工作人员声称，在某种程度上，地级市驻省会城市办事处的功能就变成两项：招商引资和稳定当地到省里上访的人员。

不过，这位工作人员亦承认，各级政府都成立有专门的招商工作部门，机构健全，人员众多，驻汉办招商引资的优势反而不明显。湖北省直机关一位不愿公开姓名的官员指出，全省80来个市县绝大多数都设有政府汉办，"但现在还发挥作用的又有几个？更多只是苦撑门面"。

【案例思考】

1. 从行政职能与行政机构关系角度分析，本案例所反映的是怎样一个行政管理事件？

2. 根据公共行政学理论，行政管理机构设立与调整的主要依据是什么？在本案例中这些依据有无体现？为什么？

3. 结合本国国情，尤其是当前我国政府机构改革现实，分析本案例的经验启示和我国类似政府机构调整的一般趋势。

案例3　　　　陕西黄龙机构改革困局[①]

陕西省黄龙县是一个财政自给率只有27%，累计财政赤字2 300多万元的困难县，靠举债才能发工资；与之相对应的却是，全县平均9个农民养一个财政供给人员，这一比例比全国平均水平高出三倍多。事实上，黄龙县自1994年以来，用过许多办法来精简机构，缓解财政压力，曾是全国精简机构先进县。但是，这个县始终没有走出"精简—膨胀—再精简—再膨胀"的怪圈。

县小官多支出大

黄龙县地处山区，工业基础薄弱，财政收入主要源自农业，是陕北延安市13个县（区）财政最困难的县。据财政部门的统计表明，黄龙县财政收入年年增长，上级补贴年年增加，但是财政赤字年年在扩大。

黄龙县只有4万多人，但却是"麻雀虽小，五脏俱全"。为了与上面对接，各类党政机构达到308个，财政供养人员达到4 400人。2000年，全县的财政收入是859万元，而支出却高达3 159万元，其中90%以上是用于人员工资。但是就是如此，由于财力严重缺乏，干部的住房公积金、养老保险、公费医疗等干部、职工福利根本无从考虑。

据县长行志强介绍，该县一个县长每年的办公经费预算只有400元。即是如此，全县每年的收支逆差仍然越来越大，各种挂账、应支未支和应报未报的，比全县一年的财力还要高。到2000年年底欠发工资3个月，最后还是靠借钱才过了年关。

财政收入少，工资发放难，而干部、教师又要吃饭，导致基层政府正常的服务职能弱化，干部与民争利的现象屡禁不止。据统计，黄龙县近年修公路、架电线和"普九达标"等基础设施建设大都要靠集资来完成，仅农村通电农民人均集资最少的要500元，多的要达到2 000元以上。

精简人员屡屡流产

背负"人多钱少"的重重压力，1994年，黄龙县痛下决心，开始搞机构改革，精简人员。

当时黄龙县是将职能相近的局委合并，比如将科委、教委、体委与文化局合并为科教文体局；对有经济收入的单位分三年逐年减少财政供给，直至全部

[①] 主要参考文献：刘健，姚晓娜，朱振远，《陕西黄龙机构改革调查》，人民网 2001-08-29。

脱钩。通过努力，全县最终撤并了党政事业单位58个，仅县直就减少了228个吃财政饭的。按这一改革方案，三年后全县将减财政供给100多万元。财政局局长屈治平说，这100万元猛一听并不多，但其意义在于通过财政的手段严把了进人口。

黄龙县的机构改革一度在全国叫响，不断地有人来参观学习。然而，黄龙县的改革很快就失败了，如今全县的财政供给人员比改革时增加了1 100多人，不少合并的机构又恢复了原貌。

是什么原因使黄龙的机构改革遇"红灯"呢？据了解，主要的因素是来自"条条"的压力。改革后，有的上级政府部门在黄龙找不到对口单位。"上下没对齐，左右没摆正。"有人形象地总结说："下改上不改，改了也白改。"当初黄龙县把卫生与计生部门合并了，上级计生部门不止一次地点名批评黄龙县，强调计划生育是国策，按要求必须成立相应的独立机构，否则就亮黄牌；统计局被合并到计划部门，但是上级统计部门说，统计数字的真实要受影响；经贸局与商务局合并后，经贸部门表示今后就不给扶持资金。类似的情况屡屡发生。对绝大部分的被撤并的部门，上级主管部门是开会不通知，文件不下发，该给的资金也不再下拨。改革后的黄龙县一度出现了如此尴尬的一幕：各部门都要备两套章，一套新章在县里用，一套老章到省、市用，否则上报的文件人家上级部门就根本不接收。

让黄龙县领导始料不及的是，政府机构改革还与一些相关的法律法规发生了冲突。当时黄龙县对农业局、畜牧局与农业综合开发办等进行了合并，但是《农业法》和《农业技术推广法》出台后，按照这两个相关法律，以前规定与财政脱钩或合并的单位都要恢复。当前仅这几个部门合并就公开拍卖了7部小车，每年减少养车费就是十几万元，但是由于与上面的法规不相同，只好恢复。

在第一次机构改革失败后，黄龙县并没有放弃探索。1996年，黄龙县到山东考察学习后，提出根据山区的优势搞"以绿兴绿创办实体"：由单位和个人各出一部分投资，县乡干部三年一轮岗，采取返租农民土地的办法，人均搞一亩干果园，希望通过这种办法转变干部观念、精简机关人员。绝大部分的局委都办了实体，但是几年后，通过这种办法基本没有分流出去干部。

三岔乡党委书记李小虎说，从目前看，机构改革是大势所趋，但是我们这种贫困地区，乡镇企业不发达，农民也都签订了30年的土地承包合同，干部分流出路很少。曹谷乡前两年为了分流干部，办过果园、木螺钉厂，也曾搞过游戏厅，但都失败了，分流的人最终又回到乡里。

反　思

从某种角度说，基层政府的改革影响大，难度也更大。黄龙县轰动一时而又失败的机构改革令人深思。在我国各地正在推进地方机构改革的今天,我们该如何看待"黄龙现象"?如何从根本上把人减下去?

不少人认为,要使县一级的机构改革顺利进行,离不开一个与之相配套的宏观大环境。近几年,我国中央政府机构改革取得了成功,但基层的改革相对难度较大,对像黄龙这样处于基层的县一级的机构,各级政府都应该持积极的支持态度。

人员分流是机构改革的难点和核心。要把"人"分流出去,不仅要给他们找出路,还要解决这些人的后顾之忧。黄龙县财政局局长屈治平认为,现在许多县乡由于财政困难,应该给干部搞的医疗保险、养老保险等社会统筹"有名无实",这就使分流人员产生畏难情绪。要建立类似下岗职工最低生活保障线的制度,使那些不愿"泡机关"的干部走向市场时有一个最低的生活保障。

有关专家认为,要想使机构改革跳出过去"精简再膨胀"的怪圈,就得让分流人员的人事关系与政府机关脱钩。专家建议由中央、地方各级财政联合,把安置金集中发放,以便让分流人员能有钱有物办企业。对于分流人员办的企业,国家可以通过发专项贷款、减税等办法进行扶持。

【案例思考】
1. 从公共行政学的角度看,本案例反映的是一件什么事件?
2. 结合案例材料与国情,黄龙县机构改革的原因是什么?历次机构改革的结果如何?为什么?
3. 结合案例材料,分析我国基层政府机构改革所面临的主要阻力,并谈谈其可能出路。

案例 4　　　　　三沙市诞生历程[①]

2012 年 7 月 24 日上午,三沙市成立大会暨揭牌仪式在三沙市永兴岛举行,

[①] 主要参考文献:(1)刘俊,姚学鹏,刘斌,《三沙市诞生记》,2012-06-29 10:36:38 来源:南方周末 http://www.infzm.com/content/77887;(2)宋振远、王晖余、周正平,《可在西沙建 20 艘以上执法船队》,《广州日报》2012 年 7 月 25 日第 A8 版;(3)韩永、王子谦,《三沙市设立有助中国对南海问题统筹调度》,2012 年 07 月 05 日 17:10 来源:中国新闻周刊,http://www.hi.chinanews.com/hnnew/2012-07-05/244956.html;(4)崔木杨,《揭秘三沙:中国陆地面积最小的城市》,《新京报》2012 年 07 月 09 日第 14-15 版;(5)《三沙市 1 个月组建完成 凸显保护海洋权益的重要性》,2012 年 07 月 24 日 16:22 来源:中国新闻网,http://www.chinanews.com/gn/2012/07-24/4054958.shtml.

从宣布设市到揭牌成立，三沙市仅用了一个月的时间，其速度前所少有，突显了中国政府对维护国家主权和海洋权益的高度重视。在一些南海问题专家看来，三沙市的诞生，是中央酝酿已久的行政管理安排和中国长期战略考量的结果。

缘　起

舆论通常把三沙建市计划的第一次曝光定格在2007年，但事实上，三沙建市的设想，却缘起于20世纪90年代初。西南中沙工委第八届书记徐天仁参与了当时的建言。从1992年到1996年，他曾数次到国务院和外交部汇报建立三沙市的设想。

中华人民共和国成立后，于1959年3月设立西南中沙群岛办事处，隶属于广东省海南行政区。1988年4月13日，七届全国人大一次会议决定成立海南省，并授权海南省管辖西南中沙群岛及其海域。西南中沙工委同样成立于1959年，跟办事处是两块牌子，一套人马。工委是省委派出机构，办事处是省政府派出机构，行政中心设在西沙的永兴岛。由于办事处只是海南省政府的派出机构，权职有限，行政管辖能力方面也有限，名义上管辖西南中沙群岛，但是活动范围基本上在西沙永兴岛。徐天仁1988年刚上永兴岛时，办事处没有海上执法力量，只有一艘用来给永兴岛补给的"琼沙一号"轮，往返也不方便。在组织架构上，作为海南省委的派出机构，西南中沙工委地位并不高，当时工委书记一直由西沙水警区政委兼任，徐天仁只是副书记，兼任办事处主任。据他回忆，"我刚去的时候，班子就两个人"。

时值中国改革开放初期，核心诉求是经济发展。在南海问题上，中国以防守为主，当时军事上的保卫力量也不强大。李德省是农业部南海渔政局下属的渔政船教导员，20世纪90年代就在南海执行巡航任务。据他回忆，1990年代的渔政船只有300吨，整个南海最多也就六七艘。在当时形势下，加强国内立法成了中国宣示南海主权的主要途径。1992年9月25日，中央颁布了《领海及毗连区法》，重申中国对西南中沙群岛的领土主权，但效果并不明显。

1992年，徐天仁去北京跟中央领导汇报，提出根据国际法规定，一个国家要有效管理宣示主权，首先得有行政管辖权，有固定居民，有经济活动和开发，如果长期不设行政机构，就没有执法权。徐天仁最早提议建市的时候，不叫"三沙"，"叫永兴，后来发现湖南有这么一个县，就改成了琼沙，最后又改成了三沙"。徐天仁说，"当时国家派了联合组到海南考察，其中包括民政部区划地名司司长"。这一年，徐天仁一行在南海转了13天，投了十个主权碑，看到人家海上油田开发热火朝天，中国一口都没有。徐感到"很气愤"，这也构成促使他建言建立三沙市的主要原因，"工委级别一定要提高，高了才好协调。如果中国在西沙还是那么点人，经济那么差，能搞什么事"？

据徐天仁回忆，"当时外交部一位领导跟我说，缓一缓再说"。当时主要是在外交上担心引起周边国家的反弹。但是，国家海洋局政策研究室原副主任许森安认为，在三沙这件事上，中国已经晚了很多年。"如果十几年前批准，中国在南海的处境可能要好很多。"国家海洋局一位退休官员也表示，中国一直担心刺激到周边国家，"但要解决南海问题，早晚得'刺激'一下"。事实上，在中国此前的南海战略中，一直期待能出现双赢的结果。但周边国家始终满腹狐疑，南海问题日益复杂化，这一期待的结果迟迟没有出现。

艰难建设

当时中国在南海问题上不动声色，但一个新的计划正在进行。

1988年，上岛的徐天仁正赶上永兴岛兴建机场和码头。地处西沙的永兴岛是到南沙的中转站，由于没有机场，空军在南沙只是象征性存在。据他回忆，国家为了建设机场投了4个多亿，派了一个工兵师在岛上。加上驻岛的两个师，永兴岛人数最多时达到5 000人。徐天仁当时最主要的任务，就是管他们的吃喝拉撒。回想岛上八年，徐天仁说就像"抗战八年"一样。待到继任者关进平于1996年接任的时候，永兴岛已从小渔村变成基础设施相对完备的小城镇。但是，由于只是一个派出机构，没多少财权，搞建设只有另辟蹊径。据关进平后来向媒体透露，一次财政部领导来岛上慰问，他请求财政部拨款180万元改善岛上交通。当时打算修两条路，一条是北京路，另一条叫海南路。

事实上，由于地处偏远加上行政级别太低，永兴岛上每一次变化，很多时候只能依赖领导视察。公开报道显示，1986年元旦，时任中共中央总书记胡耀邦上岛慰问，送了两套卫星电视接收器，解决了驻岛干部看电视的问题。临走前，胡耀邦还题了词："开发七洋洲，保卫南海疆。"永兴岛上一片由两百多棵椰树组成的将军林，见证了领导视察的次数。当时三天两头有领导来，特别是军委领导，但都很低调。多年努力下，雨水净化厂、油气电站、西南中沙工委海口后勤基地陆续建成。

据一位西沙工委的退休干部回忆，1974年夏季西沙海战过后，直到20世纪90年代中国南海总体上都算平静，后来，周边一些国家开始搞小动作。与中国的低调相比，周边国家加快了对南沙群岛的非法侵占。到2002年，越南成为非法侵占南沙群岛最多的国家。为了实际控制岛屿主权，周边国家一个重要手法就是派遣大量渔船捕鱼。2005年，李德省一次审问越南渔民时得知，越南政府为了鼓励渔民到南海捕鱼，每艘船给予4 000美元补助。李回忆说，"他们就是要将中国渔船逼出这片海域，达到实际控制的目的"。而菲律宾的行径则是更令我国渔民损失惨重。2000年5月26日，在没有任何警告的前提下，菲律宾海岸警卫队用冲锋枪向中国渔船进行了扫射，导致船长心脏被击穿当场死亡。这次扫射引发中国外交部强烈抗议，菲律宾方面拒绝提供任何赔偿。据官方数据，1989年至2010年，周边国家在南沙海域袭击、抢劫、抓扣、枪杀中国籍渔船渔民事件达380多宗，涉及渔船750多艘、渔民11 300人。其中，25名渔民被打死或失踪，24名渔民被打伤，800多名渔民被抓扣判刑。

在处理南中国海争端时，中国始终保持克制。比如，执法人员全是国家行政机关人员，并不像一些国家动辄就是军舰大炮。因此，在保护中国南海利益时，渔政和海监两部门就显得尤为重要。但是，西沙工委海洋局更在意的是，如何处理违法的外籍渔民，这个问题曾让他们头疼很久。西沙工委海洋局一位负责人说，"那些国家抓到我们的渔民就判刑，而我们抓了他们的人却没有办法"。原因在于，西沙工委没有法院，因此无法进入司法审判程序，只能罚款。据该负责人介绍，他们没法把那些船带回海南的文昌市，从西沙到文昌，一个单程都需要开两天，天气不好，时间会更长，"到时人家交了罚款，我们还要把船送回去，得不偿失"。后来，那些非法捕捞的外国渔民发现了这一问题，连罚款也不交了。在2005年的一次汇报工作中，李德省提出要解决这个瓶颈，就必须设立一个市来管——"如果有一个市了，侵犯内水就算侵犯我们的领土，就可以给他们判刑。"

在西南中沙工委内部，变化也已悄然发生，一个完整政权的雏形正渐渐浮出水面。徐天仁在任时，工委初步建成一个五脏俱全的小政府。除了武装部等几个政府部门之外，工委下边还有诸如粮管所、水产公司、邮局、银行等诸多垂直机构。政务系统有条不紊地在运转，他们也学习中央和省里的政策精神，不过由于交通、通信不便，红头文件一般由西南中沙工委在海口的办事处转交给保密员，乘部队的船送来。2006年7月，交通部西沙救助基地在永兴岛启用，并派了一艘"南海救111"号救助船。是年12月，中国渔政两艘舰艇开始在西沙群岛常态化巡航。

2007年11月，三沙市曾经"无限接近"成立。是年11月，据香港媒体披露，海南文昌市一次党内会议上传出消息，三沙市的成立获得国务院批准，是一个隶属文昌的县级市。据了解，中方此举主要是针对半年前越南的侵犯主权而来，当时越南将南沙部分岛屿划作国会议员选区，并计划与英国公司合修南沙天然气输送管道。然而，消息甫出，越南像被针扎了一样"弹"了起来，不仅发表措辞激烈的外交抗议，还有数百越南大学生跑到中国驻越南大使馆示威。据《环球时报》英文版报道，越南当时的抗议令三沙建市又推后了。此后，"三沙市"在中方官员口中一度成为敏感词。

但是，三沙建市努力并没有停止。2008年，海南省编办下发《关于西南中沙行政体制调整方案的通知》，参照市县党政机关模式，设置纪委、组织部、宣传部、党群部、公安局等18个行政职能部门，并设置了图书馆、气象台等二十多个部门和事业单位，在职员工达到330多人。在工委内部，正书记人选的调整也被提上议事日程。据徐天仁说，从2011年开始，工委书记不再由水警区政委兼任，领导班子也从过去只有两三个人发展到现在六七个人。

"这是三沙建市过程中一次重要转折。"中国社科院边疆史地研究中心副主任李国强说，"但如果只是一个县级机构，管辖权限有限，面对两百多万平方公里的海域，协调起来会非常困难。"

激化的矛盾

《联合国海洋法公约》规定，所有1999年5月13日缔约的国家，必须要在2009年5月13日前向联合国大陆架界限委员会提交申请，证明为该国主权领土的大陆架延伸的海床的主权。随着"大限"临近，南海诸国加速"圈地运动"，南海局势日益恶化。中国也一改过去柔性态度，强调主权在我，并加大了对南海主权的宣示和维护力度。2009年3月，当时中国最大的渔政船"中国渔政311船"抵达永兴岛。次年3月，中国首次向美国政府正式表明立场，称南海关系到中国领土完整的核心利益。2010年7月，中国海军三大舰队在南海举行实弹演习。2012年，矛盾激化似乎进入高潮。是年4月，中菲黄岩岛纠纷一度剑拔弩张，6月16日，菲律宾从黄岩岛撤走公务船，气氛方才开始恢复平静。不料，6月21日这一天，又先后发生了两件大事。第一件事是越南国会以99.2%的赞成票，通过了《越南海洋法》，把中国的西沙和南沙纳入其主权管辖范围。随即，中国外交部副部长张志军召见越南驻华大使阮文诗，表达强烈抗议。半个小时后，就发生了第二件事，中国民政部在其网站上宣布，撤销海南省西沙群岛、南沙群岛、中沙群岛办事处，设立地级三沙市，管辖上述三个群岛的岛礁及其海域。

据有关专家透露，越南制定一部海洋法的想法由来已久，至少在2007年、2008年就已经开始积极酝酿，但由于自身因素及中国压力，一直未能通过。2012年5月，已经有迹象显示，越南国会可能在6月审议通过这部《海洋法》。事实上，曲解滥用《联合国海洋法公约》，以此作为依据加强在南海问题上的法理声索，推动南海问题国际化，正是越南近几年来一直在极力强化的做法。另外，2012年是《联合国海洋法公约》签署30周年，越南在这一年通过海洋法，除了国内政治考量之外，这也可以看做是大背景之一。与此同时，就在《海洋法》通过前几天，越南两架苏-27战斗机由该国中部空军基地出发，巡航南沙。据越南媒体报道，在完成"长沙群岛"（即中国南沙）某岛礁的巡逻任务后，两架战机于6月15日上午返回平定省富吉军用机场。

越南方面的这两次举动,一种是法律行为,另一种是军事行为。特别是前者,在南海声索国的各类主权声索行为中规格最高。据有关专家揭示,相比越南通过行政方式宣示所谓"主权",立法方式更为刚性,一旦通过很难变更,因而是最为棘手的问题之一。据国家海洋局一位不愿意透露姓名的官员介绍,在南海问题上,各种对主权的声索,通常会从低至高通过如下程序:先是口头宣示,接着是行政管辖,最后进入立法。

在南海各声索国中,中国最早对南海行使实际管辖权。三沙市的历史沿革可追溯到20世纪50年代末,周边国家对南海尚未起意,对中国的主权管辖并无异议。1958年,周恩来总理曾就中国的领海问题致函越南领导人,越南时任总理范文同在复函中承认中国对西沙和南沙拥有主权。此后,中国对南海的行政管辖,一直停留在"办事处"这个级别。但周边国家早已突飞猛进。20世纪70年代末,菲律宾在所占的南沙岛礁上设立了"卡拉延市",后来还任命了"市长";越南在1982年成立了"黄沙县"(即中国西沙)和"长沙县"(即中国南沙),分别于2009年4月和7月任命了"地方行政长官"。

菲律宾和越南试图推动在南海行政建制,以进一步加强主权声索,而且不断通过行政手段动员民间力量前往南沙,体现所谓"实际管辖"和"民事管辖"。例如,越南去南沙捕鱼的渔民,不仅可以免征资源税、营业税和个人所得税等,还能享受到各种补贴。与此同时,越南、菲律宾对南沙所占岛礁的民事化建设步伐也在加快。为了鼓励移民,越南政府拿出1 100亿越南盾(约3 300万元人民币)改进基础设施。目前,在其所谓长沙县(中国的南沙)府所在地南威岛,各类民用设施已经比较齐全,岛上还设置了20多个选举点。2012年6月15日,在菲律宾实际控制的中业岛上,一所小型幼儿园低调揭牌。这意味着在这个南沙第二大岛上,菲律宾单方面推进的民用化步伐也在加快。

观察近年国际法司法判例,可以发现判定岛屿主权归属越来越倾向于实际控制和有效占领。2008年6月,新加坡和马来西亚为白礁主权归属打了一场官司。结果,这个由马来西亚最早发现并命名的地方,最终被国际法庭判给了近100年对该礁实际占有的新加坡。事后的发展表明,这起在南海家门口发生的国际判例或许正在南海各声索国中产生扩散效应。

政权组建

2012年6月21日,民政部宣布,国务院已经批准设立地级三沙市,三沙市人民政府驻西沙永兴岛。民政部新闻发言人表示,此次设立地级三沙市,是中国对海南省西沙群岛、中沙群岛、南沙群岛的岛礁及其海域行政管理体制的调整和完善,有利于进一步加强对西沙群岛、中沙群岛、南沙群岛的岛礁及其海域的行政管理和开发建设，保护南海海洋环境。

随即，三沙市进入政权建设阶段。从宣布成立到政权组建完成，三沙市仅仅用了一个月的时间。

7月17日，海南省第四届人民代表大会常务委员会第三十二次会议通过了《海南省人大常委会关于成立三沙市人民代表大会筹备组的决定》。这标志着三沙市的政权组建正式启动。

19日，中央军委批复广州军区，同意组建"中国人民解放军海南省三沙警备区"，主要负责三沙市辖区国防动员和民兵预备役工作，协调军地关系，担负城市警备任务，支援地方抢险救灾，指挥民兵和预备役部队遂行军事行动任务等。

21日，由来自西南中沙15个选区的1 100多名选民选举产生45名三沙市第一届人民代表大会代表。代表名单于22日公布。

23日，三沙市第一届人民代表大会第一次会议选举产生了市一级权力机构，符戆当选首届人大常委会主任，肖杰当选第一任市长。另外，中共海南省委日前决定，撤销中共海南省西南中沙群岛工委，成立中共三沙市委，肖杰任中共三沙市委委员、常委、书记。

2012年7月24日上午10时40分，三沙市成立大会暨揭牌仪式在位于永兴岛的市政府广场上隆重举行。在庄重简朴的会场旁，两块巨大的中国国家地图和南海地图格外醒目，200多名三沙干部群众和部队官兵见证了这一历史时刻。据南海网报道，上午10时55分左右，海南省委书记，省人大常委会主任、党组书记罗保铭，广州军区副司令员邢书成，海南省政协主席、党组书记于迅，海南省委副书记李宪生共同为三沙市揭牌，宣告三沙市正式成立。

在揭牌仪式上，民政部副部长孙绍骋宣读了《国务院关于同意海南省设立地级三沙市的批复》。批复要求，三沙市应把维护国家主权和安全放在突出位置，在各项建设中认真贯彻国防需求、军民兼顾、平战结合，实现国防建设与经济建设协调发展。海南省委书记罗保铭说，党中央、国务院审时度势，果断决策，设立地级三沙市，战略意义重大。三沙市和三沙警备区成立挂牌，就是要依法履行国家赋予的管辖职能，努力把三沙市建设成为维护南海主权和南海资源开发服务的重要基地。第一任三沙市委书记、市长肖杰表示，未来三沙市将坚持国防需求、军民兼顾、平战结合，始终把维护国家主权和安全放在突出位置，大力推动三沙市国防建设和经济建设的协调发展。

"三沙市的设立是应运而生的。"中国社科院边疆史地研究中心副主任李国强说，随着南海形势的变化，办事处的行政效能与南海发展的需求日益不相适应，急需进行调整和完善。中国南海研究院院长吴士存则认为，"设立三沙市是维护我国南海权益的重大举措，彰显我国在南海的行政管辖一脉相承"。

可以预见，三沙市成立后，必将促进南海行政管辖步入科学化、规范化轨道。

【案例思考】

1. 从公共行政学角度看，本案例主要反映了一个什么事件？其基本构成要件是什么？

2. 依据行政学原理，行政组织设计包括哪些基本内容？其主要影响因素又有哪些？

3. 在本案例中，三沙市设立涉及行政组织设计哪些方面的内容？结合案例材料和国情，试分析三沙市得以设立的主要实践依据。

4. 结合案例材料和国情，分析三沙市成立以后的南海领域行政管理基本职能构成、可能面临的问题与挑战以及未来发展趋势。

第二编　行政过程

第8章
行政领导与责任

一、本章学习目的与要求

说明： 通过本章的学习，了解行政领导、行政领导权力与行政责任等相关基础概念的基本内涵，理解行政领导活动的基本功能构成、能力素质要求及其相关运行规律，掌握行政领导权力的基本构成类型、运行机制与原则要求，掌握行政领导责任的基本构成内容及其发生、界定与追究机制。

二、本章考核知识点与考核目标

识记： 行政领导与行政领导权力等相关核心概念的基本内涵，行政责任与行政领导责任等相关概念的基本内涵，行政首长负责制等相关概念的基本内涵。

理解： 行政领导活动的基本功能构成、能力素质要求及其相关运行规律，行政领导权力的基本构成类型、运行机制与原则要求，行政领导责任的基本构成类型及其各自发生、界定与追究机制，行政首长负责制的基本构成、功能特征与运行机制。

应用： 运用所学公共行政学理论知识，分析案例特定行政管理事件或现象发生过程中行政领导行为、权力与责任现象得以发生的表现形式、发生过程、动力机制、影响因素与结果效果，以及可能的经验启示与应对策略。

案例1　　女教师之死谁的过？[①]

孙小玉高中毕业后在W县P乡当上了一名教师。1995年，经人介绍，她

[①] 主要参考文献：（1）宋维国，《惨啊！女教师被砍78斧》，《兰州晨报》2002-08-06；（2）宋维国，《女教师被砍78斧续：公安、司法局长纷纷忏悔》，《兰州晨报》2002-08-12；（3）宋维国、陆守平，《女教师被砍78斧续：7干部不作为受到严惩》，《兰州晨报》2002-08-16；（4）宋维国，《女教师被砍78斧案：司法局长见死不救被公诉》，《兰州晨报》2002-12-13。

和该县 L 乡某单位职工姜某结为夫妇。2002 年 4 月 11 日 8 时 20 分许，姜某突然手提一把斧头出现在孙小玉所在学校园内，到处乱砍，看到妻子孙小玉后，便紧随其后追了出去。在此后的将近两个小时内，在众目睽睽下，姜某用斧头对着对怀孕 4 个月的妻子进行疯狂砍杀。10 时 10 分，姜被村民和民警制服。后经法医鉴定，孙小玉共计被砍了 78 斧。一个手无缚鸡之力的乡村女教师就这样被凶残的丈夫活活砍死了。

解　释

8 时 40 分许，接到报警的 P 乡派出所民警杨某及时赶到了现场，但却不敢上前，只能向 W 县公安局长报警请求救援。期间，9 时 10 分许，W 县司法局局长单某、司法局政治协理员郭某等人恰好经过。民警及村民请求单局长下令组织救人，单局长说："我不能下这个令，除了公安局长谁也不能下这个令"。

经专案组调查，在场的人都证明，在接到杨民警请求出警的报警请示电话后，公安局长王某说他在开会，吩咐在场众人等待救援。此后，杨某又连续打了 3 个电话，王局长仍然吩咐等候救援。70 余分钟后，县公安局的警车才到达现场。此时，孙小玉早已经惨死在凶手利斧之下。

事后，据 W 县公安局王局长的解释，在接到民警杨某的第一个报警电话之后，他就把会议散掉，派人出警了。而且，他一再表示自己的处理没有错，只是自己手下的民警处理不当。但是，他无法解释的是，为什么警车要花那么长的时间才赶到案发现场。事实上，县城距离案发现场，只有 25 公里，而且道路通畅。

责　任

惨案发生后，几百名学生与当地群众联名向有关部门控诉了案件的整个过程。7 月 23 日，有关部门做出处分决定：司法局局长单某等 3 人被给予行政降职处分；对公安局局长王某给予党内严重警告处分；派出所民警杨某清除出公安队伍。8 月 14 日，司法局长单某、派出所民警杨某涉嫌玩忽职守罪，被移交司法机关立案处理。11 月 6 日，W 县人民检察院决定对单某不予起诉。

不久，这一事实经兰州媒体披露后，在全国引起强烈反响。鉴于强烈民愤，W 县所在地区地委成立的专案组于 8 月 8 日赴 W 县，开始对该案展开全面调查，最终决定将该案交由 X 县人民检察院和人民法院起诉审判。

2002 年 12 月 23 日，X 县人民法院在 W 县作出一审判决：原 W 县司法局局长单某、原 W 县 P 乡派出所民警杨某玩忽职守罪名成立，各判处拘役 6 个月，缓刑一年。法院依据查明的事实认定，被告人杨某在姜某砍杀孙小玉时，接报案到达现场后，不积极履行职责，造成严重后果；被告人单某路过现场时，不仅自己没有营救行为，而且在他人准备营救时，有不当误导，造成了严重后果；二被告人的行为均已构成玩忽职守罪。宣判后，单某、杨某均表示服从判决。

【情景模拟】

假如您是公安局局长王某、司法局局长单某、民警杨某以及一个当时惨案的旁观者，你将如何应对这一场景？

【案例思考】

1. 从公共行政学角度看，本案例主要反映了一件什么行政管理事件？其基本构成要件是什么？
2. 根据行政责任的基本原理，两个材料中的相关责任人承担的分别是什么责任？他们应当承担吗？他们实际上应该承担什么责任？为什么？
3. 结合具体国情，谈谈避免类似事件发生的行政措施。

案例2　　金矿大爆炸后的台前幕后[①]

背　景

2002年6月22日，山西省F县Y金矿发生了井下爆炸事故。事后调查表明，当时井下有40名正在作业的矿工。然而，令人发指的是，事故发生后，有关责任人不但没有积极组织抢救，反而隐报瞒报，销尸灭迹。6·22特大爆炸事故联合调查组调查认定，F县Y金矿爆炸事故，是一起重大的隐报瞒报恶性事故。

悲剧前世

2002年7月4日11时，阳光照在了孙涧沟，Y金矿职工张青的眼前，却是一片狼藉。几天前的一场清理行动，使得33个矿井、1 200多间建筑物几乎一夜之间消失，到处都是破旧编织袋、砖头、木板。此刻，从大同矿务局赶来的救护队，在山西省安监局局长巩先生的指挥下，正进行井下事故勘查。

[①] 主要参考文献：刘畅，《新闻调查：关于陕西金矿爆炸案的真相与思考》，《中国青年报》2002-07-08。

1986年,国家投资3 750万元建设Y金矿,1990年正式投产。张青1987年开始参与筹建,15年与金矿风雨同舟。据他所知,当时在全国来说,Y金矿地质品位是最好的。如今,国营金矿全部停产,800名职工欠发12个月工资。据了解,Y金矿的账目上仅有几十元钱,10个月工资是1998年欠下的,2002年又欠了两个月工资。不过,与此同时,1990年以后,F县刮起了个人采矿旋风,大量矿主、洞主一夜之间腰缠万贯。期间,尽管年年整顿、清理,间或还有省、市、县三级联合行动,但总是收效甚微。到2002年,F县年产黄金2.7万两,大约400多个矿井,4/5是私人矿主所有。伴随着私人采矿而来的,是社会治安混乱,F县也成为全省有名的"治安较差"地区。事实上,7月2日,前来爆炸现场调查的山西省委书记田成平的评价是:"社会秩序不好,情况复杂,管理混乱。"

1998年,张青和一些金矿工人来到省冶金厅,要求罢免矿长。当时,工人们想法十分简单:"与私人矿主有勾结,就干不好国营金矿的矿长。"他们的依据是,如果国营金矿、私人金矿井下贯通,往往结果是国营金矿"退避"。由此,许多人猜测,其中必然有利益勾结。结果,他们如愿以偿,并且选举了新矿长韩宝。新上任的矿长确实顺应民意,拒绝了很多私人矿主、洞主的要求。但是,不久,他本人乘坐的车被砸,井下金矿的供风管被炸,甚至,有人往国营金矿办公楼扔了两个炸药包。于是,韩宝走了。有人说他是被逼走的,也有人说如果他不走,也许有生命危险。就这样,在金钱和邪恶面前,"民意"失败了。

与此同时,私人矿主、洞主们日益强大起来。一次,电压负荷太高,金矿变电所拒绝了一个洞主的送电要求。结果,洞主带人追打变电所长,矿里的负责人视而不见。这位洞主很是猖狂地扬言:"打死也没事,不就是赔两车矿钱嘛!"到2001年8月28日,国营金矿的高压电杆也被人炸了。

据一位遇难者家属透露,在这里,人命是有价的。6月22日爆炸事故发生后,私人矿主就曾指使手下与家属谈判,在不见尸体的前提下,每人赔偿2.5万元至6.5万元。与此同时,利益也滋生了腐败。交通要道上,县、矿成立了联合收费站,对私人非法采矿收取"运矿费",一车200元,小四轮拖拉机100元。有时,私人矿主一天运送矿石就达200多车。他们5天产量够国营金矿采一个月。矿主、洞主们肆意妄为的时候,法律和正义都保持了沉默,许多治安案件至今都无法破获。

现任矿长杨林选择了妥协,与私人矿主阴山签订了"委托探矿协议",致使孙涧沟大规模采矿。事实上,一个干部能否在这里站住脚,就看他能否与矿主、洞主们"合作"。对此,老矿工张青无可奈何的说法是,"一个是人,一个是环境。一个人再有本事,处在这个环境里也不行"。

县长的责任

F县时任王县长不停地徘徊在爆炸现场,由于连日休息不好,眼圈已经发黑。在爆炸现场,一位记者曾毫不客气地对他提出质疑,"作为县长,你是否对此负有道义责任,是否应该引咎辞职"?王县长沉默不语,接着登上汽车,疾驰而去,留给人们一个模糊的背影。

7月2日,面对山西省委书记田成平,王县长说:"愧对组织,愧对人民,愿意承担一切责任"。不过,出乎意料的是,在F县,许多干部群众称他为"好县长"。理由很多,比如,他到任一年多,2001年F县财政收入突破4 000万元,是山西省忻州地区财政增长最快的县,2002年预计将达5 000万元,增幅超过20%。过去,F县县委、政府曾拖欠工资,最长达数月,王县长到任后,这一问题得到解决。2001年7月27日正式当选后,王县长就职时曾说:"我能力不高,但勤能补拙,我会向各级干部学习,让F经济秩序迈入良性发展轨道。"

2002年被F县委、县政府确定为"优化经济发展环境年"。为了治乱,县里专门出台了黄金生产规范管理意见,成立了县黄金开发服务中心。为此,王县长曾指出,F县年产黄金2.7万两,对财政没有贡献。一是黄金开采免增值税,二是部门乱收费,钱都进了小金库。成立服务中心,目的就是把收费规范起来,让其对财政有所贡献。县政府党组成员韩伟出任黄金开发服务中心主任。该中心与Y金矿达成了"共同管理,共同收益"的协议。不久后的3月18日,被称为F县大矿主之一的阴山与Y金矿签订委托探矿协议,缴纳110万元,县黄金服务中心得60万元,Y金矿得50万元。然而,正是这一协议使得阴山私采乱采金矿的行为变得"合法",也为3个月后爆炸惨祸发生埋下隐患。

在孙润沟爆炸现场,王县长曾坦承自己是"麻痹大意,听信下属部门报告",甚至还表示,"我是从忻州市政府副秘书长到任F县县长的,基层经验不足,他们(指下属)应该帮助我的"。此外,他认为应该区别对待当时的"共同管理、共同收益"协议。他的理由是,"当初分工就是由金矿负责安全监督、技术指导,服务中心负责收费","现在将韩跃伟拘留不太公平,责任应在金矿"。据一份报告显示,6月27日,王县长还在县委常委扩大会议上强调:"现在,社会上对事故有举报,但我们是事实求是的,根本不存在隐瞒不报问题。"不过,没人知道王县长当时为什么如此自信。

6月28日,山西省调查组就抵达F县,两天后,随着遇难矿工尸体被找到,隐瞒不报真相大白。对此,王县长的说法是,"等候组织的调查结论,自己该承担什么责任,就承担什么责任"。

调查组里的争论

2002年7月1日，五台山宾馆，山西省联合调查组举行情况汇总、碰头会。忻州市一位副市长强调，作为地方政府，他们强烈要求Y金矿的主管部门马上参与到事故处理中来。对此，白发苍苍的省冶金行业办王主任毫不示弱："我做一点说明，Y金矿是省属企业，原山西省冶金厅是其主管部门。但是，2000年，山西省冶金厅就撤销了。2001年，我们省冶金行业办才成立。在省经贸委指导下，我们依然管理一些企业，Y金矿就在其中。按照体制改革要求，应该政企分开。企业就是没有主管部门才对。"

冶金办的王主任进一步指出，"一会儿说下放忻州市，一会儿说下放到山西省资产管理办公室，对于这个金矿，我们也不知怎么办"。事实上，冶金行业管理办公室只有10多个人，对于金矿违法与私人矿主阴山签订"委托探矿协议"等一类行为，这个办公室也有些无能为力。

安监局长的忧虑

2002年5月，巩先生刚刚被任命为山西省安全生产监督管理局局长。Y金矿爆炸事件发生时，这个局公章已启用，但还没有挂牌子，机构、人员尚未到位。巩局长说，山西省是全国少数几个成立安全生产监督管理机构的省份，这既表明领导的重视，也说明安全生产形势的严峻。同时，业已担任过两年零2个月省煤矿安全监察局局长的他感受最深的是"压力大"。他说，全省3 000多煤矿，安全监察人员不过220人。对于非煤矿山的安全监督，由于自己刚刚到任，还没有人员可充实。

事实上，这几年，山西爆炸事故频发，巩安库一年2/3的时间都在事故现场。最长的一次，他在事故当地蹲了半年。他有时也追问自己："我们关了矿井，所有人都拥护吗？"结果是很明显的，矿井关闭之后，民工就会失去就业机会，而地方则失去了经济发展增长点。然而，怎样才能实现良性循环，长治久安？巩局长的看法是，"只有一条路，就是一定得走向规范"。

难以置信的告别

据幸存者回忆，爆炸事故发生时，曾有4名勇敢的矿工下井救人，但他们再也没有回来，并且，也被弃尸荒野。除了人们依稀记得有一个矿工的名字叫郑久兵，其他的人是谁甚至都已无从证实。伍贤2002年刚满30岁，丈夫田兵也命丧井下，认尸时，她长跪不起。巨大的伤害，让受难者家属对当地政府普遍缺乏信任。对此，忻州市公安局苏局长表示十分不解："为什么事故发生后，从没有遇害者家属、幸存者向公安机关报案？"

6月30日，F县公安局发出悬赏通告，抓捕逃逸的矿主阴山等人，"凡提供有价值线索或协助抓获者，每抓获一人悬赏奖金3万元"。但几天过去后，仍然没有接到一个举报。就在6月30日这一天，时任山西省省长刘振华曾作出指示："事故调查要借鉴新闻单位提供的线索，新闻单位能搞清楚的，我们为什么搞不清楚？"

截至7月4日，已有上万民工离开F县，他们身后，是400多个采金矿井关停。但是，许多人仍忧虑地问："这一次，是真的吗？"在人们的记忆中，过去10年，每年都有类似的大规模清理，可采金的巨大利润，一定会在未来某个时候，继续吸引淘金者蜂拥而来。这一次，人们依然难以认定不会只是私采金矿短暂、权宜的消失。

结　语

2002年4月，47岁的周先生担任了国家安监局安全监督管理一司副司长。6月2日，全国开始安全大检查，他受命赶赴山西。周司长说，全国有采矿证的矿山达13万个，其中，煤矿4万个，而非法的矿山却大约有7万个。多年来，我国对煤矿安全监察一直采取垂直管理，人、财、物三权归中央，共有煤矿监察人员2 800多人。但目前，我国大部分地市都没有完整的安全生产监管机构。国家安全生产监管只能到省一级，这使得这一部门实际上成为"灭火队"，不能预防事故的发生，只能事后处理。频发的爆炸事故，暴露了安全监管体系的弱点。周司长说，他们的梦想是编织一个保障生命安全的网，让监管的眼睛，点亮每一个角落。

【情景模拟】

假设您是F县王县长、山西省安全生产监督管理局巩局长、国家安监局安全监督管理一司周副司长、Y金矿离职矿长韩宝、现任矿长杨林、老矿工张青、矿主阴山以及矿难家属伍贤，如何看待F县Y金矿6·22特大爆炸事件及其处置过程中相关公共行政主体的行为与责任？为什么？

【案例思考】

1. 从公共行政学角度看，本案例主要反映了一件什么行政管理事件？其基本构成要件是什么？
2. 根据案例所提供资料，分析在Y金矿爆炸事件发生及其事后处理过程中，相关公共行政主体可能存在的问题，及其应承担的相应责任。
3. 结合我国公共行政实践，谈谈健全我国安全监管体系的基本思路。

案例 3　　　　副省长下乡记[①]

副省长突然造访，让一个贫困村温庄热闹了起来。穿着一双帆布球鞋，2011年6月23日，两鬓斑白的副省长维佳，走走看看，连着走了三个多小时。在玉米地里，温庄村支书老霍都有些跟不上，紧跟着维佳的是册村镇党委张书记，已是满脑门汗。下一个小坡，维佳和老霍还相互搀扶了一下。

这已经是维佳第三次造访这个贫困村——长治市沁县册村镇温庄。

突访贫困村

2011年4月26日上午9点刚过，温庄村支书老霍接到电话通知时，副省长维佳乘坐的车已进了村口。这一次可算得上"轻车简从"，不但没带秘书，而且是搭乘省扶贫办的公用车，只是带上了住村所需的被褥。随行的，只有山西省扶贫办刘主任和该办一名处长，还有一名司机。

长治市沁县是维佳对口联系的省级贫困县，而温庄村是该县东南部册村镇的一个贫困小山村，村民的房子依地势而建，全村70多户200多口人，主要种植玉米和谷子。2010年，该村人均收入1 700多元，在册村镇属收入偏下，但也不是最穷的村。

村支书老霍一眼就认出了维佳，说他"跟电视上一样一样的"。见面之后，维佳的第一件事就是向支书老霍提出，"现在正忙着春耕，吃住的事情不急，先给我安排点农活干吧"。村支书老霍60来岁，朴实厚道，不想让省长去——"那里看着近，可走起来很远，要绕过沟底才能到对面山上。"但是，维佳坚持要过去。

真的是绕了挺远的路，维佳一行几人才走到用牲畜种地的地头。地上干活的是三名老人，62岁的霍老栓与老伴，还有帮忙的嫂子。老汉赶着一头"西门达尔"品种的牛，两位老大娘跟在犁的后面种玉米，两亩多的地块已种过半。对于这样一幅老者"农耕图"，维佳感到心情沉重，但这又的确是而今农村的现实。牛犁停了下来的时候，村支书老霍上前说明了来意，三位老人挺高兴。同去的省扶贫办刘主任在前点玉米种子，省长提着一只筐在后施化肥，干了一会就满头冒汗。维佳把外衣脱下，扔在了地头的草丛中，一位老大娘马上拾起衣服抱在怀里。维佳事后在下乡日记中写道，"这个小小的细节让我感动"。

[①] 主要参考文献：(1) 褚朝新，《山西副省长三次下乡记》，《新京报》2011年6月24日第A24-25版；(2) 刘维佳，《沁县温庄下乡住村笔记》，《人民日报》2011年06月19日第5版。

三个人干了近2个小时，玉米种完了。坐在田埂上，维佳问老人，为什么不用农机种地。其中一位老大娘说，这一年农机种地的价格每亩又涨了10块钱，柴油、种子、化肥的价格都涨了不少，用牛种地是为了少花点钱。一旁的大学生村官、村主任助理小辉补充说，村里有几户买了农机，播种20元/亩，耕地40元/亩，部分村民为了省钱，还是牛耕人种。

维佳在日记里写道："看来乡村的老年农妇也面临着通胀的现实压力，这也是今年经济工作必须应对好的首要问题。"

发现问题

从地里离开，维佳提出去支书家里看看有多少存粮。在仓房里，维佳发现十几根崭新的喷灌水管放在墙角。老霍说，前年温庄新上了一个百亩喷灌项目。维佳到村北头时，发现地里的喷灌管整齐完好，但看不出用过的痕迹，"天这么旱为啥不喷灌"？

老霍说，电表烧坏了。据小辉介绍，这个项目是2009年上半年建成的，用过几次，2010年一个村民使用时接错线，结果电表、水表和水泵全烧坏了，此后就没法用了。村副支书英俊解释说，村里太穷，没钱修水泵和表。此外，维佳还发现附近有一个水库，村官小辉说那是"千女水库"，1958年上千名妇女修建的，早些年渠道就坏了，有水也用不上。了解了"百亩喷灌"和千女水库的境况后，维佳得出的结论是，"百亩喷灌"和"千女水库"两个工程项目如此尴尬的境地，暴露了政府工作中的一个盲点，就是项目建设必须解决好配套、使用和管理的问题，否则就是劳民伤财。

午饭是在支书老霍家吃的。中午1点多，老霍的老伴煮了手擀面。维佳事后对这顿饭也做了日记，"上午干农活，山路也走得多，加上没有菜，我吃了两碗面还觉得不饱，又连吃两个土鸡蛋"。其实，由于没有人陪餐，也没有客套，整顿午饭只用了10多分钟。对此，维佳也有感慨：相比之下，在一些公务活动场合，吃饭成了浪费时间和金钱的负担，而这种负担的结果是"两头都难受"。他以为，改变公务接待的办法其实可以很简单，就是一不要人陪，二要自己掏钱，"做到这两条，'吃喝顽症'就能迎刃而解"。

午饭后，自带被褥的维佳到村民俊峰家里休息了一会儿。下午，他先后走访了副支书英俊、村会计及三四户村民，了解各户经济收入状况等。晚饭是在村民耀萍家吃的，合子饭和馅饼，还有土豆丝和两盘野菜。耀萍说平时家里就吃这些。当晚，维佳还在村里召开了座谈会，村民们形成了养羊、种核桃、育树苗增收的共识。维佳和省扶贫办刘主任承诺，帮助村里协调信用社贷款和引山泉水，但是，维佳感觉下一步抓落实的任务还很重。

行踪"暴露"

第一次下访,为避免层层陪同,不干扰市县乡同志的工作,副省长维佳本想一竿子插到底,悄悄在村里住下,尽可能做到"村不扰民、县不扰官"。因此,出发时,也就一概没和温庄所在市县有关部门打招呼。

不过,上午从省城奔赴温庄的途中,维佳一行差点被发现。路过沁县县城时,同车的扶贫办刘主任突然收到沁县扶贫办李主任的短信,"主任,我看到省扶贫办的车了,您来沁县了吗"?维佳立即提醒刘主任,"不能让县里知道我来下乡住村,否则会惊动不少人"。刘主任只好回复短信说:"我在太原,车到沁县办事。"随后,汽车顺利驶出县城,透过后车窗没有发现其他车跟随,用维佳的话来说——"这场巧遇没有影响我们的行程。"

据支书老霍回忆,维佳一见面就嘱咐他不要向镇里和县里报告消息。但是,这天下午,老霍陪着维佳省长在村里转,刚从会计家里出来,镇里就来电话了,问他是谁在村里。打来电话的是镇党委王副书记。老霍只好如实报告。不久,戴着"护林防火"红袖标的镇党委张书记兼镇长、卫副镇长、镇党委王副书记一同赶到。三人称,恰好在温庄附近检查森林防火。张书记还回过头批评支书老霍,"省领导来了,为什么不向镇里报告"?老霍连赔不是。维佳只好出来打圆场,"别怪老霍,是我不许他告诉你们的"。

大约半个小时以后,沁县县委书记和县长又风风火火赶到了册村,显然是镇里向他们报告了消息。维佳事后有些遗憾地说,"这就使我的'县不扰官'想法打了折扣"。

4月27日,是一个大晴天。早晨4点多,村里就传来发动拖拉机的声音。刘主任和老霍过来,一行几人就与房东一起吃早饭,小米稠饭烙饼加咸菜。饭后,维佳按规定交了两天的伙食费200元饭钱,便离开温庄村。

基层微澜

5月25日,维佳再次出现在温庄。这一次,他带来了山西省水利、农业、林业和扶贫办的诸多官员,要为温庄脱贫致富"把脉"。事后,据村支书老霍介绍,村里按照维佳等官员和专家的指导,制订了一个方案,要建设一个养殖园区养羊,规划一个100亩的育苗基地和1000亩的核桃园,村民们还成立了合作社。

这一次,在村里吃饭的有各级官员50多人,但都没留下饭钱。4月26日那天镇党委书记张鹏就曾当着维佳的面质问他的一幕还历历在目,老霍说,"上一次收下饭钱,我就很后悔。这一次,坚决不能收"。

6月23日下午,维佳再访温庄。沁县县委田书记再次迅速赶到现场,提出要陪同省长一起走访温庄。维佳说，"你回去吧，我自己转转，你事情挺多的，忙你的去吧"。田书记抬腕看了看表，"都十一点多了，我回去也干不了什么事情"。维佳再三明确拒绝且坚持后，他才离开。

一个多小时后，在村民家里吃午饭时，维佳问镇党委书记张鹏，"你真的不知道我要来？怎么我一来你就在这里啊"？张鹏称自己恰好在附近处理事情，是巧遇。村支书老霍也自称不知道维佳会第三次不打招呼进村。不过他承认，6月22日晚上临时组织村民进行了一次大扫除。

6月23日，参观温庄村委会办公场所时，大学生村官任江辉告诉维佳，最近为了修缮村委会办公场所，花了不少钱，村里又新欠了一些工程款。此外，购买了办公用的桌椅，也欠下一些债务。维佳当场感叹，村级债务又增加了。陪同的镇党委书记张鹏随即制止任江辉"诉苦"，提醒他不要"瞎说"。

快速改变

副省长到访后，温庄发生明显变化。如今，"喷灌工程"已修好。大学生村官任江辉说，修设备花了约一万元，是上级政府帮助解决的费用。据他介绍，因村里部分田间路只有一两米宽，部分农机不能通行，县发改局还承诺帮助村里修一条2 500米的田间路。

6月23日，维佳第三次去温庄。这天中午，在村民霍俊峰家的院子里，一群官员陪着维佳在吃午饭。手擀面，十多个刚煮好的土鸡蛋，土豆丝、葱拌豆腐和凉拌黄瓜。山西省财政厅副厅长突然问山西省农发办主任，"你在农业口工作了30多年，吃过几次这样的饭"？农发办主任答，"吃过2次，这是第二次，第一次是1986年，是在农民家炕头吃的"。

这天，维佳也注意到村里发生了一些变化：沿村道的民房被统一刷成了白色，部分墙面写上了"发展特色产业实现收入翻番"的标语。县乡官员告诉他，育苗基地已定址。核桃园已经做好规划，等秋季收割后开始种植。养殖园区也初步选好了地方。

在陪同省长查看育苗基地的选址时，老霍趁其他人落在后面，小声嘱咐任江辉要副省长的手机号码，"是为了以后有些事更方便向他汇报"。维佳爽快地留下了手机号。

看过养殖园区的选址后，维佳建议另外选。"不要占用好地，尽量用山坡地，建设施工成本可能高一点，但保护了耕地。"现场查看后，养殖园区的建设地址选在了村道边的一片山坡上。闻讯赶到的沁县畜牧局李局长表示，当日下午就派工程队再勘查现场。

从维佳第一次到访后，温庄村支书老霍便忙了起来。各级官员到村里的频率，明显比过去高了。年过60岁的老霍说，这是他第一次面对面见到副省长。

当村官十多年，之前他见过的最大的官是前任县委书记。

【情景模拟】

结合案例材料和国情，假设您时任省扶贫办刘主任、沁县县委田书记、册村镇党委张书记、温庄村支书老霍以及温庄一名普通村民，您将如何对待和评价维佳省长在温庄的驻村经历？为什么？

【案例思考】

1. 从公共行政学角度看，本案例主要反映了一种什么行政管理现象？其基本构成要件是什么？

2. 根据案例材料和国情，试分析维佳省长在温庄驻村下访行为的基本功能取向、过程构成、效果及其可能影响因素。

3. 根据案例材料和国情，结合公共行政学相关原理，试分析维佳省长在温庄驻村下访行为的主要经验、可能存在的问题及其启示，并阐明可能原因。

案例 4　　　　罗崇敏的红河政绩[①]

在中国版图上，偏居滇南边陲的红河哈尼族彝族自治州少为人关注，但在罗崇敏任州委书记期间，这片无声之地出现了一些极富想象力的创举：成立有限责任医院；推行全国最大规模的乡镇长直选；尝试迁徙自由与城乡户籍二元制的破除；进行传媒体制的改革……施政5年期间，罗崇敏在经济、政治、社会、文化各个领域全方位留下了改革痕迹。正如当地的一位官员说，"也许其他人都尝试过其中的一项或几项，但像他那样把如此众多的改革集于一身，几乎没有"。罗崇敏也多次强调自己与其他改革官员不同——"我是全盘地改、系统地改。"不过，与中国历届改革派官员"人走政息"相同的是，从2007年调离红河州之后，他的改革无一例外地被终止。但是，罗崇敏毫不怀疑自己

[①] 主要参考文献：（1）潘晓凌，《"奇官"罗崇敏》，《南方周末》，2009年01月15日（A01版）；（2）赵佳月，魏奇琦，《罗崇敏 改革派官员的背影》，稿源：南方人物周刊 2012-09-10，http：//www.nfpeople.com/News-detail-item-3586.html；（3）赵佳月，魏奇琦，《罗崇敏的为官之道》，稿源：南方人物周刊 2012-09-10，http：//www.nfpeople.com/News-detail-item-3587.html；（4）蒋若梅，《罗崇敏荣登2012中国魅力榜榜首，成为云南省唯一入榜的魅力官员》，2012-12-24，来源：云南网 http：//www.hh.cn/news_1/xw04/201212/t20121224_414757.html；（5）高英雄，《最大规模乡镇直选云南启动》，11/30/2004/07：55 来源：华夏经纬网，http：//www.huaxia.com/gd/cf/00266209.html.

所推行的各项改革。他说，"我没有再回过红河"——他喜欢从熟悉的环境中走出来，去开拓新的天地。

大器晚成

罗崇敏的经历有些复杂，也深深烙下所经历的每一个时代官员的印记：下乡知青、代课教师、赤脚医生、化工厂工人、宣传员、售货员、炊事员……这些大跨度的工种充实了他人生的前40年。他曾经的梦想是成为一名8级钳工，为此在工伤事故中断了食指和中指；但后来有一个机会，罗崇敏读了书，30岁拿到专科文凭，被调到江川县政府办公室做秘书，一年后就提了个副科，提了办公室主任。过了一年多，恰逢搞干部推荐，他又作为副县长候选人当选。用他的话来说，就这样莫名其妙地从政了。这一年他已经40岁了。

当秘书期间，罗崇敏每天8点上班，但7点半必到，因为他要打扫卫生。县委办公室三楼是县长副县长所在楼层，这层楼的厕所，罗崇敏每天都去打扫，连续打扫了一年零8个月。升任副县长以后，县委办公室的门卫说："罗副主任变罗副县长，厕所就脏了。"没人知道门卫在说什么，只有罗崇敏清楚。

罗崇敏说，作一天秀可以，连续一年两年少有人能做到，"所以县长副县长各个都看得起我，一步就从副科升到副县。我不是说打扫卫生是为了这个副县，我珍惜啊，当时我三十七八岁啦，两个孩子的父亲，我能进到机关去，我珍惜啊！我要好好地做，埋头做"。据他透露，这段时间，每天晚上，罗崇敏都在练习写文章。

那些年领导推荐，结果他的票数高得连自己都意外。地委组织部副部长觉得奇怪，喊他来见见，一见面，其貌不扬，"又黑又瘦"。组织部长便产生了怀疑："那个人不行，又黑又瘦的。"过几天，这位部长又来了，县长和书记出面，罗崇敏去接待。一查选票，罗崇敏的票数第二，第一是常务副县长。所以，"我是插进去的，迷迷糊糊就成了副县长。"罗崇敏也承认，权力的到来完全出乎他的意料。

他说的是实话，当时的罗崇敏面对权力，有的不是惊喜，而是紧张与害怕——"你们不知道我这个当官的，从炊事员到副县长就是那么两三年，心里害怕。"据他回忆，有一次早上跑步，听到身后几个公安干警议论说："昨晚电视上看到那个叫罗崇敏的，他以前不就是学校打钟的嘛，我送孩子上初中时，他在那里做新生报到工作，怎么当了副县长，怎么当得下去？"罗崇敏在前面跑着，紧张得无地自容。事实上，每次组织部通知罗崇敏任前谈话，或许是由于紧张，罗崇敏都不敢去——"任就任了，有什么谈的，我从来不找我管辖的干部进行任前谈话。"

但是，罗崇敏还是鼓起勇气上任了。为此，他每天早早起床，到田边，面对一片稻谷、草把，开始练习演讲。

三年后，罗崇敏又通过推荐当上了县委副书记。有一天，上面突然通知他到红河开会。到了红河看了看之后，从没来过这个地方的他就产生了个念头——"假如这个地方我来治理，我要把州府从个旧迁到蒙自，我要怎么怎么做，有过这个念头。"几年后，罗崇敏真的调任到了红河，担任红河州州委书记。

这一年，他刚好50岁。

尽展铁腕

2002年11月，罗崇敏从云南民族大学党委书记调任红河州委书记。所有改革官员上任之初，几乎都是从官风、民风入手，罗亦不例外。

上任当天下午，罗崇敏就去了红河、元阳这两个当时最贫困的县调研。酒桌上，白天话语不多、"没什么想法"的个别领导喝得牛气冲天，拍着胸脯向新书记表决心："以后，兄弟跟着你好好干！"随后，到许多县调研，罗崇敏收获的"大话"比官员汇报的发展思路要多得多。对此，罗崇敏终于发飙。在一次会议上，他一字一顿的讲话让许多在场干部头皮发麻："干部是人民的公仆，不是新中国成立前的土司、头人！"

官员们感受到了压力。时任州委秘书长杨为民还记得，一天下午下班，两个部门领导打电话过来，问通知是不是发错了。原来这天下午州委办公室发了三个通知：第二天早上开一个干部大会，一个卫生改革座谈会，还有安排干部去植树。他们不敢相信，一个上午能干完这三件事。但这的确没有发错。杨为民回应说，"兄弟，罗书记就是这样安排的"。电话那头传来叹息声。

不过，罗崇敏显然深谙基层官场的逻辑："在不触及利益的前提下，基层干部会积极迎合新领导的风格。"在杨为民看来，这位出身农村、"30岁念初中"、38岁才当上副科长的新书记，是在"追赶时间"，而且，他的阵势镇住了官员，不管行不行、愿不愿意，"都得跟着他一块儿跑"。

作为一名强势官员，罗还试图改变老少边穷地区的生活方式：看到牛羊横行街道，他立即叫来县委书记指挥赶牛；下乡调研发现村民卫生落后，他下令给每个农民发牙刷、香皂、毛巾；顶着"乱摊派"的骂名，他硬是向全州各部门分摊建村卫生所、村厕所的任务；他在《红河日报》头版开辟曝光栏，曝光卫生改革推行不力的官员名单……

不过，整个2003年，罗崇敏尽展铁腕，却未提改革。他在等待时机。

乡镇长直选

罗崇敏的改革刚一出手，就让外界大吃一惊。

2002年十六大报告指出，"扩大基层民主，是发展社会主义民主的基础性工作"。这让长期关注基层直选的罗崇敏感到兴奋。他清楚记得，1998年四川遂宁、眉山已首开正副乡长直选先河。2001年就任玉溪市委副书记时，他就在全市二百多个村推行村支书直选，但都止步于试点。于是，他想再试一次，"现在距1998年已过去5年了，中央也明确了基层民主发展的大方向，这次要成了，不定能成为第二个小岗村"。

策划直选方案时，有干部提出，先在一两个乡试验，好操控。对此，罗崇敏坚决予以反对："要推就推一个县，更有说服力。"经由认真调研、论证数月后，试验点选定在石屏县。事前，有人提醒，要不要先跟上面汇报？罗崇敏却说，"一汇报估计就弄不成了，先干再说"！由此，新中国成立以来最大规模的乡镇长直选得以举行。

2004年3月，石屏乡镇长直选悄然启动。按照规定，任何符合条件的村民，只要经30个以上选民联名推荐，都可以成为初步候选人。而所指条件只是"本镇户口，年龄25岁以上、45岁以下，大专以上学历"。结果，自荐或联名推荐出来的初步候选人达77人之多，最终审查符合资格的是66名。初步候选人在乡镇联席会议上发表施政演说，由联席会议代表无记名投票产生2名正式候选人；正式候选人需要到各选区同选民见面、发表竞选演讲。不过，候选人很快发现，事前准备好的讲稿根本用不上，参选者必须直面村民的追问。村民蜂拥追问的都是最实在的问题：通村的水泥路啥时能修好？缺水问题怎么解决？

最后也是最重要的一个环节，是由全体选民从两位正式候选人中间投票选出一位，再经过当地人民代表大会审核通过，胜出的正式候选人才算竞选成功。投票那天，每个村都设立了投票站。工作人员还提着流动票箱，到那些偏远的小山村去收选票，或者到田间地头将那些忙得没时间投票的村民喊过来投票。结果，村民们参选的积极性出乎州县两级政府的意料。统计显示，石屏县直选乡镇长试点的7个乡镇共有70个村委会，合法选民10.66万名，其中10.35万选民参加了选举投票，参选率高达97.1%。

不过，罗崇敏没去现场。他还严令封锁消息，只有州内媒体可拍摄存档，但一律不得报道。选举彻夜唱票，当场宣布张君等7个候选人当选。在村民自发发起的联欢会中，新乡长们没有露面，更没人发表"就职演说"。这也是罗崇敏的要求——选举规则和程序由人代会表决通过，选举结果也须由人代会确认。试点工作刚开始，红河州委就给各相关部门打招呼，试点内容一律不得对外透露。选举结束后，州委、州人大常委会更是将试点乡镇的相关文字材料收得片纸不留。

这些都是降低风险的"缓冲阀"。罗崇敏清楚，按宪法规定，各级政府的领导由相应的人民代表大会选举产生。他说："如果这次直选得到中央认可，从上至下推，我们的实践就起到了推动选举法修改作用。"他甚至设想，石屏乡镇长直选成功，就推行全州乡镇长直选，最终推行正副县长直选，"县长也是基层官员，我想彻底检验基层民主的可行性"。

2004年10月间，中组部曾委派3名官员到红河州调研此次直选试点工作，他们在石屏县停留了3天。离开红河时，3名官员给予石屏试验"很高的评价"。据《南方人物周刊》报道，对于红河乡镇长直选，云南省委书记曾拿着上面的批文来到红河州调查。打开批文，9名中央常委，7名在上面签了字。书记问罗崇敏："怎么办呢？"罗崇敏淡定地说："不难。我写一个情况报告，请书记批示。"书记批示后，罗崇敏在红河组织代表开会，又回归到代表选举——"其实还不是那些人。"然后，再写报告报到中央。一年后，中央组织部找到罗崇敏去交流基层民主改革的经验，并将红河作为基层民主选举改革的试点。

直选胜出的乡镇长如期任职。然而，"这几个人对当地的经济发展起的作用，不如想象中的明显。因为在他们之上还有乡党委书记，书记不点头，主意还是主意"。一位熟悉当地情况的人士说，"不像经济类的改革可以立竿见影，政改方面的尝试如果没有配套、没有上面的正式授权，很难持续和看到效果。比如直选如果不与定期选举、周期淘汰结合，只搞一次，就不太可能显现出民选的影响"。

"三明治"政府

2004—2007年，红河州又陆续出台了涉及政治、经济、社会、文化的7项改革，其中包括推动国企市场化；改革干部人事制度，在全州13个县推行乡党委班子直选；改革医疗卫生体制，将一些医院整体转制，全州医疗卫生系统全员社会化；改革教育体制，除增加校舍资金投入外，还以5~15万元年薪公选招聘蒙自县33所中小学校长……细究这些改革，大多有其由头，如教育体制改革和文化体制改革都源于红河州被云南省列入试点城区之一。

改革并不仓促，罗崇敏往往是酝酿已久，一旦机会露面，便闪电出手。杨为民至今记忆犹新，红河州被列为云南教育改革试点后的一个月内，罗就起草下发了试点工作实施方案和6个配套文件。从某种意义上来说，罗是一个捕捉风向的改革者。用他的话说，"历史上的改革悲剧人物，是在不适宜的时间和空间，做了不适宜的事。"而杨为民则认为，"他好像在和时间抢跑"。

短短4年间，红河悄然出现了一系列"奇观"。它非交通枢纽，却修成了一条长30公里、宽80米、双向八车道的红河大道；它城市化程度不高，在州府所在地蒙自，却矗立起一片罗马古城般精致壮观的文化广场建筑群，其中包括一座歌剧院，以及人称"小白宫"的政府大楼；它地处边陲，却迎来了密集的改革浪潮。这每一处"奇观"都隐含了罗崇敏的意志。在多个场合，他鼓励大家发出"不同的声音"，但却很少改变自己的基本思路。红河大道需投入8.5亿元，有人认为没必要，有人提议先修一半。罗崇敏认为这些都是"小农意识"——"红河大道、文化广场是要花很多钱，但可以用50年、100年，比以后修修补补、拆了又建要划算得多！"2005年，红河大道如期动工，2006年除夕，建设局局长电话告诉书记，大道只差没亮灯了。罗崇敏要求，"大年初一必须亮灯，否则，我到工地上陪你过除夕"。当天晚6时，这条被网友拍摄上传网络的超级大道灯火辉煌。

罗崇敏不避讳"人治"。在他看来，在西部地区，地方官员更要强势、精英，善于综合运用人治、法治与文治，是谓"三明治"政府。罗崇敏强调，"我更愿意说西部发展需要'强政府'而不是'大政府'。如果没有一个强有力的政府，要缩短中东西部的差距，很难"。一次，看到州政府对面的妇科医院立起了一块又大又红的广告牌，罗崇敏让马上撤下，他说了三点理由："一，党委政府门前，刺眼大字，是对心理健康的冲击；二，医院房子那么小，字那么大，不协调；三，医院应尽量用绿色、蓝色，红色会让病人浮躁。"有人显然不认同上述说法："广告又没违反什么法规，凭什么干涉？开始不说，建起来又要拆，而且是花了几万块钱才立起来的。"但是，罗很强硬，"我说必须下掉，政府补钱也要下，管理失误，向医院解释，这是大家的城市，规划有基本要求"。广告牌最终被拿下了。

这种强势也表现在了户籍改革上。2006年，红河推行户籍制度改革，实现城乡居民自由迁徙——只要你有份工作，且在城市有居住地，就可以在城市落户；反之，城市迁往农村亦然。户籍改革不仅是一个制度变化，还需资金的投入。州委政策研究室论证后认为，涉及的社保、医保、低保、计划生育政策等配套措施，若一并跟进，每年需要投入20亿元。而当年，红河州年收入96亿元，可由地方自由支配的金额不及20亿元。但是，罗崇敏的态度很明确，"我不同意静态的算账，怎么会需要20亿元呢？关键在于机制设计，不能光是政府掏钱。比如，孩子读书，迁到城市后享受城市待遇，但你本人要交钱。后来政府基本没有拿钱"。

事实上，全州人口在改革当年流动了一万多人，次年迅速回落。从弥勒农村迁居到建水县的李翠苗（化名）就有些后悔，在城里，她生活、看病、住房的成本比在农村高得多，但在福利上，她还是一个农村人。下一年，她打算把孩子留在建水上学，回家继续务农。她的丈夫曾经去找过州民政局，要求办理城市低保。民政局的答复很简单，"这不是一天两天的事"。

个旧市一名副市长认为，"罗崇敏5年多的7项改革中，比较适合这个土壤而不是超前的就是户籍制度改革"，"至少在红河州之间，城市对农村的歧视没有那么大了"。

"身份"之变

对于罗崇敏个性鲜明的施政，当地官员最初曾有议论：书记是不是想剑走偏锋，博一把政治前途？对此，红河一位干部说，"但接下来罗的作为让人颇不好解释：要博，他只需掀起一场风暴，再找媒体'配合'一下，就可收场，没必要大刀阔斧连续地'折腾'"。

在诸多"折腾"中，医改是争议最大的改革之一。他的思路方向很明确：官退民进，让市场运作逻辑刺激资源整合，效益盘活。作为全州改革的试点，弥勒县人民医院改称"弥勒县有限责任医院"，由全员职工持股。弥勒试点一年后，全州23所县级以上医院只有4所保持国有独资。

这次改革的矛盾焦点集中于"身份"改变——全州医务人员的身份由"单位人"改为了"社会人"；医院不再按编制招人，而是根据实际需求聘用。对此，弥勒医院一名外科医生说："一个县领导当时打了个比喻，社会人就像美国的总统，不想干了就辞职，下台后立马得搬出白宫，爱干嘛干嘛。"大多数人当时的考量是，改革后，"个人努力决定收入"，且自由总比不自由好；再者，领导说其他"单位人"，包括国家公务员将来都要变为社会人，"干嘛不改"？

改革后不久，大家发现，月薪确实比以前高了，但是，社保体系为"社会人"提供的退休金远低于有国家保障的"单位人"。改革前，弥勒县人民医院院长享受副处级待遇，退休后每月可领三千多元，改革后按照现行政策退休时，他的退休金便要"缩水"为一千多元。显然这是许多人不能接受的。于是，这项改革随着罗崇敏离任在事实上开始回到原点。一名退休医生感慨，怎么改都好，就是别碰大家的身份，除非你把国家主席的身份也置换为"社会人"了，那我们没话说。个旧市一名官员也认为，推不下去不完全是资金的问题，而是大环境的问题。红河改革了，跟别的地方一比较，大家心理就不平衡，都抵触改革。大环境不改革，局部改革了，但是跟大环境对接不了。

对此，罗崇敏看到的却是改革本身的价值，"改革总有利益受损者，不能光听反对的声音，更要看改革的大方向是否正确"。

对接问题

对接困境在传媒改革上更为突出。

成立红河传媒集团是红河文化改革中的一项。2006年，沿着市场化的思路，罗崇敏将《红河日报》、红河电视台、红河电台合并为红河传媒集团，集团所有员工的身份都置换为"社会人"，完全采用公司化运作，宣传导向由宣传部全面监管。

红河州委宣传部副部长王丽萍充分感受到了"罗崇敏速度"，从接到通知要兼任集团总裁，到筹办集团剪彩活动，只有两天时间。在这两天，她必须租好集团的办公场地、购置办公用品、完成必要装潢、联系媒体、布置剪彩会场。当她通宵赶工完成任务，到州工商局申请将集团注册为企业时，却被告知，三家媒体必须取消原来的事业代码，方可注册，"国内其他传媒集团都没有这样干的，都是事业单位企业管理"。王丽萍只好如实向罗崇敏报告，而罗却很不理解——"为什么人家可以叫传媒集团，我们不可以？"

"那是因为人家是事业单位企业管理，你的改革思路是完全企业化。"王丽萍说，"要么就不要工商注册了吧？其他传媒集团不改性质，照样可以充分市场化啊。"但是，罗崇敏不同意，亲自出马"逼着"工商局局长"特事特办"。他有他的考量，传媒集团成为企业，向外发展空间更大，"要改，就从体制上一步到位地改"！

但在中国，新闻媒体完全成为一个企业，似乎是不行的。事后，传媒集团的一位高层说，"我卖一辆二手车，还要向国资委汇报，我这算什么企业呢？这点是罗书记改也改不了的"。然而，他也承认传媒改革在一定程度上取得了成功，"现在我们推出了都市报，这在没有成立集团前是不可能做到的。2007年的收入增加了35%，而2006年只有6%"。同时，由于推行了身份改革而可以在不同媒体之间自由"转会"，红河传媒集团的员工们却觉得"很有奔头"。传媒集团部长、《红河日报》常务副主编李恩阔手下的年轻人甚至不理解医院的抗议，"他们说，自由和前途是最重要的"。但是，李恩阔清楚，集团里肯定有人"不爽"，按常理，日报的高层都有转仕途、做县长的机会，取消行政级别后，"这条路今后就窄了"。

事实上，李恩阔一直随身带着两套名片，"对内用新的，对外用旧的"。一次，他到外省参加日报总编辑会议，接待方得知他是一个传媒集团的部长，有些为难，"你是什么级别的官员"？已经没有任何行政级别的他只好说是《红河日报》常务副主编，接待者才恍然大悟——"那您是副处级，请坐那边。"而集团总裁王丽萍也还保留着两套公章。在台面上，她是宣传部副部长，集团总裁；在业务洽谈时，又是日报、电台、电视台的法定代表人。她说,"这听起来是很怪,但实在没有更恰当的叫法,罗书记的想法太新,新得让人来不及命名"。

王丽萍说,"罗书记的角度来讲他不知道,他想的是大步往前走,一步到位。用产业来养活自己"。但是,周围环境的对接确实很难到位。据了解,传媒集团一名副总裁工作调往昆明,在办手续时遇到极大麻烦。由于他已取消公务员身份,不得不从县、州到省组织部、宣传部、人事部,逐级上报递材料,奔波了3个多月。

罗崇敏始终否认自己在建"乌托邦","改革不超前、不创新,算什么改革"?而赞同或反对罗崇敏改革的人都同意一句话,他干了本不是一个州委书记干的事情。

实现的和没有实现的

2007年,罗崇敏调任云南省教育厅厅长。

随后短短一年多的时间内,红河州所推行的改革措施几乎无一例外地被终止。但是,改变似乎也已经悄然发生。新城市人李翠苗尽管仍决定返乡,但孩子能留在城里享用城市优质的教育资源又让她感到安慰。红河州被罗崇敏骂惯了的官员欣喜地发现,新领导对他们的工作效率很欣赏,常说,"怎么会有那么好用的班子"。事实上,红河的百姓及罗崇敏的新老同事对这名具有浓厚理想主义与个人色彩的官员也充满了复杂之情。2007年红河州换届选举时,五十多名州委委员参与投票,其中有五六个人给罗崇敏投了反对票。知情者透露,这样的反对票在历届换届中不多见。对此,罗崇敏身边的人说,"但也正常,因为那么多项超前的改革,没有引起争议才是不正常"。对于罗崇敏的从政轨迹,一位熟知罗崇敏的红河官员说,"他是一个富有争议的官员,一个充满理想主义的官员,一个没有可复制性的官员。从他的身上,可以看出力主改革的地方官员在中国官场的生存空间与命运。但显然,他绝不算是一个悲剧性的官员"。

5年后,2012中国魅力人物榜颁奖典礼在北京举行。业已卸任教育厅厅长职务、身为云南省政府参事的罗崇敏因在推动地方政治、经济、文化、社会管理、医疗改革,特别是推动中国教育改革创新、提出价值主义教育思想、大力实施三生教育等方面的杰出贡献,荣登"2012中国魅力榜"榜首,成为最有"魅力"的官员。对此,罗崇敏说,"这样一个奖项是来自社会、民间的评价,我感到非常欣慰,因为这是大家对我的社会认同,这让我增强了自信,让我更加充满力量"。他认为,任何一个人只要富有对国家以及民族的忠诚感和责任感,都会得到社会的肯定和勉励。

在获奖宣言里,对于自己的改革历程,罗崇敏说:"不论在什么岗位上履职，我都和我的同事们以激情、理性、意志力迈向改革最危险的地方，因为那里需要。担当身前事，何惧身后评。我追求的不是众人未见，而是众人已见，但未思更未行。我和我的同事们在人民赋予的权力范围内所推进的政治、经济、社会、教育、卫生、文化等各个领域的改革，虽然没有完全实现目标，但我们并不遗憾，毕竟我们的行动已经给中国的历史留下了印记。"与此同时，他强调指出："当下最新潮的话是'空谈误国，实干兴邦'。十多年来，最空谈的是什么？是转变作风；最不实干的是什么？是深化改革。转变作风往后转，文山会海、迎来送往、吃喝玩乐越演越烈，腐败之风大行其道；改革只听脚步声，不见人上楼，原地踏步，甚至退步，吃尽十年前改革的红利。这说明中国改革的任务十分艰巨，任重道远。"

罗崇敏还提到还没有实现自己追求的改革目标，他说："我的改革目标就是国家、民族所期盼的目标，也就是努力创造更加民主、自由、和谐和法制化的旗帜，使人民真正思想自由、独立，富有活力、创造力。"

【情景模拟】

结合案例材料和国情，假设您时任州委秘书长杨为民、红河州委宣传部副部长王丽萍、弥勒县人民医院院长、云南省省委书记、新城市人李翠苗、石屏乡镇长直选候选人张君，您将如何对待和评价罗崇敏在红河期间的执政经历？为什么？

【案例思考】

1. 从公共行政学角度看，本案例主要反映了一种什么行政管理事件？其基本构成要件是什么？

2. 根据案例材料和国情，试分析罗崇敏在红河州期间执政行为模式的基本特色及其可能影响因素。

3. 根据案例材料和国情，结合公共行政学相关原理，试分析罗崇敏红河执政模式的主要经验、可能存在的问题及其启示，并阐明可能原因。

第9章
行政决策的科学化与民主化

一、本章学习目的与要求

说明：通过本章的学习，了解行政决策及其科学化与民主化等相关基础概念的含义，理解行政决策科学化与民主化的基本要求、发展趋势与实现途径，把握中国行政决策体系的基本结构、功能特征、运行机制、面临挑战与发展趋势。

二、本章考核知识点与考核目标

识记：行政决策与行政决策参与等相关核心概念的基本内涵，行政决策科学化与民主化等相关核心概念的基本内涵。

理解：行政决策程序的基本构成环节、各自功能特征、运行机制与原则要求，行政听证与行政决策参与的基本功能、运行机制与实施原则，中国现行行政决策体制机制的基本构成、运行特征、影响因素、法律法规依据、可能存在的问题与发展趋势。

应用：运用所学公共行政学理论知识，分析案例中特定行政决策事件或现象发生过程中行政决策行为或过程环节的实施过程、影响与制约机制、功能效果、可能存在的问题及其发生原因以及可能的经验启示与优化策略。

案例1　　　　听证会"走过场"记[①]

2002年7月1日，C市实行路桥收费年票制的第一天，凌晨零时，C市主城区7座跨江大桥的收费站同时停止收费。然而，与交管部门估计相反的，接下来的一周，C市城区一天比一天拥堵。期间，原来因回避高昂过桥费而蜗居在家的车都开出来了，原来不愿打的过桥的人因为不再为出租车交5元钱过桥费而纷纷打的过桥。一度被过桥费压抑很久的C市市民迸发出的出行激情，充分显示了路桥收费改革的巨大影响。就在这一周，C市江北的房价每平方米

---

① 主要参考文献：于小水，《听证会成"走过场"?》，《南方周末》2002-07-18。

平均上涨了80元。但是，这样的快感并没有掩盖C市大多数车主的不满和即将购车者的失望，因为C市确定的主城八区路桥年票价格"太高"。以轿车为例，一年2000元，不买就不能年审。而且，事后他们才知道，早在被大家寄予厚望的年票价格听证会召开前7天，这一价格就已经拍了板。

2002年6月中旬，C市媒体刊发了C市市政管理委员会提交给C市物价局关于机动车路桥年票制的两套方案。随后C市几家媒体的热线遭到"轰炸"，所有致电者的意见几乎一致：这是难以让人接受的价格，而且是强制消费。一些人指出，比C市消费水平高得多的广州，路桥年票制轿车收费不过980元，"C市的年票太贵了"。但是，C市市政管委会的说法是，以轿车为例，2200元或2000元的价格与在C市一座桥买一年月票的总价格2160元相当。年票"管"主城区七桥一隧道和13条收费公路（实际上都较偏远），买年票很合算。然而，一些市民不理解：如此"合算"的事，为何要用"不买年票不予年审"来"邀请"？

于是，市民们把希望寄托在将于6月24日举行的年票制价格听证会上。根据组织者C市物价局的说法，本次价格听证会的听证代表共有39名，他们是从主城八区社会各界中选出来的，有着广泛的代表性。

6月24日这天，年票价格听证会如期在C市物价局举行。代表发言时，焦点主要集中在年票价格高低和是否"一刀切"——即主城八区车辆必须全都买年票这两个问题上。C市消费者委员会副秘书长罗女士拿出了市消委会针对路桥年票制的调查结果：70%以上的人认为方案中年票价格过高，以轿车为例，市民认可的年票价格应该在1000~1300元。在4小时的听证会上，共21位代表发言，仅有路桥公司在内的3位代表赞成年票制的两套方案。其余代表在表达了对改革的支持后，均提出各种反对意见。其中，一位代表的话意味深长，"24日开听证会，7月1日就要施行，我们知道政府部门不太可能因为听证会来改变既定政策。我们只希望'走过场'走得好一些，让物价部门将市民心声带给政府就是了"。听证会结束后，市物价局表示，会立刻将听证会内容和该局观点上报市政府。

听证会次日即6月25日晚8时，一份重要的官方文稿传到各新闻单位：C市路桥收费标准已获通过。文稿后附有年票具体标准和征收管理办法。其中的年票价格，正是此前提交听证的一号方案中的"建议价格"。然而，更令许多市民始料不及且不解的是，依据相关文件规定，这一征收标准和管理办法其实早在6月17日就已获审议通过。这意味着，该办法早于听证会前7天就已敲定。这时候，有人还想起C市物价局王局长在听证会上说的一句颇有深意的话："路桥收费是行政事业性收费，可以不开听证会，但由于事关重大，我们还是决定开听证会。"

C市消委的一位副秘书长先后参加了2001年以来的多个价格听证会。谈到此次年票价格听证会，他一脸无奈地说，"是不是行政事业性收费，要不要听证，已在其次，关键是听证会的价值丧失了。既然政府已经决策了，再开听证会又有何意义"？

针对2 000元的轿车年票收费，他说，市消委的一辆车以往一年的路桥费只花了500元，消委的公车走动得也算频繁的了。这位副秘书长说，2001年以来他所参加的C市若干次价格听证会，基本上都是多数代表反对申请人的涨价方案，如水价上调、公交车起步价上涨的听证会等，但最终出台的价格都以申请人大获全胜而告终。唯一的例外是公交车一年之内第3次涨价的听证会，听证代表在没能阻止前两次涨价后，终于在这次"赢"了一回。

谈及C市这次出台"年票制"的背景，很多人认为，这是因为C市路桥收费是一道极难破解的世纪难题。C市主城区有7座大桥。其中3座由C市路桥公司这家上市公司管理，实行单向收费。鉴于3座大桥中的嘉陵江大桥建于1966年，由政府出资修建，因此，对于该桥该不该继续收费一直争论不休。在央视《焦点访谈》曝光武汉长江大桥在其收费年限到期仍继续收费之后，C市市民强烈要求取消该桥收费。但是，在实行年票制之前，嘉陵江大桥一直没有取消收费。一个现实的问题是，如果该桥取消收费，对于C市路桥公司的股东来说是不可接受的。很多人甚至因此认为，这都是"上市惹的祸"。另外，对C市主城区范围内13条收费公路取缔或改革的呼声也很强烈。在众多业主催促下，实行分账式的年票制收费方式，渐成各方共识。于是，在政府确定了年票制收费改革方案后，市民最关心的问题只剩下一个：年票价格。但是，面对过多的业主，尤其是上市公司的存在，经过旷日持久的逐个谈判之后，年票价格已很难不高了。

【情景模拟】

假设您是C市物价局局长、路桥公司代表、消协代表、相关分管部门领导，您将如何组织或者对待C市路桥年票制听证会？

【案例思考】

1. 从公共行政学角度看，本案例主要反映了一件什么行政管理事件？其基本构成要件是什么？

2. 什么是行政听证会？依据相关公共行政学原理，其基本功能有哪些？在本案例中，其实际功能又如何？

3. 结合本案例，谈谈我国行政决策过程中存在的主要问题，并分析其可能的健全对策。

案例2　　　　西路神殿被拆记[①]

道教正一派在华北地区最大的庙宇——东岳庙是全国重点文物保护单位，始建于元代延祐年间，经明、清两朝扩建，形成由中、东、西三院组成的规制宏丽的古建筑。2000年，北京市政府为解决古城众多文物年久失修的问题，启动"3.3亿文物抢险修缮计划"，东岳庙西路神殿就在这一计划之中。让人匪夷所思的是，"修缮"的结果竟然是——西路神殿被拆成一堆废墟，开发商将在上面盖均价每平方米1.2万元的昂贵商品房。

无望的抗争

这是2003年10月3日傍晚，几乎每隔一刻钟，北京朝阳区吉祥里东区居民王为民就要到阳台上去张望一下。他家的对面是一个商品房建筑工地，工地用铁皮钉的围栏圈了起来，看不清楚里面的情况。那里面有一个深十多米的大坑，开发商正在挖楼基。这个大坑的上面原来是全国重点文物保护单位东岳庙的西路神殿，2003年6月以来被拆去一半了。

该地吉祥里东区的百余户居民，不同意朝阳区政府拆除原东岳庙西路神殿进行商品房建设，与开发商对峙至今。王为民指着靠近他所在居民楼的一个大土堆说，土就是开发商从大深坑里挖出来的，由于居民不允许开发商把土运走，居民楼里十多个退休干部，每天在阳台上"监视"工地的动静，"只要有车进来施工，我们就大喊一声，大家都会冲出去拦车"。一旦开发商拉走这些土，很快建起楼房来，那么被他们占的东岳庙这块地就永远收不回来了。谈到这些，王为民和另两位居民表情都有些激动，"我们誓死保卫这些土，决不让他们拉走一车"！

他们进行的是一次无望的抗争——几年的拉锯战后，一股普通百姓几乎无法阻止的力量终于让拥有680年历史的神殿变成平地，而上面将盖起昂贵的商品房。

神殿"修缮"成商品房？

住在王为民楼下，已经76岁的裴宪民老先生，是地地道道的"老北京"，自小生活在东岳庙旁边。回忆起当年东岳庙的盛景，裴老先生一脸祥和。据说，他小时候就爱在东岳庙玩，赶庙会，看祭祀，那时候，东岳庙是全北京最

[①] 主要参考文献：孙亚菲，《谁在拆"华北第一道观"？》，《南方周末》2003-10-09。

热闹的地方。

东岳庙始建于元代，经过明清两代的扩建，于清朝道光年间形成现在中路正院和东西两个侧院的格局，而西路是行业神聚集地，有灶王庙、马王庙、送子娘娘庙、火神庙等多个神殿。现在东岳庙挂的民俗博物馆的牌子，实际上指的就是西路。

1987年年底，北京市划定120项文物保护单位的保护范围及建设控制地带，东岳庙位列其中。1995年，国家投入3 000万元巨资，对东岳庙中路正院进行修缮后正式对市民开放。1996年，这里正式成为"国家重点文物保护"单位。2000年，北京市政府为解决古城众多文物年久失修的问题，启动"3.3亿文物抢险修缮计划"，对98项市级以上文物进行抢险修缮，而供奉着行业神的东岳庙西路建筑群，也在这一计划当中。按照这个规划，2002年春天，占据东岳庙西路的朝阳区公安分局迁出，人员腾退工作基本完成。

裴宪民说，当时他在阳台上看到一些工作人员在庙里贴上"国家重点保护文物房屋"的封条，心里挺高兴，"觉得这是好事情啊，东岳庙终于可以恢复原来的模样了"。然而，让他没想到的是，2003年6月末，也就是非典结束后不久，一些人来到西路，揭去封条，搭上脚手架，拆去了西路50%面积的房屋！

在东岳庙可以购买到由庙管理处出版的《2002年北京民俗博物馆年刊》。上面有一段话写道："2002年，朝阳区委、区政府将东岳庙二期修缮工程作为'朝阳区重点工程'之一。东岳庙二期修缮额为西路故建筑群，共有29个店，古建筑98栋……历史上东岳西路大部分为行业祖师殿，有鲁班殿、马王殿、药王殿、仓神殿、海神殿等。二期修缮工程不但使东岳庙古建筑群趋于完整，而且对研究老北京民间信仰、行业习俗提供了丰厚的历史佐证。"然而，令人痛心的是，这段话中的几个神殿，大多被拆除殆尽。仅几天的工夫，西路西半部分都成了平地了。

当时裴宪民和楼里的居民还想，拆了那些房子，可能是为修缮做准备，整修完还会还原，直到7月24日，一个会议才让他们了解到事实真相。据王为民回忆，7月24日下午，吉祥里小区的居民会议。会上，两位自称是开发商和施工方代表的人拿出图纸，对居民说，他们得到朝阳区政府、市规划局和市文物局的批准，拆除了西路的鲁祖殿、眼光娘娘宝殿和岳帅殿，在西路的北边异地重建，同时在空出来的地盘上，修建四栋4~6层高、名为Y花园的商品房。两人还表示，新建筑可能影响了吉祥里东区部分居民的采光，按建设部规定，每户给予800~2 000元的赔偿。

王为民说，"一宣布完，居民中马上炸开了锅"。他们当时很气愤地对开发商说，赔偿是一回事情，但是拆东岳庙西路来建商品房，这是良心问题，群众绝不会答应。居民们强烈要求开发商出示土地使用证、建筑施工许可证以及商品房预售证等证件，开发商称"证件没有带"。僵持一阵之后，双方不欢而散。

变故发生在深夜。当晚11时左右，西路内突然掘土机声音大作，拉土卡车往来轰鸣，开发商在没有与居民达成一致意见之际，抢先动手施工了！当时有人在楼梯里一喊，男女老幼近百人就冲了出去。一时间场面相当混乱，有人拨打了110，警方出动了十多辆警车维持秩序。直到午夜1时，保护东岳庙的第一次交锋，以开发商的停工而告终。

自发的抗争

事不宜迟。居民们深感事情重大，立即准备材料向有关部门反映，"坚决阻止开发商在文物古迹上建商品房"。一位居民这么解释自己上访的动机——"我们不图利，东岳庙被拆，我们良心难安"！

7月28日，居民华民生、王为民等十余人赶到了国家文物局，接待他们的是文物保护处的柴处长。这位处长表示，国家文物局对此不知情，需要进行调查。华民生他们把材料交给他，后来又去了朝阳区政府。8月6日上午，吉祥里60多位居民来到朝阳区政府信访处申诉，朝阳区副区长佟某对他们说，被拆除的部分建筑，在国家划定的文物保护范围以外，这是区政府、规划局和市文物局都同意的工程，拆除迁建完全合法。

以前曾在朝阳区委农办工作的裴宪民，在20世纪80年代晚期参与过东岳庙周边规划事务。他透露，在朝阳区政府早期的规划中，东岳庙周围的配套规划为绿地，"如果资金不够需要建房，也只允许盖不高于两层楼的高级别墅或四合院，以与东岳庙的景观相协调"。裴宪民透露，西路北面的一栋两层半楼房是民建中央的办公楼，修建于20世纪90年代初，其限高就来自于当初的规划。事实上，一直到1996年，这个规划都没有变。目前区政府的这种规划，让裴老先生匪夷所思。他就规划问题当面质疑佟区长。佟的答复是，那是过去的事，现在规划两年一变。

这次上访的结果，让居民们明白了一件事：这个Y花园项目，就是区政府和市文物部门、城市规划部门共同运作的一件事。尽管如此，居民们没有放弃努力。

他们又去到国家文物局，局长不在，一位姓孙的秘书答应转交材料。这次努力取得了一定成效。后来居民们通过一些渠道了解到，国家文物局有关领导已经听取北京市文物局的汇报。不久，Y花园被北京市文物局要求停止施工。

10月4日上午，东岳庙西侧的Y花园项目施工现场，跟傍晚一样，这里仍旧大门紧锁，透过铁板围栏的缝隙，只见一位身穿保安服的人坐在绿色帐护前打瞌睡,场面十分冷清。开发商虽然被勒令停工,但仍偷着干,在国庆节的前三天,几辆大车拉了钢条进工地,"加班加点地往大坑里灌"。居民曾透露,开发商没有施工许可证,只有临时的"开工证"——只准动土,不准开工的那种,而开发商如此行为,"完全属于非法施工"。

几经曲折的审批

一个房地产项目,为何能够取得在此地的开发权?文物部门又为何同意这个项目实施?其中究竟有什么原因?

北京市文物局一位负责人说:"西路有十几个单位,还有398户居民在里面。要对西路进行全面保护,必须让他们腾退出来,但我们文物部门只有修缮的经费,朝阳区政府也没有这笔巨大的拆迁费用?怎么办?"这位负责人说,面对经费紧缺和文物保护急迫性的两难局面,朝阳区政府就想了一个办法,联手房地产商,由他们负责拆迁的一切费用,然后腾出一块地来,对其进行"补偿"。朝阳区的方案报到北京市文物局,文物局认为这种思路符合当时的情况和有关规定,也就同意了区里的做法。

就这样,2000年年初,朝阳区政府和区里一个房地产开发公司达成协议,由房地产公司来拆迁这398户居民和十几个单位,作为"平衡资金"考虑,把后来西路八个殿的位置以及西路以北的一块空地让给其开发。到2002年春季,西路拆迁腾退全部完毕,他说,开发商为此付出1.5亿元左右的费用。

据悉,朝阳区政府内部对东岳庙西路的处理方式也意见不一。在开发商结束拆迁工作之后,当时区里一位领导提出,搬迁西路部分建筑到北面的方法对文物保护不利,可以给开发商一些补偿措施,把那些建筑都留下来。市文物局的这位负责人坦诚,"这对我们文物部门来说,当然是最好的结果,所以就根据区里的意见,撤销了原来同意开发的决定。但开发商不干了,就到法制办要求行政复议,要我们对他们进行补偿。法制办就说,你们原来作的这个行政决定是有效力的,要么你作出补偿,要么继续这个行政决定。那要1个多亿,我们哪里拿去?没法补偿,所以又让他们继续开发了"。

他有几分无奈地表示,文物局行政复议不是输了,而是确实没有经济实力来承担这部分费用。他说,"说实话,北京市这几年也拿了不少钱来进行文物的搬迁整治,比如3.3亿元修缮工程,但那是100处啊,你算算吧,每项才300多万元,一个西路地腾退就要1个多亿,都用了,其他地方的保护怎么办"?

为什么不在其他地方给予开发商补偿?他表示,朝阳区没有已经没有地方了。

将错就错

9月28日，北京市政协文史委员会在接到吉祥里居民的举报后，就东岳庙保护问题，率十余位政协委员和专家到东岳庙西路进行实地考察。当时就有专家提出，像北京东岳庙西路这样把各行各业的神灵都汇聚起来的庙宇并不多见，对研究北京地区的民俗和行业行规，具有相当重要的意义。但陪同考察的北京市文物局和朝阳区的某些领导认为，只有中路正院才是真正的东岳庙，而西路和东路都不是东岳庙自身的建筑，"不具备很高的保护价值"。北京文物局一位负责人说，"我们局里有1988年北京市政府公布的文物保护地带和建控范围的图纸，上面明确标定，东岳庙的保护范围，是中路正院大墙西侧大概40米以内，而开发商拆除的建筑，都在40米以外，不属于保护范围"。

把不属于保护范围内的西路部分建筑迁建，并交由房地产商开发，是朝阳区以开发来带动文物保护的"一种新思路"。然而，专家们对这样的说法进行了质疑。这个图纸是1988年画的，但东岳庙是1996年成为全国重点文物保护单位，西路神殿是2003年才拆的，道理一看即明。原国家文物局顾问、著名文物学专家谢先生认为，原来没划入保护范围，在法律程序上是没有问题的，但从文物保护本身来说，如果没划进去本身就是错误的，那么就不能将错就错。

谢先生指出，每个时代对文物的保护意识都不一样，这是一个不断深化的过程，"文物部门有责任重新组织专家，对它的价值进行认定"。另一位古建筑专家当时就向带队的北京市政协文史委员会主任表示，不能孤立考虑东岳庙中路，而排除其他小庙宇。他认为，"中国的建筑一般是一个主轴线，左右两个辅轴线，比如故宫紫禁城。东岳庙也是一样，中路是主轴线，西路和东路是两条辅轴线，这些小庙是因为东岳庙而产生的，所以保护时应连带保护在内"。

一位参加考察的人员表示，他当时就因西路是不是东岳庙的组成部分问题，与市文物部门的有关人员发生了冲突。他指出，"那位文物局的官员说，西路西侧没划入保护范围，就不属于东岳庙的。我很生气，说开发商不负责任也就罢了，文物部门怎么也能这样？你的地图，你在中路正院展览室里模型，都把那拆除了的八个殿包含在内的，这怎么说呢？不能因为自己作出了错误决策，就使劲贬低西路的价值，一错再错"。

虽然目前文物部门已经叫停Y花园项目，但只是暂时的，一旦政府不能对开发商进行补偿，或者找出其他解决措施，这个"手续程序均合法的项目",还得继续实施。届时,居民们在旧址上恢复西路的愿望,将永远成为一个梦想。

商品房超高之嫌

在施工场地现场的围栏上,没有任何对整个项目作出描述的标牌。不仅如此,在它临街的围墙上,甚至连Y花园几个字都看不见,只写有CBD的英文字样,容易让人误以为是朝阳区的宣传画。与它接邻的,就是红墙碧瓦的东岳庙。一边是杂乱无章的建筑工地,一边是幽深古庙,对比悬殊,极不协调。

居民还提出一个问题,Y花园楼高4~6层,完全超出了新《文物法》规定的在国家重点文物保护单位周围建筑控制高度。北京市文物局批给Y花园的楼高16米,"高度上作了些调整,但不多",目的是为了平衡开发商资金。据悉,根据《文物法》规定,紧挨文物保护单位修建的建筑不能超过9米高度,16米已大大突破极限,但北京文物局的一位负责人说,即使这样,开发商也不能平衡资金,"因为他们投资1个多亿搞拆迁,政府还拖了他们那么长的时间,损失颇重。现在正要求我们增加高度,我们文物部门一直没有松口"。

然而,据Y花园售楼处一位售楼小姐介绍,这个"一月后开盘"的高档商品房楼盘,楼高6层,总面积5万平方米(北京市文物局的说法是3万多平方米),每平方米1.2万元,仅此一项,进账就在数亿元,还不算大型地下会所、休闲娱乐中心。

【情景模拟】

假设您是朝阳区吉祥里东区居民王为民或裴宪民、Y花园开发商、朝阳区副区长佟某、北京市文物局负责人、国家文物局文物保护处柴处长,您将如何处理或者对待案例中所涉及的Y花园项目?

【案例思考】

1. 从公共行政学角度看,本案例主要反映了一件什么行政管理事件?其基本构成要件是什么?

2. 根据案例资料,东岳庙西路神殿事件发生原因是什么?吉祥里东区居民、朝阳区以及北京市相关部门各自承担了什么角色?他们的行为是否合法、合理?

3. 结合案例,谈谈当前我国文物管理决策体制存在的主要问题和可能解决途径。

案例 3　　　　　H 市杀狗令历程[①]

"杀狗令"面世

H 市市民这几天心一直悬着，登在本地日报上的一篇政府通告，让他们吃惊，又感到有些难以理解。通告指出，2009 年 5 月 23 日起，H 市市区以及周边 4 个村子将禁止养狗，如有发现，将有一只杀一只。突然之间出台这一规定，事先没有任何征兆，市民们多少感到有些荒唐，大家也都觉得挺惊讶的。

这个看似有些不可思议的通告确实是由 H 市公安局、畜牧兽医局、城市管理行政执法局、卫生局 4 部门之前联合下发的，H 市街头的大喇叭也在证实这一消息：自 5 月 20 日起，严禁携犬进入江堤、公园、广场、早市、步行街等公共场所。自 5 月 23 日起，在禁养区内严禁养犬，一经发现对所养犬只一律捕杀。在这个通告里面，H 市划定的犬类的禁养区域，范围是 H 市城区以及郊区某乡所属的四个村子。按照规定，从 5 月 23 日开始，任何人如果被发现带着狗在禁养区公共场所，不仅是狗要被杀，狗的主人还要被处以 200 元以下的罚款。按照这个公告，H 市所有的狗，包括家养的狗都面临被杀的危险。

突如其来的这项规定打乱了大家的正常生活。一名市民也表示，现在要出去遛狗之前都先看看有没有警察，有没有要抓的样子。还有不少人把狗转移，"他们都是送到附近村屯亲戚朋友家，都扔农村了"。还有一些人甚至把狗转移到哈尔滨、五大连池。

然而，万禁皆有因，在如今的不断健全与完善的法治社会，H 市为何如此大规模的全城禁狗，且信誓旦旦地要对狗"赶尽杀绝"？

不同的说法

一些市民认为，H 市突然出台这一规定，怀疑与当地一位官员最近被狗咬有关。这位官员就是 H 市市委常委、纪委书记。该官员在江边散步，不幸被狗咬了一口，之后，江边，公园，步行街禁止遛狗，直到 21 日颁发捕杀所有

[①] 主要参考文献：（1）综合中央人民广播电台、《新文化报》、《中国日报》报道.《黑河紧急叫停"全城杀狗"》.《潇湘晨报》2009 年 5 月 25 日第 A02 版；（2）邓子庆.《黑河"杀狗令"令人胆寒》. 新华网 . http://news.xinhuanet.com/comments/2009-05/24/content_11424072.htm 2009-05-24；（3）郭毅.《黑河"杀狗令"三天内"变脸"："一律捕杀" 4 字没了影》.《法制日报》2009 年 5 月 26 日第 4 版.

犬只的通知。对于坊间所称政府"打狗"的动机是官员被狗咬了的说法，H市民、"H市宠物联盟"的代表周先生称确有此事，但前述那位纪委书记并未出面承认。

但也有市民认为，这或许与H市将申报国家旅游城市有关。一位来自H市公安局不愿透露姓名的官员也发出了类似的抱怨："狗的粪便到处都是，给我们建设干净漂亮的城市环境带来了很大的挑战。"

不过，H市公安局治安支队副大队长的说法是，出台这一规定是因为H市频繁的犬只伤人事件，为了保障绝大多数市民和中外游客的安全。

H市疾病防控中心提供的有关数字显示，当地绝大多数犬只没有经过畜牧部门注射狂犬疫苗，市区周边村屯仅2008年至2009年5月一年半的时间，被犬咬伤接受疫苗的就有千人以上。但是，市民刘先生说，H市从来没有给狗办过证，也没有定期要求打针，都是养狗者自己到私人的宠物诊所去打针，从来没有畜牧站正式号召市民给狗打什么针。

强烈反响

H市"全城杀狗"的通告引起哗然大波。

该市对待狗的强硬立场惹怒了狗主人和动物权益保护人士。国际爱护动物基金会亚洲地区总代表表示，"不管出于什么原因，剥夺狗的生存权和狗主人的养狗权都是违法的"。她说，H市正在用一种最为残忍和暴力的手段来对待狗，而不是通过寻求建设性的方法来安置它们。中国保护小动物协会会长则声称，对狗严格管理无可厚非，但不能一刀切，"狗是需要管理的。问题是H市从来没有对养犬进行过管理，发生了问题以后不但惊慌失措而且采取了极端的措施，株连到所有养狗的人，对所有的狗都要进行杀害，这是不应该的，这是一种野蛮的行为"。也有评论文章指出，见狗就杀的管理手段太幼稚，狗咬人，就把狗全杀了，那汽车撞人了，是不是应该把所有的汽车统统报废掉呢？

该新闻经媒体报道后，支持和反对的网民皆有，但多数网民对H市的做法表示反对。有网民称，全城屠狗确实不对，但是希望养狗的人也能自觉点。

有关学者也分析了H市"杀狗令"的种种"外伤"和"内伤"。其中，这个涉及物权法的问题，作为一个普通的地级市，H市是没有这个权力禁止市民养狗的。首先，养犬是公民的自由，只要它不妨碍别人的自由就没问题，但必须要符合国家的规定，像卫生防疫法之类的；其次，这是公民的财产，用这种方式来破坏公民的财产，这是不行的；最后，从立法权限来说，H市没有出台地方法规的权力，它没有权力去限制或侵犯公民的财产，没有这个权力去出台政策。中国法学会行政法学研究会一位常务理事认为，涉及群众的切身利益的，在行政法上要尊重群众的意见，要慎重，要有一个过程。

三天"变脸"

在强大的舆论压力下，H市"杀狗令"三天内"变脸"，"一律捕杀"四个字没了影。

2009年5月23日早上，H市政府突然宣布解散打狗队。随后，当地政府部门又在当地官网上挂出了最新的《犬类管理暂行办法》，废止之前引起广泛质疑的"全城杀狗"条款。《办法》表示，实行市区养犬登记、免疫制度。个人申请养犬须符合有本市常住户口或暂住本市的合法身份证明、有固定住所且独户居住等条件；且城区内每户养犬只限1只。要定期为犬注射预防狂犬病疫苗。

《办法》还规定，经登记备案养犬的单位和个人，应当遵守下列规定：（一）养犬要拴养或者圈养，不得散养。对违者予以批评教育，对拒不改正者，依照《黑龙江省犬类管理规定》第十条规定，对犬主处以200元以下罚款；（二）不得携犬进入机关、团体等办公场所，公园、广场、公共绿地、早（晚）市、步行街、商场（店）、商业街区、宾馆、饭店、学校、医院、展览馆、影剧院、体育场馆、游乐场、歌舞厅、车站、机场等公共场所，主要街道，及其他设有禁令标识的场所。对不听劝阻者，予以批评教育；对拒不改正者、情节严重的依法予以处理；等。

该《办法》是由H市公安局、畜牧兽医局、城市管理行政执法局、卫生局、工商行政管理局联合发文的，所署时间为23日。这个《办法》可视为当地政府对此社会反响的一个回应。从《办法》中可以看到，之前规定的"在禁养区内严禁养犬，一经发现对所养犬只一律捕杀"的条款，即引起广泛质疑的"全城杀狗"条款实际上已被废止。但"禁止市民在公共场所遛狗"的禁令仍在，只是去掉了杀气腾腾的"一经发现全都捕杀"的处理规定，而代之以相对温和的"对不听劝阻者，予以批评教育；对拒不改正者、情节严重的依法予以处理"的字眼。

约法三章

与H市政府"挑头作对"的周先生是"H市宠物联盟"的代表。他对这一事件的看法是，"其实我们也愿意文明规范养犬。但是政府'见狗杀狗'的一刀切行为，简单粗暴，我们这些爱犬的人们无法接受"。他同时也指出，"对抗也不是办法，我们要合理地和政府探讨解决方案"。

在H市政府突然宣布解散打狗队不久，H市宠物联盟会员一致同意文明规范养犬，并提出"约法三章"如下：（1）借鉴大城市的规定，为所有犬只办理犬证，但拒绝政府借机办"天价犬证"；（2）所有犬只必须由主人带领才允许外出，必须系上颈带，大型犬和烈性犬要戴上笼头，以免伤人；（3）设立三处以上的自由放养区域，可以限定时间。

【情景模拟】

1. 尝试以小组合作形式，根据本案例材料以及我国国情，模拟 H 市相关行政决策过程中相关政策主体之间的互动过程。

2. 假如您是 H 市市纪委书记、分管部门领导、H 市宠物联盟代表，或者一位普通市民，您将如何组织或对待 H 市相关行政决策及其调整过程？

【案例思考】

1. 从公共行政学角度看，本案例主要反映了一件什么行政管理事件？其基本构成要件是什么？

2. 什么是行政决策调整？行政决策调整的基本程序与功能如何？应该注意哪些基本运行原则？

3. 结合案例材料，分析案例中 H 市相关行政决策过程的基本运行特征与可能存在的主要问题，并分析其可能对策。

4. 结合国情与案例材料，谈谈案例中 H 市相关行政决策过程的经验与启示。

案例 4 怒江水电开发"大调整"方案的神秘纷争[①]

2006 年 6 月 18 日晚，北京城北二环附近一个僻静的小院里，民间环保人士张某、王某等人作为原告方，分别在一份以国家环境保护总局为被告的《行政诉状》上签下自己的名字。19 日，原告代理律师、北京 X 律师事务所律师陈女士表示，她将于 6 月 21 日将这份诉状公之于众。

这份《行政诉状》涉及的依然是各方争论了将近三年、陈旧而又热门的话题——怒江水电开发。不过，这是继 6 月 5 日国家环保总局副局长祝光耀公开表示怒江方案"要做大的调整"以来，民间人士对怒江问题发出的最强烈质疑，也是三年来怒江问题的争议首次上升到诉讼层面。这份《行政诉状》声称，2004 年 11 月，国家环保总局会同国家发展与改革委员会，对怒江中下游水电站规划环境影响报告书进行审查并形成审查意见的行为及结果，违反了我国《环境保护法》和《风景名胜区管理暂行条例》的有关规定。诉状要求

---

① 主要参考文献：陈宏伟，《怒江水电开发"大调整"方案为何如此神秘?》，《中国经济时报》2006-06-21。

判决撤销该审查意见,并"判令被告立即制止有关单位在怒江中下游进行的水资源开发前期勘探行为"。

据了解,一位不愿意透露姓名的民间环保人士对这份《行政诉状》其实并不很满意。他认为真正应当成为被告的不是国家环保总局。他说,6月5日时任国家环保总局副局长祝光耀关于"怒江水资源开发可能作大调整"的讲话,毕竟算是个重大利好消息,"说明国家环保总局是做了努力的"。

"大调整"方案为何没有下文?

无论国家环保总局应不应当成为被告,《行政诉状》还是将人们的注意力拉回到了6月5日。当天,祝局长发言过后,对于"怒江水资源开发可能作大调整"的具体内涵,官方再没有下文,引得各界人士猜测纷纷。环保人士确信,虽然祝局长6月5日表示"现在的论证和评价工作还在继续进行中",但考虑他说话的场合和背景,调整后的方案应当已经基本形成了。如果真有"大调整",最可能的方案便是将十三级开发方案最终限制在四级开发。据了解,十三级开发与四级开发方案的区别在于:四级方案研究和论证相对更成熟,对生态环境破坏较小,涉及的社会矛盾也少得多。用一位环保人士话说,四级开发方案是一个"在不得以情况下,社会各界能勉强接受的方案"。

但对这一猜测的证实或证伪却颇为困难。事实上,媒体对此做出了不同解读,有媒体以肯定的语气说,"大调整"就是最终变十三级开发为四级开发;有媒体则指出,四级开发只是试点做法,是缓和眼下矛盾的权宜之计。从各方面信息看,"十三级变四级"的说法普遍相似,而究竟是"只开发四级",还是"先开发四级",就成为人们关注的焦点。事实上,各界人士也根本给不出一个明确的说法。国家环保总局一位不愿意透露身份的官员对"只开发四级"的说法不置可否:"现在我们没有得到任何信息,也不知道最终方案是什么。"

自从6月5日以来,某环保组织负责人汪欣就一直在通过"内线"想方设法打听"大调整"的具体内容,但她的努力一直没有什么结果。对此,汪欣认为,"一个面向全世界的新闻发布会上发布的消息,其内容却需要私底下通过'线人'去打探,令人十分费解和悲哀"。她甚至怀疑,"由此恰恰更让人觉得所谓'大调整'方案就是掩人耳目、暂时缓和矛盾的'钓鱼方案'"。

其实,环保人士的类似"打探"工作,从2004年11月国家发改委、国家环保局在北京组织《怒江中下游水电规划环境影响报告书》审查会议后就开始了。规模和影响最大的一次,算是2005年8月25日,民间环保人士起草并公布了一封《民间呼吁依法公示怒江水电环评报告的公开信》,公开信尽其所能地罗列了 2003 年 9 月 1 日生效的《环境影响评价法》、2004 年 3 月 22 日由国务院发布的《全面推进依法行政实施纲要》、2004 年 7 月 1 日起施行的《行政许可法》、2004 年 8 月 10 日国家环保总局出台的《环境保护行政许可听证暂行办法》等等法律文件中的相关条文和规定，以敦促政府有关部门公布规划及环评方案。2005 年 10 月，有媒体称，在反坝过程中站在第一线的专家学者、环保研究机构和社会环保组织均"急于了解新的规划和环评做了哪些改进，却苦于没有透明的信息渠道"。

2006 年 3 月 18 日，国家环保总局《环境影响评价公众参与暂行办法》实施第一天，北京 X 律师事务所向国家环保总局发出律师函，要求参与怒江六库电站、马吉电站、亚碧罗电站建设项目环境影响评价，并要求国家环保总局适时公开该等项目的环境影响评价信息并举行听证会。2006 年 3 月 30 日，国家环保总局作出明确回复，"我局将根据国家开发与保护的决策情况，在水电建设之前的环评中依照《环境影响评价公众参与暂行办法》的规定进行公众参与，从环评角度做到科学决策、民主决策"。

不过，该律师事务所的陈律师认为，"虽然国家环保总局作出了书面表态，但是，公众却感到有点遥遥无期，因为不知道建设项目什么时候启动"。2006 年 6 月 19 日，有媒体致函国家发改委有关部门，希望能听到相关答复。截至 6 月 21 日，除了 2006 年 3 月 30 日国家环保总局的书面回复，以及 6 月 5 日祝光耀副局长的讲话，官方没有任何更具体的公开表态。

在 X 律师事务所的陈律师看来，这是不正常的现象。她认为，"根据我国《行政许可法》及国务院《全面推进依法行政实施纲要》的有关规定，对于怒江水电开发这样重大且涉及广泛的公众利益的行政决策，其决策程序的公开透明合法民主，是必需的，也是法律所要求的"。陈律师强烈呼吁，怒江作为国家级自然保护区和世界自然遗产地，其宝贵的环境权益不仅属于怒江当地人民，同时属于全体中国人民，甚至属于全世界人民！基于这种普遍的环境公共利益，任何一位公众都可以行使知情权、参与决策权、监督权等，要求政府依法行政！

"大调整"之说果真是个"缓兵之计"？

"十三级与四级之争"由来已久，环保人士对于"大调整"方案的猜测和担心也并非没有根据。事实上，2003 年 3 月《怒江中下游水电规划报告》通过国家发改委主持的专家评审，从而确定十三级开发方案以后，正反双方已经进行了几轮激烈交锋。最终，2004 年 2 月 18 日，温家宝总理就怒江水电开发问题做出"慎重研究，科学决策"的批示。至此，反坝人士似乎占了上风。甚至有人将温总理的批示理解成"规划被叫停"。然而，到了2004年10月，便有媒体报道，"怒江水电开发已基本上得到了国家有关部门的审批。但是，规划作了一些细节上的改动。可能不会建十三级，一些地方还要进一步考察，研究，调整"。这一说法应当是"十三级变四级"的雏形。

2004年11月，国家发改委、国家环保总局在北京组织了《怒江中下游水电规划环境影响报告书》审查会议，推荐"近期开发四级"。然而，这只是会后传出的"小道消息"，没有得到官方正式认可（国家环保总局的官方说法是"形成了审查意见"），但其中透露出的信息更接近于"先开发四级"。中科院植物研究所一位研究员曾以专家身份参加了那次评审会。2006年6月16日，这位研究员对媒体指出，"最终只开发四级的说法没有根据"。他表示，甚至评审会根本就没有形成最终审查意见，"后来我退出了评审，有没有再评审就不知道了"。

大家猜测一段时间后，2005年11月，中国水力发电工程学会一位副秘书长对媒体透露，怒江水电1工程规划已经通过环保总局的环评审批，即将递交国务院。与第一次的规划相比，十三级水坝现在变成四级。但这位副秘书长强调，"但并不是规模缩小，而是先批了四级"。2006年1月11日，香港《文汇报》报道也指出，"权威人士向本报透露，怒江水电规划环评已经结束审查工作。审查小组形成的审查意见指出，从流域规划、保护生态环境出发，在近期怒江中下游两库十三级开发方案宜先开发四级，即马吉、六库、亚碧罗及赛格"。该报道还说，"先开发的四级，有一定的试点性质，且避开了移民及生态问题争议比较激烈的地区"。

事情似乎正在朝向环保人士不希望看到的方向发展。一位环境咨询专家认为，如果是先开发四级，再进行后续开发，那么现在的方案与温总理批示前就没什么两样！他指出，2003年8月的《怒江中下游水电规划报告》虽然是十三级开发方案，但本来也不可能同时开发十三级。事实上，2003年第10期《水能技术经济动态》（中国水电学会水能专委会主管，全国水能技术经济信息网主办）有关于《怒江中下游水电规划报告》评审会的内容记载，其中就有这样的表述，"怒江水电开发势在必行，在国家批准之后应尽早开展下阶段的前期工作，特别是尽快开展六库、亚碧罗、赛格、马吉四个近期工程……"

这里提到的六库、亚碧罗、赛格、马吉四个工程，正和目前各界争论中所指的四级方案完全吻合。

怒江百姓被蒙在鼓里？

2006年2月，汪欣第四次到怒江。据她的说法，她就想问问当地老百姓知不知道什么叫水坝。结合所见所闻，汪欣颇为感慨地指出，当公众还在期待着公示有关怒江的规划环评报告，期待着有关怒江的听证会召开时，怒江边已有多处彩旗招展地开始了大规模挖山开江的勘探。因为"勘探"，页岩被撕碎了，堆在了峡谷与江的结合处，山岩破碎，公路阻断，江的绿被染成了江的黄。在为期两周的采访中，汪欣随机访问了将受六库、亚碧罗、碧江、马吉工程影响的100户潜在移民。她向100户潜在移民提出的问题是：知道要搬迁吗？从哪里知道的？修水电站要影响到你们的生活，政府或有关部门是否征求了你们的意见？是否了解补偿的标准？搬迁有什么具体困难和担心？修水坝能解决你们的贫困问题吗？而得到的答案远远超出了她的想象：当地老百姓对政府高度信任与依赖，但他们根本不知道自己的命运将被怎样安排，更不知道什么叫知情权。

怒江要建水电站的事，国内外媒体报道已近三年。而怒江沿江的老百姓，除了六库边上的小沙坝村四年前在村头贴了一纸告示，不准再修新房子，否则不予赔偿，镇里给开了一次会通知他们要修水电站会淹掉他们的房子和地以外，其他所有沿江的人对于修电站和搬迁、赔偿的事情都不太清楚。松塔电站潜在移民、西藏察隅县察瓦龙乡龙普村村支部书记阿格居然说，他是从一位在当地写博士论文的美国人那知道水电站的事情的。

2006年6月20日，汪欣请的"内线"仍没有打探到"大调整"的具体方案，但国家发改委再次表态说，怒江开发不仅是解决能源问题，也是解决人的问题。对此，汪欣表示质疑：地质勘探早在三年前就已经开始，可是对移民问题的调研、论证和解决方案始终没有跟上，当地百姓和社会公众一直得到不到必要的信息，这能算是在"解决人的问题"吗？

【情景模拟】

根据材料提供资料，假设您是一名本地居民、一名环保人士、国家环保总局主管官员或者国家发改委主管官员，乃至于时任国务院总理，您将会如何对待怒江工程的决策过程？

【案例思考】

1. 从公共行政学角度看，本案例主要反映了一件什么行政管理事件？其基本

构成要件是什么？

2. 中国有关行政决策参与规定中，公民拥有哪些基本权利？结合案例材料，分析这些权利的实现现状及其动因。

3. 结合中国行政决策发展趋势与一般要求，谈谈本案例的经验与启示。

案例 5　　走进中南海的基层代表[①]

2009 年 2 月 12 日，13 名基层群众代表应邀进入中南海，对即将提请人大审议的 2008 年度《政府工作报告》（征求意见稿）提出意见。邀请他们的是国务院总理温家宝。在走进国务院第一会议室里与温家宝面对面的这 13 名基层代表中，秦英林是河南省内乡县的养猪户；陈威涛是清华大学法学院的大四学生；而四川雅安农民古甲伟刚刚失去了在宁波一家工厂的工作。对这些生平第一次踏入中国最高权力中枢的基层代表，温家宝说："你们应该是中南海的主人，来到这里就像到家一样。"

天降机会

农历 2008 年腊月二十三日晚上八九点左右，正在公司开会的秦英林突然接到省畜牧局领导的一个电话，告知他有可能被选派去参加温总理的座谈会。当时，秦英林不知道自己为何被挑中，因为只是"有可能"，也就一直也没太声张。过了年，2 月 6 日省畜牧局副局长冯卫民来了电话：时间紧迫，第二天就要进京！

秦英林赶紧把事儿告诉了内乡县委书记和县长，发现两位领导还不知道。随后，从县里到省里，一干领导迅速行动。2 月 7 日，秦英林赶到郑州。下午两点，召开一个相当规格的座谈会，河南省分管农业的时任副省长刘满仓出席，畜牧局几位局长处长都参加了。整个下午，大家一起帮秦英林出建议想点子。刚开始时，秦英林以为只要把自己的想法反映上去就可以了。经过领导的点拨，他才意识到自己竟然"是代表了一个省，代表了一个行业"。事后，他

[①] 主要参考文献：(1) 李梁，谢小红，《他们是"中南海主人"》，《南方周末》2009 年 2 月 19 日 A01 版；(2) 王向前，《大学生养猪成名进言温总理　汇报被打断 18 次》，2009 年 2 月 17 日 09：41 来源：大河网-河南商报，http：//news.sohu.com/20090217/n262285641.shtml；(3) 李劲雨，康君，《受总理邀请 23 岁雅安返乡农民工小伙进京与总理座谈》，2009-02-11 09：51 来源：四川新闻网-成都商报，http：//www.sc.xinhuanet.com/content/2009-02/11/content_15660938.htm。

感叹说，"多亏了领导。他们的点子多、思路多，如果没有他们的好建议，我的发言稿不知道要啰嗦到什么时候"。

1月14日，清华大学法学院大四学生陈威涛结束期末考试后，就早早回到了江苏南通的老家，随后忙着准备论文，联系高中同学吃饭。一天下午突然接到来自北京的两个电话。先是学院老师来电，询问他班上同学的就业情况（陈威涛此前是院学生会主席，此时还担任班上的党支部书记），另一个电话则来自教育部人事司，让陈发一份简历到邮箱。陈威涛隐隐觉得会有什么事儿发生。他的疑惑在年后得到解答：学校就业指导办和学院老师分别给他电话，说他可能被推选参加温总理的座谈会，让他赶紧关注国家近期出台的就业政策。教育部的电话也随之而来，希望他在2月10日之前尽快回京。陈威涛的父母都是农民，突然间听说儿子要进中南海面见温家宝总理，都感到难以置信。

四川雅安市失业农民工古甲伟也是在年前得到的通知。镇长的电话和到访的村干部们给他带来了这个从天而降的消息。他本来在宁波市宁海县一家电器厂搞装配，2008年12月受金融危机影响丢了工作，便匆匆回了家。不料，命运突然将年仅23岁的他和中南海联系到了一起。他才打工三年，竟然成为近两亿农民工的代表，一家人都觉得不可思议。古甲伟很紧张，感到压力极大。

他是怎么被挑中的呢？据雨城区委农工办主任杨大富介绍，2009年1月，他们接到国务院农民工办公室的通知：推荐一个受金融危机影响而返乡的农民工代表，去北京参加国务院《政府工作报告》征求意见座谈会。雨城区委农工办首先想到了外出农民工最多的严桥镇和晏场镇。1月21日，区委农工办负责人来到严桥镇召开讨论会，会上大家一致推荐了许桥村的古甲伟作为此次赴京的代表。据一同外出务工的农民工反映，外出务工时，年纪不大的古甲伟上班时兢兢业业、勤勤恳恳，对同乡也十分关心，"选他没错"。但究竟具体是如何推选上来的，古甲伟至今也不知道。

精心准备

2月6日，第一次坐飞机，第一次来到首都，古甲伟"至今还有一种在做梦的感觉"。这次北京之行他并不孤单，雨城区政府办公室副主任江灏全程陪同，出了机场便有小车接入宾馆。不过，古甲伟一家的经济状况并不是太好。其父亲古厚全说，儿子出发那天，自己身上只有300元钱，原本想全给儿子带上路上好应急，但想到孩子他妈生病住院需要钱，老古只拿了100元给儿子。好在北京食宿全有安排，大概也没什么需要花钱的地方。

企业家秦英林比古甲伟晚了三天。陪同他的是河南省畜牧局副局长冯卫民。2月9日早上到北京后，他们和农业部接上头，两位副司长请他们吃饭，随后受到农业部领导的接见。

2月8日,陈威涛先回到学校宿舍,发现仅有他一个人。不过,他也没时间在宿舍停留。9日上午,按教育部的安排,他带着衣服住进了教育部旁边的山水宾馆,和另外两位教育战线的基层代表会合。

接下来的一个重要事情就是准备发言稿。10日,陈威涛被安排学习即将提交全国人代会审议的2008年《政府工作报告》。当天下午6时,结合一个高中同学毕业后找工作的例子,他开始动手写发言稿,到晚上10时一挥而就。教育部的老师对稿子提出了一些意见。陈威涛觉得"他们对政策很了解",按照意见对发言稿作了大幅修改,在结构上也"由总分结构变成了平行结构"。次日下午,总共两千多字的发言稿正式定稿。

秦英林的发言稿准备过程稍显周折。他把稿子写了几十遍,最后几乎都能背下来了,但直到11日下午,他还在农业部畜牧业司忙活。一位副司长亲自帮他打稿。每改好一遍,副司长就问:"正式了吗?"秦英林回答:"正式了。"但是,打印出来后,他又要改。就这样,"正式稿"打印了五六遍才算最终定稿。随后,秦英林又反复练习发言。按规定,每人发言时间为10分钟。经过反复计算,他发现念得慢了是10分半钟,快了就是9分钟,按他正常说话的速度,刚好9分半钟。

古甲伟也是自己写的发言稿。但是,之前从镇领导到区领导都对他进行了指导。到北京后,他和另一农民工代表被安排到人保部办公室学习了三天农民工社会保险和劳动法方面的政策知识,并受到人力资源和社会保障部以及国务院农民工办公室相关领导接见。国务院农民工办公室相关负责人勉励他们要放下包袱,轻装上阵。他说:"你们是温总理请来的客人,这是一次难得的机会,希望你们从基层的角度,真实地反映全国农民工的感受和建议。"该负责人还对古甲伟的发言进行了详细指导,认为他的发言针对性很强,很有实际意义,并表示类似的座谈会,温总理每年都要指示组织2至3次,一些好的建议被采纳并被转化成了国家政策规定或努力的方向。

即使如此,古甲伟也不敢掉以轻心。10日起,他每天在宾馆里对着镜子练习,一连练了两天。

座谈印象

12日早晨8点30分刚过,秦英林和古甲伟等人先后进了中南海。小车一溜烟把他们送到国务院第一会议室。陈威涛几个人觉得机会难得,赶紧相互拍照留念。许多人头天晚上都没睡好。古甲伟在床上翻来覆去,一晚上总共只睡了3小时,12日6点便爬起来复习讲稿。秦英林算是见过大场面,11日晚10点便上床睡觉了。但怎么也睡不着,只好又拿起发言稿摸摸背背,一直忙到凌晨两点。

　　都是头一次进中南海。古甲伟觉得里面树多花草多，很漂亮。陈威涛注意到环境很整洁，有一些灰白色的建筑，"但布局和清华大学西边也差不了多少，很平常吧"。秦英林则发现"中南海像我们一个乡镇的机关大院一样，房子也低"。而且，路边来往的车不仅有桑塔纳2 000，竟然还有10万元左右的奇瑞轿车，"就是在我们那里乡政府机关，也不算档次高"。这让他顿时失去了对中南海的神秘感。

　　但是，座谈会阵容庞大。8点50分左右，秦英林听到身后有人说话，回头一看，政治局常委、国务院副总理李克强过来了，和坐在座位上的13位基层群众代表一一握手。随后几位副总理和一些部委的领导也陆续进来。

　　8时55分左右，陈威涛埋头准备发言稿，没注意到温家宝总理走了进来。温总理走到代表们的座位边上，挨个握手。在简单的开场白中，温家宝说："今天很荣幸请你们过来。其实中南海你们应该是主人，来到这里就像在家里一样。"他还说，今天是听大家想法的，夸奖的话不要说了，感谢的话也不要说了，咱们大家留出时间多说最想说的，说困难，说心里话，说真话实话，这对大局有用。

　　据了解，国务院工作人员原本给座谈代表都安排有发言次序。但在开场白后，一开始总理就让大家畅所欲言，放开说，不要念稿子。随后又问大家："你们谁想和我说话，请举手。"大概是没有反应过来，大家一时没人回应。

　　看到这个情况，本来安排第五个发言的秦英林立马把手举了起来，抢了个头彩。他前期汇报比较细致，在说到养猪场的发展需要大学生的时候，温家宝重复了一句，"让大学生去养猪"。秦英林感觉总理似乎不太同意他的看法，于是解释道："20年前我也是个大学生。"说了几句，总理没有应声，秦英林就打住了，"我想很多东西他都明白，所以我就不用再多说了"。他转而说到肉价，由此引发了整个会场的一次开心大笑。他说，"上一周我们的肉价是13.2元，这周降到11.8元"。没料到温家宝的神情严肃起来，秦英林吓了一跳。事后，他回忆道，"看我这么一句话，说得总理特别不愉快"，"大约有一两秒钟，空气都凝固了"。他赶紧补了一句："总理的情绪不能跟着肉价走。"温家宝重复了一遍这句话，笑了起来，大家也都跟着笑了。

　　陈威涛印象很深的是，一位代表在发言时很紧张，拿着稿子的手不断颤抖，温家宝便和他拉家常，消除了他的紧张和顾虑；自己在发言中讲到大学生要转变就业观念，温家宝插话讲起自己当年就业的故事。古甲伟对其他人的发言听得不太懂，但对总理的话声称"都听懂了"。他是照着稿子念完的，其中包括了"农民工在外地务工时购买的养老保险，在返乡后能否继承和转移回来"等5条反映农民工心声的意见和建议。其间温总理一直埋头记录，不时点头。结束后,他说了一句"你提的问题非常好"。

代表们汇报时,总理边听边认真地记录着,并不时打断汇报详细追问。据当天参与座谈会的媒体记者统计,温总理曾前后打断秦英林的发言达18次之多。而汇报结束后,秦英林给自己计时,长达18分钟,成为13名代表中汇报时间最长的一个,这也让他颇为得意。但是,事后,秦英林有一点内疚,"我跟总理争什么?我可能只看到一,没看到二,他可能看到一看到二还有三,还有自己的观点……"而陈威涛则遗憾他"没来得及向温总理表一个信心,也没有来得及邀请温总理到清华来一趟"。

最感到满意的或许要算古甲伟。发言结束,应大伙儿的要求,温家宝和大家合影留念。古甲伟给温总理送了一盒雅安的茶叶,前后三次和温家宝握手,还请总理签了个名,是十三名代表中唯一的一个。近距离接触总理之后,古甲伟觉得总理"比电视上更要亲切"。

尾　声

小伙子古甲伟一天也没有在北京多待。13日,走出成都双流机场时,等待他的是一大束鲜花,和接他的雨城区干部。一场隆重的座谈会已经由雨城区委宣传部筹备完毕,区上领导济济一堂。古甲伟汇报了参加座谈会的情况和感受,会后面对的是媒体的长枪短炮。随后的几天里,他被四川各大媒体大幅报道,国内媒体的电话采访也纷至沓来。

12日下午,陈威涛便从山水宾馆撤回了清华大学宿舍。没有开学,宿舍依然冷清,但他的生活并不寂寞,北京卫视等媒体的记者找他去做节目,央视一个栏目也准备约他做一期"两会"的节目。2月13日,秦英林回到郑州。内乡县委书记王万鹏和河南省畜牧局领导专程到郑州机场迎接。当天晚上,省农业发展银行领导为他接风。第二天,河南省一位副省长在郑州为他举行宴会,表扬他的发言做得好。15日,南阳市委主要领导亲自赶到郑州,把秦英林接回。在南阳市委领导的大力支持下,秦英林正在筹备公司上市的工作。

参加同次会议的另一位基层代表,13日从北京回到当地之后,面对的也是一场场的庆祝活动。由于地方领导对温总理座谈会高度重视,未来几天的日程安排也已经排满——"大家都要让我讲讲见了总理怎么样,是什么感觉。"这位代表回来之后一直在这种氛围中度过,不知道要持续到哪一天。

他实在是太忙了。刚刚结束一场庆祝活动,紧接着另一场庆祝活动正等着他。

【情景模拟】

1. 结合案例材料和国情,以小组合作形式,模拟这次座谈会的经历过程。

2. 假设您是古甲伟、陈威涛、秦英林、国务院总理温家宝以及其他案例材料涉及的人物，您将如何对待和评价温家宝总理召集的这次座谈会？为什么？

【案例思考】

1. 从公共行政学角度看，本案例主要反映了一种什么行政管理事件？其基本构成要件是什么？

2. 根据案例材料和国情，试分析温家宝总理召集的以《政府工作报告》征集意见为目的的座谈会的基本功能取向、过程构成、效果及其可能影响因素。

3. 根据案例材料和国情，结合公共行政学相关原理，试分析相关关键主体在参加这次座谈会过程中的主要经验、可能存在的问题及其启示，并阐明可能原因。

第 10 章
行政执行的动力与阻力

一、本章学习目的与要求

说明：通过本章的学习，了解行政执行、行政执法等相关概念的含义，理解行政执行基本功能构成、运行机制、主要制约与影响因素，掌握行政执行工具与方法的主要类型及其各自功能特征，尤其是要理解与掌握掌握行政执行过程的动力与阻力机制。

二、本章考核知识点与考核目标

识记：行政执行、行政执法等核心概念的基本内涵，中国城市行政执法体制的含义。

理解：行政执行的基本程序构成，行政执行行为的类型及其各自功能与特点，行政执行行为的主要影响因素与动力机制，中国城市执法管理体制的历史演变、基本结构、面临困境与发展趋势。

应用：运用所学公共行政学理论知识，分析案例中特定行政执行行为或相关现象的发生过程、表现形式、影响因素、动力机制、功能特征、实践效果、可能存在的问题及其可能的经验教训与应对策略。

案例 1　　　　　城管困局[①]

时隔一月之久，吴法仍然难忘 2006 年 8 月 11 日那个混乱下午人群散尽后的两个镜头：路边积水已被染成暗黑，那是城管李京生咽喉喷射出的鲜血；还有崔鲁生含泪的眼睛，脸色苍白的他跑回公司楼下，躲在角落小声对吴法说，"我杀人了"。吴法是崔鲁生的同事，都在北京 H 区科贸大厦 8 层的一个称做 M 的 KTV 做保安。

---

① 主要参考文献：赵凌，郑焰，《城管副队长之死》，《南方周末》2006-09-14。

当天下午6点，白色的被单覆盖了37岁的李京生。医生说，他的大动脉和气管破裂，一段刀刃还留在里面。老同事金姐当晚赶到医院，看到死后的李京生还睁着眼睛。在同事们的记忆里，身材魁梧、圆脸、戴副眼镜的李队长是个性情开朗、处事周全的人。他爱看《中国国家地理》，平时里常跟同事商量着节假日出去旅游。但因为城管工作忙，节假日总轮班，这个愿望总也没实现。

职　业

凶杀案发生前一小时，崔鲁生的父亲帮儿子在竹签上穿好肉肠，看着他推车出去。儿子的这辆三轮新得扎眼，这是他从同事那里借钱买来的。崔鲁生也曾想把这新车卖掉，换辆旧三轮，可没人想要。大家都知道，新车若被城管收去，不划算。在10天前，崔鲁生已经损失了一辆三轮车。和三轮车一起消失的，是他刚发的5月份工资和钱包——崔鲁生自己也搞不清楚，钱包是他和城管争执的时候被小偷摸走了，还是搁在三轮车上被一起收掉了。

李京生是北京H区监察大队的副队长，三个月前正式到任。他的职责就是治理摆摊设点的小商小贩。中关村人来人往，是他工作的重点，也是难点。2005年年底，李从北京万寿路监察分队借调至H区城管监察总队，2006年5月正式担任H区城管副队长一职。在成为城管之前，李京生做过宾馆服务员，还在一家公司做过宣传干事。1996年，他在中央党校拿到大专文凭。第二年，通过公务员考试才进入北京万寿路街道办市容所。

2006年8月11日下午4点20分，小雨中，H区城管的车队来回在中关村海龙电子城前兜着圈子寻找目标。这是北京联合整治行动的第三天，李京生习惯性地坐在副驾驶位。此时，崔鲁生刚刚停好三轮车，准备开始他一天的生意。周围摆摊的渐渐知道，这个新来的是科贸大厦楼上"M" KTV的保安。崔鲁生体格强健，身穿白衫黑裤时，和出入科贸大厦的白领没有区别。他在这家KTV工作了半年，却已经连续两个月没有拿到工资。老板总是说生意不好，崔鲁生也没办法。

李京生一步步走来，同事说他工作认真努力。崔鲁生同样也是靠拼命努力谋生，只是他的路没那么顺利。任职KTV是崔鲁生在北京的第五或者第六份保安工作。2003年崔鲁生以一个优秀士兵的身份光荣退伍，从山东济南回到了家乡。那年年底，崔家收到了一封来自部队连长的信，信中说，崔在部队表现良好，还说他给部队广播电台写了几十篇稿子。崔父很惊讶，他一直觉得小儿子是个沉默寡言的人。2004年年初，崔鲁生在北京开始了他的第一份保安工作。每月500块的工资，管吃管住。每逢节假日崔鲁生就帮人扛包挣加班费。之后辗转几个地方当保安，崔鲁生期待能有所改善，但不知何故，每个地方他都待不长久。

生　活

　　下午 4 点 25 分，天上还在飘雨，崔鲁生和来自老家的帮工女孩支好摊子，油锅已经上炉。这是科贸大厦西北侧的马路边，自从上回被抄了后，崔鲁生选择了这个看似安全的地方。这是这个女孩第一天"上班"，也是中关村又一个即将到来的周末。

　　8 月初，崔鲁生跟家里说烤肠生意不错，想找个帮手。崔父于是在前面村子里找到了一个正在放暑假的小姑娘。8 月 10 日，崔父领着女孩坐长途车来到北京。崔鲁生当时兴致很高，骑着那辆新三轮拉着两人在圆明园外面转悠了一圈。

　　4 点 30 分，城管车向科贸大厦方向驶来。李京生职业性地左顾右盼。9 年的城管生涯，李京生就是这样看似单调无聊地在这个城市里兜着圈子。

　　2004 年崔鲁生初来北京时，李京生已经在北京万寿路上来来回回跑了 6 年。万寿路街道是中央部委聚集地，李京生负责巡查西翠路段，是万寿路城管监察分队门前"三包组"组长。城管工作一般简单分成"三包组"与"巡查组"。"三包组"主要针对店铺，管理门前卫生，小广告，违章建筑，居民投诉等。而"巡查组"则更多对付无证商贩。和李京生接触过的西翠路一位餐厅老板说，"他很和善，即使要罚款，也是笑眯眯的，很有耐性"。听说李京生的不幸后，她和店员特地买了花篮去李家悼念。

　　每天 8 点，李京生骑着标志性的小摩托准时上班。8 点半，当同事们来时，李京生已把办公室打扫干净，召集组员们开个会，分配一下当天任务，便各自出发巡街去了。李京生父母的家也在他管理的区域。李父上下班，偶尔会遇见正在巡街的儿子，有时他会停下来看几眼。对于儿子的工作，李父说，"只要他喜欢，我们就支持"。

　　事后谈起城管的工作，李京生生前的同事金姐满腹委屈："我们管的是其他部门不愿管或是管不住的事情。有些事情，比如如何安置进京农民，这都不是我们城管可以解决的。"金姐至今记得，从 1998 年至 2005 年，每个清晨，朝她迎面走来的是笑眯眯的"李组长"。城管总是被人骂，李京生也总对她说，"姐，别人不理解就算了，您自己可别放心上"。

　　城管人员每日巡查街道的工作有些枯燥，KTV 保安的工作也是单调无聊，每天从凌晨 2 点到白天 10 点，崔鲁生的工作就是在八楼观光电梯口上坐一夜。吴法说，他们在这里实际上是被用来防止打架的，可是说实话，这个 KTV 开业一年来还没怎么遇上客人捣乱的事情。如果工资发放准时，每个月 1 100 块钱的收入其实相当轻松。可是冲着工资而来的崔鲁生干了四个月却只拿到了一个月的钱，仅有的那些工资还随着第一辆三轮车丢了。

尽管生活沮丧，崔鲁生却从不哭穷，能说会道的他人缘极佳。一位同事说，只要大家坐在一起，他总是说话的中心。也许正因为此，在他走投无路的情况下，同样拿不到工资的同事们愿意借钱给他。实际上，连续三个月拿不到工资的崔鲁生生活几乎难以支撑。吴法说，崔鲁生每天就只吃方便面，后来连方便面也吃不起了，就去院子里的小卖部赊。同伴们各自靠微薄的积蓄度日，期望着用乖巧的工作态度换回老板的奖赏，把工资发给他们。崔鲁生没有可以依赖的资本，但他的脑子比别人活，于是就有了烤肠的主意。下午烤肠，晚上上班，崔鲁生很兴奋于这样的"人生设计"与"商业规划"。

相　　遇

这是北京市联合整治行动的第三天。距离联合整治活动结束的时间还剩下1小时15分钟，这意味着一个多小时后，城管队员可以松上口气，三天下来的倦怠也将随着周末的到来而缓解。就在这时，崔鲁生被发现了。城管车停在一个合适的距离，李京生第一个跳下车，向崔鲁生径直走去……

李京生和同事走过来的时候，崔鲁生正在专注地烤肠。面对忽然出现的城管队员，崔鲁生措手不及。李京生封堵了崔鲁生的去路，崔鲁生不断挥舞着双手，喊道，"车子留给我，别的都给你们"。一位长期在中关村收墨盒的摊贩看到了这个过程。崔鲁生开始一直在央求，"求你们把车子留给我，就靠这个吃饭"。连说两遍都没有用，他的口气就变了——"我再说一遍，把车留下，其余你们拿走！"然而仍然无用，10多分钟后，崔鲁生放弃了努力。

此时李京生正在队友的协助下，把三轮车抬到城管的卡车上。帮工的小姑娘还一直死死拽着车把。城管队员开始准备收队，这是三天整治行动中最后的战果。忽然，崔鲁生再次从人群中走出来，他走过李京生，走向北京城管H区分队副队长老宋。李京生看见了刀："老宋，小心后面！"几乎是在刹那，崔鲁生忽然转身，将刀子扎在了李京生锁骨与咽喉之间，血柱立刻喷射出来。

那一刻，崔鲁生为何会行凶？没有人知道。

烈士与凶犯

手握刀柄，崔鲁生向胡同深处跑去。11厘米长的刀片深深地嵌在李京生的身体里。老宋一把抱住李京生，按住伤口，但毫无用处，鲜血从指缝间汨汨涌出。老宋发疯地拦下一辆面包车，往H区医院赶去。时值下班时分，交通拥堵，浑身是血的老宋跳下车，分散人群，开出一条道来。李京生模糊地喊了句"宋队"，一口血就从他口里喷了出来。与此同时，老宋感觉到李京生蹬了一下腿，瞳孔慢慢放大了。

在牺牲前的几个月，北京城管 H 区分队副队长老宋一直和李京生住一个宿舍。有时候午休，都不知道李京生什么时候进的宿舍。他不发出一点声音，分外心细。李京生以前一直管的是门前三包工作，对无证摊贩不是很有经验，老宋便带着他巡街，熟悉情况。老宋透露，坐商大多好管理些，无证小贩比较混乱，暴力事件也更多。李京生对这些人还不是很有经验。

此时，崔鲁生的父亲待在儿子租住的 8 平方米小屋里，却等来了满脸泪水的帮工女孩。那个晚上，老人忐忑不安地在北京火车站过了一夜，第二天回到了老家。他当时并不清楚情况的严重，他觉得儿子是个讲义气的人，伤了别人一定会陪人家把病看好。然而，谁都没有想到，李京生死了。

位于翠微路社区的李家为儿子设了灵堂。悼念的人群中，李父见到很多老同事。老同事捶着他的背说，"老李，以你的条件，怎么能让孩子干这个"。老人没办法回答，只能潸然泪下。

行凶杀人的消息很快传到崔的老家，突然的打击让崔鲁生的父母双双旧病复发，卧床不起。2004 年，崔鲁生在北京林业部门找到了一份保安的工作。崔家人为此还吃了顿团圆饭，母亲觉得，儿子要去北京了，一定会有好的前程。眼下，崔鲁生仍在 H 区公安局接受预审，因案件涉嫌故意杀人，按照法律规定此案将由北京市第一分院提起公诉。有律师介绍，等待崔鲁生的很可能就是死刑或者死缓，无期徒刑就算是最好的结果了。

"我听人说，那户人家是独子，我睡不着。想到北京看看，跟他们道歉"，崔父说，"英杰是正道人，他不会故意杀人的。如果他能活，我愿意让他给那户人家做儿子，照顾老人。"

李京生的母亲眼里满是泪水，"我看到报纸上说，他（崔鲁生）逃跑是想回家看父母，他怎么不想想，李京生也有父母"？

2006 年 9 月 16 日，北京市政府第 127 次市长办公会议决定：批准李京生为革命烈士。有人为他建立了一个网上悼念馆，有不少人为他点上蜡烛。崔鲁生出事后没几日，他在科贸大厦附近摆摊留下的空挡，已经被新的小贩占下了。但那一带的小贩又很快被清空了。H 区城管的工作人员说，他们已经在事发地附近设了专岗。

【情景模拟】

假设您就是案例中的角色李京生、崔鲁生、吴法、H 区分队副队长老宋、摊贩子小甲、小店老板以及本地居民 A，您将如何看待或处置类似事件？

【案例思考】

1. 从公共行政学角度看，本案例主要反映了一种什么行政管理事件？其基本

构成要件是什么？

2. 根据本案例提供的资料，您如何看待李京生的职业工作？在案例中，李京生的死亡事件能否避免？为什么？

3. 结合我国国情，谈谈本案例的教训与启示。

案例 2　　　　新疆棉花市场化路径选择①

苦水谁都有

2003 年，在全国放开棉花收购市场一年后，新疆首次开放市场。春耕将至，棉农们在为种子、化肥、地膜的高价格发愁不已，而棉麻公司、私营棉花企业和个体棉贩、地方政府也都各有苦处。

K 地区 S 县良种轧花厂李厂长说，"我们竞争不过私营企业和个体棉贩"，理由是，"籽棉我们 5 元/公斤都不敢收，个体棉贩们 7.5 元/公斤也敢收，而且还挣钱"。良种轧花厂是国有企业，兼营棉花收购、轧花和棉种加工。在李厂长看来，竞争不过的原因有二：其一是私企和棉贩不用养职工；其二，"他们全是现金交易，不上税"。

出人意料的是，占了上风的私营棉企同样愁眉难展。他们难以跨越的门槛是棉花收购许可证。2003 年以前，许可证的审批发放权在自治区，2003 年年底下放到各地区。申请许可证的条件是：固定资产 100 万元以上，流动资金 50 万元以上，拥有 150 名以上员工。K 地区一位棉贩子认为，"要求实在太高了，大部分人想都不敢想，而且就算条件达到了，也很难批下来"。事实上，这位固定资产在 400 万元以上的棉贩子曾为之百般努力，但还是没能拿到一张"牌照"，只能偷偷摸摸地私下收购。据了解，新疆的大部分地区 2003 年未曾发放一张许可证，数以千计走村串户的棉贩子基本上都是提心吊胆的"地下工作者"，几乎没人愿意接受采访，甚至绝大部分被问及的人矢口否认自己曾收过棉花。

棉贩子们没有想到的是，被他们埋怨的政府，苦水比他们更多。棉麻公司竞争不过棉贩子，一个看得见的结果是税收大量流失。在产棉大县，棉花项上的税收往往占当地总税收的一半以上。棉税流失的结果是基层政府开支更加拮据。以 K 地区某县政府为例，每年开支 1.2 亿元，收入仅为 1 700 多万元，尽管每年有大量的转移支付，但捉襟见肘仍是当地政府经费运转的常态。无奈之

---

① 主要参考文献：余力，肖华，《新疆棉花：市场化之后》，《南方周末》2004-03-18。

下，国有企业成为"解决困难"的主要渠道，该县棉麻公司、棉纺企业及棉种、榨油公司每年无偿"协助"的总数达到1 000余万元。

各层官员不讳言的一个想法是，"按照中央的文件，我们应该开放市场。可行情好的时候，棉贩子们汹涌而来，把钱都挣走了；行情不好的时候，棉贩子们一个也不出现，还得靠国企出面收棉花"。更深的顾忌，如一位不愿披露姓名的官员所言，"国有企业都被挤垮了，如何维持政府运转"？

甘苦自知

棉花国企的普遍困顿，令各地政府忧心忡忡，而借助社会资源整合棉花产业也成为各产棉大区的选择。A与K两个地区就分别与德隆集团进行了旷日持久的谈判。不过，久拖未决之后，这两个地区走了两条截然不同的路。A地区的棉纺行业引进了江浙等地资金，并向私营棉贩发放了二三十张许可证，仅其中一个T县，就引进浙江宝利来、香港振田等33家外地企业。K地区则于2003年5月将总负债达17亿的国有棉麻、棉纺公司全部划给了自治区直属的新疆棉花产业（集团）有限公司。两地的棉花市场从此呈现两重天地：外地资本的进入，搅和了A地区一池春水；K地区则大门欲开还掩，"从一种垄断走向另一种垄断"。

显而易见的差异是棉价的高低——私企活跃的A地区，棉价始终高出K地区几毛钱。这种落差，吸引K甚至更远地区的棉花源源不断流向A地区。2003年九、十月间，K地区有时甚至一天就有90车棉花运出（每车至少6吨以上）。为使肥水不流外人田，新疆各产棉区在地区与地区、县与县，甚至乡与乡之间都纷纷设立关卡。不少地方组织起民兵小分队，日夜巡逻，除了防止外地棉企以及没有许可证的棉贩子上门收购，还要防止当地棉农将棉花运往外地。

K地区的某县2003年9月发生过这样一幕：县工商局等有关单位组织人员，收缴了棉贩子们以4.2元/公斤收购的25吨棉花，然后强制棉农以3.8元/公斤卖给县棉麻公司。20多名棉贩子愤而告至地区，结果这批棉花全部退回棉贩子，后被他们在K地区南关桥市场上以6.5元/公斤悉数售出。外面想进来的人挡不住，里面想出去的棉花也同样难以阻挡。白天难避关卡，棉农们就半夜赶路，"不让用汽车运，我们用毛驴车拉"。由于关卡形同虚设，15天之后，强行收棉的那个县自动放开市场。与此同时，K地区也撤销了关卡。

市场有其自身的逻辑，那就是价格左右资源流向、竞争提高市场效率。2003年财政年度结束的时候，在彻底放开市场、放手引进竞争的A地区，籽棉价格从每公斤6元多一路上扬到8元多，T县2003年财政收入3 513万元，比上年同期增长 22%，其中棉花税收占总税收的 80%。仅棉花一项，农民人均增收 609 元。

【案例思考】

1. 从公共行政学角度看，本案例主要反映了一种什么行政管理事件？其基本构成要件是什么？
2. 在国务院作出放开棉花市场的政策决定之后，案例中所涉及的不同地方政府是如何执行这一决定的？其各自所持的理由是什么？
3. 试确定本案例中影响行政执行行为的各种因素。
4. 结合本案例，具体比较不同地区实现棉花市场化做法的差异及其后果，谈谈资源配置市场化的行政学内涵。

案例 3　　浙江"指标圈地"动力[①]

为了合理利用有限的土地资源，国土资源部每年都会把建设用地指标在全国各地之间进行分配。据了解，作为经济大省的浙江省每年能分到的用地指标不到 20 万亩。与浙江省急遽增长的用地需求比较起来，这些指标显然不够。为了填补巨大的用地缺口，该省所辖各县市纷纷绞尽脑汁争取用地指标，甚至做起了指标买卖"生意"。

绍兴千亿 GDP 背后的秘密

据来自绍兴市统计局的消息，2003 年绍兴市 GDP 首次突破 1 000 亿元大关，财政收入首次突破 100 亿元大关。在 2004 年 1 月 31 日召开的绍兴市开放型经济工作会议上，绍兴市国土资源局的一份名为《全力支持开放型经济发展》的报告送到了来自绍兴所辖县市各有关部门数百名招商负责人的手中。这份报告向与会代表们披露了"面对经济加速发展、用地保障难度和压力日益增大的新形势"，绍兴市国土资源局"多方筹措用地指标，缓解土地供需矛盾，全力保障用地供给"的"秘密"。一位参会代表会后指出，千亿 GDP"背后有不少国土局的功劳"。该代表肯定地说，近几年来，绍兴市的经济发展面临着建设用地需求急增而用地指标紧缺的困境，在这种情况下，国土局还是"想尽了办法，千方百计筹措用地指标"。

---

① 主要参考文献：司宇宁，《浙江"指标圈地"潮》，《21 世纪经济报道》2004-03-01。

近年来，随着全市经济发展速度和城市化步伐的明显加快，特别是杭州湾绍兴工业新城区即将开发启动，绍兴建设用地正处在一个新的需求高涨期。但是，用地指标成了绍兴市必须首先突破的难题。据悉，这几年，浙江省国土资源厅下达给绍兴市每年的建设用地计划指标在6 000亩左右，而全市实际用地远远高于这个数目：1999年为1.05万亩、2000年为2.55万亩、2001年为4.42万亩、2002年6.94万亩，2003年上报用地则突破了10万亩，可谓是逐年快速递增。面对巨大落差，筹措用地指标则显得尤为重要。火急火燎的绍兴市国土局开始行动，并采取各种办法保障建设用地的供给。该局一位工作人员透露，一年来全市通过土地整理共获取折抵指标2.91万亩，向外地调入及向省国土资源厅借用土地整理折抵指标8 500亩，共争取到规划指标、计划指标"双追加"项目52个，其中追加规划指标12 008亩，追加建设占用耕地指标13 027亩。此外，绍兴市还用足了"基本农田异地代保"政策。2003年，该市共向嵊州、上虞等地落实代保基本农田8 000亩。

即使如此，用地危机对绍兴的威胁却依然越来越大。绍兴市国土局在一份上交给浙江省土地整理中心的报告中指出，按照绍兴市土地利用总体规划，1997—2010年该市规划建设自留用地10.72万亩，基本农田面积269.79万亩，至2010年全市耕地保有面积308.99万亩。绍兴市国土局有关人士指出，前几年绍兴有土地整理产出指标和外购指标做保障，但随着土地整理潜力的日趋减少，目前产出指标越来越少，而外购折抵指标由于受地区封锁，路已近乎卡死。因此，这一年的用地指标将极度紧张，保障用地的形势极其严峻。

"指标圈地"的多种途径

其实，不止绍兴，整个浙江省都面临着一场严重的"土地饥渴"。而"饥渴"所带来的就是"水源"的争夺。有关人士表示，每年浙江省国土资源厅分到计划用地指标后，再根据各地区的国内生产总值、税收、投资强度、人均用地水平等经济社会发展指标，把这些指标分给各个地区。依次类推，这些指标再被逐级分配到市县、乡镇。但是，很多县市，如温州、宁波、义乌、绍兴、嘉兴等，用地指标明显不够。于是，如何争取土地指标就成了当地政府的重头文章。据了解，他们"圈地"的通道有好几种。

最常见的是通过土地整理取得折抵指标。按照国土部给各省下的"死命令"，各省在做到保持省内新增耕地"占补平衡"的情况下，通过土地整理获得的新增耕地的60%可以作为折抵指标。而且，折抵指标可以作为建设用地来使用。这给浙江取得折抵指标创造了更大的操作空间。2002年，浙江全省通过土地整理获得折抵指标 38.73 万亩；2003 年，浙江依照此法获得折抵指标 31.2 万亩。其中，2003 年湖州通过土地整理取得建设用地折抵指标近 7 万亩；嘉兴通过该法获得建设用地指标 4 万多亩；金华市以此获得 5 000 亩。

另外，还有县市积极争取"戴帽"指标。按照有关规定，"地方级"项目的用地指标由地方自己安排，"省级"和"国家级"重点项目的用地指标则分别由省里或国家来安排。宁波市规定，对省重点建设项目、注册资金千万美元以上的外资企业和农业龙头企业用地，积极争取国土资源部、浙江省的规划和计划指标"双追加"，2003 年全年共追加指标 1.4 万亩；嘉兴获得"双追加"指标 7 930 亩；台州共追加指标近 1 万亩。有关统计资料显示，2003 年浙江省向国土资源部争取国家和省重点工程建设项目"双追加"指标共计达 6.13 万亩。

"异地代保"也成为各县市"圈地"的重要手段。2002 年 12 月 1 日，浙江省人大常委会通过了《浙江省基本农田保护条例》，该《条例》第十二条明确指出："因城市总体规划调整或者国家和省重点建设项目建设经依法批准后占用基本农田，有关市、县在本行政区域内无法补充划入数量和质量相当的基本农田的，经省人民政府批准，可以在本土地利用总体规划期内，委托本省其他行政区域在当地划定相当数量和质量的基本农田代为保护。"这就是所谓基本农田"异地代保"。该《条例》还特别强调："基本农田'异地代保'的委托方应当向受委托方支付基本农田建设保护的补偿费用。"浙江省国土资源厅的统计数据表明，2002 年，浙江共批准跨市、县基本农田异地有偿代保 17.22 万亩，代保费用 2.86 亿元；2003 年，该省共批准跨县异地代保 21.42 万亩，县内跨乡镇代保 23.69 万亩，共计 45.01 万亩。目前，浙江批准异地代保已达到了 118.97 万亩。

用地指标转让成风

浙江省国土资源厅一位工作人员指出，在经济发达县市积极向上级争取"指标倾斜政策"而不得的情况之下，他们大多都会想方设法从其他县市购买一些用地指标。

有消息披露，义乌每年都要向外购买 1 万多亩指标，每亩价格在 2.3 万元至 2.5 万元，主要来自于浙江省内较为偏远的德清、长兴、安吉、开化、武义、磐安等县市。其中，德清早就做起了指标生意。2 000 年，德清县开始向外出售用地指标，当时以每亩 1 万元的价格卖了 2 000 亩；2001 年卖了 1.5 万亩，收入 1.95 亿元；2002 年卖了 1.73 万亩，收入 3 亿元。这些指标主要卖到义乌、温州、宁波、台州等经济发达地区。仅2001年以来，杭州已经从上虞、绍兴、衢州等地高价买下了将近30万亩建设用地折抵指标。而且，其手法也每年翻新。2002年12月1日，杭州市为了"东扩"，以每亩6万元的价格购买了邻居海宁县（嘉兴下属县级市）3 000亩土地的使用权，而在此之前，杭州曾出资让上虞围垦造地，获得净耕地3万亩，杭州也因此获得了上虞3万余亩的占用耕地指标。

有关人士认为，该省用地折抵指标交易价格"总的趋势是越来越涨"，因为今后"土地资源会越来越紧张"。据杭州市国土资源局局长时透露，目前杭州利用外地土地资源还只限于浙江省内。义乌市政府一位工作人员则透露，义乌早就有到省外购买指标的行动了。他表示，2003年他们曾到某省去买用地指标，价格都谈好了，但国土部不批。不过，也有人指出，省内各县市进行指标交易，批准权在省里，而跨省指标买卖的审批权在国土部，"不过现在部里还没开这个口子"。

事实上，对于用地指标的交易问题，浙江省早有规定。1998年6月16日，浙江省国土资源厅在《关于加强土地整理折抵指标使用管理的通知》中指出，土地整理折抵指标的使用必须坚持有偿的原则。该《通知》还强调，"相互间的调剂费用由调剂双方自行协商确定"。浙江省国土资源厅的调查结果表明，该指标调剂政策出台后，浙江省建设用地计划指标不足的问题开始得到缓解。但与此同时，也出现了折抵指标供需矛盾日益突出，调剂成本不断上涨的现象。甚至有些县市搞指标储备。

为了改变这种折抵指标县市自主调剂的盲目性、无序性和低效性，抑制调剂成本，2003年5月15日，浙江省国土资源厅发出《关于建立土地整理折抵建设用地指标统筹制度的通知》（以下简称《统筹制度》），开始着手建立折抵指标统筹制度。该《统筹制度》指出，建立折抵指标统筹制度，由指标调出方和调入方自愿申请，省里不搞行政性统调。尽管如此，浙江省的用地指标依然紧缺。每年到省国土厅要指标的能挤破门槛。僧多粥少的局面让浙江省国土资源厅官员很是无奈，"现在的（折抵）指标，你有钱也难买到"！

【案例思考】

1. 从公共行政学角度看，本案例主要反映了一种什么行政管理事件？其基本构成要件是什么？

2. "指标圈地"现象是如何发生的？在这一过程中，不同层级的政府及其职能部门各自承担了什么角色？

3. 从行政执行的角度看,"指标圈地"现象为什么会发生?地方政府的行为是否合理?为什么?

4. 结合中国国情,谈谈确保土地资源保护政策目标有效实现的可能对策。

案例 4　　乡镇政府"买税"现象调查[①]

中西部一些经济欠发达乡镇为完成税收任务,获得税收返还,以及营造所谓的政绩,竟以回扣、返点等"优惠政策"从外地买税充账。而且,屡禁不止的乡镇买税现象不仅造成了国家税收流失,而且导致了一些乡镇财政状况的失真,加大了政绩泡沫,滋生了干部腐败,已成为亟待根除的社会公害。

危　害

对甘肃省河西走廊某乡的一位负责人来说,"买税已是基层通行的一种完税方法"。在他所在的这个仅有 7 000 多人口的小乡,2005 年上级政府给乡里下达税收任务 118 万元,年终该乡超额完成 210 多万元。事实是,这位乡干部说,"全靠外地的同学、朋友帮忙买税,否则我这么一个小乡哪能完成"?据介绍,农业税取消后,现在乡里唯一税源就是工商税收,一年不到 50 万元。2005 年就有 120 多万元税收是从兰州、白银等地买来的。

内蒙古自治区西部一些乡镇为方便买税,甚至曾专门在附近城市成立办事处,有的乡干部甚至常年驻外"跑税"。湖南省北部地区一个农业乡,2006 年年初给每个乡干部下达的买税任务是,一般干部 5 000 元到 1 万元,书记、乡长要完成 10 万元。这个乡买税的对象主要是外地建筑老板,最远的要跑到浙江去买。

据了解,买税行为在基层有"引税"、"挖税"、"协税"等多种称呼,但本质上都是违法行为,即降低税率,通过乡镇政府垫资,以不等比例的优惠返还,将外地企业税收买到自己辖区。将别人的税变成自己的,当然要付成本。调查发现,不同地区买税特点也不一样。在甘肃一些乡镇,买税涉及的多是国税,且主要采取回扣方式,比如近年来给外地企业的缴税回扣返还,一般能达到税收总额的 10% 至 15%,相当于给买税对象九折或八五折。

如此一来,正如一位镇党委书记无奈地指出的那样:"买税实际上是政府帮助企业变相逃税,乡镇干部工资能发了,政绩也有了,但受损的是国家。"

---

① 主要参考文献:新华网北京 2006 年 9 月 20 日电,《制造虚假政绩岂能长久——中西部一些乡镇"买税"现象调查》。

动　力

据了解，买税活动大约从1996年开始，当时并不普遍。但是，随着乡镇财政缺口加大，买税活动开始流行，不少乡镇开始有了相对固定的买税对象。这种现象在一些乡镇已是公开的秘密。

"买税"对象主要是建筑、运输等行业企业。一位乡镇干部指出，现在哪里修路，乡长、镇长和书记们就往哪里跑税，通过熟人找到客商，请吃请喝，允诺给予高额返还。因为税票是统一的，交给哪个地方政府都可以，客商也乐意少交税。买税过程中发生的接待、回扣等费用，均是暗箱操作，一些乡镇干部借此虚列成本，捞取好处，很容易滋生腐败，甚至诱发犯罪。

一位不愿透露姓名的乡干部指出，前些年买税补贴优惠比例小，参与倒税的大多发财了。那时主要是乡镇领导倒腾，本以5%补贴买的税，却以10%补贴下账。内蒙古一位乡党委书记坦率地指出，"这项任务完成了就有奖金得，别的乡一个干部3 000元，我这儿最低5 000元。像我个人就可拿到三四万元钱，我自己奖励自己"。

甘肃省一项调查发现，一些乡镇实际工商税源只有897万元，而上级政府下达的工商税收任务为4 076万元，任务与税源严重脱节，导致这些乡镇买税现象愈演愈烈，用于买税的资金3年来累计高达1 013万元之多，而且无力消化。

出　路

一些乡镇靠买税将财政收入做大，直接影响了上级政府下发转移支付资金，影响了公共事业建设，损害了人民群众利益，基层干部群众对此十分反感。一位乡镇干部透露，他们县财政收入从2003年开始翻番，当年完成七八千万元，翻了近一番；2004年完成1.8亿元；2005年定的任务是2.6亿元。

至于导致乡镇买税问题普遍的原因，接受采访的乡镇干部几乎异口同声——"全是高指标给逼的"。据甘肃省一位乡镇领导介绍，他们镇有八九家企业，每年约有500万元税收，但国家返还的25%税收，市一级拿走了8%，县一级拿走了9%，乡镇只剩下8%，约40万元。"这样算来，还不如去买税，买回多少，就是多少，省事。"这位干部坦言，"养鸡生蛋不如买蛋交差，换句话说，培植税源不如买税交差"。

一项在湖南省展开的调查显示，县乡一级财政包干制度通常是县政府年初下达税收增长指标，年终超过指标者全额返还，达不到指标的乡镇，不但工资和运转经费要倒扣，还将在年终考核中被"一票否决"。洞庭湖地区一些乡镇干部反映，由于税收压力逐年加大，乡镇干部的主要精力用在买税上，完成税收增长任务成为凌驾一切的中心工作。

甘肃省国税局征收管理处一位处长指出，按照税收的属地原则，引税、买税等行为都是严格禁止的，产生这种现象的关键原因是考核指标过大，单一用税收来衡量乡镇干部业绩。不少基层干部建议，要杜绝此类买税现象，首先要认真落实科学发展观，树立正确的政绩观；其次是要进行认真的税源调查，按实际情况征收税款。

【案例思考】

1. 从公共行政学角度看，本案例主要反映了一种什么行政管理事件？其基本构成要件是什么？
2. 据你了解，类似现象在我国中西部是否普遍？在东部和沿海地区呢？为什么？
3. 分析中西部地区乡镇政府买税现象的动因及其运行机制，并且探讨预防类似现象发生的主要思路。

案例 5 报复性执法逼走外商[①]

2007年12月，福建省F市E县，新加坡商人赵生站在自己斥资亿元兴建的明园大酒店前，感觉很是复杂。8年前，他兴建了该县唯一的四星级酒店，开业后，却因不懂"潜规则"，不让吃"霸王餐"，不愿交"糊涂税"，竟遭到了地税部门的报复性执法，导致事业难以为继。如今，他只能选择离开。

拒绝"霸王餐"惹的祸

"在新加坡，官员吃'霸王餐'是要丢官的。现在事情闹到这步，也怪我'思维僵化'，没考虑到这儿的环境。"说起多次向地税局"讨账"的事，赵生似乎有点后悔。

据明园大酒店餐厅经理透露，县地税局的人多次在酒店这里吃"霸王餐"。有一次三个人来吃饭，花了1 400多元，不买单，说是地税局长。后来一问才知道，是地税局一个下属分局的局长，但我们之间并没有签单协议，结

---

① 主要参考文献：(1) 韩志金，王海，《安溪税霸吓跑新加坡商人》.《市场报》2007年12月26日第1版；(2) 珑铭，《报复性执法逼走外商源于税制弊端》，《上海证券报》2007年12月27日第5版；(3) 马欣编.《福建安溪明园大酒店状告当地地税局事件调查》，北方网，2008年1月20日 14：22. http://news.enorth.com.cn/system/2008/01/20/002690165.shtml

果就让他们结了账。还有一次，确实是县地税局吴局长自己来吃饭，饭后服务员让他买单，他说让办公室主任来结账，就走人了。结果等了好久，办公室主任也没来。

酒店的账单显示，仅2006年1至3月份，E县地税局在明园大酒店吃住消费18 289元，却迟迟不结账。其中，仅仅3月12日一顿午餐，地税局12人就消费7 502元，其中主要是鲍鱼；3月15日，吴局长独自一人点了红烧大鲍翅和两个小菜，吃掉350元。

吃饭就要掏钱，政府部门更应自律，这是侨商赵生的思维方式。由于县地税局迟迟不结的账单，明园大酒店就"不识趣"地上门讨账。酒店到地税局步行不到5分钟，2006年酒店餐饮部主管和同事多次去地税局要钱，但"他们就是不给。其中一次地税局对我们说，你们价格太高，回去把价格调低了再来要钱！其实我们给地税局的价格已经最低了。后来再去要账，结果就被臭骂'不识相'"！

"员工回来向我哭诉，我就搞不懂，你欠账，我要钱，为啥竟然是我'不识相'？可不久后发生的那一连串事件，让我彻底明白了！"赵生叹息道。

执法大检查

2006年9月25日上午10点半，突然有13个人开着一辆面包车，将明园大酒店正门堵住。然后，这伙人大声喧哗着直奔前台、财务部和保安部，声称是税务局来查账，却没有按照有关法规，履行出示检查许可证、税务检查证、税务检查通知书及制作检查笔录的程序。并且，13个人中只有一个身着税务制服。因此酒店工作人员还拨打了110报警电话。后来，由于酒店员工认识其中一名安溪地税局的工作人员，才知道这是F市地税稽查局专门针对明园大酒店的"执法大检查"！

据当时在场人员回忆，其中两名男子直接闯入酒店前台工作间，控制了酒店管理系统电脑；另外8人冲进财务室，喝令财务人员站到一边，然后占据所有电脑，开始拷贝资料。此时，酒店办公全部中止，电脑、报表、账本和办公室均被控制，并被要求打开总经理办公室检查。随后，执法人员装好4大箱账本，拆下酒店财务经理和出纳的2台电脑主机，准备带走，并拿出"调取账簿资料清单"，强行让财务经理盖章。被拒绝后，执法人员就在财务经理的桌子内搜出财务专用印章，抓起来自己盖了上去。

检查临近结束时，在场的酒店负责人才想起来要求出示相关执法手续，执法人员这才现场填写了《税务检查通知书》，双方签署日期为2006年9月25日11时。此时，检查已进行了半个小时，并接近尾声。

次日，E县地税局拖欠不到两万元的食宿款到账了，可紧接着，重重的罚单也来了。

F 市地税局通知酒店，要补缴税费和罚款 187 万多元，要求把钱打到 E 县地税局的账户上。后经举行听证会，又减为 120 多万元。F 市地税局出具了两份针对明园大酒店的文件，一份是"少缴金额、滞纳金、罚款合计 1 874 044.36 元"，另一份是"少缴金额、滞纳金、罚款合计 1 227 446.36 元"，两者相比少了 60 多万元。此外，在地税局作出的《处罚决定书》中还有一笔"糊涂账"：其"个人所得税——利息股息所得"一项虽没有"少缴金额"，却被"罚款" 646 598 元，让人莫名其妙。

拒缴"小姐税"屡被断发票

在商人赵生看来，F 市地税局出具的《处罚决定书》罚单中许多项目是无中生有，让人搞不懂；并且还不能对账，只笼统告诉该缴的数字。

在 E 县地税局征收的若干税种中，最令人匪夷所思的当属"小姐个人所得税"，也就是当地俗称的"小姐税"——不管酒店有无"小姐"，都需按照床位数、KTV 包间数、桑拿按摩室数，以一定比率来"核定""小姐"数量，按照每月每名"小姐"340 元的额度向酒店征收。明园大酒店就被地税局"核定"出 18 名"小姐"，并以此缴纳"小姐税" 87 380 元。后来，明园大酒店认为中国大陆并不允许"小姐"服务，所以拒绝再缴该税。

同时，在一些项目的征收上，之前就存在一些争议，但 E 县地税局的处理方式却不能让人理解。比如，明园大酒店二楼餐厅包厢明明没有安装 RTV（安装有实时视频点播系统的歌舞娱乐场所）音响系统，由于酒店财务误报，导致缴了两年根本不存在的 RTV 娱乐业营业税。酒店发现后，向地税局要求更正，而地税局却要求酒店继续申报纳税。后来酒店据理力争，虽取消了这个税种，但地税局却坚持要将酒店其他项目的定税调高，以确保酒店税收总额不变。

此外，双方还曾就该不该缴纳"城市房地产税"的问题，各自拿出法规依据争论不休。明园大酒店根据《城市房地产税暂行条例》和《福建招商引资优惠政策》，认为应免征"城市房产税"三年；而 E 县地税局则拿出《国家税务局关于外商投资企业新建房屋适用城市房地产税政策的批复》，认为应当向明园大酒店征缴该税。

由于双方存在争议，地税局竟以不卖给酒店发票的手段来制裁，导致酒店难以正常经营。后来，此事还是经主管副县长两次出面协调，才得以解决。

相关部门坚称无过错

12 月 24 日，E 县地税局书面接受了媒体采访。对于"小姐税"的问题，该局称，这是"酒店行业一些高收入服务人员劳务报酬的个人所得税"，以 E 县所在 F 市地税局的文件为依据；对于"霸王餐"的问题，该局称"E 县乃至整个 F 市酒店业的通常做法是给予单位消费者先行签单消费，后再统一结算转账付款"，而非"连续几个月催讨不来、经投诉半年才把钱要回"；关于"报复性执法"问题，该局称 F 市地税稽查局与其是平行机构，前者对明园酒店的专项检查"是独立执法行为，与我局无任何关系"；对于"RTV 相关税收"问题，该局称他们是根据申报和调查到的实际情况来核定的；对于"城市房地产税"的问题，该局称他们是依法征收，多次催缴并发出限期整改通知书，但明园大酒店依旧未予改正，继续拖欠税款；至于两次暂停供应发票的问题，该局根据税法条文，认为有税法可循。

同一天，F 市地税稽查局一位胡姓副局长也接受了媒体采访。依据《福建省保护华侨投资权益若干规定》第 14 条规定："凡进入华侨投资企业之检查人员，必须向被检企业出具检查许可证明，并于每次检查完毕后向被检查企业出具检查登记证。对于未出具检查许可证明的，华侨投资企业有权拒绝检查。"而这位副局长说，自己不知道应当出具上述检查许可证明和《检查登记证》，而事实上也没有出具。此外，《行政处罚法》第 37 条明文规定，"询问或检查应当制作笔录"，但这位副局长则认为，在执法检查时，检查笔录可以制作，也可以不制作。

经媒体报道后，明园大酒店与当地两级地税部门之间的纠葛引起社会广泛关注。中国行政法学研究会会长应松年教授等多名知名法学专家对此案提出了他们的意见。专家认为，2003 年到 2005 年，E 县地税局向明园大酒店征缴"城市房地产税"656 158.87 元，其依据与上位法违背，当属无效；F 市地税稽查局 2007 年 8 月 30 日对明园大酒店的处罚事实不清，适用法律错误；征收"小姐税"更是缺乏法律依据；此外，从程序上讲，2006 年 9 月 25 日 F 市地税局稽查局进行税务检查，没有按照规定履行表明身份、出示税务检查证和税务检查通知书、告知等重要程序，属于严重违反法定程序，行政处罚行为应予撤销。

【情景模拟】

1. 尝试以小组合作形式，根据本案例材料以及我国国情，模拟本案例中 E 县地税局针对明园大酒店展开的系列执法中相关主体之间的互动过程。

2. 假如您是案例中 F 市地税局相关领导、F 市地税稽查局胡副局长、E 县地税局吴局长或新加坡商人赵生以及 E 县一名普通公民，您如何组织或看待 E 县地税局与 F 市地税稽查局的相关行政执法行为？

【案例思考】

1. 依据公共行政学相关理论，本案例所反映的主要是一个什么行政管理现象或事件？

2. 请根据案例材料，分析 E 县地税局与 F 市地税稽查局相关行政执法行为的基本内容、法律依据、行为目的与可能影响。

3. 结合国情，分析 E 县地税局与 F 市地税稽查局相关行政执法行为可能存在的主要问题，并探讨其成因和可能的对策。

4. 结合国情，预测案例中相关行政执法行为的可能发展趋势，并谈谈其中蕴含的经验与启示。

第11章
行 政 监 控

一、本章学习目的与要求

说明：通过本章学习，了解行政监控、行政监控机制等相关概念的含义，理解行政监控体系的基本结构、功能、运行机制及其基本原则、所面临的问题及其发展趋势，尤其是要掌握中国行政监控体制的基本结构、运行机制、基本原则、面临挑战与发展趋势。

二、本章考核知识点与考核目标

识记：行政监控、审计监督、社会监督、公民监督、人大监督、司法监督等相关概念的基本内涵，行政监督体制等相关概念的基本内涵。

理解：行政监督体制的基本构成、功能特征、运行机制及其发展趋势，不同类型行政监督的功能特征、运行机制及其各自优缺点，中国行政监督体制基本构成、功能特征、运行机制及其原则、可能面临的挑战与发展趋势。

应用：运用所学公共行政学理论知识，分析案例中特定行政监督行为或现象的发生过程、表现形式、影响因素、运行机制、功能特征、实践效果、可能存在的问题及其可能的经验教训与应对策略。

案例1　　　　　　　一场审计风暴[①]

意料之外

这原本是一次例行的审计工作报告。

2003年12月22日，深圳市政府向深圳市三届人大常委会第二十九次会议提交了《深圳市2003年度绩效审计工作报告》（以下简称《审计工作报

---

① 主要参考文献：雷剑峤，《深圳审计风暴始末》，《南方周末》2004-01-15。

告》)。报告公布了海上田园风光旅游区、深圳经济特区污水处理厂、深圳市经济合作发展基金和深圳市福利彩票公益金4个项目的绩效审计情况。但是，这份报告所揭示问题之严重出人意料，否则也不至于引发之后的"风暴"。引用当地某媒体的简要概括，这4个政府投资项目的"不妙之处"在于"海上田园风光旅游区净亏3 500万元；特区污水处理厂108名员工竟有宿舍228套；市经济合作发展基金违规动用7 719万元建大厦；市福利彩票公益金改变用途、随意支配"。

随即，深圳市人大计划预算委员会提交了关于深圳市2003年度绩效审计情况的初审报告，建议"依法追究责任单位和责任人行政、法律责任"，"坚决防止'可批性'报告，强化项目评审，努力提高决策水平"。深圳市委书记、市人大常委会主任黄丽满在当天召开的深圳市三届人大常委会第二十九次会议上直言相斥，"有些人就是不心疼财政资金，花起钱来大手大脚"。列席会议的深圳市代市长李鸿忠也发了话。他说，政府投资的每一个项目、每一笔资金，相关部门都必须时刻想着这是纳税人的钱，一定要用好、管好。

于是，深圳市监察局立即介入海上田园旅游区等4个项目的调查。次日，深圳各新闻媒体亦迅疾跟进，在往后几天里，有关"绩效审计"的报道与评论成为深圳所有报纸的头版内容。深圳市民政局、财政局、建筑工务局、城管办公室等职能部门也纷纷站出来表明态度。一场"风暴"就这样掀起，并以极快的速度刮遍了深圳全部政府部门，一次例行的审计工作报告竟引发了一场席卷全体政府部门的自我整治运动。

一些专家评论说，这是一个创举。

风暴动力

实际上，在开始选定绩效审计项目的时候，审计局对这4个项目的情况并不是十分了解。审计局副局长孙更生坦诚，"2002年在宝安区财政审计时听说海上田园的一些事，具体就不清楚了"。

2001年6月，《深圳特区审计监督条例》规定审计局每年必须向市人大常委会提交当年的绩效审计报告、财政预算执行情况审计报告与国土基金审计报告。2002年，审计局第一次对深圳市卫生医疗系统12个医院购置大型医疗设备的情况进行了绩效审计，指出其价值超过6亿元的医疗设备存在相当程度的浪费、闲置情况，反响较大。第二年年初，审计局要求下属的财政审计处、行政事业审计处、资金审计处和政府投资审计专业局在平常工作接触范围内各选3个绩效审计项目，提交到局里，然后在业务会上陈述各自理由、条件并反复论证，最后经局里研究决定入选项目。那4个绩效审计项目正是这样被选出的。

审计局对每个选定的项目都派出了一个审计组，多则八九人，少则三四人。从6月到11月，业务骨干都派上了，最后终于完成了上述《审计工作报告》。按照程序，在《审计工作报告》完成之后，市审计局同时提交给市政府与市人大计划预算委。当市政府向市人大常委会提交《审计工作报告》进行讨论的时候，计划预算委也必须出示初审意见。然后，才是人大常委会进行讨论。对于这次选定的4个项目都出现比较大的问题，孙更生没有感到很意外，"一般情况下，在市场经济发展的过程中，极少有发现不了任何问题的"。

深圳市政府对《审计工作报告》提出的问题主动纠错、自曝其丑，固然值得欣喜。但事后看来，"风暴"的推动其实并非完全依靠制度的力量。深圳市注册会计师协会秘书长、市人大计划预算委员会委员郑学定直率地指出，"这件事能公开的确不简单"。民政局是福利彩票公益金的主管部门，福利彩票公益金管理使用存在着公益金被改变用途随意支配、账上结余发行经费5 668万元被突击挪用等多项问题。市民政局办公室副主任马宏也认为，4个绩效审计项目的审计结果向社会广泛公开是"情理之中"的事，"不过也在意料之外"。事实上，连市人大计划预算委副主任董国强都承认，在计划预算委对《审计工作报告》进行初审的时候，他没有预料到市政府会将自己的投资失误公之于众。董国强认为，"丽满书记听完报告后就当场指出，计划预算委的几条意见都很好，要以此为契机，政府要进行审查。鸿忠市长也列席了，他也当场表态要主动接受社会各界的监督"。在他看来，这或许才是此次大规模风暴的主要原因。

事实上，接受采访的许多政府官员的看法相类似："这次行动声势之大和领导的决心分不开。"

问责难题

在市人大计划预算委的初审报告中，明确提出了"依法追究责任单位和责任人行政、法律责任"的建议。然而，这4个政府投资项目都启动于多年以前，期间领导干部大多已经经过换届，这场"风暴"又将如何追究前任领导的责任？这是一个敏感的问题。事实上，就在2002年年初，《深圳市2002年度绩效审计工作报告》审计出深圳12家市属医院有价值超过6亿元的医疗设备存在相当程度的浪费、闲置情况之后，其最终结果也只是内部整改。

根据有关媒体报道，深圳市监察局此次已经及时介入。但是，监察局廉政宣传教育室主任高兴文谈起此事时，语气却略显沉重，"没有确切的时间表，只能说现在正在做准备，这不是一下能说得清楚的"。首先，监察局掌握的资料不足，用高兴文的话来说，"如果没有审计报告，我们都不知道这些事"。其次，这4个项目并不是性质已经明确的经济案件，其中有没有形成案件的要素——比如说贪污挪用公款等行为——还要等调查以后才知道。高兴文强调指出，"这只属于检查项目"。至于责任追究问题，监察局某领导坦承，更是没有考虑到这一点。

不过，这位领导说，"我们也希望给群众一个满意的交代"。

政府决策过程

在《审计工作报告》中可以看到，这4个绩效审计项目都是持续多年的大型政府投资项目，理应进行过科学而周密的可行性研究，但为何依然会出现如此严重的投资失误现象呢？不妨以涉及金额最多的海上田园风光旅游区为例，看它是如何通过投资论证的。

在1995年至2000年，陈棠颐担任深圳市人大计划预算委员会主任。他记得在1997年左右，深圳市一位市领导在现在海上田园所在地宝安区沙井镇说了这样一句话，"这个地方要保护起来，可以用来搞开发搞旅游嘛"。不过，陈棠颐却指出，"我一直不明白这个结论是怎么得出的"。无论从什么角度看，沙井镇都不是一个适合搞旅游开发的地方：北边是东莞沙角的电厂群，那是整个东莞市最大的污染源；南边是深圳宝安机场、麻湾电厂和香港的烂角嘴电厂；石盐镇的污水也引到了这里。这三点使得沙井镇的空气、水质、噪音等都很不符合旅游区的条件。更重要的是，此地地貌属于珠江冲积平原，"也就是烂泥塘，打地基要用石头来填的"。

尽管如此，1998年深圳市"两会"期间，市人大计划预算委对这一年政府投资进行预算时，海上田园的可行性研究经费却是赫然在列。"那笔预算是包括海上田园在内的许多项目的可行性研究经费，数目也不是很多，大概有几百万吧。"陈棠颐说，这样的情况不可能对其逐一仔细研究，于是那笔"几百万"的可行性研究经费就批下去了。不料一年之后，又是"两会"期间，陈棠颐与其他计划预算委的委员们被吓了一大跳：他们发现海上田园项目已经投入了上亿元的钱。

这笔钱究竟是如何投进去的？陈棠颐与其他计划预算委的委员们至今不得而知。他们只是在去海上田园考察时看到了这样的景象：由于选址时没有考虑到地质原因，修一条从沙井镇直通海上田园的公路的地基需要每平方米打4根桩，光是这项工程就花去了当时的大部分投资。截至2003年6月30日，海上田园实际资金投入9.38亿元，其中政府直接投入6.67亿元（含园区外市政投入1.5亿元），累计净亏损3 515万元（未包括应计提的折旧费用和公司贷款利息）。陈棠颐说，"如果及时刹车的话，损失可以少一点的。但是到底有没有讨论、讨论的结果是怎么样，我也不知道"。

前不久，陈棠颐遇见了沙井镇的一个领导，就责怪他曾经支持海上田园项目。那位领导却振振有词地说,"我为什么那么笨要去反对领导的意见呢?再说钱是放到我们沙井镇来的,我为什么要出声"?

监督机制疑问

在决策机制科学性有待加强的情况下,能否依靠审计部门的力量来进行事前监督呢?也就是说,事前审计有没有可能实行?

据市人大计划预算委副主任董国强透露,"(深圳市人大)计划预算委正在与审计局研究下一步审计工作的走向"。事实上,一部《深圳特区政府投资项目审计监督条例》已经在市人大通过二读,其中规定重大的政府投资项目或者审计部门认为有必要的投资项目,都必须进行全过程跟踪审计。他强调,"这方面应该加强,不然都是'马后炮'"。

然而,审计局副局长孙更生认为,审计部门今后的职能仍然以事后审计为主。究其原因,一是人力有限、现实操作困难,二是在目前的审计体制中,审计的主要目的是评价、总结,并没有单纯提出加强事前审计的要求。另一方面,在他看来,假如能以此次事件为契机促使审计结果公示形成制度,领导的个人推动或许就可以为制度的正常运行所替代。

审计局一位处长在接受采访时说,把《审计工作报告》全文都公布了,"这已经是我们所能做的极限了"。不过,孙更生承认,从严格意义上讲,这次对于4个项目的透明化处理仍然不是真正的审计公告行为;如果是真正意义上的审计公告,"那应该按照专门的规定、以专门的形式执行。而这次更多的是借助领导的力量,媒体的力量"。换句话说,假如媒体没有把《审计工作报告》刊登出来的话,普通市民仍然不能从正常途径获知审计结果。真正的审计公告行为应该是可以确保普通市民随时获取审计结果资料的。孙更生拿过一份《审计署关于防治非典型肺炎专项资金和社会捐赠款物审计结果的公告》,上面注明"2003年第01号(总第01号)"。在他看来,这份公告就是中国第一份真正意义上的审计公告。

当谈及今后是否还会像2002年那样将绩效审计结果公开到如此程度时,审计局一位领导说这还未能确定,"不过这是中国审计向国际惯例靠拢的一个有效形式,非常必要"。他指出,在2003年国家审计署制定的5年工作规划中就规定了将逐步实行、扩大审计公告行为。"不过",他又说,"这需要过程"。

就在审计风暴之后几天,深圳市检察院起草的《深圳市预防职务犯罪条例》似乎让人看到了这一过程的加速。这份条例规定,新闻记者在预防职务犯罪采访工作过程中享有知情权、无过错合理怀疑权、批评建议权和人身安全保障权,任何单位和履行职务的人员应当配合、支持、自觉接受新闻媒体的监督。不可否认,这是新闻媒体行使监督权方面的一次较大突破。但是,据了解，这只是在"全市预防职务犯罪工作征文表彰大会暨2003年度工作总结大会"上提出的一份草案。据一位检察员透露，这份草案已经发给检察院内部各部门、区院、党组成员和专家进行讨论了，但就是在检察院内部也尚未得到一致认可，"到时这些条例还是不是这个样子都很难说"。

据向人大常委会提出议案建议制定这份条例的人大代表、检察院预防职务犯罪委员会委员郑学定估计，条例的正式实施"至少要一年"。他的态度与那位审计局领导几乎相同。

他说："现在仅仅是一个开始。"

【情景模拟】

假如您是案例中深圳市委书记、市人大常委会主任黄丽满，深圳市人大计划预算委员会主任陈棠颐，深圳市审计局副局长孙更生，监察局廉政宣传教育室主任高兴文，市民政局办公室副主任马宏，沙井镇相关领导，人大代表、检察院预防职务犯罪委员会委员郑学定以及深圳市一名普通公民，您如何处理或看待《深圳市2003年度绩效审计工作报告》所涉及的相关问题项目及其由这次绩效审计报告印发相关审计风暴？

【案例思考】

1. 依据公共行政学相关理论，本案例所反映的主要是一个什么行政管理现象或事件？
2. 我国行政监督体制的基本构成如何？审计部门在整个体系中的主要职责是什么？
3. 案例中"审计风暴"是如何发生的？其促成因素主要有哪些？存在哪些问题？
4. 结合具体案例，谈谈我国审计部门实际职能运行状况；运用所学理论知识，进一步分析健全我国审计监督的可能途径。

案例2　　一个普通纳税人的公益诉讼[①]

　　超出预算购买两台小车，让财政局成了被告。2006年4月3日，湖南C市的一位村主任老蒋，以一名普通纳税人的身份将C市财政局告上了法庭，

[①] 主要参考文献：洪克非，徐亮，《农民告财政局长超预算买车，局长：农民是纳税人？》，《中国青年报》2006-04-05。

要求法院认定该市财政局超出年度财政预算购买两台小车的行为违法,并将违法购置的轿车收归国库,以维护纳税人的合法权益。

奇特的诉讼

4月3日上午,老蒋快步走进C市人民法院,将起诉状递进了立案庭。老蒋是C市某村村委会主任,被推上被告席的则是C市财政局。起诉的理由是:他认为市财政局在2005年度违反C市财政预算,违规购买了两台小车。为此,他以一个纳税人的名义起诉,要求法院认定财政局的这一行为违法,并且将两台车收归国库,以维护纳税人的合法权益。

一个村主任为何将市里的财政"管家"推上法庭呢?老蒋声称,他经常到县里办事。2005年年初,他在市财政局发现多了两台小车,听说是单位购买的。此前,他知道该局已有3台小车。

此后,和人聊天时,老蒋常问及的一个问题是:一个单位究竟可以买多少车?什么标准?但都没有答案。一次偶然的机会,他从一位人大代表处看到了C市2005年度的市本级预算,发现2005年度的预算里,财政局根本没有购车指标。经向人问询,他心中的疑问得到了回答。有人告诉他,按照规定,"政府采购应当严格按照批准的预算执行"。因为,除了购车款,两台车司机的费用和养车的费用都是不小的开支。

经他查证,财政局买的两台车,一台是别克SMG7200型,一台是长安福特汽车公司生产的蒙迪欧CAF7200A型,价格不菲。对于这些单位为什么敢这样乱花钱?老蒋一直想搞个明白。不过,由于朋友们都说他是"狗拿耗子多管闲事",因此犹豫不决。

2006年2月28日,按捺不住的老蒋给C市财政局寄了一封《关于要求C市财政局对违法购车进行答复的申请》。信中称,根据《宪法》规定的权利,他有权利要求财政局将对此事的处理情况及其他相关事宜给予答复。但此信石沉大海,未有回音。

没有得到正式答复的老蒋被激怒了,他聘请了一位律师,准备对此事起诉。这位律师曾经帮他打过行政官司,并赢回了村主任的乌纱帽。律师的调查结论是,C市财政局2005年购买的两台车价值近40万元,而且这两台车超出了科级干部配车标准。并且,他从市车辆管理所得知,C市财政局一共有5台车,而财政局的车辆编制只有4台。

在经过一段时间的准备后,4月3日,老蒋终于来到了法院。当天下午,C市人民法院立案庭签收了诉状。法官告诉他,根据《行政诉讼法》的规定,他们会在收到诉状后的7个工作日内作出受理或者不受理的决定。

财政局长的疑问

C市财政局是否在2005年违规购买了这两台小车呢?在财政局和法院的大院里确实存放了两台被控违规购买的别克和蒙迪欧小车。颇新的车身也证实其"服役"期确实不长。

据C市人大常委会财经工委副主任邓某介绍,在2005年C市人大常委会通过的市本级财政预算中,市财政局的预算经费是62万元,其中包括两万元的教育经费,但里面没有购买车辆的项目。按照规定,要是有相关安排,应该会细化到具体项目。他补充说,市财政局如果添置了车辆,也有可能是通过其他渠道添置的,比如上一级财政部门或其他部门拨下来的车辆。但是,市财政局目前核定的车辆编制是4辆。邓主任指出,如果超过编制购买是不允许的,但是具体情况他不太清楚。

事实上,C市财政局周局长也承认添置了两台小车。但他坚持这一行为并没有违规,理由是此事得到了C市市委同意。而且,其中的一台,是上级部门给予的奖励。关于车辆超出核定编制的问题,周解释说,局里有一台桑塔纳车已经老化,上个月卖给了下面的乡镇。但是,他说,因乡政府不愿意过户,所以还没有办理过户手续。而据律师提供的证据,C市财政局有5台小车,分别是一台蒙迪欧、一台别克、一台猎豹、两台桑塔纳。蒙迪欧、别克的初次登记日期分别是2005年7月和5月。这两台车中,一台是通过政府采购购买的,一台未经过政府采购。

此外,C市财政局周局长还认为,老蒋的这种起诉应该是没有道理的,因为该局没有违规购车。他反问,如果每个人都起诉,那岂不是给购车单位带来很多的麻烦?他同时质疑,原告老蒋是一个农民,现在已经取消农业税,他是否具有纳税人的资格呢?

当有人告知,老蒋在取消农业税之前每年都缴农业税,2005年和2006年也缴过劳务税等其他的税之后,他再次提出疑问:"他缴的税到底够不够买一台车,够不够发工资呢?"

纳税人意识

在当地,老蒋的行为也令人费解。

一个值得注意的背景是,1999年,C市某村第一次海选,全村近500张选票中有404张投向了老蒋。当选为该村第一任"海选"主任后不到两年,由于他"擅自"减少税收额等行为,老蒋被镇党委、政府罢免了村委会主任职务。在多次找上级政府要求纠正镇党委、政府这一违法行为而无效果的情况下,他一纸诉讼将镇党委、政府告上了法庭。最终,法院依法判决撤销了镇党委、政府的决定，老蒋得以复职。几经波折的老蒋由此认识到了依法行政的重要性。

另一个事实是，作为被告的 C 市财政局，两三年前，其干部职工在该市一家宾馆用餐，签下 200 多份欠账单，欠下数万元费用一直不还，导致宾馆负责人采取了扣押该局车辆的手段，并引发纠纷。此事最后在湖南省委领导的关注下得以解决。

但是，老蒋此次破天荒的诉讼，成了当地干部群众饭后的谈资。

一位 C 市政府的干部说，老蒋的做法纯属"多管闲事"，因为这些事情有人大监督，有党委、政府部门管理，有纪检、司法部门查处，还需要一个普通公民来直接"叫板"吗？

也有人认为，这种较真虽然比较突兀，但政府部门应有面对来自纳税人个体监督的正确心态。他们指出，"这些钱，难道就没有纳税人的血汗在里面吗？所以多对他们监督是有必要的。"

C 市人大常委会一些干部的态度则颇为开明。C 市人大常委会财经工委副主任邓某就认为，"这说明我们纳税人的权利意识提高了，是社会的一种进步"。他强调，纳税人对税款的使用应该有知情权，这些钱用到哪里去了，用去干什么了，应该有个了解。他认为起诉也是一种合理的要求。

编后：在 2006 年召开的全国两会上，有人大代表指出，2004 年，全国至少有公车 400 万辆，公车消费财政资源 4 085 亿元，大约占全国财政收入的 13%以上。这么庞大的公车消费开支，显然远远超出了根据工作需要和级别配备公务车辆的规定。那么，如此多的超标车，是如何一辆辆得到批准或默许的呢？发生在湖南 C 市的这桩"民告官"诉讼，触动了这一不正常现象的冰山一角。

【情景模拟】

假设您是老蒋、C 市财政局局长、C 市人大常委会负责人以及一名普通公民，您将如何对待或看待 C 市财政局购车事件？

【案例思考】

1. 从行政环境与行政监督关系角度看，本案例反映的是什么公共行政事件？
2. 根据案例资料，老蒋所提起对 C 市财政局的这一诉讼是什么性质的诉讼？有无法定依据？他为什么要提起诉讼？
3. 结合中国国情，分析本案例所涉及事件的发生背景和意义，尤其是分析其对我国政府官员行为的可能影响。

案例 3　　　广东省政府预算决策改革①

"我们第一次知道，政府怎么在花钱"

1月14日，拿到一本淡蓝色封面的"大部头"时，前来参加2003年广东省人大会议的省人大代表郭先生很是吃惊："这么厚一沓"！这本所谓的"大部头"是广东省2003年度省直部门预算表，3厘米厚、605页。在新的财政年度，广东省102个省直部门将凭这几百页纸支出220亿元的巨额资金。这些资金，全部列出了项目类别、名称、资金来源以及简要说明。有关人士认为，这注定是一次具有标志性意义的事件；它标志着人民的代表——民意，从此将对人民缴纳给政府的钱财的去向，真正进行严格的审议和监督。原因很简单，正如另一位来自汕头的代表乌先生所说，这是"我们第一次知道，政府怎么在花这些钱"。

以省政府办公厅的预算内容为例，一位代表指出，"每一项都列得很清楚，你看这里有一个专项性公用支出，副省级雇员待遇共15万元，后面有简要说明：副省级领导24人，由办公厅管理，按规定享受雇员待遇"。这在以前是不可想象的，一位连任几届的代表指出，"过去的预算只有几张纸，几个大数字，例如基本建设一项，列个100多亿元，这些钱具体怎么花？不知道"。

对此种说法，广东省人大财经委一位主任表示认同。他认为，以往人大对财政预算的监督，大多流于形式。而在这种情况下，"不知道政府花钱的具体内容，监督怎么落到实处呢"？在他看来，随着预算的细化，人大对政府财政的监督，将由程序性监督，转为实质性监督，由软监督转向硬监督。

人大代表的质疑

预算细化之后，人大代表的"硬监督"很快便体现出来了。1月16日，参加计划预算委员会会议的几位代表便对预算草案中的两个支出提出了疑问。一位代表指出，省国土资源厅4个处室，都申请了宣传教育经费，加起来总额高达169.4万元，这是不是重复申请？金额是否过大？代表们提出的另一个疑问是，省政府办公厅2003年的支出中，省属幼儿园一院的财政拨款812万元，二院的财政拨款592万元，政府是否大包大揽？

这两个疑问，成为当天讨论会的焦点。在会场上，省财政厅的刘厅长显然

---

① 主要参考文献：张立，《220亿政府开支将怎么花》，《南方周末》2003-01-23。

无法回答这个问题,但他的行动很迅速。1月18日,所有参加当天会议的代表都收到了一份加盖省财政厅、省政府办公厅、国土资源厅公章的情况说明。

在说明中,省国土资源厅作出了解释,"4个项目看似相同,但确有内在区别,我厅在编报2003年部门预算时,采取由下至上,4个处室按处室职能分工不同分别编报……为使项目资金用途更规范、透明,故按项目承担单位的不同进行了分类……"在对4个项目进行说明后,国土厅还列出详细开支的计划。而省政府办公厅则从预算安排的必要性和资金开支作出了解释,并附上了两个附件,以说明拨款的理由。

一位不愿透露姓名的代表认为,这些解释不一定很到位,但他们的态度很好,对代表提出的疑问很重视。他还提醒人们注意加盖公章的日期,"省政府办公厅的解释是1月16日,也就是会议当天,省国土厅和省财政厅是第二天,文件第三天就送到我们手里了"。当初提出疑问的一位代表则表示,"这一过程的象征意义更大"。不过,这位代表拒绝公开他的姓名,他反复强调,"公开不太好"。

第一份修正案

1月17日,广州代表团廖女士等11位代表,联名提出了广东乃至全国的第一份预算修正案。不过,廖女士显然还不太相信自己创造了这个"第一"。她为此惊讶地说:"不会吧,我还以为有不少人提了。"

廖女士是广州昊天化学集团公司的生产部副经理。在翻看预算表里的政府性基金支出,她发现其中没有医疗保险基金。促使廖女士特别关注医保的是这样一件事:她的一位同事退休后患慢性肝病,因为无钱住院,2002年11月不幸去世,"死后还留下了6 000多元的医药账单,没法报销"。

但是,这份预算修正案最终未能提交大会审议,广东省经贸委一位主任认为,"这份提案超出了省政府的权限,只有国务院和财政部批准,才能设立此类基金"。

长路漫漫

尽管人们高度评价这次人大详细审议政府预算的意义,但从实际效果来看,显然尚有许多地方有待进一步改进。

其中,首先是预算的专业性过强。代表乌先生是汕头大学数学系一位教授,对于厚厚的预算表,他坦言"看不太懂"。同样的困惑者不在少数。在有关媒体记者随机走访的10位人大代表中,有9位代表表示,"只是选择一部分看了看","看不太明白其中的门道"。实际上,即使在计划预算委员会的讨论会上,也仅有几位代表将预算表摆在桌上翻阅。

此外，预算表封面上的几个字——"秘密，会后收回"——也引起了争议，一位人大代表对此颇为疑惑：政府花的是纳税人的钱，纳税人难道没有权利知道政府怎么花？一位记者在采访时提出翻阅预算表的要求，也几次遭到婉拒。

对于这些问题，广东省人大财经委一位主任指出，预算工作专业性很强，要将监督的工作落到实处，还有不少的地方需要完善。不过，据了解，人大代表们呼声最高的是建议人大成立专门的机构，先行审查，再向人大代表提交具体的意见。例如，能否从人大各个专业委员会选出一部分专家，再吸引社会上的财政预算专业人士，组成专门的"预算审查委员会"？而人大财经委一位人士认为，如果仅仅只是公开，在有限的几天会期里要翻完整个预算都有困难，更谈不上调查。在国外的议会中，财政监督是一项日常工作，往往设立预算委员会、拨款委员会等机构，在议会授权下，对预算以及每笔拨款，行使审批和监督权，大的拨款支出，则还需进行议会辩论、投票。

省财政厅预算处一位处长则认为，同样的专业机构，有必要在财政厅也设立，一方保证预算起草的科学与合理，一方负责执行的监督与审核，这样才有利于建立一个规范、透明、科学的公共财政、阳光财政。

【情景模拟】

假如您是案例中所涉及的一位广东省人大代表，将如何处理或对待手中的广东省2003年度省直部门预算表？为什么？

【案例思考】

1. 根据我国宪法与有关法律，人大与政府之间是一种什么关系？实际上呢？
2. 从我国省级人大与政府之间的法定职能关系出发，分析广东省所采取的新举措的进步性与存在的不足。
3. 结合本案例，分析我国政府的人大预算监督制度基本健全思路。

案例4　　　　总理三次批示之后[①]

2003年12月18日，下午4时，面对满屋来讨债的村民，洪喜哭了。洪是

[①] 主要参考资料：（1）张立，沈亮，《官员胆大，总理批示难于执行》，《南方周末》2004年8月5日；（2）钟青，《鸡西市政府虚假报告骗总理　总理三次批示要解决》，《中国青年报》2004年7月22日第A1版；（3）董倩等，《非要总理批示三次吗？》，CCTV《央视论坛》。2004年7月21日10：32. http://news.sohu.com/20040721/n221116223.shtml.

H省J市市郊区村的村支部书记，他领着村里人出外打工，没想到5万多元的工资款却被拖欠，眼看就到年关，村民们发怒了。不料，洪喜拿出一瓶敌敌畏，仰脖子一饮而尽。

村民们这下慌了，乱成一团，赶紧送医院，赶紧联系抢救……洪喜这条命，最终被J市肛肠医院救了回来。不过，这事后来可闹大了，摆到了国务院总理温家宝的案头。

10年讨债路

这些民工全都服务于H省国际工程技术合作公司（以下简称"国际公司"）。据该公司董事长韩为民透露，被J市拖欠的工程款累计最高峰时达5 800万元，时间跨度最长的达10年。由于被拖欠大量工程款，国际公司举步维艰，继而大量拖欠民工工资共计达1 160多万元。其中，时间跨度最长的，同样达到10年。

在民工讨薪的背后，是国际公司与J市一段纠缠长达10年的恩怨。而今已成冤家的两个对手，1995年开始合作时却是一见钟情。据当年主管城建工作的一位副市长回忆，J市于1992年由市财政出资3 500万元，筹建一座三星级宾馆国贸大厦，用于涉外接待。但是，主体工程完工后，却因资金不继，一搁就是三年。1995年，为解决这一难题，J市将此列为重点招商引资项目，并列出了"五项最优惠政策"，前往省会H市招商。基于J市勾画出的有关该项目十分乐观的发展前景，国际公司欣然签约。

在实际投入2 637万元装修完工后，国贸大厦于1996年开业。在经营管理方面，J市政府派出了总经理等管理成员，而国际公司仅有一名副总经理，市政府牢牢地掌握了控制权。经营3年后，国贸大厦一分钱未返还给国际公司，理由只有一句话："没赚到钱。"更为糟糕的是，1999年1月1日，因消防设施不合格，国贸大厦被当地政府勒令停业。接着，国际公司派出的副总经理等管理人员也被扫地出门。几番交涉，J市政府于1999年5月16日签下协议，承诺分5年返还国际公司全部投资额2 637万元，但不计利息。

时任市长丁生主持签订了这个协议。在协议中，J市政府明确承诺，由市财政局出据担保书，并于年底前先还500万元，次年8月前再还200万元。但是，这份盖着市政府大印的协议事实上从未兑现，截至2000年9月，分文未付。此后，又是数十次交涉，并于2000年9月11日再次签下还款协议，J市政府将还款额砍到了2 580万元，但约定2001年年底全部还清。不想，一直拖到2002年5月，J市政府仅支付580万元，对剩下的2 000万元依然拒绝给付。

在国际公司最终不得不威胁起诉的情况下，事情似乎出现了转机。2002

年5月28日，J市专门为此召开书记办公会，而此时丁生也已荣任市委书记。结果，此次会议决定将国贸大厦划给市煤业集团，然后由其20天内筹资2 000万元，偿还欠债。事后据了解，市煤业集团对充当这个"冤大头"并不乐意。此时，国贸大厦因装修老化、经营不善再次停业。煤业集团又一次开出了条件：还钱可以，但宾馆得开业才行。这一拖就到了9月份，市委决议也就成了废纸。于是，市长出面协调，开出的还款新条件是：国际公司垫资为国贸大厦再次装修，市煤业集团此后再支付这2 000万元。

急于拿到欠款的国际公司只能答应。装修开始后，随着煤业集团不断追加的工程项目，到2004年2月竣工时，原本约定的1 000万元装修工程，却一共花费2 139万元。煤业集团支付了2 000万元，但国际公司却傻眼了：这2 000万元，不管算成装修款还是欠款，J市还是欠2 000万元。此外，除了国贸大厦外，国际公司施工的文化路改建延长工程等项目也被拖欠工程款。

眼看快绝望的时候，事情似乎再次出现转机。

第一次批示

2004年1月，H省冰雪艺术节期间，宋春风在电视上看到了有关盛民生的报道，觉得眼熟，上网一查，不禁大喜——盛民生，全国政协常委、公安部特约监督员，因常为民鼓与呼，人赠外号"盛青天"。

宋是国际公司J市几项工程的项目经理，服毒自杀的洪喜就是他手下的一个工头。宋之所以欠民工们工资，原因正是当地政府拖欠工程款。在洪喜服毒事件之后，宋和十多位民工工头一起到省政府上访，讨要工钱。此时，病急乱投医，宋春风决定领头去找盛民生。听罢民工们的哭诉、看完联名的告状信，盛民生决定管管这"闲事"："500多个民工没钱过年啊，太可怜了。"

经过几天调查核实，1月4日，盛民生以"农民工服毒自杀，政府拖欠工程款酿恶果"为题，向国务院发出了政协委员专用的"反映社情民意函"。十多天后，国务院信访局将此信息转到了H省信访办，要求"认真研究处理"；信息随即又转到了J市信访局，要求当地研究处理。国际公司韩为民董事长获知温总理批示的消息，不禁感慨万千，长出了一口气，他想：此番尚方宝剑在手，这债总该要回来了吧。

此前，宋春风已数次去市政府要钱，但都屡败而归。在盛民生干预此事、国务院信访局发函之后，宋春风却感到，"气氛"更加不对劲了：国贸大厦二期装修工程同样拖欠数百万元，宋找到国贸大厦主管单位市煤业集团时，该集团董事长说，"你不是告状都告到中央去了吗？越告越不给，看能把我怎么样"？

再找到市政府时，市领导则避而不见。市政府秘书长态度强硬地接见了上访者:"谁叫你们干活,你们就找他们,政府不欠你们的钱!"

第二次批示

满腹委屈的民工们,决定再次向盛民生求援。听罢详情,盛民生火了,操起笔就开始写信。信写完后,民工们一看信封,吓了一跳:上面写着,敬呈温总理阅示。2月16日,盛民生的信通过全国政协机要局,直送温家宝总理办公室。

得知总理的批示,已经是全国"两会"召开之时,温家宝在批示中要求H省相关方面对来信反映的问题,要逐一核查处理。拖欠工程款和农民工工资的问题要认真清理,限期解决,并指出这要作为政府的一项重要工作。在信中,温总理还对盛民生关心政府工作、反映社情民意的行动表示感谢。批示落款是2月27日。正在北京参加两会的H省主要领导,当即批示,并随后成立了省委调查小组,专门调查此事。

得知总理作出了批示,民工们欣喜若狂,当晚,非要拉着宋春风出去喝酒。当夜天寒地冻。回去的路上,烂醉的工头们却一个劲地叫:"好暖和,好暖和。"然而,事情远非他们想象的那么乐观。

3月中旬,H省委省政府组成调查组,兵分两路,分别到H市和J市了解情况。国际公司提供了汇编成册的所有合同文本、还款协议、工程审计表等相关证据。省委督查办的一位主任带队前往J市调查,并从省建设厅、省监察厅等单位抽调人员,一个星期后,调查组回来了。

然而,对于欠款问题,联合调查组采信了J市的说法,事后形成的调查报告称:历经10年时间共换了4任市委书记,具体欠款短时间难以搞清,待审计和决算后付款。对国际公司提供的欠款凭证等,调查报告只字未提。实际上,这份长达14页的调查报告对盛民生写信反映的问题,逐条予以否认或辩解。4月1日,调查报告呈送国务院。接到调查报告后,温总理很快批示了。这次很简单,只是要求将H省调查报告转给盛民生。

第三次批示

不过,在H省调查组调查期间,盛民生也已经先后于3月14日、3月29日、3月31日至4月7日三次前往H省。在调查中,他发现J市副市长朱某等人,授意公用事业局副局长给洪喜施压,让其改口为市里作证,洪喜为此被迫离家躲藏。另外,J市对拖欠工程款则编造了一系列的虚假理由。

3月31日,盛民生特地上书H省省委领导,并说明此事他将暂缓向总理反映。H省两位领导先后批示:对总理批示一定要认真落实,千万不能讲假话,并要求重新派人调查。然而,蹊跷的是,H省的前述调查报告却就在此时签发，报送到温总理。

让盛民生更加不安的是，尽管省里第二次派出了调查组，但一周之后的汇报结果仍然不理想。鉴于此，在逐一搜集证据并核实后，4月18日，盛民生再次展纸起草了"关于J市政府弄虚作假欺骗中央领导同志情况的报告"。在这份报告中，盛民生对H省调查组形成的调查报告逐一批驳，并指出，"H省委省政府对您的重要批示非常重视，组成了专门的工作班子，展开了调查……但我也了解到，J市负责人抵触情绪很大，编造种种谎言和借口，胁迫当事人作伪证，欺骗省委调查组，打假报告，千方百计推脱责任……"

4月19日，盛民生的报告再次呈送温总理。次日，温总理第三次作出批示，这次内容同样简洁：要求派人到H省检查落实。

4月26日，由建设部、监察部等部委组成的"检查落实组"一行7人前往J市。据称，检查组的一位同志曾在会议上严厉批评了当地政府："这样一件事，为什么还非得要总理批示三次？还非得中央派出检查组？"并督促当地尽快按真实情况逐一落实。

检查组离开之后

抵达J市后，中央检查组随即展开了详细的调查。在检查组的监督下，到5月中旬，当地拖欠的1 160万元工资款，已有900万元发放到农民工手中；拖欠的3 000多万元工程款，中央检查组则指令H省审计厅予以审计后，限期还款。

然而，就在国务院检查落实组离开后不久，即有人放出话来，"在政治上你们赢了，经济上也要让你亏损"。国际公司董事长韩为民也明白，"这次是彻底和他们撕破脸了"。这位在宦海浮沉过的董事长自然深知官场上一损俱损、一荣俱荣的道理。

果然，几个月下来，审计欠款工程进度仍然缓慢。其间，当地审计人员曾提出当时签署的工程合同无效，后被建设部直接驳回。此后，又提出已发放的900万元工资款中，需追回100多万元。截至2004年8月3日，J市市政府拖欠的工程款仍然以审计未明为由，分文未付。不仅如此，当地有人还在会议上扬言要把国际公司董事长韩为民"抓起来"。

为此，盛民生托人从北京捎话来，"谁想抓举报人，搞打击报复，就先抓我吧，信是我写的，是我向总理反映的，冲我来，我是亡命徒，管就要管到底，不把是非搞清楚，我就不罢休"。对于此次与J市斗法，盛民生感慨地说，"我们应该建立一个机制，让制度来保障每个官员不敢撒谎、不能撒谎，既对中央负责，也对百姓负责"。

【情景模拟】

1. 尝试以小组合作形式，根据本案例材料以及我国国情，模拟案例中相关主题围绕国贸大厦工程欠款而展开的互动过程。

2. 假如您是国务院总理、盛民生、H 省政府及相关负责人、J 市市委书记、J 市市政府相关负责人、国际公司董事长、J 市煤业集团董事长、项目经理宋春峰、村支书洪喜、被欠工资村民，您会怎样看待或处理此类事件？

【案例思考】

1. 从公共行政学角度看，本案例所反映的主要是一件什么行政管理事件？

2. 行政监督的含义与基本功能是什么？根据有关法律规范和政府实践，我国中央政府对地方政府行政监督的法律依据、运行原则、实施机制与实施手段各是什么？

3. 根据案例材料，结合相关政策理论，概述案例中 J 市市委书记以及 H 省其他各级机关应对总理相关批示的基本过程，并分析其各自行为动机、实施方式以及结果与影响。

4. 结合公共行政学相关理论与我国行政监督实践，分析中央政府对地方政府实施监督过程中可能存在的阻力与挑战，并提出相应的对策。

第三编　行政方法与规范

第 12 章
传统行政方法

一、本章学习目的与要求

说明：通过本章的学习，了解传统行政方法的基本种类及其含义，理解不同传统行政方法各自的功能特征、运行机制、优缺点与适用范围，尤其是要掌握在市场经济时期各种传统行政方法的使用原则与规律。

二、本章考核知识点与考核目标

识记：行政、法律、经济与思想教育手段等传统行政方法的概念内涵及其基本类型。

理解：不同传统行政方法的主要表现形式、运行机制、功能特征、运用原理、优缺点及其各自适用范围，行政手段适用过程中的原则性与灵活性相结合原则的含义及其运用。

应用：运用所学公共行政学理论知识，分析案例中特定传统行政方法的表现形式、影响因素、运用机制、功能特征、实践效果、可能存在的问题及其可能的经验教训与应对策略。

案例 1　　衡南县强制搬家令背后[①]

很长一段日子里，在衡南县政府部门工作的小晴只有在每个周末才能回到

[①] 主要参考文献：（1）陈宁一、赵文明，《湖南衡南 30 亿元建新城无人气 强制干部先搬旺城》，2008 年 12 月 11 日 09：59 来源：中国新闻网，http：//news.sohu.com/20081211/n261145759.shtml；（2）颜珂，《质疑湖南衡南"旺城"之举：干部限期入住 与考核挂钩》，2008 年 12 月 25 日 05：14 来源：人民网-《人民日报》，http：//politics.people.com.cn/GB/14562/8575383.html；（3）周喜丰、龚柏威、谭顺元、陆元连，《衡南造城：从空城到旺城》，《潇湘晨报》2010 年 12 月 17 日第 A30 版.

位于衡阳市的家中与亲人团聚。为落实"三搬"工程下发了一个文件，小晴的单位要求全部干部职工必须100%入住新县城云集镇。按照单位的规定，周一至周四晚上她必须住在云集县城。如果周末之外的时间回家，她得请假。被发现在规定时间未住云集县城的，第一、第二次是罚款，第三次不单要罚款，还要作待岗处理。她说，"单位会不定期检查，就是晚上9点钟左右打来电话，我们必须在20分钟内赶到办公楼签到"。

和小晴一样，衡南县很多公务员每天回家后都变得有些提心吊胆了。这一切，都源于衡南县委、县政府制定出台的"三搬"工程及其相关规定。

新城困境

自1952年置县以来，衡南县县址一直设在衡阳市石鼓区中山北路212号。搬迁之前，这个拥有百万人口的大县是湖南省唯一没有自己的县城的县。据了解，1952年之前，衡南县与衡阳市的另一大县——衡阳县同属一县，其办公地址就设在现衡阳市石鼓区。1952年两县分立，衡阳县将县城迁至他处，而衡南县县址则"原地不动"，直到2003年。

有县无城，弊病显而易见。由此，衡南县无法形成一个独立、完整的政治、经济、文化中心。没有严格意义上的县城经济，居民生活消费主要都在衡阳市区，据估计，仅此一项，衡南县每年损失的税费就有数千万元。在时任衡南县县长看来，"如果一个县连自己的县城都没有，推进城镇化又从何谈起"？事实上，"有县无城"的格局直接抑制了第二、三产业的发展。在当年衡南县产业结构中，农业占据了绝大部分的比重，第二、三产业所占比重很低，城镇化率只有24%左右。还有一点也很麻烦，由于办公地点设在衡阳市区，到衡南县办事的老百姓常常得坐上一两个小时的车进城，同时，由于各单位办公地点并不集中，然后还得在偌大的衡阳市区中找寻县委县政府相关单位的办公地点，很是费事。

在此背景下，经过数十年的酝酿、规划和建设，经由1996年选址、1998年报湖南省政府批准，2003年12月25日，衡南县终于将新县治搬到濒临京广铁路和京珠、衡昆高速公路的云集镇。用衡南县人大常委会一位主任的话来说，县城搬迁算是"圆了几代人的梦"。

然而，搬迁之后，问题接踵而来。在一片荒地上兴建一个新县城，确实困难重重。据衡南有关干部透露，首先就是搬迁过程中，人们思想不统一，有一些人不想离开市区；其次，衡南新县城建设没有列入国家计划，资金压力大，将近30个亿全靠民间融资，而国家仅仅配套了一个多亿；最后，新县城建设需要一个过程，一开始基础设施不是很完备，读书、购物、娱乐等都不方便。

事实上，县城刚搬迁时，政府机关连"朝九晚五"的作息时间也难以坚持，一到下午四五点，大家抢着回市区的家，单位就没人了，公务员上班迟到、早退也是常有的事。由于大部分职工家住衡阳市区，每天来回云集和市区，不仅身心疲惫，而且公车、班车接送成本高，花费巨大。一到晚上，云集镇更显得空荡、冷清，县城第三产业的发展预期也是无从谈起。在云集镇开酒楼的刘秋的记忆中，县城刚搬迁过来时，云集镇只有三栋房子，即四大家办公楼、人防办和自来水厂。因为正在搞基础设施建设，县城泥巴路多，交通不便，也没有人愿意来投资，他的酒楼生意冷清，每天站在门口迎客也没几个来吃饭的。

新城人气不旺，成为困扰衡南县主要领导面临的新问题。

旺城新政

2008年7月，在湖南省开展的解放思想大讨论活动中，衡南县解放思想活动办公室牵头并策划了"找差距、求良策、促发展"的献计献策活动，面向社会各界发放问卷调查表2 000余份。期间，不少干部群众向县委、县政府建议，要求机关干部入住县城，拉动县城经济发展。根据干部群众反馈的意见，衡南县县委指派3个小组分别到各单位进行专题调研，听取机关干部意见。

在广泛征求意见的基础上，经3次集体讨论，县委常委会研究出台了《关于加快住宅建设及"三搬"工程的有关规定》，决定实施以搬人、搬家、搬心为内容的"三搬"工程。根据有关报道，对该项规定的核心内容主要包括，11月3日以前，所有县直机关在职副科实职以上干部必须无条件入住云集；从2009年5月1日开始，取消朝九晚五作息时间；无条件取消公车接送，严格规范干部上下班纪律。

为了确保规定得到执行，该县还把"三搬"工程作为考察干部以及年终班子考核的一项重要内容，凡未按要求完成住宅建设及搬迁入住的单位，年终考核实施一票否决，主要负责人引咎辞职、分管领导取消评先评优资格，通报批评；单位班子成员未按要求入住县城的，通报批评。另外，还实行严厉的经济处罚，未按要求完成住宅建设及搬迁入住的单位，一律停拨办公经费，入住率抽查不到70%的，扣除办公经费两万元。为此，县委、县政府成立专班，由县委书记亲自挂帅，具体负责"三搬"工程落实。县纪委、县政府督查室则负责采取明察暗访方式，不定期抽查上下班纪律、公车接送及干部住县城情况，并及时通报、公布。对于公车接送干部上下班情况，发现一次批评教育，二次罚款，三次公车没收。

与此同时，为了拉动县城内需，县政府严格控制单位在市区的消费，规定县直机关单位各种会议、接待、办公等公务活动原则上必须放在县城。纪委、公、检、法等部门办案也要放在县城,特殊情况应向主管的县领导报告,否则,县领导一律不出席,不参加。发票谁签字,谁负责。

生活的烦恼

规定施行后,小晴的生活被完全打乱了。以前下午五点钟下班后,坐一个小时公交车回家,丈夫回来能吃到香喷喷的饭菜,孩子的功课也能每天辅导。可现在,别说做饭了,连孩子都寄放在别人家里。想到这里,她的眼眶湿润了——"孩子正处在升初中的关键时期,学校要求家长配合好,我却做不到。"但麻烦不只这些。一次,因为小晴不能照顾家,懊恼的丈夫和她吵了一架,结果第二天,丈夫就撞了车。对此,她说:"我很愧疚也很无奈。单位说了,谁违反了规定不单要待岗,单位被罚的两万元钱也要分摊到责任人头上,对谁来说这都不是个小数目。"

按县里的要求,各单位都在集资建房。各单位员工也将根据住宅建设进度,分几批全部搬到云集县城。限定的入住时间,最早一批在2008年12月30日前,最晚则到2009年12月30日前。但是,有些单位要求不分级别,所有职工一律居住在云集。于是,有些职工由于没有买集资房或装修等原因,只好暂时住办公室或单位分配的集体过渡房里。有些单位实在没房住了,就把职工安排在本单位搞接待的宾馆中。

从2008年11月3日开始,张亮就成了住在办公室的一名"游客"。几平方米的空间,白天办公,晚上就支一张床作为卧室。居住条件自然也就相对简陋了,"厕所、电视什么都没有"。晚上,从各个办公室窗子里透出来的灯光看,他们单位至少有一半的人都住办公室了。而走在云集县城里,大多是建成或在建的高楼,只是房屋大多空置。在最热闹的政府部门周围,多是一些小超市和网吧。晚饭时间,饭店内也只有几桌客人。宽敞的主马路上,能看到少数飞驰而过的汽车和零星的行人。作为县城,显得有些空旷和冷清。

一些干部职工认为,县政府迫切让县城兴旺起来的心情可以理解。但要求公务员下班后居住在云集的规定,管得太严,太过了,"公务员上班的时候应该遵守相关规定,下班后也应该享有自由"。

质　疑

2008年6月,100多个网站挂出了一个标题为"三搬书记周千山,这个领导不简单"的帖子。网帖讲述衡南县一位机关干部,晚上开车回市里出了车祸,并将这样的不幸遭遇归咎于衡南县的"三搬政策"。一夜之间,衡南县县委书记周千山成了网络名人。

在网帖上,周在县委门户网站上用于介绍履历的头像被复制,好事者还给他添加了一撮胡子。事实上，周千山此前从来不留胡子。这个滑稽的举动，被解读为暗讽周千山搞的"三搬举措"，像日本侵华时实施的"三光政策"。与此同时，从地方小报到中央主流媒体，各种评论纷至沓来，广为质疑。而民众所不知道的是，此时还惊动了中央有关部门。中纪委舆情监督批示到湖南省、市纪检部门，要求就此事进行调查。对此，周千山感到颇为委屈。想当初，为了给"三搬政策"起示范作用，周千山联合衡南县县长等13位县级领导以及县直机关的22名干部职工一起把家搬到了云集县城。2007年8月10日这天，几位领导每人出500元，在机关食堂办了一餐饭，宴请乡镇党政领导、县直机关一把手及全体县级干部，表明一个态度：县级领导带头搬家，不收一分钱礼，不放一挂鞭炮，希望掀起一个"三搬"高潮。

但是，在衡南县一位不愿透露姓名的公务员看来，"三搬"政策的有关规定等于是对公务员8小时之外的时间进行了约束，"住哪不住哪，我们应该有选择的自由，连这一点都进行硬性规定就显得有些过头了"。

湖南省社会科学院一位副院长认为，衡南县此举为拉动新县城经济、文化等方面的发展，其出发点是合理的。但是，对公务员居住地点进行硬性规定则有待商榷。衡南县完全可以通过严格上下班纪律来引导公务员自己选择居住点。比如，执行严格的考勤制度，规定对迟到、早退人员进行严厉处罚。在这样的规定下，一些住所距县城较远的公务员就会进行权衡，为了按时上下班，可能会自己搬到县城来住。同时，还可用建单位住房、完善配套设施等把公务员吸引过来。

中国社会科学院法学研究所一位研究员则指出，从实际上来看，政府对公务员在工作时间之外的行为是可以提出一点要求的。比如，有些国家曾经要求公务员奉行政治中立原则，不能加入会组织，禁止参加游行示威等，或者对保密、安全等部门等一些特殊部门的工作人员做出一些限制自由的规定，但是，很少有对公务员居住状况作出强制性规定的。他还强调，发生在衡南县的这件事牵涉到关于公务员权利保障和义务界限的问题。事实上，立法法第八条第（五）款明确规定，"对公民政治权利的剥夺、限制人身自由的强制措施和处罚"，只能制定法律。但现在，我国并没有这方面的法律依据，做出居住自由方面的强制性限制就有违法之嫌。此外，政府在这些方面也可以采取另外一些措施保障政府工作能顺利开展，但衡南县"一刀切"的方式不算太妥当，合法性、合理性有不足。

【情景模拟】

假设您分别是办事员小晴或是张亮、衡南县县委书记周千山、云集镇开酒楼的刘秋，云集镇一名普通公民以及其他案例材料涉及的人物，您将如何对待和评价衡南县出台的《关于加快住宅建设及"三搬"工程的有关规定》及其相关实施手段？为什么？

【案例思考】

1. 从公共行政学角度看，本案例主要反映了一种什么行政管理事件？其基本构成要件是什么？
2. 根据案例材料和国情，衡南县出台的《关于加快住宅建设及"三搬"工程的有关规定》及其相关实施手段属于什么类型的行政管理方法？试分析其基本属性、功能取向、效果及其可能影响因素。
3. 根据案例材料和国情，结合公共行政学相关原理，试分析衡南县《关于加快住宅建设及"三搬"工程的有关规定》及其相关实施手段出台后的主要经验启示，以及可能存在的问题，并阐明可能原因。

案例 2　广东省财政增收奖励制度实施之后[①]

财政税收任务超额完成，马涛和他的同事们将一起分享 200 万元的重奖。马涛是广东省河源市 L 县副县长，分管财政工作。2004 年，L 县财政收入翻了差不多一番，按照广东省的有关规定，该县县委县政府两套领导班子一共 19 人有资格分享这一奖励，人均 10 多万元。这份意外"年终奖"，得益于广东省政府 2004 年 1 月颁布的《关于促进县域经济发展财政性措施的意见》。

奖勤罚懒

据广东省政府发展研究中心副一位主任介绍，激励型财政政策是广东省扩权强县改革的三大配套政策之一。这项政策出台背景是，粤东、粤北等地县域经济落后，有些县（市）财政长期"等、靠、要"，发展动力不足。2003 年，广东省委领导提出"不能养懒汉"，要将省财政转移支付和县（市）财政增收挂钩，建立激励型转移支付财政政策。该意见提出"奖勤罚懒"的激励型转移支付财政政策，明确要对财政税收任务完成好的县级领导班子奖励，"由省财政按其上划省'四税'增量返还奖励额的 50%给予奖励，其中奖励额最高不超过 500 万元"。

---

① 主要参考文献：成功，胡念飞，《广东河源：财政增收重奖县领导》，《南方周末》2005-09-22。

2004年5月21日，广东正式出台关于加快县域经济发展的决定，全面实施以财政权、行政审批权以及行政级别改革为主要内容的扩权强县改革。随后又公布将涉及市场准入、投资、税收优惠及部分社会管理等方面共214项行政管理审批权限下放到县。除了财政激励和放权外，广东还准备进行行政级别改革，主要是把县级领导行政级别与职务分离，这意味着广东完全可能出现厅级、副厅级的县委书记。

扩权强县措施逐一推出不久，就已经显现出明显效果。据权威部门统计，广东县域经济呈强劲发展势头，成绩骄人。2004年，全省50个山区县工业总产值同比增长26.8%，分别比全省和珠江三角洲地区高出4.3和4.5个百分点，增幅超过珠三角。2005年4月20日，广东省公布表彰名单，L县等47个县（市）获得2004年度县级领导班子奖励，其中有14个县（市）的奖金超过了100万元。其中，河源市是这次评比的大赢家，其下辖五县均获得奖励，而L县以财政综合增长率达84.21%，高居全省67个县（市）首位。

"L县财政收入由前年4 000多万元增加到7 400多万元"，马涛说，按照省里的奖励规定，县委、县政府两套领导班子获得200万元奖金。但是，马涛却开始为这笔奖金犯愁。因为在人均月收入1 300元左右的山区贫困县L县，200万元无疑是个烫手的"天文数字"。同时，县委书记和县长也已经主动提出不参与奖金分配。由于分配方案迟迟定不下来，奖金的发放一直拖到2005年5月。最后，经过L县县委领导班子反复讨论，大家商定把发放的范围扩大到包括县人大、政协和纪委在内的五大班子领导，共33人。

根据分配方案，L县县委把奖金按行政级别分成三个档次：县委、县政府两套班子成员和县人大主任和政协主席为第一档；县人大副主任、政协副主席等为第二档，退居二线的五大班子领导及其他享受副处级待遇的为第三档。结果，L县县委拿出了200万元中的大约160万元作为奖金，人均领到了约5万元。对此，马涛说，"这样做主要是为了防止领导班子内部闹意见，避免挫伤大家积极性"。事实上，据他介绍，L县还算发得快的，有些县因需要考虑方方面面因素，奖金拖了很久才发下去。最后，对于没参加奖金分配的县委书记、县长，河源市经过考虑，出台了配套奖励政策，由市财政拿出省奖励额的10%专门奖励，L县县委书记和县长分别给予10万元奖金。

根据河源市市长介绍，仅2005年，河源市就拿出了535万元奖励县级领导班子，县委书记和县长最高奖10万元，最少的也奖了4万元。据说，这次奖励极大地调动了县委书记、县长发展县域经济的积极性，可以说"完全达到预期的目的"。

社会聚焦

县领导们拿到"巨额"奖金，这事一下子在县里成了热门话题。L县县委一位官员指出，刚开始县领导班子成员都不敢拿钱，直到最后集体研究后才发下去。事实上，在奖金发放前后，县里的中层干部都有些意见和牢骚。

有人认为，这些钱光发给县委县政府的两套班子人员不公平，因为包括很多中基层公务员也为L县财政收入的增加作出了贡献，即使发钱，也应该把发放的范围扩大。一位官员表示，大家最初心里有些不平衡，能拿到钱的觉得，我确实是作出了贡献，应该拿，但又拿得有点不踏实，因为钱确实比较多；而拿不到钱的，更觉得不平衡，毕竟我作出了贡献，为什么拿不到钱。河源市市长吴锐成认为，"有人不服气就对了，只有不服气才有发展"，"我们就是要通过这种奖励方式，让一些人通过自己的劳动，来保证自己的收入"。

为了平息争论，河源市最后还选择了折中的办法，把这种奖励政策延伸到乡镇。L县就拿出一笔奖金，给县直单位和乡镇打分评比，奖励中基层干部，从而扩大省里激励型财政政策的延伸效应。

何强所在的L县县委办公室获得1万元奖励，作为县委办的副主任，他没有分这笔奖金，而是给办公室添置了电脑。虽然是县委办的副科级干部，小谢没有分到奖金，但他没意见，自称"心态很好"，"我是今年1月刚调过来的，如果拿到奖金就有点儿不像话了"。

何强说，"这次评比确实提高了中层干部的积极性，例如L县的一个镇领导班子因为工作突出，获得最高奖金5万元"。事实上，在这次评比中，L县有些镇因分数不高没拿到奖金，而在2004年财税增收中立下"汗马功劳"的国税局和地税局，县委县政府分别重奖100万元，用于建设新办公楼。

在河源市市长看来，"镇委书记、镇长一年拿五六万也不算多"。他认为，从表面上看来，这些奖金是高了一些，但其导向是正确的，也是反腐败的一种措施，"总比原来发放各种灰色收入好得多"。

背　景

广东省政府发展研究中心一份研究报告显示，2003年，广东67个县（市）所辖83.8%的土地只创造了全省27.36%的GDP；占全省六成多的人口，财政收入也只有6.7%。其中只有5个县不需财政转移支付，其他62个县（市）靠地方财政都"过不了日子"。但是，广东当时的财政转移支付政策没有能够调动县（市）的积极性。其中原因，L县副县长马涛认为，是"因为有省里的转移支付，县里对财政税收不是很重视，经常出现偷漏税、关系税"。结果是，从1996—2003年，广东省对市县的转移支付补助从5.8亿元增加到67.9亿元，金额翻了10倍。与此同时，广东省政府发展研究中心一位副主任却指出，"收效却不明显，一方面省财政支出增加了，但另一方面市县的等、靠、要思想反而更严重"。

正是在此背景下，广东省提出建立激励型政策，将省财政转移支付和县（市）财政增收挂钩，而财政增收又与县领导班子奖励挂钩。对于实施激励型财政政策，省政府发展研究中心的这位副主任认为，目前已经显示其效果，"去年（注：即2004年），清远市和河源市成绩不错，L县更是个典型"。

在河源市率先将此做法进一步扩展到乡镇后，2005年5月底，省政府领导特意到河源市调研，对此表态支持。2005年7月，L县县委书记因发展县域经济等多项政绩突出，被提拔为河源市委常委，任援疆工作队领队，挂职某地区地委副书记。

现在，副县长马涛每月都紧盯着省财政厅公布的"县（市）综合增长率排序表"，上面各县收入增长指标和全省排名的每一个数据变动都牵动着他的神经。虽然2004年L县财税增长率拿了全省第一，但马涛深知自己的"家底"：作为16个山区贫困县之一，2004年全县财政预算1.3亿元，而财政收入才7 400多万元。在他看来，"L县去年增长快一方面是过去基数低，再者，国际铁矿石价格暴涨拉动了县支柱产业铁矿效益"，因此，"要保持去年的增速很难了"。而且，2005年，河源市要求各县的发展指标不低于上一年，这让马涛感到压力倍增，"我现在整天跑企业，连做梦都想着发展呢"。

【情景模拟】

假如你是L县县长，在广东省提出建立激励型财政政策前后，您的行为倾向是否会有所不同？为什么？

【案例思考】

1. 从公共行政学角度看，本案例主要反映了一种什么行政管理事件？其基本构成要件是什么？
2. 根据公共行政相关专业知识，广东省建立激励型财政政策的意图是什么？效果如何？
3. 根据我国基本国情，结合案例材料，分析广东省激励型财政政策的经验与启示。

案例 3　　纺织品出口配额制度实施困境[①]

出口商的旺季烦恼

　　SARS 的阴影逐渐散去，出口的旺季就在眼前，对于出口商来说，这是一个收获的季节。但是，有些出口商却乐不起来，比如宁波保税区某公司老板王罕。

　　2002 年广交会上，王罕拿到出口欧盟 30 万打袜子（配额号：EEC12）的订单，采购方是欧洲一位零售商。按照贸易惯例，中方大约在次年 5、6 月份出货，航运公司在 8、9 月份将货物运抵欧洲，外方将在 10 月开始零售。在出货之前，按照国际贸易的流程，王罕需要申领配额，然后落实合同条款。但是在申领配额这个环节，王罕遇到了前所未有的困难。因为以往，一些拿不到配额的民营企业可以通过黑市购买配额，然而，2003 年配额的黑市价太高了。

　　王罕拿订单时曾经算过一笔账：一打袜子成本是 2 美元，国家拍卖的配额价格为 1 美元/打，卖到欧盟约为 3.5 美元/打，这笔生意能挣大约 15 万美元。但是现在，每打袜子的配额价已经被卖家炒到了 3 美元，远超袜子的成本。配额价格这一变，如果按原合同出口，桂明军反而要亏 45 万美元。经过一番测算，王罕决定放弃出口。为此，他不得不支付外方一笔违约金，然后将这批袜子转为内销。

　　一些规模比较大的外向型制造企业也受困于配额。浙江浪莎集团是全球最大的袜子企业，该公司董事长翁荣金接受媒体采访时曾坦承，浪莎每年都要花上百万购买配额。国有外贸公司获得配额的费用是每打袜子 0.5 美元，卖给浪莎就要 3.5 美元，而袜子的出厂价也就三四美元，企业没赚头。

　　配额问题也不仅仅存在于袜业的出口生意。比如出口美国的帽子，国家拍卖的时候配额价是 4 美元/打，现在已被炒至将近 9 美元/打；内裤内衣这一类的配额价格也由 1.5 美元/打被炒至 4 美元/打。东方国际创业股份有限公司的一名知情者透露，的确有一个出口配额的地下交易市场，在配额上出口企业每年花 7 位数的钱应该不算多。

　　2003 年 6 月 16 日，王罕在商务部网站留言，表达了他的不满。他还指出，目前正是传统的贸易旺季，有配额的炒家放风说，配额价格还要继续上涨，显然问题还将进一步激化。翁荣金更是指出，配额问题的严重性要强过出

[①] 主要参考文献：刘华，左志坚，《纺织品配额黑市疯狂》，《21 世纪经济报道》2003-06-25。

口退税问题。因为在一笔出口业务中，配额成本的比重远高于后者。

据称，王罕的意见已经被反馈到商务部外经贸司。对于他的意见，商务部网站回复称，已将意见"转送我部外贸司，得到反馈，将及时通报"。

配额黑市的起源

配额伴随国际贸易而产生。长期以来，原外经贸部为促进本国出口贸易，保护本国贸易商正当权益，与设限国家就纺织品配额分配等事项进行过多次磋商，签订并执行有关多边贸易体制规则。据我国相关配额管理规章制度规定，2002年以前，出口配额指标一般按照地区与行业划分，由主管部门统一行政分配，主要是按照出口企业的业绩份额。2002年1月1日起，配额分配方式有所改变。例如，纺织品配额采取招标、自主申领和业绩分配三种分配方式。外贸部门根据上年度配额使用情况于每年9月10日前公布下一年度实行招标、自主申领和业绩分配的配额类别清单，并且可根据当年配额使用情况作出必要的调整。

据上海一位配额中介商介绍，由于历史原因，配额主要发放给了国有商贸企业。国有企业拿到配额之后往往用不完，上交给国家又觉得可惜；而且，如果你2003年返还部分配额给政府，就意味着你的贸易量下降，随之而来的结果是，到第二年，你能申领到的配额数目也会随之下降。因此，有人想到了将配额转让。据称，这就是配额黑市的起源。

卖家尝到转让配额的甜头后，往往会继续疯狂地倒卖配额，而由于利用配额赚钱来得更快更方便，"下海"者越来越多，各出口企业间拥有配额的"贫富差距"也越拉越大。浪莎袜业翁荣金对这种现象愤怒不已，他说："有配额的不出口，要出口的没配额。有些单位干脆就靠卖配额吃饭。"

商务部一位官员明确指出，中国政府规定纺织品配额价格只能包含在纺织品报价中，不能与纺织品货物分离，单独成为贸易对象。每年7月31日之前，"拥有配额的贸易商估计其下半年用不掉的配额必须上交，然后由外贸部门转让给其他公司，未经备案的配额不允许相互转让与炒卖"。然而事到如今，配额倒卖现象其实已经比较普遍，这从两家配额拍卖网站"中国纺织配额网"（www.chinaquota.com）和"纺织与配额网"（www.texquo.com）就可以看出来。

以"中国纺织配额网"为例，每天在网站上登记买进和卖出的记录就有数十次。该网站甚至还比照股票交易形式制作了各种配额交易价格的"K线图"，供买家参考。有人查阅EEC12交易状况时发现，该网站统计显示，此品类当年共计3 272.1万双的配额交易量，至2003年6月25日已经修改登记的配额数为3 178.881万双，截至当天已交易1 429.0493万双，使用（清关）率为44.95%。如果该网站数据属实,这意味着主管部门在年初分配出的绝大多数配额已流入黑市,其中又有近一半已在黑市成交。而在重要的出口城市宁波,当地一家投资贸易公司老总介绍说:"宁波有80%的纺织品配额是私下调剂来的。"

黑市配额交易链

在黑市进行配额交易并不复杂。据透露,配额只是出口流程中一个很小的环节,购买配额也只不过是多了一道手续而已。配额交易通常由缺配额的出口商主动寻找。他们需要向"中介商"提供包括其公司状况、所需配额与出货时间等全套出证资料,并向指定账号(多为境外账号)预付30%的配额定金。收到定金后,中介商就需要去向拥有配额的公司购买"客户"所需配额。拿到由外经贸司盖章的配额证之后,"中介商会传一份复印件给出口商查验,出口商支付尾款后,交易便告完成"。随后,出口商就可以持配额证到当地经贸部门换配额单、报关联,实施出口业务。

"中介商"与贸易商之间一般没有发票等单据往来,通常签订一份"具有法律效应"的协议以保障彼此的权益。一般来说,配额证交易需要5~7个工作日。但是,这些"中介商"都不过是卖配额的"二道贩子",因为他们的配额也出自能分到大配额的公司,而这些公司才是幕后真正的炒家,他们能拿到黑市配额的绝大多数利润。

如果像出口商跳开中介,直接向炒家购买呢?据称这不可能。因为,大公司配额一般都是由总经理保管与处理,其他人都是没有这个权力的。而且私下转让配额毕竟是见不得光的事情,所以大公司并不会亲自出马,而必须由中介代理。而这些配额代理均以贸易公司的面貌示人,但实际主业就是倒卖配额。现在,这样的"贸易公司越来越多",据称,光在上海就有数千家公司在做配额代理,每张配额证他们只能赚一两毛了。

出口商暗度陈仓

按照王罕的说法,配额属稀缺资源,僧多粥少,因此配额炒家现在可以待价而沽。而按照转让配额的暴利,炒家手中的配额只要能出30%就能赚到。何况炒家手里的配额出不去的话还可以返还给主管部门,因此他们不着急。急的是出口商人。出口商如果拿不到配额就将错过传统的出口旺季。所以,配额炒家们有恃无恐。更何况,按照WTO规则,有关国家将在2004年取消对中国某些纺织品的配额。对于那些炒家来说,这是他们最后的晚餐,所以他们将价格抬高要大赚一票。王罕说,随着配额价格走高,中国的出口成本随之增加,外商极有可能将订单转移到他国,最后损失的依然是国家利益。

实际上，为了以低成本出口，有企业高层透露说，他们采取了"暗度陈仓"的手法。这种手法的要诀是，花低价购买韩国的配额，然后让货物从韩国出口去欧美。因为，韩国的配额较多，且价格很低。这位企业高层还说，很多从韩国出口到美国的货物，虽然上面写着"韩国制造"，但其实是来自中国。

浪莎集团董事长翁荣金忧虑地说，这样会有很多国内公司去一些配额限制比较少的国家如韩国、约旦、马来西亚等国投资，因为这样可以避免国内配额成本高企的现状。而且，配额制度并不会随着中国入世而彻底消失。在中国与美国达成的加入世贸协议中包括一项特别保障条款，也就是说，很可能在2004年的后配额时代或是更接近的时间里，美国会对某些中国产品实行配额限制。

分配制度的无奈

形成配额黑市的主要原因之一是，一些国家对中国内地的配额明显不公平。比如美国给中国内地的总配额往往比台湾地区的总配额还低。一出口商就认为，商务部应该监控配额证，让配额证施行实名制。目前，空头配额证可以随意转让；另一方面，商务部可能低估了配额违规转让的严重程度，商务部应该"严打"黑市配额交易，并课以重罚。但商务部一位处长认为，进行完全实名制要求监管部门掌控每一笔交易，成本太高，技术也上不可行；而"严打"黑市配额则超出商务部职能范围，因为商务部并不是执法部门，至少商务部需要海关配合查处二手配额证，并在国务院的授权下对不法炒家加以惩罚。

那么，有没有可能改革配额分配制度，以此杜绝配额炒卖现象呢？商务部那位处长表达出了一份无奈："出口量大的企业你不可能不照顾吧，但是我们的确希望给新企业机会，所以实行招标等多种配额分配方式。"而复旦大学世界经济系教授华民则认为，在现行的"采取招标、自主申领和业绩分配"三种方案混合使用的情况下，会人为地造成价格差别，因此这种方案最容易给配额寻租创造空间。不过，华民也认为，政府为了稳定、连续的考虑，给出口大户一定的优惠条件也无可厚非。为此，他强调，"如果存在二级市场的现象，就要加大处罚力度"。

商务部那位处长认为，新经营贸易业务的公司，不要光盯在这些需要配额的地区，应该多做一些非配额地区的业务，主管机构作为鼓励，每年增加的配额就是留给开拓新市场的企业的。

背景资料

什么是纺织品配额?

1974年关税与贸易总协定通过的《多种纤维协定》规定,允许发达国家对来自发展中国家的纺织品实行进口配额制。这样做的起因是美国及欧共体的发达国家认为一些国家(即所谓的"低成本供应者")的低成本商品大量进入扰乱了他们的市场。1986年乌拉圭回合谈判将纺织品贸易列入谈判议程,最后达成逐步废止《多种纤维协定》将纺织品与服装贸易纳入关协总体系的纺织品与服装协议(ATC)规定。根据ATC相关条款规定,纺织品配额将在2005年前取消。

目前对我国的纺织品和服装有配额限制的国家和地区是:美国、加拿大、欧盟、土耳其。在我国与这些国家的纺织品协议中具体规定了每一协议年度准予进入该国家或地区的纺织品服装的类别和数量。纺织品配额采取招标、自主申领和业绩分配三种分配方式。

纺织品特殊保障措施——中国加入WTO工作组报告书第242段(纺织品特殊限制措施)中规定,在2008年12月31日之前,WTO成员可以以"市场扰乱"为理由,对中国纺织品进口采取特殊限制措施。

【案例思考】

1. 从公共行政学角度看,本案例主要反映了一种什么行政管理事件?其基本构成要件是什么?
2. 就行政职能的实现而言,我国纺织品出口配额制度实施目的与实施机制各是什么?根据案例资料,这些目标与机制的实现状况如何?
3. 结合我国国情与案例资料,分析促成我国纺织品出口配额"黑市"形成的主要影响因素,并谈谈防止类似"黑市"形成的可能举措。

案例4　G市的文明大考历程[①]

某天早晨,你走出家门,发现天地焕然一新:小吃摊消失了、包子馒头不

[①] 主要参考文献:(1)周华蕾,《一个地级市的文明"大考"》,2011-09-29 12:29:55 来源:南方周末,http://www.infzm.com/content/63582;(2)张启富,《广安市召开创建全国文明城市誓师大会》,2010年6月22日 09:20 来源:广安日报,http://unn.people.com.cn/GB/22220/134933/134934/11933803.html;(3)广安市创建全国文明城市纪实,2011-09-07 来源:广安日报,http://www.guang-an.gov.cn/newscenter/content.jsp?id=7758&classId=020201;(4)邵立肃,隆敏,苏坤明,胡世平,《创建全国文明城市　小平故里准备好了》,2011-09-07 13:06 来源:中国广播网,http://www.cnr.cn/newscenter/gnxw/201109/t20110907_508470332.shtml.

卖了、不少铺子关张大吉，路旁摆满鲜花，头顶红色横幅飘扬，每个街头井然密布警察和穿着红马褂的"志愿者"，像是穿越了时间隧道，来到一个与平常迥然不同的生活空间。这大概就是创文了。十四届六中全会以来，根据2003年中央精神文明建设指导委员会关于评选表彰全国文明城市、文明村镇、文明单位的暂行办法有关规定，"开展创建文明城市活动"被提上自直辖市以下的中国广大城市政府重要议事日程。而今，需要所有政府部门联动的"创文"，已然是卫生城市、双拥模范城、园林城市等诸多城市招牌中，最硬的一块。在地级城市G市创建全国文明城市誓师大会上，全国文明城市就被视为目前国内城市综合性评比中的最高荣誉，城市竞争中最具价值的金字招牌和城市现代化的重要标志。

2011年9月，在撤地设市的第13个年头，G市终于迎来了3年一届的"创建全国文明城市"期末大考。

全市总动员

早在一年前，2010年6月21日，创建全国文明城市誓师大会在G市会展中心隆重召开。时任市委副书记、市长主持会议，中共G市委书记、市人大常委会主任在内的主要党政官员悉数出席。会议强调，全市上下要迅速行动起来，以决战决胜的勇气、万无一失的准备、全民参与的阵势，当好主人翁，打好攻坚战，奋力掀起创建热潮，确保创建全国文明城市目标的圆满实现。

在这次会议上，时任市委书记、市人大常委会主任建军，市委副书记、市长晓春多次指出，拿牌子、得荣誉不是目的，目的是要通过创建全国文明城市，推进人们思想观念、行为习惯的转变，进而提高城市文明程度和市民综合素质，更好地推动城市经济与社会各项事业全面进步，真正把创建全国文明城市的过程，变成为群众办好事、办实事的过程。

会议强调，G市争创全国文明城市工作已进入攻坚阶段，时间紧、要求高、任务重，各级各部门要找准差距、查漏补缺、突出重点、扎实工作、全面推进，举全市之力整体提升文明城市创建水平，攻克薄弱环节，全面完成测评指标。创建工作面临自身差距大、达标难度大、竞争压力大的严峻形势。为此，必须想办法、添措施，对已达标的，要巩固成果，提高标准，确保优势；对目前不达标的，要作为攻坚项目，研究制定对策，采取过硬措施，确保在验收之前达到考评标准。首先，要加强思想道德建设，提高市民文明素质。各级各部门要把提高市民文明素质摆在创建工作更加突出位置，紧紧围绕建设社会主义核心价值体系，大力加强思想品德、社会公德、职业道德和家庭美德建设，努力把市民素质提高到一个新水平。特别要抓好未成人思想道德建设，通过"小手拉大手"，带动一个家庭，影响整个社会。其次，要高度关注民生问题，努力促进社会和谐。要坚持为民创建、创建惠民的理念，高度关注民生，不断提高人民群众对创建文明城市的认同感、参与度和满意度。再次，要集中治理"三乱"陋习，综合治理城乡环境。要把深入开展"除陋习、树新风"专项行动、集中治理"三乱"行为纳入本地、本部门城乡环境综合治理工作总体部署，与开展"三乱"治理和"七进"活动有机结合起来，作为当前的一项重点工作抓紧抓好。最后，要建立完善长效机制，巩固发展创建成果。要按照属地管理的原则，进一步明确市、区两级政府的管理职责，充分发挥街道、社区在城市管理中的基础性作用，创新城市管理模式，促使城市管理由粗放型向精细化转变，由突击整治向依法长效治理转变；要坚持以人为本的管理理念，进一步健全社会监督机制，逐步形成党委领导、政府负责、社会协调、公众参与的工作格局和长效机制，推动创建工作向纵深发展。

会议强调，创建全国文明城市是一项复杂的社会系统工程，也是一项长期而艰巨的任务。首先，各级各部门要层层定责，整体联动。市区两级党委、政府要把创建工作作为关系全局的重要任务，严格实行领导责任制，坚持上下联创、城乡联创、条块联创，齐心协力抓好创建工作，确保年底前各项创建指标基本达到测评标准。要把创建工作纳入市区各部门、城区各街道绩效考核内容，将各项任务指标逐级逐单位分解落实，做到责任全覆盖、管理无真空、创建无死角。其次，要大力宣传，营造氛围。各级宣传部门要充分利用电视、报纸、广播、网络等媒体，广泛深入宣传创建工作中的新气象、新变化、新经验。要创新宣传方式，不断增强宣传工作的感召力、影响力和渗透力。再次，各级各部门一定要调动广大群众的积极性，把社会各方面力量调动起来，充分尊重并发挥群众的首创精神，以群众喜闻乐见的方式，坚持重心下移，推动创建工作进机关、进社区、进企业、进学校、进家庭，进一步夯实创建工作的群众基础。最后，要严格奖惩，狠抓落实，加强督促检查，建立健全科学有效的创建激励约束机制，引导和激励各方面比学赶超。对重视不够、措施不力，创建工作收效不明显的，给予通报批评，问责追究。对那些不守社会公德、不讲职业道德、有损家庭美德的现象，要坚决抵制，公开曝光。

会议最后强调，争创全国文明城市的战鼓已经擂响。从现在起，每一位领导干部，每一名共产党员，每一个G市市民，都要以高昂的士气、饱满的热情、崭新的面貌、实干的精神，全身心投入到创建活动中来，共建文明城，争做文明人，共享美好生活，为实现来自G市的一位伟人"一定要把G市建设好"的谆谆嘱托、早日夺取全国文明城市桂冠而努力奋斗。

标准答案

接下来的某个日子里，住在G市城南老市场旁的老人育新收到了一张宣传单，貌似一份问卷调查，其中一项是：您每周参加文体活动的情况：A. 经常参加（每周不少于三次，每次1小时左右）。B. 有时参加。C. 不参加。参考答案一并放送，选A。居委会的工作人员友情提示——按标准答案填写，送洗衣粉。对此，坐在轮椅上的老人有点生气：她八十多岁了，腿脚不便，平时大门都不出，谈何活动？

老人或许没有意识到，G市创建文明城市的群众工作，从这时就已经开始了。

在2011年版的《全国文明城市测评体系》里，国检人员的测评方法主要是三种：材料审核、实地考察、问卷调查。

主管精神文明工作的一位市级宣传部副部长表示，一次创文，准备的材料几乎可以堆满一间十来平方米的房间，涵盖几年来的工作总结，对着条款该补的补，相对容易；"最难的是人的工作"，老百姓个个都是城市形象。于是乎，在一些申报创建文明城市的地方，各种形式的问卷调查纷纷出现。一些地方的服务很"贴心"，答案都填好了，只需要发给老百姓签个名。许多现实中的顽疾，在问卷中都得到了非常完满的解决——标准答案往往是最好的那个。

你对本市反腐倡廉工作满意吗？满意。

你在本市的食品经营单位或集贸市场买到过变质、过期、伪劣的食品吗？从未买到。

你对本市近年来聚众赌博、卖淫嫖娼等社会不良现象的评价？没有。

对于社区工作人员来说，问卷真正要"考"的不是答卷者，而是发卷者——社区工作人员的上级领导：如果"文明创建"调查组入户时，被访者不按这个答案打钩，影响了总体成绩，日常工作不力，市政府就能根据调查表的编号，查出辖区的负责人，予以处分。

芸芸众生中，学生们是最习惯标准答案的对象群体。如一份调查问卷所说，未成年人"正处于思想道德品质形成的关键时期，他们的健康成长，直接关系到中国民族的整体素质"。而"有利于青少年健康成长的社会文化环境"正是测评体系的重点之一。通常，调查问卷设计为学生卷和家长卷两种。而学生则是较好联系与沟通的对象。在某所小学，当学生们提笔填完自己的答案时，广播里传来通知：我们要对一对标准答案。至于家长卷，往往是直接由孩子"听写"答案，再带回家让父母签名。

不过，初中生阿旭还是对一些标准答案无所适从。比如，作业一定要在1小时内完成，学校从来没有强制统一购买教辅材料。还有一些标准答案则是这个中学生第一次听说。比如，你们班的团干部是否通过民主选举产生？答：是。父母给你讲解过青春期的有关知识吗？A. 从没讲过。B. 偶尔提到过。C. 详细讲解过并一直给予青春期指导。答：C。最让他感到莫名其妙的是这类问题：你每天的睡眠时间是多少？A. 等于或多于 10 小时。B. 等于或多于 9 小时，但少于 10 小时。C. 等于或多于 8 小时，但少于 9 小时。D. 少于 8 小时。答：B。

通常，对于这类脑筋急转弯式的问题，问卷中往往附有类似的提示说明：根据《未成年人思想道德建设评测体系》要求确保中小学生休息睡眠时间≥8 小时/天。但是，初中生阿旭还是很难理解：一个城市的文明程度和他每天睡几个小时究竟存在什么关系。

检查组下榻在三星级天府酒店，距离阿旭所在的X中学初中部咫尺之遥。于是，学校对待这项任务异常重视和严肃，大喇叭将"三大纪律八项注意"广而告之：不准闯红灯；不准乱丢果皮纸屑；不准乱跑；校外不能随便和陌生人说话；答不上问题，不要承认是X中学的学生；影响学校形象者轻则请家长，重则开除学籍。

据说，在已经获得全国文明城市评比"二连冠"的某个东部城市，应对中央文明办进行的创建文明城市复核检查活动，也免不了神经紧张，以短信群发的形式下达的类似通知是："同学你好，这条短信内容务必认真阅读，如果 8 月中旬的××市创建文明城市'三连冠'因为专家组抽查到你的电话，相关问题没有回答出来而导致文明城市没有被评上，我校将在××市通报批评，而你也将在我校接受相关处分。"

如此，一个以工作、家庭为纽带的问责机制，在国检人员抵达以前就已上马。

大　考

国检人员的检查方法分"明察"和"暗访"，测评系统的设计者希望通过暗访，从制度上杜绝"跑部拿奖"的可能。为力求结果准确，暗访部分由国家统计局的城市调查队独立完成。他们需要签署承诺书：不准泄露信息，不准参加招待、宴请和娱乐活动，不准收礼金、礼品和土特产品。然而，再密不透风，也敌不过一座城市的"情报系统"。中部某市在 9 月 4 日上午 10 点过便"未卜先知"，群发短信：国家城调队已经入住火车站附近酒店，望大家尽职尽责做好全面迎检准备。对此，城市管理者往往既是无奈，又是觉得委屈：老百姓的文明素养是个硬指标，但他们文不文明，又不是领导层可以决定的。

在 G 市，九月初，"大考"来临，各就各位。

从市政府到公安局、法院、检察院，乃至市文联、气象局，全副上阵。实战阶段的工作方式就是以街道为单位，实行"大包干"，防守的办法也有些老土，遍街公务员，基本靠人盯人。在先前几个月鏖战来的整洁市容基础上，全市志愿者轮流上岗，在重点交通路口、重要场所等进行制止和劝导，盯防市民随地吐痰，乱扔果皮纸屑，闯红灯，车辆乱停乱放……这十来天，每天"早七晚十"，周末无休。

守街民警张为民就时不时收到类似的电话指令：马上注意，检查组朝春天花园去了！除了秋老虎的天气太热，站街的活儿其实也不算太累，G市公检法系统里的某单位，连续十来天基本不上班了，全员站街。而今，张为民每次接起电话都是一长串：你好，我是哪里哪里的民警张为民，请问你有啥子事。在"绝不拉稀摆带"的川渝人看来，这话拗口又不自然。不过没办法，关键时刻，张为民的一言一行，也代表着"廉洁高效的政务环境"，被纳入文明城市测评体系124条衡量指标之一。对此，一名厅级干部在给下属做思想动员工作就曾直白："形式主义都搞不来，咋个搞实用主义？"

相对而言，轮上入户的同志比较艰辛。早在九月之前，各大社区的居民已被问了个遍：你是否愿意"被入户"？据公开资料，针对市民乱扔垃圾、随地吐痰、公共设施损毁等日常陋习，G市开展了"千名党员干部进街道、共建文明社区"活动，自2009年以来，G市文明办已经分别向全体市民、中小学生、部队官兵、出租车司机发放《市民须知》、《宣传教育手册》、《市民文明手册》等各类宣传资料40余万份，设置大型公益广告牌50余幅、灯箱广告牌1000余幅，举办专题文艺演出30余场。组织市、区机关共建单位联系社区、小区、单元，安排数千名党员干部志愿者深入社区和市民家庭，倾听群众呼声，解决居民困难，开展文明礼仪和政策法规宣传教育、文明行为劝导、环境卫生整治等工作，宣讲争创全国文明城市的目的和意义。

一份工作通知显示，各入户结对人员需熟记G市"城市精神"：崇先仰圣，创业求新，坚韧求是，包容诚信；需衣着朴实，端庄整洁而不华丽，不带包，不接打手机，国检入户调查当天，不得将任何"创文"文件、资料带至结对户家中，国调前后协助结对的对象户家搞好卫生，不摆烟具，不敬烟；当国调人员到你所结对的对象户家中时，开门请讲：（热情，微笑）您好，请问找谁或请问有什么事，当对方说明来意后讲：请进，请坐，待国调人员坐定便从冰箱取出水果……

尾　声

国检一直绵延到9月中旬。调查组一走，提到嗓子眼的心终于放了下来，大家便欢喜得像走出高考考场获得解脱的学生，结伴喝夜啤酒去了。人们开始议论，因为创全国文明城市，中秋节不放假，但也只得服从工作大局。好在肯定加班工资发得多，不少于273元。听领导说，辛苦完这几天，补休假。还好，比较人性化！

创文结束后，一位记者曾试图采访G市当地十余名公务员。尽管"各级政府接受新闻舆论和社会公众的监督"也属于文明城市考核范围的指标之列，但对方一听是"创文"，皆表示不愿细谈。有人说，从一个江边的小码头，发展到今天"举世瞩目的、在中国具有特殊政治地位"的中型城市，G市实在不容易。当然也不排除创文过程中有个别"粉饰"现象，那无非是，"打开窗户会进苍蝇"。也有人说，创文机制摆在那儿，标准答案只有一个，群众满意度越高得分越高，不照着做你就出局，我们别无选择。

改变也是有的。通过创建文明城市，G市城市面貌发生明显变化。2010年年末，G市主城区面积达30平方公里，较"十五"期间翻了一番，已建成渠江公园、北辰湖公园、思源广场等城市公园、绿化广场、社区公园，并全部免费开放。全市森林覆盖率达35.2%，城区绿化覆盖率41.7%、绿地率35.4%，城区人均公共绿地面积14.7平方米，全年城市空气质量优良天数达358天，荣获"国家园林城市"殊荣，"国家卫生城市"创建工作已通过技术评估。同时，G市政府也把优化政务环境贯穿于文明城市创建的全过程，着力建设作风过硬、办事高效、服务优质的"效能G市"；深入推进行政审批制度改革，着力构建优质、高效、规范、便民的政务服务平台。几年来，市本级行政审批事项由509项减少为154项，市、县两级政务服务中心标准化建设全面达标，市、县、乡、村四级政务服务网络基本建成，实现了"九最一零"（即项目最少、时限最短、服务最优、制度最硬、问责最严、作风最正、运行最佳、投资环境最好、群众最满意，服务"零投诉"）目标，被省政府表彰为"全省政务服务中心标准化建设先进单位"。

然而，大考一过，民生似乎依旧，G市迅速恢复了以往的人间烟火。满大街的志愿者消失后，渠江边上的烧烤摊晚上又冒了出来。出租车司机又开始吆喝着拼车，一边开，一边抱怨广宁北路一带占道停放的车和那些闯红灯的"不要命"的行人。

【情景模拟】

假设您分别是时任G市市委书记建军、G市某政府机构负责人、民警张为民、国家文明办负责人、G市创建全国文明城市活动国家统计局城市调查队负责人、G市城区一名普通公民，以及其他案例材料涉及的人物，您将如何对待和评价G市创建文明城市活动过程及其相关实施手段？为什么？

【案例思考】

1. 从公共行政学角度看，本案例主要反映了一种什么行政管理现象？其基本

构成要件是什么？

2. 根据案例材料和国情，创建文明城市活动属于什么类型的行政管理方法？试分析其基本属性、功能取向、效果及其可能影响因素。

3. 根据案例材料和国情，结合公共行政学相关原理，试分析 G 市创建文明城市活动过程的主要经验启示以及可能存在的问题，并阐明可能原因。

第 13 章
现代公共行政工具

一、本章学习目的与要求

说明：通过本章的学习，了解现代公共行政工具的基本种类及其含义，理解不同类型现代公共行政工具的功能特征、运行机制、优缺点与适用范围，尤其是要掌握在市场经济时期各种现代公共行政工具的使用原则与规律。

二、本章考核知识点与考核目标

识记：招投标制、公共服务市场化、委托—代理制度、公共服务外包等现代公共行政工具的概念含义及其基本类型。

理解：不同现代公共行政工具的主要表现形式、功能特征、运行机制及其原则要求、优缺点及其各自适用范围，现代公共行政工具适用过程中的原则性与灵活性相结合原则的含义及其实施，公共管理与服务生产与供给机制市场化的基本内涵及其发展趋势。

应用：运用所学公共行政学理论知识，分析案例中特定现代公共行政工具的表现形式、影响因素、运用机制、功能特征、实践效果、可能存在的问题及其可能的经验教训与应对策略。

案例 1　　警察破案招标制的启动

据央视国际 2002 年 10 月 25 日报道，武汉市公安局 W 分局于 2002 年 8 月公布并采取了"命案招标"举措。这种模仿企业招标的方式在社会上引起轩然大波。赞成者认为，这是公安机关推行内部竞争、打破大锅饭体制的一种大胆尝试；但反对者却认为，这种行政权力市场化的做法缺乏法律依据。

招标破难案

2002 年 4 月 20 日晚 22 时许，男青年张某兴致勃勃地来到湖北省武汉市

W 区一发廊内。他对老板嚷道："老板，赶快安排一名小姐为我洗头。"由于该店老板当时正在招呼其他客人，没有及时安排小姐为其服务，张某觉得让自己坐了"冷板凳"，便有些不耐烦，说话自然就不好听了。发廊老板也不是"省油的灯"，二人便你一言、我一语地争吵起来，相互谁也不让步，以致扭打起来。张某年轻气盛，发廊老板不是他的对手。觉得吃了亏的发廊老板一方面用计将张某稳在店里，一方面用电话邀哥们前来助阵。很快，一帮哥们气势汹汹地出现在发廊里。他们手持随身携带的凶器，不问青红皂白，当即大开杀戒，乱刀直砍张某。顿时，张某血流如注，当场死亡。

武汉市公安局 W 区分局"110"民警接到报警后，不到 5 分钟就赶到现场，然而犯罪嫌疑人却已逃之夭夭。W 区公安分局当即成立"4·20"专案组，组织专班人员全力侦破此案。他们立即对主要交通要道进行堵截，对车站、码头、旅社进行清查，先后 5 次前往湖南对犯罪嫌疑人可能落脚的地方进行布控和守候。然而，犯罪嫌疑人却像蒸发了一样，三个月过去了，仍音讯全无，侦破一度陷入僵局。

身为 W 区公安分局局长的老夏，此时已是如坐针毡，寝食难安。因为连同此前尚未破获的"4·11"命案，这已是第二起命案了。就在为此案的侦破感到极度困惑和无奈之时，偶尔听到的一则有关工程招标的电视新闻使他受到了某种启发。当晚，带着这个想法，他组织分局党委一班人进行讨论研究，很快大家取得一致意见。就这样，W 区公安分局第一轮"命案招标"方案正式出台了。其主要内容是：破案期限为两个月，对被招标的"4·11"和"4·20"两起命案分别给予 4 万元和 6 万元的办案经费。中标者可自行挑选探员办案，破案前要向分局缴纳数额为中标经费 5% 的保证金。如在规定期限内破案，中标人可报请提升刑侦副中队长，办案经费如有剩余，则可作为对办案民警的奖励；如不能如期破案，中标人的保证金将被扣，并且年内不得开展其他工作，须继续侦破中标案件，在此期间只保留基本工资。此外，破案所需费用中，超过规定经费部分由中标人自掏腰包。

8 月 18 日，W 区公安分局将"4·11"和"4·20"两起命案向全局公开招标。按照招标规定，全局所有刑警都可以竞标。在当天的招标会上，共有多个探长参加了激烈的竞标。经过评委的评议，分局刑侦大队重案队陈探长和张探长最终竞标获得了案件侦破权，并当即与局长老夏签订了破案责任状。张探长中标后，明白已经没有任何回旋的余地。他仔细分析了案情，认为身为独生子的犯罪嫌疑人罗某思家心切，一定会和家人联系。于是张探长挑选了 3 名刑警迅速赶赴湖南展开调查。在罗某家门口苦苦守候 7 天 7 夜后，终于将两名犯罪嫌疑人擒获，并连夜将其押解回武汉。这一天是 2002 年 9 月 7 日。一起历时 3 个月之久迟迟不能破获的命案，现在仅用 20 天就成功告破。张探长也随之由探长提升为分局一个派出所行政中队副中队长。

特殊的奖惩形式

其实,"命案招标"并非W区公安分局首创,全国先后已经有十几个地方的公安局先后进行过类似的尝试。2001年1月,广西柳州市公安局为了进一步调动刑侦力量投入到大案要案的侦破工作中来,制定了招标制度。2002年3月,湖北省襄樊市公安局樊城区分局发出"命案招标"一号标书。2002年10月25日,W区公安分局局长老夏、张探长、中国人民公安大学侦查系郝主任接受了中央电视台采访。

当被问到"什么样的案子,才适合用招标这种方式"时,老夏说:"我们应该明确一个问题,不是说只有招标才能破命案,也不是说所有的案子只能招标来破。而是对有一定条件的、一些重大的疑难的案件采取招标的形式。"他认为,"招标的案件有4个条件,一是有一定影响的大案;二是这些案件要经过一定时间的接触性的侦查工作,从时间上,不是说一发案就进行招标;三是案件侦破陷入僵局,出现了一种困境,需要从里边走出来;四是这些案件必须是有一定的证据或线索条件可以突破,可以推进的。而具备这4个条件的案件占的比重很小"。

在回答"当你参加招标的时候,标书上最吸引你的是什么"的提问时,张探长说:"最吸引我的是所提供的有利条件。比如先把资金准备好,由我来根据案件的需要开多少资金。另外,人员由我来选。"

对于"原来这个案子一直是你参与侦破,为什么招标之后才破呢"这个疑问,张探长的答案是:"以前我们侦破组是由几个部门的人组成,有刑侦大队的,有派出所的,我虽然作为主侦,但是如果有什么事儿我还得向中队长、大队长汇报,由他们来说怎么去做。可这个案子实行招标后,我才有权由我自己来决定怎么做了。"

中国人民公安大学的郝主任接着这个话题说:"招标之后的破案与原来的破案的区别在于,明确了责任。原来他们每走一步就要重重向领导请示。虽然也有他的具体责任,但是这个案子破不破也有领导的责任。这个责任分散了,责任不太明显。现在招标之后,这个责任落在了他自己头上,包括经费一下到位,相关的人员他可以调配,这样责任就非常明确。那么相对责任制没有落实的情况下,就是一种多少带点吃大锅饭,有的时候侦查过程中还是人海战术这样一种形式。"

对"破案本来就是公安人员的天职,那为什么还要招标"之类的议论,郝主任说:"这个问题是一个比较敏感的话题,有争论。有人认为这是一种市场行为,觉得你是一个公务员,拿的是纳税人的钱,就应该无偿地奉献,所以不应该引进市场机制。我觉得这个问题还是要慎重一点，我认为还是讲成是奖惩的一种特殊形式比较合适一些。我想作为公安机关来讲，这样一种复杂的劳动，超强的劳动，给予一定物质上的或者精神上的激励，这个也应该是情理之中的事情。"

郝主任认为，首先不能把招标破案理解成一种按照给钱就破案，或者给官职就破大案，这样理解的话，就把"命案招标"庸俗化了。实际上招标要花钱，不招标破案也要花钱；招标要提干，不招标破案也要提干。所以通过这样一种形式，可能所花的钱比不招标破案要少，投入的人力、物力可能还要少。其次，从提干的角度确保了确实有水平、有能力、有责任心的同志能够脱颖而出。所以它引入了竞争的机制和一种激励的机制。

【情景模拟】

假设您分别是时任W区公安分局局长老夏、分局刑侦大队重案队张探长、W区一名普通公民以及其他案例材料涉及的人物，您将如何对待和评价W区公安分局实施的"命案招标"机制？为什么？

【案例思考】

1. 从公共行政学的角度看，本案例反映的是一件什么事件？
2. 根据案例材料，W区公安分局运用招标的方式进行案件侦破，其动机是什么？是否合理、合法？
3. 结合国情，谈谈W公安分局的这种做法对我国行政执行工作有无启示作用？为什么？

案例2　　苏州园林的社会化管理尝试①

在城市现代化和历史建筑保护两者之间，中国不少城市在备受争议中前行。这一回，争议的对象是苏州。2002年10月25日，苏州公布了《苏州古建筑保护条例》，条例中明确"鼓励国内外组织和个人购买或者租用古建筑"。然而，戏剧性的是，3天以后通过的《中华人民共和国文物保护法》却规定，国有不可移动文物不可转让抵押和买卖。由此，《苏州古建筑保护条例》一度传说因与国家法律有冲突而被"叫停"。事实上，《保护条例》并未被叫停。

---

① 主要参考文献：易颖，高岩，《苏州园林的"私有化"道路》，《南方周末》2002-12-19。

据苏州市人大法工委的专家解释说,新条例所允许买卖的古建筑明确规定是属于非文物的范围,与国家文物法中所指的文物概念有根本区别,因此并无冲突。

古城古宅

除了拙政园、狮子林、留园这样的江南园林和文物古迹外,苏州这个古城最"宝贝"的,就是分布在大街小巷的200多处破旧古建筑。对苏州历史可谓了如指掌的吴都学会副会长、退休前是苏州市文物管理委员会主任的王先生认为,"不要看破破烂烂的,这些古宅都是解读苏州历史的密码"。因为经济发达,很早以来,众多达官贵人、商贾富豪和文人雅士就爱在这里置地盖房,至明清鼎盛时期,苏州古城内外便有600多处私家园林。其中,保留得最完整的便成了旅游景点。王先生认为,现存的200多处破烂古建筑是"古城的遗传基因","如果只有孤零零的一些文物,没有大量古建筑在那儿支撑着,很难说这个城市还会不会保留这种江南遗韵"。

然而,"破破烂烂"也表明,这些古宅正处于令人担忧的状态。"潘宅"曾经是江南第一豪宅。乾隆时期巨商潘麟兆兄弟几人一起做生意,靠着往返于印度和东北地区经营丝绸药材积累的巨资,他们修建了占地5400多平方米的大宅子。尽管现在的潘宅已经十分破旧,但七进五路的结构还大体保留着。这在一定程度上得益于外面门框上钉着的"苏州控保建筑"的牌子。"控保建筑"正是苏州的发明创造。1982年该市搞了一个文物和古建筑普查,发现除了国家、省级和市级文物建筑以外,苏州还有260处"有相当价值"的古建筑。于是,就决定为这些建筑统统钉上"控制保护建筑"的牌子。在后来的旧城改造过程中,这些古建筑得以享受了"准文物"待遇。就在这20年间,国内很多历史文化名城的古建筑却大多没有躲过旧城改造引发的大规模拆迁劫难。

虽然"始终没有动",尴尬的是,这些"准文物"很少能享受到文物的维修待遇。实际上,对于有着140处文物保护单位的苏州而言,每年400万元左右的文物保护资金都是杯水车薪,"控保"古建筑就更是难以顾及。对此,有关部门含蓄的说法是,"一直没有建立持续的投入机制"。

61岁的潘女士是潘家第19代后人。在她看来,老房子住着冬暖夏凉,但就是太旧了。她回忆起童年时候的大宅院,"在里面捉迷藏,很多地方都跑不完,每一进的照壁上的透雕花草都不一样"。她的老伴则在边上指点人们看房梁上一些缺损的地方,"可能是榫头烂了,这些木雕刻花的东西开始往下掉了"。平江书画院工艺师杨先生是潘家外甥,也住在潘宅里面。因为业务关系,他经常在外面帮着"弄弄老房子的牌匾",知道古宅的维护费用"不是一个小数目"。他说，日子有好有坏，但潘家的后人没有富得可以维修祖业的，潘宅也就一直没有维修过。

像潘宅一样，苏州的古宅绝大部分在新中国成立后成为了国有企业的厂房或者普通市民居住的公房。其中一些已经变成"七十二家房客"式的大杂院，原来是园林的空地四边搭建了不少屋子，狭窄的空地上晾满了衣服，院角倒水的地方则堆放着几个马桶。

卖　家

早在数年前，苏州古建筑就悄然走上了"上市"之路。1995年，苏州市政府将古城区划分为54个街坊进行开发。首批试点的3个街坊都各有几处文物和控保建筑。拿到37号街坊开发权的某房地产开发集团将文物建筑照规定整修了，但袁学澜故居则让该公司董事长史先生好一阵犹豫。袁学澜是清代诗人，太平天国战乱后迁入苏州城中，购得卢氏旧宅加以整修，因为从庭院里面能看到不远处的双塔，便题为"双塔影园"。但是，这个"堂屋宏深，屋比百椽"的宅院如今却住着68户人家，跟其他大杂院一样破败不堪。

讲究效益的开发公司通常都不喜欢"动"控保建筑。房子维修要求高，安置里面挤得密密麻麻的居民又麻烦。但史先生却用一个保护性很强的方案争取到了文管委的支持。在将住户协议搬迁以后，公司投入上千万元加以修缮、改造，并仿照拙政园的风格，挖池叠石、建亭筑轩。如今，这个边上有河、门前有树，周围是一片独院别墅的古宅已经成为市内价值最高的一个古建筑项目。

或许人们觉得买卖古建筑很惊奇，其实，一改造旧城就会遇到这个问题。里面的住户动迁出来，这个古建筑怎么办？史先生认为，没有哪家公司有能力让它空着做博物馆。因此，整修"双塔影园"的同时，史先生在旁边配套开发了一片高档别墅，结果，这一片的地产价值立即提升，这家公司由此成为首批试点中唯一盈利的公司。

此后，苏州古建筑的"上市"之路开始悄悄展开。苏绣创始人沈寿的故居"绣园"、唐寅故居"桃坞别院"、园内有精美百花木雕的"唅德园"和费氏老宅等一些控保建筑，也纷纷被房地产公司或产权方加以整修后高价出售或出租。这些古宅的修缮程度不尽一致，唅德园和双塔影园是精装修，桃坞别院只是简单清理。据说，几栋古宅的售价多在1 000万元以上。当破败古宅置身于市场交易的舞台上之后，无论是产权方还是购买者，都在修缮保护上下足了功夫，以便恢复其"古董"身价。在2001年的苏州房展会上，一个被精心包装的古典园林式私家庭院"紫竹苑"以2 500万的"天价"震惊了国内房地产界。

可以说，正是这些民间操作微妙地影响了有关部门，最后促成了《保护条例》中买卖条款的产生。分管文化教育工作的苏州市副市长朱先生介绍说，"我们是'不求所有，但求所在'。表面上是卖了，但实际上是吸纳民间资本来参与保护，就算是卖给国外组织，建筑物是不可移动的，它们永远都在苏州，谁也拿不走"。事实上，在看了很多修缮一新的古宅以后，苏州市的领导班子已经达成这一共识：市场能做的事情，社会能做的事情，我们政府就不要包着。

买　　家

上市方向一定，如何确定价格便成为各方关注的一个话题。朱市长说，"欧洲有些破旧的古城堡是一块钱卖给个人，我们的古建筑都在市区，价值高，故交给市场去定价"。通常情况下，古宅的价格是由买卖双方根据搬迁和装修成本，结合地段和环境情况来商议的。朱市长认为，以后古建筑买卖，政府的底价是把里面居民动迁出来的成本。在他看来，如果要把古建筑的无形资产都打入价格中，没有谁买得起。而且，《保护条例》规定买了就要维修，那笔费用还是个大数目。

山塘街 250 号正在修建的"山塘雕花楼"就花了商人周先生不少资金。这个原本是清代中医许鹤丹故居、一度成为太平天国指挥部的许宅在 2001 年发生了一次火灾。当地的区房管局因为有保护的责任，"急于找人把它修起来"。随后，周先生不顾家人反对花 200 万元买下了这个废墟。他解释说是"苏州人的古建筑情结"作怪。但是，等 2002 年年初开工的时候，他却拿定主意要建一座豪华的"雕花楼"来经营了。影响周先生决策的最主要原因是，许宅所在的山塘街紧挨着苏州历史上最为繁华的阊门。而在 2002 年，苏州正准备规模开发山塘历史街区保护点，提出的口号是"杭州看西湖，苏州看山塘"。这让周先生看到了商业前景。

根据苏州市文管委负责人的介绍，"卖出去的关键就是为古建筑找一个修缮保护的责任主体"。因此，《保护条例》对随意改变古建布局、结构和装修的行为都有明确的处罚规定，在条例实施以后，文管部门还将对所卖出古建筑的每一个构件都进行登记造册，以便每年进行检查。

据了解，目前已知的几栋古宅购买者中，有 3 个台湾商人、1 个香港商人和 2 个本地商人。除了周先生是有意识经营以外，其余的都是买来居住，行事十分低调。

"历史上，这些古建筑就是私家园林。"朱副市长说，"现在的人想买就说明有实力也有鉴赏力，就算是附庸风雅，也比摆着没有人管好"。对于"园林上市是不是私有化"之类的质疑，朱市长的说法是"不提私有化，我们提的是走民间道路"。他说,"苏州叫卖古建筑是全国第一声,其实我们还是有些羞答答的,条例上面都没敢提出产权的概念,如果更进一步,明确产权可以继承转让,这样,投资者也许会少很多后顾之忧"。

【情景模拟】

假设您分别是分管文化教育工作的时任苏州市朱副市长、前苏州市文物管理委员会主任王先生、潘家第19代后人潘女士、开发袁学澜故居的房地产公司董事长史先生、开发"山塘雕花楼"的商人周先生以及苏州市一位普通市民,您将如何对待和评价苏州市对待"控制保护建筑"的市场化行为?为什么?

【案例思考】

1. 从公共行政学角度看,本案例主要反映了一件什么性质的事件?
2. 本案例主要涉及政府的什么部门?其相关职能是什么?
3. 结合行政职能的基本运行方式,说明本案例中相关政府行为合理或不合理的地方,并分析其原因。
4. 结合本案例,说明在市场经济体制下,政府职能及其运行方式应该如何确定?为什么?

案例 3　　J 县的教育券制度改革尝试[①]

2003年10月9日,湖北省 J 县委县政府出台了《关于基础教育改革的实施意见》。根据该文件,从次年起,当地政府每年的义务教育经费将不再拨付给老师和学校,而是直接以"义务教育卡"的方式发到学生手中,再由学生凭卡选择自己喜欢的学校入学。改革后,学生缴纳的学费将成为学校老师工资的主要来源,这其中就包括义务教育卡上的经费。如此,教学质量高、生源多的学校教师收入就高,反之则少,学生和学校实行双向选择。另一方面,政府与学校之间的关系也发生了改变,社会资金将获准进入学校,允许"其他单位和个人可以采取'租赁'、'收购'学校的方式取得学校的经营管理权,并获得一定的盈利"。并且,经由政府认定之后,不同学校可以实行不同的收费标准。与此同时,学校的管理机制也将改革,国有资产代表、教师代表和家长代表组成的民主管理委员将成为学校决策机构,决定学校所有的重大事项,包

[①] 主要参考文献:钱昊平,李思德,《J 县教改:把义务教育经费直接分给学生》,《新京报》2004-01-17。

括对校长的聘任和解聘。

《意见》刚一出台，舆论哗然。支持者认为，这种教育券的方式或许是解决贫困地区基础教育难题的一条出路；反对者则指出，基础教育理当属于公共产品，J政府此举是在"甩包袱"。这种争论很快就对J县的教育改革产生了压力，众多政府人员大多三缄其口。

教育负债压力

2003年1月5日，J县委宣传部的一份新闻通稿点出了此次改革的背景："基础教育面临教师工资不能足额发放、学校正常运转困难、危房改造不能如期进行、农村学校教师严重不足等方面的压力。"

根据县委宣传部提供的数据，J县总人口为142万，其中农业人口102万，全县现有516所中小学。县政府一位官员指出，2000年开始，J县开展了中小学布局调整工作，村小学已由1999年的709所减少到现在的446所。根据官方说法，合并学校的原因一是农村小学生数量在逐年减少，二是为了减员减负。其中，2002年，J县一次性清退民办教师2007人。2003年5月《J县基础教育工作情况汇报》对此的解释是：清退民办教师是因为无工资来源。

但是，并校减员并不能完全解决问题。J县财政局行政事业单位财务股一位官员提供的一组数字显示，2003年，该县可支配财政收入不足两个亿，其中用于基础教育的财政拨款就达到了1.1254亿元。即使如此，全县教育资金的缺口仍然高达3 000多万元。据这位官员介绍，1993年以来，J县每年的农村教育附加、教育集资、教育统筹三项基础教育经费都在6 500万元以上，基本支撑了农村教育。2002年税费改革后，这三项收费被取消，但上级转移支付的财政拨款却只能弥补部分缺口。

同时，义务教育阶段学校的公用经费来源也是个问题。据有关规定，这笔公用经费仅有向学生收取杂费这一项来源。其中，公办小学每人每年85元，村办小学为55元，初中生为180元。J县财政局的这位官员透露，按此标准，全县每年可收取2 300万元，但实际需要却达到4 313万元，中间有2 000多万元的资金缺口。

在这样的背景下，J县的教育负债成为越滚越大的雪球。该县教育局提供的数据显示，全县中小学共负债10 615万元，其中县直中小学负债3 880万元，乡镇公办中小学负债6 281.8万元，村办小学负债453.2万元。上述2003年5月那份《基础教育教育情况汇报》称，J县"几乎没有不欠债的学校"。该县教育局在2003年1月做过的一次统计资料则显示，负债学校中超过100万元的学校就有24所。根据官方说法，全县中小学为"普九"欠下的债务是5 526.1万元，其中欠发教师工资920.59万元，学校因公用经费不足运转负债

4 168.31万元。

教育卡制度

J县一位政府官员说，此次改革将令教育经费的流向出现转变，以前是通过各级政府层层下拨，此后则是通过学生流向学校。毫无疑问，作为农业大县，J县的教育包袱是一个既成事实。然而，这次改革所面临的最大疑问是，新的投资方式能够令局面好转吗？

有人认为，J县所推行的义务教育卡制度是"教育券"制度构想在中国的实验版本。资料显示，"教育券"的概念源自于美国经济学家米尔顿·弗里德曼。弗里德曼认为，当政府集教育的"资助者"与"（服务）提供者"于一身时，由于在生源及经费上很少受到来自私立学校的竞争，导致公立学校以较高的教育成本提供较低质量的服务，从而造成教育资源浪费。同时，由于垄断，家长和学生也不能采用挑选学校的方式来促进学校的竞争。为此，弗里德曼指出，政府资助教育但不一定要直接提供教育服务，可以将投入教育的钱以"教育券"的方式直接发给家长，帮助家长实现跨地区、跨学校选择教育。

在J县，基础教育确实存在发展的不均衡状态。据2003年的统计数字，该县村办小学教师缺编1 566人。与此同时，该县县委宣传部的一位官员透露，很多乡镇老师都通过关系往县里调，县城一些学校行政人员甚至比一线教师还多。由于政府按学校和老师人头数划拨资金，多一个教师对学校并没有什么损失。这位官员指出，改革后，教育经费划拨到学生手上，教师的工资要从学生缴费中获取，多一个老师多一份开支，学校作为投资者就不得不考虑其收益。因此，教育卡制度实行后，有学生的学校就有经费，这将改变目前乡镇教育资源配置的格局。另一个可能出现的改变是，教育卡制度实行后，教育经费挪用问题将有所缓解。J县教育局的一份文件披露，2001年到2002年，全县21个乡镇中，有16个乡镇挤占挪用了教育经费457.8万元，包括上级专款79.5万元，教育统筹经费245万元，其他133.3万元。

更为重要的是，J县政府一位官员说，改革将令教育经费的流向出现转变。以前是通过各级政府层层下拨，此后则是通过学生流向学校。不过，依照J县县长的说法，义务教育卡制度在J县暂时还不会完全执行，而是按照教师人数、工资基数权重占50%和学生人数、生平均应享受财政经费权重占50%的标准拨款到学校，再由学校自行分配。原因在于，现在学校之间的差别太大，比如某个学校有200个老师，但却只有100个工作岗位，如果完全按照这个拨款方式一步到位的话，那他们的工资就可能会下降一半。正是基于这种考虑，政府做出了折中的拨款方式，进行过渡，让改革稳中进行。但这位县长也表示，这次教育改革的最终目标是，教师工资将最终脱离国家财政拨款，全部由学生学费来支付。

对此，J县一中一位语文老师认为，尽管改革打破用人制度是一个方向，但真正轮到自己的头上还是不容易接受。更多当地教师的心态则是——"该来的总是要来"。不过，J县一位吴姓政协委员却提出了自己的担忧："虽说推行教育卡了，但学生拿了卡上的钱是否真能保证上到学？政府办学校的时候没有盈利，私人办学校如何赢利呢？一旦学校抬高收费以后，仅有教育卡上的经费还是上不了学的。就怕政府把钱拨下去以后就不再管了。"另一方面，这位政协委员同时也表示："教育负债累累，小学生人数开始减少，县财政无力养活这么多老师，这次改革也是不得不改了。"

私人办校的目的

私人办学校如何赢利，无疑是此次改革的一个关键。改革后，如果民间经营者无法赢利，基础教育责任最终还是要落在政府头上。J县G镇主管教育的副书记杨女士对此并不乐观。她认为，如果村办学校严格按照税费改革的规定来办，不收教育附加，那是基本没有可能赢利的。该G镇司晨小学校长刘先生也认为，税费改革后，经费来源减少了60%左右，人均只有90多元，而全校400多个学生平均每人年均费用也要90元左右，基本无利可言。对此，J县县长的态度是："改革刚开始，不好说什么，只有等有了结果再谈效果。"

事实上，G镇司晨小学曾有过一次类似的改革尝试。司晨小学学生数在400人左右，六个年级，学校占地面积600平方米。2000年8月18日，J县商人杨学与司晨村委会签订合同，由杨学承包司晨小学18年，租金13万一次付清。其结果是，"第一年就赢利了近万元"。

接手司晨小学后，杨学首先按师生人数配比，将学校的教师人数从17人减少到14人，辞退了3名民办教师。同时，他将其他教师的补助由每年1 500元提高到2 100元至2 500元不等。结果，教师积极性提高了，教学质量也有提高。第二学期，就有邻村学生来司晨小学就读。杨学的第二个经验是严控经费。学生的作业本、文具由他自己统一购买，不在镇教育组里买，这样就能便宜很多。当地学校有个风气，经常用公款行礼赶人情，杨学也不能不参加，但可以少一点，别人出五六百、他只出一百。理由很简单："我用的是自己的钱"。杨学还举了一个例子：有一次他聘用的校长黄老师和其他几个校长一起出差，大家吃住消费在一起，最后开发票时其他人都开了1 000多元，而黄老师只按实际开了160元。

杨学认为，他实际上解决了公办学校经费虚耗的问题。这个说法得到J县原县长朱先生的认可。2001年的《J县农村基础教育工作情况汇报》称，司晨小学的做法"实行了校产民有、校长承办、日常管理自主、业务归口不变的办学体制，有效地解决了学校经费流失和短缺的矛盾"。

出售学校的理由

目前，J县尚没有学校进入租售程序的消息。并校后闲置的Z小学的租售广告挂上了县政府网站——"占地7 200平方米，有校舍8栋，固定资产10万元，现对外出售或出租"。而一些学生家长对卖学校所产生的收入也非常关注。对此，J县县长指出，"租售学校所得的收入主要用于发展教育，但不排除有一部分会用于还债，这个比例我们要控制的"。但该县长没有披露这个具体的比例是多少。依然存在的一个问题在于，既然确定国有资产代表参与学校管理委员会，J县为什么还要走学校"租售"的道路。事实上，卖学校正是此次改革最受外界质疑的焦点。

据《武汉晨报》2004年1月2日报道，J县县长提出："作为一县之长，我更倾向于进行彻底的产权改革，只有这样，出资人才能完全按照自己的意志办事。如果租赁经营，还是会有权力干扰。"商人杨学的失败或许可以为这位县长的看法提供一个论据。

目前，杨学已经失去了司晨小学的控制权。据了解，2003年秋季开学，当地派出所和村委会相关人员来到学校，称杨学的相关证件不齐，不能办学。杨学说，他当时提出按合同规定证件应该由村里办，但村里没有理会。所谓证件就是指收费许可证，司晨小学现任校长刘先生说"许可证早就办过了，但那是以集体的名义办的，杨学承包以后应该重新办理"。目前已离任的黄老师则指出，"这几年，我们和镇教育组一直有些摩擦，有一次镇教育组联系一批练习本到下面摊派就被我们给顶了回去，这种新的体制教育组是很难接受的"。不过，这个说法未得到G镇教育组的证实。

前不久，J县县长曾对媒体表示："杨学尝试的时候只有他一人用新方法，显得不合拍，但现在全县大范围改革后，杨学的思考方式和行为准则现在成了大家的共识，这些问题自然就不存在了。"他同时强调，"改革后，政府对义务教育不是不管了，而且还会增加投入，增加的比例会与地方财政收入的比例保持同步"。

一个无法回避的法律问题是，根据《中华人民共和国义务教育法实施办法》第三十八条规定，将学校校舍、场地出租、出让或移作他用是违法的，应受到处罚。但J县县长却认为，公办学校一旦变成民办学校后，其教育模式适用《民办教育促进法》，一切基础设施都将归出资方所有。

【情景模拟】

假设您分别是时任J县县长、J县政协委员吴先生、J县G镇主管教育的副书记杨女士、G镇司晨小学现任校长刘先生、原校长黄先生、J县商人杨学、司晨村委会相关负责人、G镇教育组相关负责人以及J县一位普通市民,您将如何对待和评价J县委县政府出台的《关于基础教育改革的实施意见》所欲推动的相关改革举措?为什么?

【案例思考】

1. 从公共行政学的角度看,本案例所反映的是一件什么事件?
2. 什么是教育券制度?该制度的一般功能是什么?在本案例中它的主要功能是什么?
3. 结合案例,分析J县实施教育券制度的主要原因。
4. 从我国国情出发,谈谈J县教育改革是否存在值得推广的经验,并分析其可能面临的困难与发展方向。

案例4　第一张排放噪音污染许可证的发放[①]

长沙是一个文化娱乐产业发达的城市。众多营业性娱乐场所丰富了群众的休闲娱乐生活,但少数企业不顾周边环境违法排放噪声,给周边的居住、教育、办公等敏感环境带来了不利影响,成为群众反映的热点问题。在各类污染投诉案件中,娱乐场所噪声扰民投诉名列榜首。据了解,2006年1—5月份,长沙环保110受理的847个电话投诉中,噪声污染投诉就有571起,其中娱乐噪声投诉占噪声投诉比例高达64%。

2006年6月16日,长沙市首例排放污染物许可证发放听证会在市环保局召开。综合听证意见,长沙市环保局向湖南华天娱乐发展有限公司娱乐场所发放了"001"号排污许可证。市环保局黎局长表示,今后长沙所有形式的排污,都必须依法获取排污许可证。排污许可证并非终身制,环保部门将会一年一复查,发现超标排放马上吊销许可证,并责令整改。此事立刻成为新闻媒体和市民关注的焦点。

环保准入前置

2006年3月,国务院颁布施行了《娱乐场所管理条例》,对娱乐场所的噪声提出了标准,并且明确规定娱乐场所开办必须先行取得环保批准文件后,方

[①] 主要参考文献:罗庆龙、武堂明,《长沙向娱乐场所颁发第一张排放噪音污染许可证》,星辰在线——长沙晚报2006-06-17。

可到工商行政管理部门依法办理登记手续，领取营业执照。同时，国家环保总局相关条文规定，可能造成油烟、恶臭、噪声或其他污染，影响项目所在地居民生活环境质量的建设项目，在项目环保审查前，可举行听证会，征求项目所在地有关单位和居民的意见。

如何对娱乐场所噪声进行规范管理？长沙市环保局作出新尝试——发放长沙市娱乐场所噪声排污许可证。根据新出台的规定，娱乐场所在申办排污许可证时，必须提供噪声监测报告；排污许可证有效期3年，每年必须进行年度审核。对年审不合格者，责令限期治理；对在规定时间内不参加年检者，吊销排污许可证。

该市环保局黎局长表示，举办听证会是为了充分听取利害双方的意见，再决定是否作出行政许可。他希望通过环保听证强化公众参与和公众决策意识，促进全民环境意识的提高。

让百姓说话

针对华天娱乐发展公司提出的排污许可证申请，长沙市环保局于6月16日邀请市监察局负责人以及有关民主党派人士、环保专家和华天娱乐场所周边相关单位、社区、居民代表共计15人出席了听证会。

听证会听取了华天娱乐发展公司的申请陈述、市环保局关于排污许可证的初审意见，查看了华天娱乐发展公司排污申报登记和市环境监测中心站提供的噪声监测数据；利害关系人周边单位及居民陈述了各自的观点和意见，均认为华天娱乐场所边界噪声在可接受范围，同时对如何进一步降低噪声污染提出了很多中肯的意见。华天娱乐发展公司负责人当场表态接受意见并将迅速采取优化措施。

听证会审查结论认为，华天娱乐场所采取了有效措施控制噪声，监测数据表明其边界噪声达到了国家二类功能区排放标准，符合发放排污许可证的条件。

媒体聚焦

首场关于噪声的环保听证会引来了众多媒体，不仅长沙本市的大小媒体齐来采访，省级、中央级媒体的记者们也纷纷到场，长沙市政法频道和湖南省经视台都市频道还开来了直播车，网络媒体更是引出话题，让网民热议。

在听证会之后，市环保局又立刻聘请了5位华天娱乐发展公司附近的居民作为监督员，并当场送了一台噪声检测仪给他们，以便他们随时监测噪声分贝。此举颇得好评。一位社区环保监督员高兴地说："公众参与环境保护听证制度，让我们能为维护自身权益说话，措施真的十分到位！"

意识问题

长沙市环保局的黎局长上任刚刚一个月，算得上一个新面孔。不过，一个多月前，就在他将到市环保局履新之际，这位新局长就遭遇一件"尴尬事"。有位朋友对他说，"恭喜你荣调啊，不过管环卫很麻烦，又是扫马路清厕所的"。原来，这位朋友把环保局当成环卫局了。这从一个侧面反映了人们对环保工作很不了解。

黎局长认为，在计划生育、国土、环保这三大基本国策中，环保可算是个"弱势国策"。很多人口头上喊"环保第一审批权"，可在实际操作中，又往往置环保于不顾，很多项目轻松越过环保审批关。很多情况下，"环保第一审批权"成了一句空话。

上任不久，黎局长立志创长沙市新环保管理模式。据了解，该市环保局将从五个方面来进行探索：一是提高民众对环境监管的组织化程度。创建社区环境管理自治组织，建立市民环保监管员制度和实施民众听证制度。二是建立民间赔偿制度。对那些影响群众切身利益的重大不法排污行为，有选择地鼓励受害民众进行索赔，市环保局将提供证据支持、法律援助并负责法庭辩护，贯彻"谁污染谁赔偿"的立法精神。三是加大新闻舆论的监督力度。对重大查处案件每十天进行一次新闻发布会，并由新闻媒体全过程跟踪报道。四是对环境敏感区所有建设项目实行排污许可制度，未经环保许可，一律不上项目，强化审批的前置性和可行性。五是加大对环境违规违法的追究制度。选择典型案例与纪检监察、司法机关联合进行责任追究，既查人，又查事，有效遏制环境违法违规行为。

【情景模拟】

假设您分别在案例中时任长沙市环保局黎局长、华天娱乐发展公司总经理、华天娱乐发展公司附近一位居民以及长沙市一位普通市民，您将如何对待和评价长沙市环保局关于发放娱乐场所噪声排污许可证的相关举措？为什么？

【案例思考】

1. 从公共行政学的角度看，本案例反映的主要是一件什么事件？
2. 长沙市第一张噪音排污许可证出台的背景与理由各是什么？从公共行政角度看，这种制度安排的功效将会怎样？
3. 结合我国环保工作现状，谈谈本案例所能提供的经验与启示。

第 14 章
行政法规与依法行政

一、本章学习目的与要求

说明：通过本章的学习，了解行政法规、依法行政及其相关概念的含义，理解行政法规的基本构成、主要功能、运行机制，掌握当前中国在社会主义市场经济条件下实现依法行政发展战略的必要性、基本内容、实施机制、面临的挑战与健全途径。

二、本章考核知识点与考核目标

识记：行政法规、行政合法性、行政法治、依法行政、依法治国等相关概念的基本内涵，行政违法行为与行政责任及其救济等相关概念的基本内涵。

理解：行政法律与法规的基本构成类型及其各自功能特征、实施机制与适用范围，行政行为合法性的含义及其基本要求，依法行政的基本要求、实施机制、表现形式，依法行政与依法治国的内在逻辑关系，行政违法行为的表现形式、发生机制与法律法规依据，行政法律责任的基本类型、表现形式、发生与救济机制。

应用：运用所学公共行政学理论知识，分析案例中特定行政行为或现象的合法性内涵及其表现形式、相关法律法规依据、影响因素、运行机制、功能效果、可能存在的问题，行政法律责任发生、界定与救济机制与相关措施及其可能的经验教训与应对策略。

案例 1　　D 县"人民日报事件"始末[①]

2003 年 8 月 28 日，《人民日报》刊登出一篇报道，公开批评江西省 D 县政府违规出让土地，后又不顾法院要求诉讼期间"停止执行"的裁定，组织人力赶在法官到达前强行拆毁地上房屋。此后，刊登这篇报道的报纸就在 D

[①] 主要参考文献：成功，《D 县"人民日报事件"后果前因》，《南方周末》2003-09-18。

县经历了一系列不寻常的遭遇。

D县上了《人民日报》

8月30日上午10时许，江西省D县武装部门口的水泥墙上，悄悄地贴上了一篇从本月28日《人民日报》第5版上复印下来的报道文章《如此拆房为谁谋利？》。该报道的大致内容是，2003年3月，D县政府违规以协议方式出让一块经营性用地，后又不顾法院要求诉讼期间"停止执行"的裁定，组织人力赶在法官到达前拆毁地上房屋。人们不禁要问——如此拆房为谁谋利？

据一位家住附近的个体户回忆，不到一分钟，水泥墙前面就围了里外两三圈人。大家都好奇自己"家"上了《人民日报》。确实，他们的好奇是有理由的——据了解，这是D县在新中国成立以来第二回上中央党报。不一会儿，人群中有人细声说："大家快拿去复印呀，县里已经派人把这张报纸封杀了！"

文章很快被不停地复印、传发。一位晚起刚吃完早餐的县电视台工作人员，从早餐馆回家的路上就收到了4份同样的复印件。四五分钟后，一位面色严肃的人挤进人群，一手撕掉了墙上的复印文章。

"D县上《人民日报》了！""报道D县的报纸被县里封杀了！"这两条消息在D县县城很快就传开了。此后几天，街头巷尾的D县老百姓都在议论这一所谓的"人民日报事件"。

《人民日报》的传奇经历

据说，贴在武装部墙上的文章复印件和"消息"是邮政局内部工作人员传出来的。当地个体户文天（化名）则在29日下午耳闻目睹了《人民日报》第5版被单独抽出来的这一看似传奇的事件。

按惯例，当天的《人民日报》要到第二天中午运到D县邮政局，再由邮政局在第三天早上8时发出去。不过，8月28日晚，文天就在网上看到《如此拆房为谁谋利？》这篇报道文稿。他想在第二天中午报纸送过来时，就去邮局看看这篇文章，顺便取回自己订阅的报纸。于是，29日下午4时左右，文天直接来到邮局分报房。

文天清楚记得，在他进门不久，门口走进一个男的，大声喊道："不能发，不能发，28日的《人民日报》不能发！"一个正分报纸的分报员对此表示质疑："中央党报也不发了吗？他们有没有县里领导的签字？"不过，这一质疑马上招致那个男的斥责——"县里打电话过来了，说不能发就不能发！"

文天后来了解到，就在这天下午2时多的时候，县里已经来了两位领导模样的人，一位是县委宣传部的，要求带走8月28日的《人民日报》。当时，邮局工作人员怕担当不了这个责任而不答应，要求来的这两个人出示县里领导的签字和盖章。但是这两人没有，就找邮局领导去了。结果，29日下午5时左右，28日《人民日报》第5版部分已经被单独抽出来用绳子捆着，封存了。

结果，30日上午，中国人民银行D县支行的门卫马师傅两次接到28日的《人民日报》。其中，11点多的时候，他第二次接到分报员送来的单独一张第5版报纸。马师傅觉得很奇怪：一份报纸干嘛分两次送？下午1点多，行长突然来找他要第5版报纸。但这张报纸此时被一名工作人员带回家给老婆看了。行长让马师傅马上打电话叫这名工作人员将报纸送过来。这让马师傅很不解——"老百姓不可以看看党的报纸呀？"

D县工商局的一位领导在路上听说"封杀"消息之后，也立刻赶到办公室找第5版报纸。但局里的同事告诉他，"来迟了，刚刚发下来，又被收回去了"。其实，这位工商局官员事后表示，"找那张报纸看就是出于义愤。当时拆迁的时候我也在场，那些人实在是没有道理呀，哪有这样干的"？

不过，D县邮政局把《人民日报》第5版封存起来，为何又在正常发报时间的两个小时后送出去？订阅单位的职工收到迟迟才送来的第5版报纸后，为何不一会儿就找不到第5版的去向？对此，D县百姓有两种说法。一种说法是，有人给中央媒体打了电话，县里领导为了应付上面就先把报纸发下去了，后又马上收上来。另一说法是，当时文章复印件传得太猛了，县里怕纸包不住火，就先发下来缓缓老百姓。

当地一位不愿透露姓名的官员指出，这"点子"是邮局一位领导出的。邮局领导知道擅自扣压《人民日报》的责任，他们和县里领导商量后，决定先通知各个机关单位的"一把手"，按照县里的统一安排，都在"第一时间内拿到8月28日《人民日报》第5版"，这样安排好后才立刻召回送报员，把第5版送到各个单位。

讨论大会

然而，事情并未结束。8月29日下午，D县委办公室向全县各机关单位印发了"关于专门开展对《人民日报》有关文章大讨论活动的通知"的文件。通知要求，在2003年9月3日、4日集中两天时间，在全县开展一次对《如此拆房为谁谋利？》一文的大讨论活动。

9月2日下午，D县召集全县副科级以上的领导干部大会。参加当天会议的县委宣传部副部长蔡某认为，这个报道并不能够说明什么，"我们李书记都说这是正常现象"。会上，县领导强调D县不会因为《人民日报》一篇报道而停止改革和前进的步伐。9月3日、4日，D县各个机关单位的干部又响应县里领导干部会议精神，讨论《人民日报》文章。

不过，据D县某机关单位的一位干部介绍，他们单位的讨论会大概就持续了二十几分钟。单位领导简单提了一下文章的事情,并没有在会上宣读文章,根本也没有开展所谓的讨论。D县公安局的一位民警则说,那张报纸一直在政委手里,他们根本没有见到报纸。

期间,D县建设局曾姓局长曾就《人民日报》这篇文章披露的问题做过解释。他说,"我们已经在拆迁之前保全了所有的证据,这在法律上是'证据保全'。我们是相信法律,还是相信《人民日报》记者呢"?县房管局局长郭某更显得有些委屈。在他看来,"如此拆房为谁谋利?"这样的标题,好像就是在说D县政府相关部门是为开发商谋利似的。他振振有词地指出,"我们辛辛苦苦地工作,到头来为谁谋利?在拆迁中侵犯个人利益在所难免,关键是补偿是否到位。为了吸引外来投资,我们当然要维护'大资本'的利益了"。

县建设局曾局长提到,《人民日报》的报道出来以后,他曾主动向县领导请罪,并提出如果上面因为这篇报道要处理谁的话,愿意承担全部责任。他还指出,"拆迁问题是城市发展中的一个难题。县里规定每个局都有招商引资的任务,我每年有600万元的任务"。

针对《人民日报》的报道,D县向所在赣州市委办提交了《关于依法拆除陈秀(郭辉、郭锋)房屋的有关情况汇报》(以下简称"汇报")。"汇报"称,《人民日报》报道内容失实,并列举5条理由:拆迁主要为了"道路拓宽",报道中暗指了为开发商谋利益的意思、"D县违法拆迁"与事实不符,"未挂牌出让土地"、"拆迁不符合程序"等也与事实不符。"汇报"最后提出,"人民日报社所报道的《如此拆房为谁谋利?》一文内容与事实大部分有出入,有的根本就是与事实相违背,属于片面报道"。

告状的结果

整个事件的导火线是,2003年5月14日,在一次诉讼过程中,赣州市中级人民法院裁定"停止执行D县房管局的3份行政裁决书,诉讼期间不停止执行该裁定"。也就是说,在诉讼期间,D县房管局不能强制拆迁当事人陈秀等人的房产。5月28日,赣州中院通知诉讼双方,该院法官将于29日同评估机构人员实地测评双方有争议的房屋。然而,5月29日早晨6时30分,由D县政府一位副县长带队,"组织城管、房管、工商、公安等部门人员100多人",对该房屋进行了强制拆迁。

D县工商局一位干部说,"其实拆迁与工商部门是没有关系的,但县里要求我们来,无非是为了人多势众"。这位干部同时指出,"政府这样做只会损害政府形象,损害法律尊严,但我们也是敢怒不敢言。我就帮那些个体户整理整理东西,减少他们在强拆中的损失,之后我就躲到一边去了"。

9时20分到达现场的赣州中院法官亲眼目睹了这一违法行为,非常气愤,当场质问:"这里究竟谁负责?"但当时无人应答。就在县政府组织人手拆迁的时候,陈秀和家人拿着中院裁定书的复印件,现场分发给在场人员,并质问在场的副县长周某、县建设局局长曾某,政府要不要依法行政?还讲不讲法?他们得到的回答是:"今天不讲这些,这就是你告状的结果。"晚上8时,县里让人给陈秀传话:"现在签订补偿安置协议还可以,否则叫你吃不了兜着走!"

赣州中院对无视"行政裁定而强制非法拆迁"的县房管局和县城管大队的负责人作了处罚。经过内部协调,分别罚款了300元和600元。县房管局郭局长似乎对中院的处理结果比较满意。县建设局曾局长则指出,现在D县拆迁的很多,但只有这次到法院诉讼。陈秀等人拿着赣州中院行政裁定书的复印件到处散发。D县另外一处拆迁涉及两三百户,他们看到陈秀散发赣州中院的行政裁定书复印件,也跟着学。曾局长坦诚,这使得"我们拆迁的阻力陡然增大"。

据曾局长透露,5月29日,县里组织强制拆迁陈秀等人的房子后,仅用了3天时间就将两三百户全部突击拆完,其间,"没有人出来闹"。而县委宣传部报道组钟姓组长对此事的看法是,"其实陈秀就是抓住赣州市中院行政裁定书这一点,否则她怎么敢到处闹"?

尾　声

2003年8月12日,陈秀接到赣州市中级人民法院的行政判决书。得知被判败诉后,她哭了。当时她曾经找到主审该案的法官问为什么会询问败诉缘由。法官表示自己也很无奈,因为该案在审理过程中受到方方面面的压力。法官建议陈秀向江西省高级人民法院上诉,因为"越往上走,受到的干扰可能就会越小"。

8月19日,陈秀等人向江西省高级人民法院提起上诉。一位"明白人"曾经好心地建议陈秀:"你花10万元、20万元的经费去活动活动,拆迁房子的事情是可以摆平的。"陈秀的丈夫郭先生却显得有些不明白,"明明是我自己的合法财产被侵犯,为什么我还要去送礼"?自2003年6月3日以来,郭先生一直在外面"避风头"。对此,陈秀无奈地说,"现在我家正和政府打官司,怕有人先找个借口把他关进去"。

陈秀表示,如果在省高院也是败诉,就去北京向最高人民法院申诉。

【情景模拟】

假设您分别是案例中D县政府带队拆迁的那位副县长、时任建设局曾局长、拆迁现场的赣州中院法官及法院院长、时任D县邮政局局长及当时工作人员、当地个体户文天、案例诉讼当事人陈秀及其丈夫以及一位普通市民，您将如何对待和评价案例中 D 县政府的相关举措？为什么？面临类似情形，您该怎么办？

【案例思考】

1. 从公共行政学的角度看，本案例反映的主要是一件什么事件？
2. D 县"人民日报事件"是如何发生的？D 县政府这样做的理由是什么？是否合法？
3. 结合案例材料与我国公共行政实践，谈谈当前我国城市拆迁监管工作存在的主要问题与可能对策。

案例 2　　　红头文件抗衡判决书[①]

第一回合：法院撤了红头文件

2003 年 6 月 23 日，经 F 市 A 县建设局审查批准，A 县人民医院在《F 日报》上发布招标公告，为门诊二、三号楼的土建工程进行公开招标，总造价 350 万元。根据招标公告公布的时间，从 6 月 25 日至 6 月 30 日，县医院在 A 县建设工程交易中心设点，接受投标单位的报名并发放招标文件。在 7 月 10 日 14 时 30 分递交投标文件截止时间之前，共有 43 个单位报名参加投标。7 月 10 日下午，县医院在县监察局、公证处和建设局等单位相关领导以及工作人员的现场监督下，公开进行第一阶段即经济标部分的开标。经评委现场打分，F 市第三建筑工程公司（下称"F 市三建"）等 8 家投标企业入围，在经济标部分胜出。7 月 21 日，招投标活动进行第二轮开标（技术标评分）。最后，综合经济标和技术标的得分，F 市三建以 92.3 分的高分夺冠。在场的评委和监督人员均签名予以认可，A 县公证处于当日对本次招标结果的合法性发出确认公证书，A 县人民医院和 A 县建设工程招标投标办公室随即向 F 市三建联合核发了《建设工程中标通知书》。

就在 F 市三建与 A 县医院准备签订合同时，2003 年 8 月 11 日，A 县建设局向双方发出《通知》，以招标文件从发出之日到报名截止时不足 20 天为由，认定本次招标结果无效。F 市三建不服，将建设局起诉到法院。然而，被告很"牛"，在法定的举证时间内拒不提交任何证据。于是，A 县人民法院在一审

---

① 主要参考文献：郭国松，《广东 A 县：红头文件抗衡判决书》，《南方周末》2004-02-05。

判决中认为，被告作为行政机关，负有举证的责任，不举证应当视为其所作出的《通知》没有事实和法律依据。

事实上，国家部委联合制定的《工程建设项目施工招标投标办法》第73条第1款规定："招标人或招标代理机构有下列情形之一的，有关行政监督部门责令其限期改正，根据情节可处三万元以下的罚款；情节严重的，招标无效。"该条款列出10种情形，其中第4项为"依法必须招标的项目，自招标文件开始发出之日起至提交投标文件截止之日止，少于二十日的"。显然，只有情节严重的，才能宣布招标无效，否则，被告只能根据查明的事实以及违规情节的轻重作出相应的处理。

因此，法院认为，本次招标活动从2003年6月25日发出招标文件，到7月10日下午提交投标文件截止之日共16天，A县人民医院的招标活动确有不妥之处，但尚未达到情节严重的程度。同时，整个招投标过程是在被告及相关职能部门的现场监督和见证下完成的，招投标单位主观上没有违规的故意，被告在《通知》中也未认定上述时间不足属于情节严重的情形，由此认定原告的中标结果无效不当。

2003年9月11日，A县法院作出一审判决，撤销A县建设局的《通知》。

第二回合：法院再撤红头文件

A县建设局没有提出上诉，却在2003年9月28日发出第二个红头文件。其中，除了重复已经被法院第一次判决撤销的事实外，又以F市三建故意隐瞒被有关部门处罚的"不良记录"为由，第二次撤销了F市三建的中标结果。10天后，F市三建再次将A县建设局告上法庭。

据了解，2003年7月16日，市建设局认为F市三建在承建该市电力调度中心工程的施工过程中存在安全隐患，对其"不良记录"予以通报，并从《通报》发出之日起，停止F市三建1个月的招投标资格。不过，7月24日，F市建设局又再以书面通知的形式作出解释："对施工企业在受处分之前已报名投标的工程项目，施工企业对该项目的投标资格仍然有效。"F市三建有关负责人证实，所谓的"不良记录"，主要是该公司在建设F市电力调度中心工程时，提升机（俗称"塔吊"）钢缆被建设部门安全生产检查组认为不符合有关安全标准。

A县法院的判决指出，市建设局2003年7月16日对原告处分的《通报》本身不具有溯及力，且已经在书面解释中表明，受处分的企业在此前报名参加的投标资格仍然有效，因此，A县建设局以此为由，认为原告在A县医院的招标中没有投标资格缺乏事实依据。法庭调查证实，被告在F市建设局7月16日作出《通报》的当日就已经收到该文件，对F市三建所受到的处分一清二楚。5天后的7月21日第二阶段开标时，A县建设局主管招投标工作的一位沙姓副局长就端坐在现场，但并未将这一情况告知评委。作为主管部门，既然早就知道此事，且对招投标活动履行全程监督职能，却事后说是原告故意隐瞒，令人费解。同时，对这一公开事实，原告根本就无法隐瞒。A县法院的判决还认为，招标单位在招标文件的要约条款中，也没有要求投标人告知受处分的情况，而A县建设局也未说明原告应向哪个部门及如何汇报曾受过处分的经历。同时，原告已经完全按招标文件的要求填写了相关内容，不存在故意隐瞒事实的行为。

2003年12月4日，A县法院第二次作出一审判决：被告A县建设局撤销原告中标结果的《决定》违法。

第三回合：红头文件再次抗衡司法权

如同第一次判决一样，A县建设局对第二次判决也没有上诉。两次判决均先后生效。

2003年12月30日，A县建设局将上述两个已经分别被生效判决撤销的《通知》和《决定》所依据的事实捆绑到一起，发出第三份红头文件，又一次认定县医院门诊楼工程招标结果无效。这种与司法机关直接叫板的做法，使得已经生效的行政判决形同废纸。

在庭审阶段，原告搜集并向法庭提交了7份招投标个案材料，大多存在与A县医院的招标过程相似的招标文件从发出到截止不足20天的问题。这表明，类似情况在当地招投标活动中非常普遍。对此，A县建设局的沙姓副局长强调，"那些问题都是在市里发生的，不是在我们县，别人错了的我们不能错"。但是，与此类似的7起招投标个案中，就有位于A县的某水泥有限公司水泥熟料生产线的招标项目。这起标的达800万元的项目，从2003年6月30日发出招标文件，7月4日截止，7月15日开标，不足20天，且与县人民医院的招标项目几乎同时进行，A县建设局却对此充耳不闻。

如同判决书所言，A县医院门诊楼招标项目，从发标到开标等一整套流程，不仅通过了A县建设局的审查批准，而且始终是在包括被告在内的相关职能部门的严格监管之下进行的。对此，沙局长的解释是，"评标时我也参加了，但没有检查招投标时间，忽视了"。而且，他承认，"除了这些外，整个招标程序基本是合法的"。但是，沙局长反复强调，这次招标之后，纪检、监察部门接到了投诉，社会影响很大，县建设局才作出取消招标结果的决定。据了解，一份有A县建设工程交易中心盖章、沙局长等9人签名的《证明》称F市三建"故意隐瞒事实"，误导评委。据了解，A县建设工程交易中心本身正是建设局的下属单位。而F市三建负责人陈先生则情绪激愤地告诉媒体，那些所谓的评委签名、投诉,"大多数签名者受建设局领导"。

一位要求不披露姓名的当地政府部门人士透露,A县建设局之所以要事后强行插手县医院的招标项目,与法院对着干到底,是因为有人在背后撑腰,目的就是为了得到县医院的工程。期间,曾有领导无所顾忌地说:"法院判一次,我们就撤它一次(指撤销招标结果),坚决不让三建做这个工程!"或许就是这样的思想动因,A县建设局既不上诉,也不执行法院判决,而是以红头文件与法律对抗到底。

A县建设局沙局长坚称,"是否执行法院的判决,我们需要请示纪委"。

【情景模拟】

假设您分别是案例中A县建设局沙姓局长、A县法院主审法官、A县人民医院院长、A县建设工程交易中心负责人、F市三建负责人陈先生以及一位普通市民,您将如何对待和评价案例中A县建设局的相关行为?为什么?面临类似情形,您该怎么办?

【案例思考】

1. 从公共行政学角度看,本案例所反映的是一件什么事件?
2. 根据案例所提供的资料,分析该事件发生的基本原因。
3. 结合案例,谈谈我国行政执法过程中存在的主要困难与可能对策。

案例3　　陕西省L市质监局的培训通知[①]

2002年5月,陕西省L市质量技术监督局下发的一纸通知给一些辖区居民带来了又一次强制培训要求。以下是该通知书的部分摘录内容。

各县质量技术监督局、商州分局、各化妆品经营商户:

为了切实加强化妆品市场准入制度,打击违规经营行为,保护广大消费者及经营者的合法权益,根据全省统一部署,将对化妆品经营商户进行统一培训、统一考试、统一发证。届时将特邀省化妆品检验站有关专家进行授课。为此,L市质量技术监督局定于2002年5月17日举办化妆品相关知识培训。现将有关事项通知如下:

一、培训内容:1. 化妆品基础知识;2. 化妆品通用标识知识;3. 识别化

---

① 主要参考文献:张羽,《何为乱收费?》,《经济参考报》2002-06-27。

妆品真伪一般技巧；4. 相关法律、法规知识。

二、参加人员：各县质量技术监督局选派 1 人，将辖区内所有经营化妆品的从业人员统一组织，并带队参会（每户两名）。

三、时间：（略）

四、地点：（略）

五、费用及要求：1. 每人交 300 元（含食宿、资料、证书等费用），非驻会人员收 260 元；2. 参会人员每人交照片一张；3. 这次培训考核、发证，作为今后正常监督检查和随后省上有关化妆品管理考核挂牌的主要内容，凡未参加此次培训的经营单位，监督检查中发现问题将采取从重处罚。

L 市质量技术监督局（公章）
2002 年 5 月 9 日

陕西省 L 市地处秦岭南麓土石山区，所辖六县一区均为国家级贫困县，L 市也是我国集中连片的贫困地区之一。2001 年，这里的城镇人口人均收入只有 3 000 元。走在市区，给人的感受是贫困和落后，一个地级市的景象还不如南方的一个小镇。

5 月 18 日，培训班如期开班。培训所在的天元皇家酒店位于 L 市最繁华的中心广场，是 L 市这一全国有名的集中连片贫困地区最好的宾馆，外表一派欧式风格，在仍然落后的市区内显得鹤立鸡群，店内装修的也是富丽堂皇，不负"皇家"之名。在五楼的会议室里，挤了 140 多人，老师讲的是一些化妆品常识，大家却是有说有笑。据听课者透露，讲的都是一些常识，不听也知道。不过，他们认为，"可不管讲什么，我们辛辛苦苦挣不了几个钱，没必要花钱到这么高档的地方来"。至于听课本身，他们说："我们是觉得钱已经交了，来听一听吧，但实际只要交了钱，听不听都行。"事实上，班上发的资料中，除一些法规、文件和笔记本外，还有两本杂志，是陕西省质量技术监督局办的《质量跟踪》，每册定价 8 元，翻遍了两本杂志也没有发现一篇与化妆品有关的文章。

据了解，在这些经营户中，有相当一部分是下岗职工，他们本享受的优惠政策没有落实，这些乱收费也逃不掉。秦氏夫妻俩双下岗，丈夫在外打工，自己则开了一化妆品店，10 多平方米的房子，地处偏僻，生意不是很好，一下午才来了一个顾客，还没有做成生意。她说："生意不景气，一个月也就挣个二三百元，刚够养家糊口的。这培训一次，一两个月就白干了。而且我这个店就我一个人起早贪黑地张罗，可是他们要求必须去两个人，不去也得按两个人交钱，真是不讲理。质监局的人来通知的时候说，培训完了还要搞挂牌，挂个牌子还要五六百元，我怎么交得起呀。"不过，很明显，不参加培训班是不行的。她指着《通知书》说："哪有那么容易，这上面都写清了，最后一条，凡未参加培训班的，发现问题要从重处罚。这就是告诉你，以后就要刁难你。我们这些老百姓哪能和他们作对。"

其实，还有一些其他名目的收费项目，光质量技术监督局每年就要收不少钱。秦氏举例说，化妆品鉴定费每次500元，鉴定时每次要拿走20瓶化妆品，价值又是几百元。尤其让她不明白的是，她卖的是正规厂家的产品，每批产品都有厂家出具的产品合格证明，也是经过质监部门认定的，"怎么到卖的时候还要鉴定一次，鉴定费还得我自己出，鉴定完，样品也不给退"。这样一算，这一年，L市质量技术监督局至少要从秦氏的店里收走1 300元钱。

张俭和萧燕也是一对下岗夫妻，下岗后开了一家小超市，超市里有一个柜台是卖洗发水等化妆品的，也得去参加培训。张俭说："我们是小本生意，到现在还欠别人4万多元，挣的钱真不够给他们交的。"其实，这也不是张氏夫妇第一次参加质监局的培训。年初，他们就曾参加过一个"食品培训班"，同样是经营食品的商户全部参加，每人交100元。张俭说，那次培训简单上完课就给发了一个证书，上面写着"L市食品培训班合格"的字样。夫妻俩说，这张纸除了能证明给他们交过钱外，再也没有别的意义了。

【案例思考】

1. 从公共行政学的角度看，本案例反映的主要是一件什么事件？

2. 结合案例资料，分析陕西省L市质量技术监督局出台有关培训通知的可能意图及其影响。

3. 结合我国政府行政执法现状，谈谈当前行政执法乱收费现象发生的主要原因及其防治举措。

案例4　镇政府对市、县两级政府的起诉[①]

2006年8月28日，D县城关镇政府状告Z市政府的官司将如期开庭。这是一场引人注目的官司。之所以引人注目，是因为这样的官司在国内尚属首次。一个乡镇政府，为何要将自己的顶头上司——县、市两级政府推上被告席？

---

① 主要参考文献：朱长振，《河南一镇政府不服上级决定起诉市县两级政府》，大河网——大河报2006-08-28。

土地使用权争议

2004年冬天的一个深夜，退休在家的张显听到一阵急促的敲门声，深夜造访的是方杰。方杰是D县城关镇原财政所所长，而张显则是他的老领导。1983年，张显调任城关镇党委书记，现今，已从D县人大副主任职位上卸任。老张意识到，老部下深夜造访肯定是有要事。

不出所料，方杰一见老领导就开始哭诉："镇政府办公楼沿街的门面房卖了几百万元、老经联社的两层楼也卖了100多万元，还有塑料厂、制药厂……现在卖到咱头上来了，咱费力盖的招待所也要卖了，你可得出面管一管了，老领导！"

听到老部下的哭诉之后，张显气得一夜没睡好。第二天，他带着反映材料找到城关镇的现任领导，可现任镇领导并没有"买他的面子"："哪块儿地是你的？那是国家的！"

为了出一口气，张显决心要与镇政府"过不去了"："这块地是俺家掏2 000元钱买的，俺有证据，条子现在还保存着哩，就连房子外面的两间厕所也是我一块一块搬的废砖垒起来的。现在镇政府想卖，没门儿！"

1979年，张显任D县农机修造厂革委会主任时，因一家五口无处安身，厂里研究决定将厂南面的两间房子和一片空地给了他，还补助了一万块砖。1983年，张显调至城关镇任党委书记后，遇到城关镇沿街改造，便带头将自己的两间房子和院墙还有厕所一并扒掉。当时，他自己还掏了2 000元钱给厂里。扒下来的木材、砖都又用在了盖招待所那个三层楼上。当时和镇里的其他领导都说好了，盖招待所靠集资，挣钱给大家发福利，而地皮早晚都是张显的。

2005年4月，经过精心准备的张显向县国土资源局提出申请，要求该局对这块有争议的土地重新确权。历经数月调查、取证，甚至还专门召开了一次听证会，2005年12月6日，一份以县政府名义下发的《D政土（2005）75号》文件，即《关于张显与城关镇人民政府对城关镇招待所土地权属争议的处理决定》终于出台了。根据该处理决定，张显享有位于D县支农路南段，东西长24米、南北宽19米、面积456平方米的一宗国有土地的使用权。

有了县政府的处理决定，2006年6月16日，张显顺利地拿到了这块土地的国有土地使用证。

投票决定

拿到土地使用证后没几天，张显的老伴就来到城关镇招待所，强令要求在招待所一楼门面房做生意的几家商户搬走。

据了解，经营农资产品的商户杜某与其他几家商户在这里做生意也有好多年了，都与镇政府签的有租房协议，租金也是一交一年。对于张显妻子的要求他们很是不满，并且立即将情况反映给镇政府。

镇政府主要领导的态度很明确："你们不用管，先不要搬，这块地究竟是谁的，还不一定呢！"而城关镇一名领导更是指出："明明是国有土地，我们用了22年都没有争议，现在怎么突然变成个人的了？现在有些人就是想着公家的便宜好占，镇政府若是就此作罢，那以后的麻烦大着哩！"不过，镇领导们的意见也并未铁板一块，其中一名领导的想法甚至正好相反："镇政府近几年确实是把好多临街门面房长期租出去了，这不是个小数目，确切数字儿我不知道，可能有上千万吧，但这些钱究竟花在哪儿了？怎么花了？好多人并不知情，这也是张显这些城关镇老领导不满、也心理不平衡的地方。从这一方面看，他的做法并无不妥之处，况且那块地确实存在争议。"

事实上，在对县政府的处理决定服与不服这个问题上，城关镇政府的领导们犹豫不决，最后不得不进行无记名投票。投票在2006年2月5日举行。在投票开始前，有关领导作了说明：如果对县政府的处理决定满意，打×号；如果对县政府的处理决定不满意、同意向上一级政府申诉的，打勾号。当天镇里一共有10名领导参加，结果是两人反对，一人弃权，7人支持。根据少数服从多数的原则，镇领导当即决定提起申诉。于是，就在城关镇政府无记名投票表决后的第二天——2006年2月6日，城关镇政府向Z市政府递交了复议申请书。

2006年5月23日，Z市政府行政复议通知书才姗姗到来，但这纸通知书并没有就土地问题作出裁决，而是一张"行政复议案件终止通知书"。终止的理由是：超出复议时效一天！

对此，负责送达复议申请书的城关镇司法所徐所长追悔莫及，"咋也没想到苦苦等了几个月，会是这种结果！镇领导可没少埋怨我"。据他解释，之所以没能及时提交复议申诉书，"主要是赶上过春节，另外对法律法规不太熟悉，我一直认为是两个月"。

代理律师的想法

收到复议书之后，城关镇政府再次决定采取诉讼的方法。不料，D县没有律师肯接镇政府的这起官司。一家律师事务所的律师坦诚："律师就是帮人打官司的，巴不得多接案子。可这是啥案子？下级政府告上级政府，虽然从法理上说没啥不可以的，但只怕这以下犯上的官司棘手啊！"

但镇政府并没有就此作罢，几经努力，终于在省会郑州找到了一名愿意代理这起官司的律师。这位律师倒是觉得这是一起极其有意思的案子。

经过多方调查取证,律师很快就把起诉书写好了。起诉书认为,D县人民政府作出的《D政土(2005)75号》文件将城关镇招待所使用了22年的土地确权给了已有20多年没有使用这块争议土地的张显,违反了《确定土地所有权和使用权的若干规定》第26条、第29条。根据这些条款,张显既非直接使用土地的人也非实际使用土地的人,不应拥有该块土地的使用权。同时,我国相关法律明确规定:任何组织或者个人不得侵占买卖或者以其他形式非法转让土地,土地使用权可以依照法律的规定转让。因此,该起诉书认为,张显没有任何法律依据可以拥有农机修造厂的国有划拨土地使用权。

根据这一起诉书,20多年来,张显既非争议土地直接使用者和实际使用者,也无任何依据在1983年可以拥有国有划拨土地使用权。

一张传票

2006年7月12日,律师将起诉书递交至Z市中级法院立案庭要求立案。在诉讼请求中,镇政府一是要求市政府撤销那份终止裁定,二是要求市政府依法作出行政复议决定。稍稍有些意外的是,城关镇政府这份明显带有"犯上"嫌疑的行政起诉书在Z市中级法院立案庭顺利立案。

同时,律师还替镇政府写了另一份起诉书,将D县人民政府同时告上法庭,要求D县人民法院依法撤销县政府作出的那份土地确权处理决定。不过,D县人民法院在立案后,却以"本案被告系县人民政府,且第三人系D县原人大副主任,不宜由基层法院受理"为由,将材料转至Z市中级法院,Z市中级法院立案庭则迟迟未能予以立案。

但是,让律师和城关镇政府的领导为之一振的消息来自于Z市中级人民法院的一张传票:D县城关镇政府状告Z市政府的官司,将于2006年8月28日8时30分在Z市中级法院开庭。

虽然开庭的日子明确了,城关镇政府的领导和代理律师并没感觉到轻松。代理律师指出,假如败诉了,那么镇政府的这场官司无疑就进了死胡同。因为根据我国行政法的有关规定,下级政府若不服上级政府的有关决定,可以在规定期限内向上一级政府提出复议,也可以依法提起诉讼。但如果是下级政府既没有提起诉讼,也没有在规定时间内向上级政府提出复议,那显然就无路可走了。老百姓打官司如果不服法院判决,既可以上诉,也可以上访,可政府间显然缺少了这些途径。像城关镇政府要打的这场官司,若是中院判其败诉了,那同样是无路可走了。县政府的决定下发后已超过30天的诉讼时效,而申请复议时效再超过的话,现在即便认为县政府的决定是错误的,也没有纠错途径了,只能将错就错。

压 力

　　张显的身体明显不如从前了，自从遭遇这场风波，退休后的悠闲生活一下子被打破了。压力首先来自于张显的几个子女，他们不约而同地责备父亲"不该找这个事儿"，给他们增添了不少麻烦。特别是在城关镇上班的女儿，现在已经开始请病假不再上班了。更多的压力来自于外界，张显走到大街上，好多人在背后指指点点："看看这老领导，老了老了还跟政府争地皮。"

　　城关镇政府领导的压力一点也不比张显小。周一的例会镇长就没参加，这在以前绝对是没有过的事儿。现在镇里好多工作明显受到了影响，当然受影响最大的还是镇长，他现在是一见记者就躲，再不敢接受采访了。镇政府的工作人员抱怨说，镇政府领导班子也明显因此事而闹得不太团结了，有的请了假，有的上班也没心干工作，而好几个领导则被县里领导轮番找去谈话，至于谈话内容却不得而知。

　　Z市中级法院行政庭的一位法官指出，"28日的开庭基本已定，估计不会有啥变化"。不过，此前传出"城关镇镇长将带着班子成员前往开庭"的说法也未经证实。城管镇司法所徐所长认为，镇长不可能会去，这时候镇领导都想低调处理这事儿。

　　张显老伴则对老张的身体表示了担心。她明确地说，"可不敢叫他去，要是对方律师在法庭上乱说乱讲气着老头子了，可是大事儿，坚决不让他去"。

【情景模拟】
　　假如您是案例中所涉及的张显、方杰、城关镇相关负责人、D县相关负责人、Z市相关负责人、相关律师、张显相关家属以及城关镇一名普通公民，您该如何对待或评价案例中城关镇政府的相关行为？为什么？

【案例思考】
　　1. 从公共行政学的视角看，本案例反映的是一件什么公共行政事件？
　　2. 结合行政管理相关法律法规以及原理，城关镇政府系列行为是否合法合理？为什么？
　　3. 结合本次行政诉讼提起的原因与过程，谈谈本案例的启示意义。

第15章
行政道德与以德行政

一、本章学习目的与要求

说明：通过本章的学习，了解行政道德、以德行政及其相关概念的含义，理解行政道德规范的基本构成、功能特征、运行机制，掌握当前中国在社会主义市场经济条件下实现以德行政发展战略的必要性、基本内容、实施机制、面临的挑战与健全途径。

二、本章考核知识点与考核目标

识记：行政道德、以德行政、以德治国等相关概念的基本内涵，行政伦理责任及其救济等相关概念的基本内涵，行政伦理冲突与行政道德失范等相关概念的基本内涵。

理解：行政道德规范的基本构成类型、功能特征、实施机制与适用范围，以德行政的基本要求、表现形式、实施机制及其实施措施，以德行政与依法行政的逻辑关系，行政道德失范的表现形式、发生机制与规范依据，行政伦理责任的基本类型及其发生、界定与救济机制。

应用：运用所学公共行政学理论知识，分析案例中特定行政行为或现象的合道德性或行政伦理责任内涵及其表现形式、行政道德规范依据、影响因素、运行机制、功能特征、实践效果、可能存在的问题及其可能的经验教训与应对策略。

案例1　　　　　　小甲之死[①]

小甲死了，无声无息地，像一棵被不经意砍掉的树。

夏天，他杀了人，作为精神病患者，按照法律，他不承担责任。但其后，他却被铁链、铁锁以及巨大的石磨限制了自由。在远离村庄孤零零的小屋子

[①] 主要参考文献：江华，《精神病人死得其"锁"》，《南方周末》2003-03-13。

里，小甲度过了对人们没有威胁的几个月时光，却死在这年冬天来临后的第一次寒雪中。已经进入农历腊月，过年的气息在 Y 县 F 镇逐渐浓烈了起来。而在小湾村村头一间凌乱的小屋子里，却也还能看到小甲在生命最后时刻留下的东西：一个夜壶被废弃在墙角，锁他的大石磨搬到了室外。

2002 年 8 月 8 日，小甲用铁锨砍死了村民阿龙的父亲。据目击者说，杀人后小甲表情木然，并未离开杀人现场，像没事一样。随后赶来的刑警将小甲带走。不久，司法鉴定结果证明：小甲在杀人时正好发病——间歇性精神病。阿龙找到了小甲的弟弟小乙，要求赔偿。两家协商的结果是，小乙赔偿阿龙家 1 万元。小乙到处借钱，凑了 6 400 元，最后还打了个 3 600 元的欠条。

9 月初的一个晚上，F 镇派出所把哥哥送回来，小乙夫妇根本不接收。小乙的妻子说，"我不想再受连累"。第二天，派出所让小乙去领小甲，小乙仍然拒绝。他对警察说："非要给我，我老婆要是喝药（服毒）死了，我就找你们。"在小乙躲避和不接收的情况下，Y 县政法委、县公安局、镇派出所等部门研究后，十几人开着四辆汽车来到小湾村，按照商议好的计划，"约束"小甲。

阿龙对当天"约束"小甲的情景记忆犹新。当时来人直接带了一根铁链和锁具。关小甲的小屋在村北头，干部们让人从村子南头滚过来一盘厚达 20 多厘米、重几百斤的石磨。磨放在地铺前，链子穿在石磨的眼儿上，一头连着小甲的脚腕。于是，小甲开始失去一个自然人应该拥有的自由。当时似乎没有人认为这不妥，村子里的人也接受了这个现实。于是，被困住的小甲，吃喝拉撒睡，全在几平方米的小屋内。

此后，小乙是彻底不管哥哥了，早已嫁出去的几个姊妹只好轮流给小甲送饭。一个月一轮，就是蒸一锅馍，买点水果。等吃完了再送。口渴了，每当屋外有人走过，就叫人给水，邻近的几户人家看着可怜，就送碗水去。

2002 年 10 月下旬到 11 月初，天气预报说，在十几天后，F 镇所在的河南省有大面积强寒流和雨雪天气。妹妹小合便把花生给卖了，有了钱，她给哥哥准备了过冬的棉衣棉裤。可是，巨大的石磨、牢固的铁索拴住了小甲的一条腿。两条裤腿的棉裤，无法套在小甲需要御寒的赤裸身体上。

小合无权开锁，更没有钥匙。她决定到镇派出所要求给哥哥打开约束工具。11 月 22 日，也就是农历"小雪"这天，小合到派出所说明情况。派出所的人说，马上就去。但并没有人来。12 月初，小合又去了一次。派出所的一位副所长答应说：钥匙我拿着，只要所长说句话，就来开锁。但始终没有人到 5 公里外的小湾村去打开锁链。之后，小合去了派出所第三次。人，还是没有来。

2002年12月5日夜，河南急剧降温，当晚，大风大雪呼啸而至。第二天早上，人们发现小甲死了：拴着小甲脚腕的链子打了结，赤身露体的他已无法爬进地铺上的棉被里面。

人们没想到的是，小甲死后第二天，小乙就请人写了份"控告书"，要求追究Y县公安局"非法拘禁致人死亡的刑事责任"，"并赔偿控告人的经济损失"。该镇一位警察指责了他的做法，认为这纯粹是在"敲诈"。这位警察的逻辑是，这里没有精神病院关他们。再说，关在精神病院里的费用谁出？但是，小乙否认了敲诈政府的企图，理由很简单：如果我妹妹去要求开锁穿衣服时答应了，我哥哥怎么能死？

曾给小甲偷偷送过吃的村民则认为：政府真得为这些人想些办法。国家不管，监护人又承担不起风险，乱杀乱砍怎么得了？

然后，参与"约束"小甲的县、镇有关部门再次来到了小湾村。最后双方达成的协议是：小乙欠阿龙家的3 600元钱，由政府归还；所有事情就此了结。签订协议后，小甲的尸体仍被拴着。直到2002年12月28日，在小甲死亡23天后，派出所终于派人来"开锁"了：来人用卡钳绞断了链子。这次，小甲终于穿上了暖和的衣服，然后又被火化了。而小乙则想要回铁链。来人说："不行，我们拿回去，向派出所要砸链子的钱呢。"

然而，那把开锁的钥匙始终没有出现。派出所的说法是："把小甲锁起来后，小乙不在，就把钥匙给村民了。"但是，时间过去了很久，直到小甲的死在村民印象中渐渐淡忘之后，这把钥匙还是没有出现过。

【情景模拟】

假设分别扮演F镇派出所所长、案例中出场的副所长、小甲、小乙、小合姊妹、村民邻居、阿龙，您将会采取怎样的行动？

【案例思考】

1. 从公共行政学角度看，本案例主要反映了一件什么性质的事件？
2. 对于小甲的死，相关行政部门及其工作人员是否应该承担什么责任？为什么？
3. 小乙提出的诉讼是否合法？事件的结局怎样呢？
4. 试从行政伦理的角度，谈谈本案例所反映出来的行政管理问题，并分析其可能对策。

案例 2　　　　虎照事件中的政府角色[①]

2007年10月12日，S省林业厅召开新闻发布会，宣布该省Z县W村农民周某拍到了野生华南虎照片，同时公布了周某于当年10月3日拍摄的两张华南虎照片，并奖励了周某2万元人民币。此事立刻引起了众多媒体和网民的广泛关注，其中也不乏质疑之声。一时间，"华南虎照"真伪之辩不绝于耳。

老猎人煞费苦心拍虎照

据周某事后交代，2006年为S省华南虎调查队做向导期间，周某听调查队队员讲，如果能拍到华南虎的足迹、粪便、毛发，便可得到千元至万元的奖励；拍到活体野生华南虎照片，就可得到100万元以上的奖励，这对其触动很大。特别是2007年8月前后，Z县政府对其做调查队向导颁发了荣誉证书和1 000元奖金，更加刺激了周某拍摄虎照，获取利益的欲望。

正是在此心理驱使下，周某萌生了拍摄假虎照，骗取钱财的想法。此后，他找借口委托数名村民，寻找老虎画。2007年9月中旬，得到受委托的邻乡村民曹某提供的老虎画一幅后，周某顺着老虎图案进行折叠，将多余部分折到老虎图案背后，用胶带纸粘贴，先后两次拍摄假虎照。9月27日下午，周某来到神州湾艾蒿坪附近，将折叠后的老虎画放置在草地上，用随身携带的傻瓜相机进行了拍摄。但因相机质量低劣，且淋雨受损，未能冲洗出成形的假老虎照片。

同年10月3日上午，周某带上向其妻的堂弟、Z县经贸局局长谢某借来的佳能牌数码相机和长城牌胶片相机各一部，在马道子林区发现了一个地势相对平坦、地面杂草灌木丛生、覆盖大量落叶的地方，便将其作为拍虎地点。周某将折叠后的老虎画放置于一棵小树前，用树叶遮盖住了老虎画的边缘，并于

[①] 主要参考文献：(1)《新华视点："华南虎照片事件"真相》，2008年6月29日，新华网http://news.xinhuanet.com/newscenter/2008-06/29/content_8457527.htm；(2)《陕西林业厅2007年10月12日发布假华南虎照片新闻发布词》，2008年1月26日，网易博客，http://huasan2001.blog.163.com/blog/static/6168568020080260296721/；(3) 陈磊，《老周拍虎，靠不靠谱？"拍虎英雄"背后的利益拼图》，2007年11月2日，南方周末，http://www.infzm.com/content/9683/1；(4)《周正龙案终审裁定：判刑2年6个月，缓期3年执行》，2008年11月17日，华商网，http://news.hsw.cn/2008-11/17/content_10410431.htm；(5) 国《家林业局官员证实华南虎照二次鉴定确未开始》，2008年2月21日，网易新闻，http://news.163.com/08/0221/03/45601CT8 0001124J.html。

下午 4 时 30 分左右，从近远不同的位置，用胶片相机和数码相机交替拍摄了假虎照。事后他将拍到"华南虎"的消息电话告诉了谢某，并于次日将相机交给谢某。照片洗出后不久，10 月 12 日，周某参加了省林业厅举行的新闻发布会，当场获得 2 万元奖金。

面对人们质疑"华南虎照片"造假的声浪，周某信誓旦旦，不但拿"人头"担保虎照是真，而且继续造假。2008 年 4 月初，周某在本村村民易某的帮助下，用事先制作的木质虎爪模具，在 Z 县北草坡的雪地里，捺印假虎爪痕迹后拍照，仍企图继续行骗。事后，根据周某的供述，S 省公安人员从其家中提取了其拍摄假虎照时所用的老虎画和木质虎爪模具一个。从为其提供老虎画的曹某家中提取了同时购买的另一幅相同的老虎画。

管理者何在？

2007 年 7 月 6 日，S 省林业厅曾组织专家对由该厅于 2006 年牵头组织并形成的《S 省华南虎调查报告》进行评审。在这次评审会上，专家们通过野外获取的足迹及目击证人的访问结果等，认定 Z 县仍有华南虎生存。但参与评审的专家也承认，这一结论的成立还缺少影像资料为证。

随后，作为一条轰动全国的"S 省发现野生华南虎"重大新闻，从周某自称拍到野生华南虎，到 S 省林业厅发布此信息，仅仅经过了 10 天。

事后调查发现，在被称为"华南虎照片事件"的演变过程中，Z 县有关部门存在不按程序办事的嫌疑。其中，Z 县林业局下属野生动植物保护管理站一名李姓干部在接到周某拍到虎照的报告后，林业局领导曾指派其到拍摄现场进行勘验核实。但是，他没有去拍摄现场进行勘验核实，而是自行虚拟了勘验报告。奇怪的是，这份虚拟的勘验报告上报后，林业局时任局长覃某对其谎称已对现场进行勘验核实的虚拟情况不仅信以为真，而且草率签字后继续上报。接到报告后，Z 县分管林业的副县长杨某同样未经探究真相，就同意上报省林业厅。然后，作为时任 S 省林业厅野生动植物保护处处长，王某接到报告后，依然没有组织对照片进行科学鉴定和派专业技术人员对现场进行核实，就草率向主管副厅长孙某提供了虎照为真的信息，并建议召开新闻发布会、对周某实施奖励。

2007 年 10 月 12 日，在省林业厅召开的新闻发布会上，时任副厅长孙某宣称，由省林业厅和 Z 县联合组织的华南虎调查队经过一年多的艰苦调查终于获得重大突破，担任调查队向导的 Z 县 W 村村民周某，于 10 月 3 日在该县神州湾一处山崖旁，用胶片和数码照相机同时拍摄到两组清晰的野生华南虎照片，其中数码照片 40 张，胶片负片 31 张。孙厅长还宣称，经 S 省林业厅组织野生动物和影像专家鉴定，照片是真实的，从而宣告失踪了 20 多年的野生华南虎重新被发现。

三颗脑袋的豪赌

不料，野生华南虎照片公开后，老周不但没有拿到预想中的100万元奖金，反而陷入一场巨大的争议之中。

首先面临的就是网友对照片的质疑。署名"第一印象"的网友把老周公布出来的几张照片进行了对比，发现只见叶子在变，树木在变，明暗在变，老虎却没有一点变化，安详地看着镜头。另有网友称，公布出来的照片光线诡异：从上方投射下来，应该是有一定的阴影变化的，但老虎身上没有明显变化，似是从正面打过去的光线。更有网友大胆假设该照片可能是把老虎的照片放大制成纸板放到山林里拍摄而成的。

这些质疑大大刺激了老周和召开新闻发布会的S省林业厅。

"该县存在野生华南虎的事实毋庸置疑。"S省林业厅的相关领导于10月16日回应说，S省正积极开展华南虎保护工作，而且已建议国家林业局和省政府在此建立华南虎国家级自然保护区。该厅野生动物保护处处长王某更是断言愿以人头担保照片是真的，"网上的质疑都是在瞎扯"。10月17日，面对媒体记者的咄咄追问，村民周某同样用脑袋担保照片是真的。他还宣称，如果照片作假，父子俩都可以去坐牢。

但这些回应并没有止住外界的质疑。10月19日，中国科学院植物研究所种子植物分类学创新研究组首席研究员傅德志在网站上公开劝喻拍摄者周某早日坦白。这位植物学家声称，他敢以脑袋担保，村民是带着"老虎"上山拍摄的。

而更让老周难堪的是，多位同村村民对照片真实性持保留态度。理由很简单，同是在这个村，很多人一辈子都没有见过老虎，近年来更是闻所未闻。经常像老周一样上山打猎的村民黄某说，周某所说的神州湾，他也去过很多次，但从未发现过老虎，而且，那里通向湖北省，很多人为了抄近路都从那走，人类活动频繁，有老虎的可能性极小。而在这之前，周某曾告诉采访他的记者说，该县最少有9只华南虎。

照片背后的利益拼图

出于对发现华南虎的"欣喜"，几乎在公布周某华南虎照片的同时，Z县早早成立了野生华南虎保护办公室，划定了野生华南虎特别保护地，打出了"闻华南虎啸"的旅游业名片。17日，Z县委、县政府召开了华南虎保护暨宣传座谈会，该县县委书记崔某要求有关部门要组织宣传策划，积极向外界推介Z县华南虎这张名片，"借势发展，促进Z县经济又好又快地发展"。于是，在 Z 县城入口处，很快就耸立起一张带有华南虎头像的广告牌，上面写道："游自然国心、闻华南虎啸、品 Z 县腊肉。"

与此同时，有关照片真假的争论还在继续，借助于媒体和网络，以前不为人知的这一偏远小县开始声名大振。在搜索引擎百度里能搜索出 50 多万条该县结果，大部分都和华南虎相关。

而 S 省林业厅也抓紧筹备申报建立 Z 县野生华南虎国家级自然保护区，且表现出了极高的效率。在 10 月 12 日召开新闻发布会之后，15 日即以紧急通知的形式，要求华南虎最新照片的拍摄地——Z 县以政府令的形式发布通告，在当地停止一切狩猎活动。23 日，S 省林业部门的有关人员已经抵达北京，开始向林业部汇报关于建立华南虎自然保护区的种种设想，希望在 S 省建立起全国首个华南虎保护区，同时还希望争取在 Z 县建立起我国的华南虎繁育、研究基地。

而今，"闻华南虎啸"的广告牌已被换掉，"Z 县野生华南虎保护办公室"的牌子也已去掉。

尴尬的上下级

令人尴尬的是，最终造成 13 名各级干部受处分的此次事件，在层层上报过程中竟然惊人地顺利，甚至有点不可思议地顺利，所有各级相关政府组织都被简单地穿越了。整个过程中，作为上级业务指导主管部门的国家林业局对于 S 省所做的一切却始终一无所知。直到 10 月 15 日，S 省林业厅以正式文件形式，向国家林业局和省政府分别报告了 Z 县发现华南虎和加强华南虎保护的问题。10 月 17 日，S 省林业厅野生动物保护处处长王某通知三位专家来到林业厅，讨论形成了鉴定意见，补办了鉴定手续。据国家林业局相关人士事后透露，对于 S 省处理这次事件中采取的方式方法，国家林业局并不能完全认同。

面对非常尴尬的舆论环境，在一次接受港台媒体采访时，对于自己这个下属机构的麻烦，时任国家林业总局局长的贾治邦面带微笑，第一句话就指出："我是他们发布了这个新闻我就知道了，知道我就要问，我说这个事林业部（原话如此）知道不知道？谁报告了没有啊？他们说没有报告……"

然而，事件愈演愈烈，整个 S 省林业系统陷入一种深深的尴尬。S 省林业厅不但要面对整个社会舆论的质疑，还要承受来自于上级各个部门包括国家林业总局的不满。

2007 年 12 月 19 日，国家林业局召开新闻发布会宣布，该局已 12 月 9 日要求 S 省林业厅委托国家专业鉴定机构对周某所拍摄的华南虎照片等原始材料依法进行鉴定，并如实公布鉴定结果。12 月 21 日，S 省林业厅宣布启动华南虎照片二次鉴定工作。2008 年 2 月 3 日，S 省政府办公厅对 S 林业厅在事件中

"违反政府新闻发布制度"进行公开通报批评。2008年2月4日,S林业厅就"草率发布发现华南虎的重大信息"发出《向社会公众的致歉信》。

不过,据国家林业局一位官员于2月20日透露,70多天过去后,二次鉴定还没有开始,工作一度陷入僵局。

尾　声

2008年6月29日,S省政府召开新闻发布会。会上散发的材料说明显示,经过再三认真地调查、鉴定以及虎照拍摄人周某的供认,S省官方认定虎照为假,推翻了2007年10月12日S省林业厅发布的虎照为真这一认定。此次发布会还确认,严重损害了S省形象的"造假者"周某在此前一天已被批准逮捕,省林业厅及Z县13名官员受到行政处理。与此同时,经S省政府批准,省监察厅撤销了省林业厅做出的"周某提供的华南虎照片是真实的"和"对周某奖励2万元"的行政决定。

事后,S省公安厅一位白姓副厅长在接受采访时面露微笑地表示,警方仅用了4天时间就让周某全部承认了犯罪过程,虽然他曾经在开始时试图作伪。据了解,相对于此前绵延260余天的华南虎事件来说,负责此次事件的5·9专案组仅用了这一时间的1/60就解决了困扰整个S省乃至全国人民的疑难案件,还一并给出了此前大批新闻记者梦寐以求打算破解的有关作案过程和作案动机方面的信息。

2008年9月27日,S省X县人民法院公开开庭审理了周某诈骗、非法持有弹药案。一审判处周某有期徒刑2年6个月,并处罚金2 000元。一审后,周妻表示将上诉。同年11月17日,周某案二审开庭。在长达14小时的庭审后,S省A市中级人民法院作出终审判决,驳回了周某的上诉,维持原判,周某因诈骗和私藏枪支弹药罪,被判有期徒刑2年6个月,缓期3年执行,并处罚金2 000元人民币。此判决为口头宣判,5日内将判决书送达上诉人,此次判决为终审判决。

【案例思考】

1. 从公共行政学视角分析,本案例所反映的主要是一件什么事件?其基本构成要件有哪些?

2. 根据案例材料,分析虎照造假事件是如何发生的?又是如何结束的?整个事件涉及哪些行政主体?请利用相关理论分析相关行政部门及其工作人员的价值取向。

3. 结合案例及我国国情,通过探析原因,谈谈如何加强我国政府的行政伦理建设,以避免类似事件再次发生。

案例 3　　P 县的道德建设试验[①]

2012年两会期间，全国政协委员李小琳建议设立公民道德档案，引起广泛关注和回应。不过，设立公民道德档案在现实中还真有其事，浙江省P县就曾在2009年上演过轰轰烈烈的道德革命，并要求建立道德档案。

道德建设警钟

这场P县的"道德革命"，发起于2009年4月。发起人是刚从县长升任县委书记一年的张君。触动他发起这一运动的因素主要在于，虽然全县道德建设总体形势是好的，但是还存在不少问题。

一是社会公德不尽如人意。据有关部门不完全统计，2009年1—3月，涉黄涉赌方面，全县因卖淫嫖娼被查处19人，赌博被查处16起75人，因殴打他人被查处986起1 600人；交通秩序方面，机动车乱停乱放被拍照6 788次，无证驾驶被查处369人次，酒后驾车205人次，闯红灯、不走斑马线比比皆是，甚至会看到两辆相对行驶的汽车停在路中谈天的镜头。公用设施方面，2008年城区窨井盖被盗256套，损失17万元；因乱占道停车、经营导致人行道破损6 600平方米；照明线路、电灯被毁坏，损失15万元；喷泉、喷嘴被损坏，损失8万元；因乱晒乱挂衣服被子导致树木死亡1 650株，损失57万元；乱倒建筑垃圾，耗费清运费10万元。环境卫生方面，每天乱丢垃圾8吨；人、畜随地大小便屡见不鲜；乱写乱贴广告现象随处可见。经营秩序方面，马路市场屡禁不止；乱设摊位、跨店面经营四处存在。征地拆迁方面，少数人以一己私利要挟政府，漫天要价，阻碍旧城改造、园区建设、道路修建等重点工程进展。封建迷信方面，非法滥建寺庙歪风有所抬头，看相算命测字跌挂生意

[①] 主要参考资料：(1)《"道德浦江"建设的现实背景和基本思路》，2010年11月29日，浙江文明网，http: //www.zjol.com.cn/07zjwm/system/2010/11/29/017123856.shtml；(2)《浦江县扎实推进"道德浦江"建设活动》，2011年1月13日，浙江文明网，http: //www.zjwmw.com/07zjwm/system/2011/01/13/017235917.shtml；(3)张帅，《"道德浦江"建设形成长效机制》，《金华日报》2012年8月19日第一版；(4)《打造道德浦江，提升浦江形象》，百度贴吧，http: //tieba.baidu.com/p/586498009；(5)《浦江：建道德模范之家》，《浙江日报》2012年9月25日第四版；(6)《深化"道德浦江"建设活动，全面提升公民道德素质》，2012年11月9日，金华文明网http: //www.jhnews.com.cn/wmw/2012-11/09/content_ 2588559.htm；(7)褚朝新，《浦江的道德"大跃进"试验》，《南方周末》2012年5月4日，http://www.infzm.com/content/74900。

兴隆。

二是职业道德有待提高。机关部门"门难进、脸难看、话难听、事难办"的老毛病没有得到彻底根除；执法单位还存在随意执法、粗暴执法、暗箱操作现象；少数医生还有"开大处方"、收受回扣、红包等问题，"救死扶伤"的天职和"医者德为先"、"无德不成医"的传统道德观被弃之一边；教师违规搞有偿家教、歧视差生、收受红包等不正之风尚未刹除。在企业，无证经营不断暴露，假冒商标侵权时有发生，仅仅2009年1—3月就公开暴露7起；克扣工人工资多次发生。在商家，2009年1—3月因商品质量、售后服务不好引起消费者投诉24件。在金融领域，放高利贷、借债不还情况不少，甚至有一些金融系统职工也参与其中。

三是家庭美德参差不齐。中国传统伦理有着明显的"人情味"特点，这种人伦之情一向是我们中国人所珍视的生活价值之一，也是中国社会中家庭关系较为牢固的一个重原因。但在一些家庭内部，夫妻对立、亲子不和，下不敬上、长不爱幼；部分家庭之间，以邻为壑、老死不相往来等现象都有发生，甚至发生兄妹残杀的恶性案件。

四是个人品德不容乐观。有些人品德不高，诚信全无，道德自律意识、全民道德水平有待进一步提高。

据曾任张君秘书的方生回忆，2009年1—3月，P县各类上访达1 042人次，P县曾一度被列为浙江省8个重点信访管理县之一。

恢弘设想

为何会出现上述问题？县委书记张君当时判断得出的结论是道德缺失，因此，要解决这些问题，自然就需要推进道德建设。2009年4月29日，一场"道德革命"在P县高调启动。张君向全县动员：用三年时间建设"道德P县"，人人做有德之人。他明确要求，各级、各部门都要把"道德P县"建设作为此后几年的重点工作。之后，各级"道德P县"建设领导小组迅速得以成立，县级领导小组由张君亲任组长。县各部门、乡镇和街道乃至学校、企业、大型超市、宾馆、行政村和社区，也都被要求成立了领导小组。此外，还成立了机关、窗口行业、工商企业、农村、城区、学校6个指导组，负责各个领域的道德建设。

在"道德P县"建设过程中，该县采取了如下措施：

一是不断规范"道德档案"建档工作。分全县、乡镇街道、机关部门和企业四个层面，分门别类地制定"道德档案"流程示意图，组建全县"道德档案"记录员队伍，建立记录员手机短信平台和QQ群，召开全县"道德档案"信息记录员培训会，制定道德事件报送表格和相关材料，编印成简报发放给各位记录员。"道德档案"将专门收集违反交通法规、涉黄涉毒、违法占地、不守金融信用等各类违反社会公德、职业道德的记录。与此同时，在有关部门、单位招工、征兵、招考大学生"村官"、招考公务员、任用干部、发展党员、评选先进模范等过程中，都将通过道德档案考核候选对象的道德品质。据统计，2011年共建立"道德档案"1 187份，累计共达1 379份。同时，建立了相关电子档案库，每季度将县管干部和县管后备干部的道德档案报送县委组织部，为干部的选拔任用提供道德依据。

二是开展P县道德模范评选和表彰活动。2010年4月底，举行了由县四套班子成员参加的首届道德模范颁奖礼，隆重表彰了10位"P县首届道德模范"称号获得者和10位"P县首届道德模范提名奖"获得者，以便进一步营造"干部转作风、群众讲街道，社会促和谐"的社会氛围。

三是开展"文明交通"劝导活动。按照工作计划，每个单位都要安排机关干部在上下班时间到城区的主要路口，协助交警做好交通劝导工作，目的在于让党员干部在道德的具体生动实践中提升道德素养和文明程度。

四是建立并不断充实义务监督员队伍。2009年6月15日，首支由15名义务道德监督员组成的监督队成立。组织开展了对出租车、公交车文明营运监督和城区服务窗口的明察暗访等活动，发现问题，督促整改。按照张君书记的设想，这次道德革命的重要目标之一，是要扭转部分政府机关干部的不良作风。因此，15人中，有6人专门负责监督县直机关、窗口行业和乡镇街道、行政村的作风问题。队员主要来自民间志愿者。据监督队老队员徐某透露，进道德监督队并不容易，要先通过考试。事实上，根据2011年6月3日发布的招聘启事，报名者要先参加笔试，笔试后按照招聘人数1∶1.5的比例，参加面试。之后，再按照1∶1的比例确定入选人员。

五是不断丰富道德P县活动的宣传载体。期间，先后举办了"做创先争优先锋、做文明道德模范"文艺晚会，通过群众喜闻乐见的方式，寓教于乐，寓德于戏，丰富群众文化生活。同时，利用P县深厚的文化底蕴和人才资源，自编、自导、自演了道德教育电视剧系列片《仙华聊斋》，已完成了全部4个片子的录制，并在县电视台中进行播放。

形成长效机制

B镇T村是"道德P县"建设的6个试点单位之一。自"道德P县"建设活动开展以来，村里先后完善了村规民约，开展道德示范户评选活动，设立道德示范榜，对有不道德行为的村民进行道德谈话。谈起活动取得的成效，时任村党支部书记寿某概括为——"我们村邻里和睦，基本没有纠纷。"事实上，当了10多年村支书的寿某还被推选为首届道德P县模范。

在开展"道德P县"建设活动过程中，P县出台"六项制度"，以确保做到人人有责。其中，主要包括对领导干部实行"述德评议制度"，党员干部建立"道德档案"，对"窗口"人员实行"凭道德培训合格证上岗制度"，对企业主实行"个人道德考察制度"，对农民实行"德利挂钩"制度，对外来建设者实行"道德宣导制度"，对未成年人实行"道德联评制度"。

为健全监督机制，P县设立"道德P县"建设监督邮箱、电话，各级各单位设立好人好事举荐、坏人坏事举报箱。"道德P县"建设活动办公室每年聘请一批"道德P县"建设义务监督员，组织其开展出租车、公交车营运监督和对城区所有窗口行业进行暗访等活动，召集窗口行业负责人集中反馈"道德P县"监督情况，督促其认真整改。不少企业、农村、社区纷纷设置了荣辱点评台，并确定专人负责，对道德文明的人和事给予表扬，对不道德、不文明的人和事给予曝光批评。

据报道，P县还在2012年9月成立了道德模范之家，为全县道德模范和道德先进人物提供活动场所。全县以此为平台，组织成员开展学习培训、经验交流，以提高思想道德素养，永葆思想先进性；组织成员开展集体性的道德宣传、实践活动，充分发挥率先垂范作用；组织成员为有关部门建言献策，推进精神文明建设；组织成员参与评选文明单位、文明村镇、文明社区、道德模范等活动。

"道德P县"推出以后，该县曾一度出现出现了公民道德建设新局面：健全了"有德可守，管德必严，优德必奖，违德必纠"的机制，走出了"责任落实在个人上，言行记录在档案上，后果体现在奖惩上"的工作路子；道德建设由上级发动变为群众自动，由外部促动变为内在主动，由短期运动式的阵动变为长期持久性的常动，由"要我道德"变为"我要道德"；干部群众的道德素质总体上不断提高，好人好事层出不穷，既重视大德又注重小节的意识更加深入人心，全县道德风尚进一步好转。

监督工作并不好做

据了解，作为省、市管干部，时任县委书记张君等当地少数几名P县主要领导干部，却没有被纳入建立"道德档案"之列。领导们置身于道德信息库之外，自然引起了当地部分官员的暗里质疑。来自P县官场内部的不同声音一开始就出现了——光抓老百姓的道德问题，怎么服众？

更多的争议，指向道德信息库这一措施本身。2012年4月24日，P县文明办主任曾告诉南方周末记者，当时就曾有媒体报道了不同声音，有人认为，记录个人违德行为是抓小辫子，不能因为一点小事就影响一个人一辈子。浙江大学教育学院教授魏贤超当时就曾向县领导委婉质疑建立道德档案一事，认为试建"违德数据库"的做法，存在"以德代法"、行政权力干预道德领域等问题。不过，他同时也指出，如果在界限划分、机构设置、操作方法等方面加以明析、探索和改进，这一做法还是有一定积极作用的。

不同的声音，让P县"道德革命"热情迅速冷却。据P县文明办主任透露，虽然并不认为建立道德档案有什么问题，但强大的社会舆论质疑导致记录违德信息的工作最终不了了之。很多部门不上报违德信息，而主抓此工作的文明办也不去催。只有美德信息坚持到现在，能每季度报一次。P县县组织部副部长周某曾向媒体记者证实，该部收到的县管干部"道德档案"，记录的全部是美德，没有违德信息。而且该部仅破格提拔过几名被评为"道德模范"的干部，但是却没有干部因为失德被拿掉。P县一名县委常委在三年后反思这一举措时说：一个人有些小问题要原谅他，不能记一辈子，"每个人搞这么一个档案，我个人觉得有点反人类"。

道德革命的另一项重要举措，是"道德模范"的评选。据县文明办主任介绍，以前是一年评一次，从2012年开始两年评一次，原因是"道德模范不可能那么多，太多了起不到模范作用"。

大张旗鼓成立的P县第一届道德监督队队员多是县里退下来的老干部。成立之初，监督员们跑到当地政府机关去监督，发现效果并不如他们期望的那样好。据多名知情人回忆，2009年，一名农民监督员骑着摩托车去Z镇（属P县管辖）暗访，挨个敲门，什么都不说，引起了镇政府工作人员的反感，双方发生了争执。此后县里规定，监督员不得单独行动，至少两人才能外出监督。一名老监督队员说，2010年，监督队去调查干部邻里关系，结果被干部告状，称他们打探隐私。

据监督队员徐某回忆，第一年，监督队曾试图监督过政府机关和乡镇政府，后来就基本没去过，"政府机关不好监督"。现在道德监督员主要监督金融窗口服务行业。负责监督队联络工作的县委宣传部主任科员赵生说，现在去政府机关，主要是看看卫生环境。在他看来，第一年监督队搞得较认真，后来就不太对政府机关进行监督了。"发现了问题，跟他们领导反映了，也就那么回事。"

此外，政府机关的作风问题，有县效能办这些专门部门负责，道德监督队也就不管了。

永远不可能做到？

不过，与三年前相比，P县也有一些领域变化不小。

2012年4月24日上午，已调任P县公安局政治处主任的章生说，扫黄曾是"道德P县"的一项重要内容，经过几年整治，P县基本没有站街女了。

三年前，穿着便衣的他路过滨江路时，会不断有站街女招呼他。现在 P 县街头出现了一支义务巡逻队。队长陈某说，义务巡逻队是城区居民自发组建的，也算是 P 县人道德面貌发生变化的一种表现。

在 P 县文明办主任看来，"道德 P 县"建设几年来，该县还是出现了很多变化，城市干净了，守秩序的多了，公共设施被毁坏的少了，老师干私活的现在也少了。不过，他以为，变化更大的是 P 县的官场。大力推行"道德革命"的县委书记张君已调到金华下辖的县级市 Y 市任市委书记。张君的秘书、曾参与起草"道德 P 县"相关报告的方生则担任了 P 县 H 镇镇委书记。三年前，与张君一起共推"道德 P 县"的县长戴生已接替了县委书记的位置。另一个参与起草相关报告的方生最近也被提拔了。当时，他是 P 县文明办副主任，如今已是 P 县县委宣传部部务委员、文明办主任。

很难知道推动这次运动的时任县委书记张君今天对"道德革命"的看法。但他当年的属下、P 县县委一位常委已不避讳对媒体记者聊起对于有关道德 P 县运动的反思。他认为，"道德 P 县"永远都不可能做到，永远只能是奋斗的目标，不要把 P 县的道德建设推得太高。

【情景模拟】

假如您是 P 县时任县委书记张君、后任县委书记戴生、监督老队员徐某、当地一位普通干部以及一位普通公民，您对该县所推行的"道德 P 县"建设活动有什么看法？为什么？

【案例思考】

1. 从公共行政学的角度看，本案例所反映的主要是一件什么事件？
2. 根据案例材料，试对 P 县的道德建设活动的基本内容、发生机制及其可能效果进行分析，并阐明各自原因。
3. 结合我国政府行政道德建设实践，谈谈案例可能包含的经验和教训。

第四编　行政维持与发展

第 16 章
人 事 行 政

一、本章学习目的与要求

说明：通过本章的学习，了解人事行政领域相关核心概念的含义，理解人事行政的基本程序构成、运行机制、运行原理与发展趋势，重点把握国家公务员法实施以来中国国家公务员管理制度的基本内容、运行机制与手段、相关法律法规规定、面临的挑战与发展趋势。

二、本章考核知识点与考核目标

识记：人事行政、国家公务员管理等相关核心概念的基本内涵，中国国家干部人事制度的历史演变与国家公务员制度的建立发展过程，中国人事行政管理体制的基本职责、组织结构与相关制度规定。

理解：人事行政管理的基本运行程序、原理、管理手段与方法，中国国家公务员管理的相关制度规定、基本流程、基本运行原则与发展趋势，中国国家公务员管理体制的目标体系、功能结构、运行机制、实施原则与发展趋势。

应用：运用所学公共行政学理论知识，分析案例中特定人事行政行为、方法、工具或现象的发生过程、表现形式、法律法规依据、影响因素、运行机制、功能特征、实践效果、可能存在的问题及其可能的经验教训与优化改进策略。

案例 1　　　　选贤任能的系列困境

（一）编外人员转正引发的争议

"我是国家工作人员了！"海南省 Q 市"反偷英雄"黄中的声音激动得有些发颤。

27 岁的黄中是 J 镇登仙岭社区居民区党支部书记、联防队队长。1999 年以来，他先后抓获或带领治安队抓获可疑人员和违法犯罪嫌疑人 113 名，在与犯罪分子搏斗中多次受伤，现在小腿内仍夹着两块钢板。虽然黄中先后被授予全国人民群众见义勇为先进分子、海南省见义勇为公民、省杰出青年卫士等荣誉，但他的"临时工"角色一直没变。

日前，海南省综治办负责人专程赴 Q 市，向该市市委书记、市长递交了函件。在征求小黄意见后，市领导将其工作关系落户到市城管中队，具体工作仍在原岗位。黄中说，从海南省综治办向 Q 市有关领导呈交《关于建议优先吸收黄中同志为国家公务员的函》，到办妥所有正式录用手续，只用了 3 个工作日。但是，依然有许多人认为破格录用黄中为国家公务员不符合法定程序，合理不合法。

（二）企业家当官难

中关村要出新规，首先想到的是开个听证会。这一天，中关村的企业家和官员坐到了一起，因为中关村打算从"老板"中选代表"入阁"管委会。中关村管委会是政府派出机构。此前，无论兼职委员还是全职委员都有政府官员背景。但这一年，中关村传出消息，要从企业家中选出代表任委员之职。此前，中关村管委会已出台一份《企业家委员产生暂行办法（草案）》，向全社会征求意见。在这一天的听证会上，多家企业代表就最关心的问题发表了看法。

企业家委员是"议员"还是"官员"，这是企业家们最关注的问题。北京商情联合市场研究公司董事长娄健对企业家委员的身份表示困惑。依据《草案》精神，企业家委员既需要选举又需要政府任命，那么他们究竟是一个顾问团体还是官员集体？他们在行使权力时是否能做到中立呢？

北京民营企业家协会的齐中认为，选举企业家委员不应该是一种形式，委员要真正行使管理职能，广泛听取园区内各界意见。中企互动软件科技有限公司 CEO 成天则表示，他希望委员的选举能引入竞争机制，以避免利益均衡主义。第一次参加听证会的代表们虽然都没有多少"议政"的经验，但都表现出极高的热情。他们都希望自己选出的委员能兼顾到各方利益。中关村管委会副主任任冉齐总结说，企业家委员的身份应当介于政府人员与企业普通代表之间；企业家委员的出现也是一种新生事物，对此，政府和企业界都在探索中。他指出，中关村管委会之所以要请企业家进入政府管理群体，意在进一步沟通企业和政府，更好地为园区企业服务。

东北新闻网的评论认为，企业家与政府官员所扮演的角色不尽相同，企业家的主要精力应该放在企业管理、新产品研制和人力资源的开发利用上，而政府官员的主要职责却是行使服务、管理职能,是国家法律法规的忠实宣传者和检查监督者。两者虽可以互相转换,但绝不意味着一个合格的企业家就一定能胜任政府官员所要行使的各项工作。再说,企业家担任政府官员后,无论兼职与否,都不可避免地产生这样那样的弊端,因为企业家在以后的日常工作中,即便没有胳膊肘朝里拐,偏向自己,也难免没有人露出狐疑之色,何况如今的企业家或个体老板谁没有一点私心杂念?谁又敢保证会全心全意、全身心投入到政府官员所需履行的职责中?该评论进一步指出,或许有人认为这是杞人忧天,毕竟中关村的企业家素质高,加之又举行了"听证",料想不会产生诸如此类的疑难杂症,但是,在未取得根本实效之前,最好不要头脑发热,即使被一片叫好声所包围,也应冷静、理智行事。该评论反问道,这些年来,我们经常被哗众取宠、好大喜功的表面现象所左右,在这方面交的学费还少吗?而一旦中关村的企业家换位成功,会在全国范围内掀起一股模仿、学习的狂潮,这才是我们最最担心的。

(三) 高技术人员难入围

2001年国家公务员考试录用工作已接近尾声。根据抽样调查,某重点文科大学20名报名参加国家公务员考试的博士生中,只有一人上线,几乎全军覆没。该校硕士生上线情况明显高于博士生,而最好的则是本科生。进一步了解得知,当前国家公务员考试存在着这样一种现象——博士考不过硕士,硕士考不过本科。国家公务员考试为什么对高学历人才说"不"?是国家的教育制度有问题,培养出来的高级人才自己反而不能用?还是公务员考试本身有问题,出的考题不利于国家选拔高级人才?

国家计委人事司的一位处长认为,出现这种现象,是"由于硕士、博士生们研究的专业很细、很深入,在公共科目考试上往往考不过本科生,结果一些单位与高学历者失之交臂"。中国人民大学的一位学者则认为,中央、国家行政机关公务员录用考试制度从1994年开始正式实行,是国家在用人方面与国际接轨的一种表现。它体现了一种公平、平等的原则,这个制度本身是好的。对于出现上述现象的原因,他认为可能存在于以下几方面:

首先,高学历人才就目前来说,一般年龄偏大。并且,他们长时期关注某一方面的问题,对于记忆性的试题如《公共基础知识》和《行政职业能力倾向测验》中的一些题目,考不过本科生属于正常现象。

其次,《申论》主要测试应试者对给定资料的阅读理解能力、分析归纳概括能力、提出和解决问题的能力及文字表达水平,应该说这是硕士、博士们的强项。然而，调查表明，很多博士的《申论》不及格，最高分也不过70分。而本科生在此次考试中得70多分的大有人在，有一个还考了80多分。调查发现，并不是这些本科生在考试中比博士们高明，恰恰相反，本科生的答题更常规一些。大部分博士的答题都具有思维活跃、有创造性、有自己的见解。然而，实际的情况是越有创见的回答，得分越少。这种情况就不得不让人怀疑个别阅卷人的水平。

对此，一些专家认为，国家公务员考试不同于高考，它是直接为国家选拔管理人才的一种考试，《申论》部分的答题，更不能按常规的标准像高考作文题那样来对待。应该注重文章的创见，注重一个"申"字，不应该有一个标准的模式来局限答题。这就要求阅卷人的水平要有博士甚至博士以上的水平，这样阅卷人才能领悟高素质人才的创新精神。不过，另一方面，在公务员选拔中往往具有否决权的科目《行政职业能力倾向测验》，目前所用题型基本上是直接从国外引进的，国外的公务员考试制度已经有一百多年的历史了，是比较成熟的一项考试。实际上，考生对《行政职业能力倾向测验》的试题质量一般也比较满意。

但是，在某重点大学读硕士学位的小曾的经历值得深思。在2001年北京市公务员考试中，《行政职业能力倾向测验》得了一个让小曾啼笑皆非的分数：59分，也就是说，他不具有从事北京市公务员工作的能力。仅仅几天之后，小曾参加了中央国家公务员考试，这次他在《行政职业能力倾向测验》中得到了78分的高分，并且顺利通过了其后进行的面试和考核，被国家某个比较热门的部委录用。小曾认为，他两次考试都没有紧张，发挥也正常。小曾的这一经历就不得不让人怀疑《行政职业能力倾向测验》的设计是否完全合理。

（四）劳改犯当上公安局科长

据华商报2002年12月30日报道，公安部、监察部、人事部联合发出《关于陕西省A市公安局将劳改释放人员闵某调入公安机关并包庇重用问题的情况通报》，就该案查处结果通报全国。

闵某，男，31岁，曾是"四进官"的劳改释放人员。1998年，通过种种关系，他被调入A市公安局政治部，且安排在秘书处政秘科工作。1999年1月，A市公安局督察队根据举报，查实了闵某曾因盗窃被判刑以及因伪造证件、冒充民警讨债被收审等问题。但是，时任局政治部主任王某却擅自将相关调查材料扣压，并对其予以袒护。1999年12月，闵某被局机关党委批准为中共预备党员，2000年5月，又被王主任批准提拔为秘书处政秘科副科长。2000年8月，闵某问题经媒体披露后，引起了公安部和陕西省委、省政府的高度重视，先后派出调查组进行认真调查，并就调查结果对包括原A市委常委、政法委书记赵某，原A市公安局政治部主任王某在内的十余人进行了严肃处理。随后，陕西省纪委、省委组织部、省委政法委、省监察厅、省人事厅决定，在全省范围内对违法进入政法机关的人员进行集中清退。

国家公安部、监察部、人事部发出的联合通报指出，各级公安机关和组织、人事部门要以此为戒，认真吸取教训：要严把公安队伍进人关，从源头上确保公安民警的基本素质；今后，各级公安机关录用主任科员以下民警，必须坚持"凡进必考"，以省为单位组织统一招考，凡未参加省一级统一招考的，一律不准录用。国家三部门要求，各地接到通报后，要对近年来进入公安机关人员进行一次全面排查，凡发现不合格人员和违反规定调入人员，一律清退。

背景资料

《国家公务员法》的相关规定：

第二十一条　录用担任主任科员以下及其他相当职务层次的非领导职务公务员，采取公开考试、严格考察、平等竞争、择优录取的办法。

第二十四条　下列人员不得录用为公务员：

（一）曾因犯罪受过刑事处罚的；

（二）曾被开除公职的；

（三）有法律规定不得录用为公务员的其他情形的。

第二十七条　招录机关根据报考资格条件对报考申请进行审查。报考者提交的申请材料应当真实、准确。

第三十一条　录用特殊职位的公务员，经省级以上公务员主管部门批准，可以简化程序或者采用其他测评办法。

【案例思考】

1. 从公共行政学的角度看，本案例系列材料主要反映了什么现象？
2. 运用有关行政学原理，分析案例中相关行政管理工作存在的主要问题及其产生的主要原因。
3. 结合相关法律法规和本案例，探讨我国人事行政相关领域的发展趋势与基本措施。

案例 2　　　　县长的聘用制尝试[①]

这可能是目前中国最奇特的官员任命方式：四川省 W 县人大常委会给王德发了一本大红"聘书"，内容如下：W 县第十四届人民代表大会常务委员会第四次会议决定，聘任王德为武胜县人民政府副县长（聘期从 2003 年 6 月到 2007 年 12 月）。落款日期为 2003 年 6 月 17 日。这意味着，他正式成为 W 县"招聘"来的副县长。如今，那本"聘书"和王德的诸多奖牌一起，静静地躺在橱柜里。

这有效期四年的"聘书"让很多人无法对王德的职务"定性"：副县长属于公职，但王德却没有公务员身份甚至国家干部编制；虽然经过了组织程序，但却属于"聘任"。身为民营企业家的王德自己也说不清楚，但他并不介意："人民代表能选我当副县长，就是对民营企业家的一种承认，我已经感到很满足了。"

民营企业家当人大代表、政协委员很常见，但被聘为副县长，少之又少。对此，W 县委书记孙君有自己的观点：王德当选副县长，是特殊条件下的特殊使用方式，"与其说是一场政治事件，不如说是一个经济现象。穿越它，中国县域经济发展之轮廓便清晰可见"。

编外副县长

成都电子科技大学毕业，华西著名养殖业公司 X 集团副总裁，这是后来被笑称为"生猪县长"的王德最简单的履历。但这不足以勾勒其全貌。在王德办公室的柜子里，摆满了各种铁质的、铜质的、纸质的奖牌和获奖证书："中国十大杰出营销经理人"、"四川省优秀青年民营企业家"、"四川省优秀创业人才"等，不一而足。他的名片更是五花八门：王德身兼集团属下 6 家分公司的总经理、董事长，这些公司分跨四川、重庆、广西、河北等省份。除此之外，还有一大串与政治相关的头衔，由于太多而无法一一印上名片：广西 G 市政协常委、四川 N 市人大代表、四川 W 县人大代表和政协常委、四川省委政策研究室特约研究员……

王德苦笑着说，企业做好了，荣誉自己就来了，躲都躲不掉，为此还"硬着头皮"推掉了一个省人大代表和一个市人大代表的提名。有人透露，唯

[①] 主要参考文献：(1) 孙亚非，《聘任县长》，《南方周末》2004 年 4 月 8 日 A3 版；(2) 亦非，《用副县长挡"鬼"引出的话题》，新华网，2004 年 4 月 25 日，http://news.xinhuanet.com/comments/2004-04/25/content_ 1438218.htm。

有 W 县副县长一职，是他"主动要来的"。王德没有否认这种说法："的确，我有这个意愿，县里也有这种想法，而且很支持。"

2003 年 5 月，四川省委书记张学忠一行到 G 市考察，王德属下的万千饲料厂作为 W 县招商引资的一个典范被介绍给考察组。当时，张学忠盛赞了饲料厂，并提出，W 县适合发展猪业经济，民营企业在这方面要有所作为，积极带动老百姓致富。王德说，他听了张书记的话，"很激动也很振奋"，希望能为地方经济发展做点实事，然后就有了在政府任个职务，推动生猪产业化经营的念头。"刚好，县里领导对我说，一个从省城来挂职的科技副县长任期即满，问我有没有兴趣做科技副县长，我觉得这跟我的想法很合拍，就表达了意愿。"就这样，王德的名字由县委报到了市委组织部。

按照通常情况，副县长选拔一般在公务员系统内部进行，且要任满 3 年科级职务的才有资格；即便是不占职数的科技副县长，也是从上级高校或科研机构调派科技人员，挂职进行科技扶贫。王德两种情况都不靠，但事情进展却很顺利。G 市一位市委常委透露，当时领导们认为，王德重点大学毕业，既是营销高手，又有丰富的良种猪养殖培育经验，是难得的综合型人才，各地为发展经济，对人才的选拔应该"不拘一格"。因此，尽管与现行规定有所冲突，但常委们还是很快达成一致意见：为王德的任职"打开绿色通道"。经 G 市委组织部考察，W 县人大常委会表决，在王德提出要求后不到一个月，被任命为 W 县副县长。

W 县委书记孙君解释，王德这个副县长很特殊，一是不占现有县长职数，属于"编外"聘任；二是只抓生猪发展，不分管其他工作。2003 年 6 月 17 日，没有任何热闹的仪式，"编外副县长"王德走马上任。

"官位"的好处

王德在政府里的地位等同于挂职的"科技副县长"，且只管畜牧乃至养猪业经济板块。不过，他说，迄今为止，没以副县长的身份签发过文件，到农户家中或洽谈业务，都是以"万千饲料厂"总经理的名义，印有"副县长"头衔的名片用得最少；每个月 830 元的副县长津贴，全部资助了当地的贫困学生。

为什么要这么一个"头衔"？王德不讳言，他是农村出来的孩子，受中国传统文化熏陶，一向对政府官员很景仰，自己从一位民营企业家能当上一方"父母官"，无疑是一件"光宗耀祖"的事。事情当然不是这么简单的。

推广良种猪养殖是饲料厂落户 W 县一开始就着手的事。王德看得很清楚，作为饲料企业，"万千"要做大做强很大程度上依赖于当地的养殖状况，而对产业链养殖这个环节的推动，又不是一个企业所能够完成的。但这刚好是当地政府发展农业产业经济、鼓励农民增收致富的重要方向。而且，"往往在贫穷的地区，政府的威信还是很高的，农民对政府的依赖性比较强，用这种光环去做的话，农户就会认为科学养殖是个好东西，他们会认真去做"。就这样，万千饲料厂的利益与 W 县的经济目标奇特地扭合在一起，王德成了二者间的"黏合剂"。

其实，王德还有这么一个微妙心理：民营企业是从风风雨雨中发展起来的，生存环境一向艰难。在王德看来，地方党政主要领导从发展经济角度出发，对民营企业都是非常支持且尊重的，但下面职能部门就不同，吃拿卡要的情况比比皆是，他所在集团设在北方某省的一个厂就遭遇了不少这种情况。他笑言，"国人历来畏'官'三分，有个副县长头衔，事情就好办得多"。

似乎印证了这句话，万千饲料厂在 W 县的发展几乎一帆风顺，拿王德的话说，"各个部门都很配合"。

"政府推着企业走"

民营老板当副县长，在 W 县还是破天荒的第一遭。对于这个"创举"，赞赏者有之，非议亦更有之。县政府一位干部说，很少看到王德来开县长办公会，从未作过任何决策，没发过任何指令，也没有人知道他的政策水平。而"拿企业换官位"则是听得最多的一种说法。W 县人大常委会常务副主任张延华承认，当时王德所在集团决定把"万千饲料厂"落户 W 县，而不是区位优势更好的 G 市，王德给 X 集团总裁做了不少工作，"起了很大的作用"。

但是，张延华表示："这不是说，选他当副县长，就是我们 W 县在'报恩'。"最开始 G 市委组织部提名王德任副县长时，也有个别人大常委不理解。组织部就讲，任命他是为了 W 县猪业经济的发展，同时，按照把"人力资源"转化为"人力资本"的思路，通过这种方式把王德留在 W 县，就可以运用他的个人能力和资源为一方经济服务。2003 年 6 月 16 日，W 县第十四届人大常委会第四次会议召开，到场的 18 名常委（共 19 名，一人刚调离没有参加）全票通过王德的副县长任命。

县委书记兼县人大常委会主任的孙君用三句话概括了王德"当官"带来的好处：县里满意，企业家个人积极性提高，农民也得到了实惠。而王德则说："我们在这里建这么大的厂，很大程度也是被当地发展经济的精神所感染和鼓舞。"

2000 年，当时 W 县委领导找到曾长期在此搞饲料销售的王德，问 X 集团是不是可以在这里建一个厂。X 集团的答复是，只要年销量达到 800 万吨，就可以考虑建厂要求。随后，王德代表集团到 W 县考察。最初，他给总部写的报告是：这里区位优势差，交通不便，养殖状况属于中上，适宜建投资 1 000

万、年产5万吨左右小厂。然而，后来W县"万千饲料厂"却发展成为固定投资4 000万，流动资金2 000万，年产20万吨的大厂。饲料厂投产后，县里又劝说王德：你们这么大的生产规模，应该培养更多养猪户，不如建几个猪场，一是推广猪种改良，二是起示范作用，带动大家规模化养殖。于是，在得到政府少量补贴后，"万千"又投入2 000多万，建了3个大型养猪场，并免费为农民中的规模养殖户配种。后来，"万千"又斥资建设大型生猪交易市场；与政府一道建连通各个乡镇的"生猪信息网络"；自筹资金成立担保公司，为农民扩大养殖提供资金；成立王德任理事长的跨县"良种猪繁育协会"。

对于这一发展历程，W县委书记孙君颇有几分得意地说，"事实上，是我们政府在一步步推着企业走"。事实上，作为一家企业，万千饲料厂是完完全全参与到W县政府关于猪业经济发展的构架中来了。有人笑言，别人是党政干部在企业里兼职，王德则是从企业到政府"兼职"，"责任大于权力"。

当然，这些都是以不损伤企业的根本利益为目的的。相反，万千饲料厂也在这样的构架中如鱼得水，发展"神速"：2003年建成投产的第一年，就实现销售收入6 000多万元；2004年势头更旺，仅3月份就有1 000多万元进账。王德预计，2004年的全年饲料销售收入应该达到1.3~1.5亿元。更重要的是，"万千"品牌无形资产的提升。在W县，"万千"的名字几乎家喻户晓，连城里人都知道，那是国内建得最漂亮的饲料企业之一。

县域经济之困

孙君，这位说话声音洪亮，手势并用且表情丰富的县委书记，不到40岁，2002年底交流到G市。早些时候，他从四川某专科学校组织部长的位置上，到国家级贫困县苍溪挂科技副县长职务4年。孙君有几分无奈地慨叹："中国社会发展的诸多矛盾，基本上都集中在了县这一级。我们是'责任无限，权力有限'啊。以前我在高校里，常常以学者的身份空谈国事，在基层工作8年后，才知道，理论和现实之间的差距有多么巨大。"

"要建立一个强势政府"，这是他以前当学者时最反对的，现在却奉为圭臬。他的理论是，中国不是美国，中西部也不是温州，后者已经形成了完善的市场主体，可以自觉地良性循环。中西部地区的老百姓穷，经济基础薄弱，市场主体雏形尚未形成，必须依靠政府强力介入，来引导和培育市场。孙君刚到W县时，农业产业化几乎还没破题，占全县近90%人口的农民近5年来年均增收仅百元上下。封闭的环境和贫瘠的土地让他们的生活难以为继，20万青壮年不得不涌出丘陵，四处闯荡谋生。因此，西部的问题就是农民的问题。与此同时，孙君感到了身上的很诸多压力：一方面来自"上面"，因为做得不好

"面子上就不好看",还有就是想自己"做点事"。

"宁可有争议,也不要平庸。"孙君的为官信条多多少少带有仇和的影子。他上任后不久就大搞乡镇改革,要求强化县级政权,要回地税、工商等垂直管理的职能部门,增大县级政府调控经济的力度。"生猪产业化养殖"是孙君上任后重点推行的工作,为此,他采取了一些"超常规"手法:鼓励农民和政府共建规模化养猪场,在县财政紧张的情况下给予贷款、批地以及高额补贴等诸多优惠措施。一时间,W县猪场遍地开花。有人告到市里,说孙君不顾地方实际大搞"形象工程"。

王德当选副县长,就是在这种背景下出现的。尽管议论纷纭,尤其是在不少人质疑"王副县长"很少履职甚至很少在W县出现时,孙君都顶了回去:"那正是我们县委想要的。他只要管好生猪的发展,起好龙头企业的带头作用就行了,我们不希望他太多过问政府的事,权力过大。"在W县党政班子心里,王德"就是一着棋,一着能激活农民增收致富的棋",这背后,是地方政府强力干预经济的一个缩影。

从G市到W县的官员中,几乎没有人否认"这着棋"带来的好处。几位养猪大户甚至说,看着王德从一个走乡串村的饲料销售员,做到总经理、副总裁,再到一县之长,对他们来说也是种激励。尽管如此,官员们无不对王德这种"公私兼备"的情况保持警惕。最早与华西X集团谈判的W县原县委书记、现任G区委书记余仪认为,看问题不能只看一个人、一件事,而要看整个制度设计是否合理,"王德用得好不好,发挥作用好不好,他不决定这个制度好不好。政企不分,从根本上说是有弊端的,一旦换个品质不好的,就可能利用这个制度缺陷干坏事。"

孙君也多次表示,对王德的做法只是"特殊环境下的特殊方式",并非一种模式,更不具有推广意义,"以后对企业的激励,更多还在于我们全体班子和职能部门来共同营造一种宽松的、便利的投资环境"。

【情景模拟】

假如您是其中的一个角色,比如时任W县县委书记孙君、当事人王德、W县一名普通干部以及一名普通公民,您如何对待或看待W县运用"聘任制"来任命王德为副县长这一现象?为什么?

【案例思考】

1. 从人事行政的视角看,本案例主要涉及的是一件什么事件?其基本构成要素是什么?

2. 本案例中所涉及的副县长聘任制是一件怎样的人事行政措施?其基本功能

与实施机制是怎样的？

3. 本案例中 W 县政府"聘任"副县长主要背景和动机各是什么？其效果如何？采用这一制度有何利弊？

4. 结合我国国情和案例资料，谈谈政府应当如何在市场经济发展的背景下应用聘任制；同时，谈谈本案例对我国今后人事行政实践可能具有的启示与借鉴意义。

案例 3　　　　挂职锻炼：制度与现实

背景资料：中国特色的"挂职"

中国挂职的最初形态可以一直追溯到延安时期。根据革命形势的发展，当时曾下派各种工作队，并掀起绵延不绝的"下乡"运动。到 1990 年，党中央、国务院还曾联合下文，从县以上党政机关抽调干部下农村，以工作队的形式深入宣传党的基本路线。作为一种长期实施的工作方式，下派干部挂职逐渐固定化。2000 年 6 月，中组部在《深化干部人事制度改革纲要》中给了干部挂职明确的地位，称为"干部挂职锻炼制度"。

按照 2005 年新颁布的《公务员法》规定，挂职是"国家机关可以有计划地选派人员在一定的时间内到下级机关或者上级机关、其他地区机关、国外政府部门或国有企事业单位担任职务，帮助工作"。但在实际工作中，挂职早已突破公务员的范畴，也发展出不同的形式。2001、2004 年，中组部两次选派 344 名中直机关和大型国企干部赴西部地区、老工业基地和革命老区挂职。与此同时，武汉市曾组织"万名干部下基层"，福建省更是从市县直接下派 1 100 多名干部到农村当支部书记而形成所谓的"南平模式"。这就是通常所称的"下挂"。2000 年以来，中组部、统战部和国家民委每年联合组织西部地区和少数民族地区干部到中央国家机关和发达地区挂职，此为"上挂"。还有"平挂"，也就是国家各部门之间、各对口省市之间，往往有大量的交流干部互相挂职。另为"援藏"、"支边"，每年各省市都有大量干部交流挂职。这种中国本土特色的制度还发展到国外，是为"外挂"。2003 年 9 月 1 日，一位韩国公务员到安徽亳州挂职。之前，亳州市计划委员会的公务员张某已经走出国门，赴韩国挂职锻炼。

这些挂职共同的特点是，按照规定，挂职人员的人事行政关系和工资关系均保留在原单位，改变的只是其工作关系。

第一部分：三法学家的挂职实感：胜任不容易①

2006年7月26日，最高人民检察院召开会议，包括检察长贾春旺、常务副检察长张耕在内的领导悉数出席，会议事项只有一个，正式任命何家弘为最高人民检察院渎职侵权厅副厅长，宋英辉为研究室副主任，赵旭东为民事行政检察厅副厅长。3人任期为一年，性质为挂职。这三位学者都是博导，何为中国人民大学法学院教授，宋为北京师范大学刑事科学研究院副院长，赵是中国政法大学民商经济法学院副院长。

1994年，北京市海淀区人民检察院在全国司法系统最早开展学者挂职，一度引起热议。10余年后，世易时移，学者以"挂职"的形式步入官场的门槛和他们所肩负的历史使命都已有了太多的不同。

海淀"挂职"试验

北京市人民检察院第一分院检察长项明告诉《中国新闻周刊》记者，"最早提出法学学者挂职的人，据我所知，是肖扬"。曾担任最高人民法院院长的肖扬在担任最高人民检察院副检察长时提出了这一构想。但是，这一构想未能在最高检付诸实践，而是在基层检察院最早尝试。

1994年，项明升任海淀区人民检察院（以下简称海检）检察长，上任之初就着手引进法学学者挂职。项明和时任中国人民大学法学院院长的曾宪义教授多次沟通，很快达成共识。海检与人大法学院签署了一份协议，大概内容是：人大法学院每年向海检派出一名学者担任挂职副检察长。刚刚提为教授的姜伟被海淀区人大常委会任命为海检副检察长。姜伟之后，是陈兴良；陈兴良之后，是黄京平。当时他们身负的重任是：改变机械执法的落后思想。

在这方面，项明的亲身经历和学者的观察一致，"我曾经在那个动乱的年代插队9年，切肤之痛只有两个字：秩序"。1979年，检察系统重新建立，秩序得到恢复，但办案人员的素质却长时间在低水平徘徊。1983年"严打"之时，几个老公安到海检办案，对年轻的项明说：小伙子，知道什么叫严打吗？严打就是土改。当时，大批军队干部被抽调到法院担任法官，很多人的思维和那几个老公安一样，只有好人坏人之分，只有专政对象和非专政对象之分。"这样的机械执法，实际上对社会和谐、平衡、稳定也有相当的负面影响。"项明说，"而学者的好处是，长期处于法学前沿，能够接触最新的法学思想，理念比较先进"。

---

① 主要参考文献：杨中旭，王刚，《"中国挂职官员的另类生存：改变的只是其工作关系"》，http://news.sina.com.cn/c/2006-08-25/165710828905.shtml。

但是，从人大前往海检挂职的3位刑法学者在挂职之初均有律师执照。这与他们后来负责的公诉工作发生冲突。据陈兴良透露，这三位学者自从迈进海检大门的那天开始，就自动放弃了律师工作，"到了年底，也不再向司法局续请律师执照，律师资格自动消失"。

曾经有人质疑，学者能否按时上班。据了解，除去正常的授课和学术活动，这3位挂职副检察长均天天上班。海检政治部主任黄晓文给出了一组数字：海检案件数量从1994年的1 400多件上升至如今的3 000多件，最高时达3 500件。也就是说，高峰时这些分管公诉的副检察长每天要批卷10个。数量之大，使得陈兴良不得不告诉公诉处长，觉得没有疑问的案卷放一边，有疑问、需要他过目的案卷放另一边。

学者在帮助提升检察人员素质、主管业务工作之外，还推行了一系列改革，一时行风气之先。其中，以主诉检察官制度和普通程序简易化审理最为著名。按照项明的说法，"主诉检察官改革是为了改变办案的人说了不算，说了算的人不办案的局面"。1998年，项明升任北京市人民检察院副检察长，陈兴良也一年任职期满，主诉检察官改革尚未完成。项明对陈说：再干一年，把主诉检察官搞彻底了。至1999年，黄京平接任陈兴良的位置，为普通程序简易化审理提供了智力支持。2003年3月，最高人民法院、最高人民检察院、司法部联合发布了《关于适用普通程序审理"被告人认罪案件"的若干意见（试行）》，肯定了海检的改革，使这一成果法制化。

挂职学者的选择标准

起初，最有希望到海检挂职的学者并不是姜伟，而是陈卫东。陈也是人大法学院教授、律师，刑事诉讼法专家。

"当时我和陈卫东一直保持着密切的联系，几乎肯定就是他来了。"项明回忆说，"后来有些原因导致陈卫东没有来，其中的一条是，他当时还是副教授，而姜伟刚提的正教授"。这一条之外的原因，项明不愿再提起。不过，据了解，检察系统多名官员对陈卫东有关坚持弱化检察机关职能，特别是剥离法律监督职能的言论表示不满。据《民主与法制时报》报道，有关检察系统法律监督职能的争议，正是此番最高检请学者挂职的直接原因之一。在学界，绝大多数学者认为法律监督职能应该从检察机关剥离。比如，北京大学法学院的陈兴良认为，"检察机关是公诉人，也就是运动员，同时又行使法律监督权力，是裁判员，从司法规律来讲，两者显然不应由一个机关统一行使"。

据报道，最高检领导形容这场争论为"惊心动魄"。时任最高人民检察院检察长贾春旺在第十二次全国检察工作会议上明确表示，那些主张削弱甚至取消法律监督的错误观点，"实际上在搅乱人们思想、干扰检察机关履行职能"。

于是，有"保守派法学家"之称的刑法学家何家弘受命担任最高检渎职侵权厅副厅长。按照法学界的说法，另两位挂职学者也没有公开反对过剥离检察系统法律监督职能的言论。最高检还要求，选中的学者"在法学界说话要有分量"。

上任19天后，宋英辉在接受《中国新闻周刊》记者采访时曾着重强调，检察院对职务犯罪案件，对法律监督不应削减，反而应加强，"这一点是我在学界多年就始终坚持的，并不是我到机关后的转变"。而何家弘也表达了类似的观点。他曾对《南方都市报》说，"中国目前需要一个强势的法律监督机关。在现阶段，我觉得把法律监督的职能从检察机关拿出来，并不好"。

陈兴良推测，这场争论直接导致了最高检引进学者加强法律监督的理论研究。

旋转门模式

海检政治部主任黄晓文指出，尽管项明1998年就调走了，但从人大法学院过来的3位副检察长都是他亲自挑选的。而项明则认为，这3个人各自开创了一种模式。

第一种模式是学者从政。1994年，姜伟进入海检担任副检察长，1997年4月从海检任上脱离中国人民大学的组织关系正式调入最高人民检察院，级别从副厅到后来的正厅。2004年10月，姜伟被空降至韩桂芝腐败窝案后的黑龙江，担任副省级的省人民检察院检察长。

第二种模式是专职做学者。1997年，陈兴良从中国人民大学进入海检挂职副检察长，1999年调到北大出任法学院副院长。2006年8月中旬，项明把陈兴良找到办公室，希望陈出任北京市人民检察院第一分院挂职副检察长，被陈婉拒。

第三种模式是两栖。1999年，黄京平从中国人民大学进入海检担任副检察长。一年后任期将至之时，时任海淀区人民检察院检察长的伦朝平对黄说，大家已经很熟悉，你回去后换新人过来，双方都需要适应，不如你继续干下去。于是，黄一干就是7年。曾有记者问他还能干多久？他笑笑不答。

2006年，北京市人民检察院下发题为《关于进一步做好选聘法学专家挂任分院、区县院副检察长工作的意见》的京检（2006）7号文件，首度就法学家挂职进行了程序化规定。意见提出，挂职时间一般为1年，挂职副检察长应以检察机关工作为主，确保职责的充分履行。此后，这一工作在北京市检察系统全面展开，而海检12年前的创新，也早已被很多地方效仿，南京、武汉等地都出现法学家到司法系统挂职的现象。

在陈兴良和黄京平看来，这种官学"两栖"不仅没有耽搁学者的学术研究，反而对研究有利。他们二人都是实体法专家，原先对程序兴趣不大，挂职之后受到历练，反而开拓了思路。两人挂职之后，学术著作数量均远胜挂职之前。

但是，在法学家挂职的原创作者项明看来，这项制度迟早会消亡，因为司法官素质提升之后，学者挂职就失去了意义；同时，学者挂职时间越久，对其独立人格、独立思想越不利，而这两种独立恰恰是一名学者的立身之本。项明认为，这一制度的终极目标是建立一种"旋转门"制度，产学政自由、多向流动。

第二部分：挂职副县长的自我定位①

背景资料：何慧丽，女，1972年生，中国农业大学副教授。2003年8月—2005年11月挂职河南省兰考县副县长，其间因积极于农村建设，发育农民自助组织、帮农民入京卖大米而声名大噪。2005年11月，她又挂职河南省登封市禹王台区副区长。以下内容根据她的自述材料整理而成。

在河南省兰考县挂职两年，何慧丽体验到"挂职"这一角色的独特性，认为似乎可以用一词来表达：用于"补位"的"自由"的"客人"。

"空降兵"与"豆芽菜"

何慧丽从中国农业大学来到地方任职副县长，被地方比喻为"空降兵"。"空降兵"含义是：与一般干部如同发"豆芽菜"的自下而上的任职升迁路径相比，挂职干部遵循的是自上而下的特殊的任职路径。"豆芽菜"式的升迁是艰难的，那可是一丁一点地、半截半截地向上钻。而"空降兵"者任职相对来说似乎比较容易，飘然而至，哪怕对基层的工作略知皮毛，说当副县长就当了。

任职路径不同，感觉大异，正职官员类似于"保守"的"主人"，挂职副县长颇像"自由"的"客人"。所谓"主人"，因为饱尝了发"豆芽菜"的艰难，自然是谨小慎微地守成为好，最好是"萧规曹随"，应付事务。他们很难有条件去"自由"地开拓一下，创造性地表达个性一下。"自由"的"客人"者，不管"口"，或者是管比较虚的一两个"口"，如科技局等。基层单位往往都对挂职者极其宽容，一些强行任务如招商引资甚至一些例行公务等都不做硬性要求，所以挂职者拘束较少，有做点个性事情的空间，即所谓较"自由"些。

---

① 主要参考文献：何慧丽，《"一位挂职副县长的自述"》，http://news.sina.com.cn/c/2006-08-25/165710828906.shtml。

但是,这种"客人"身份,对于想做点事情,为挂职经历添些"实料"的挂职副县长而言,会产生很多不利的影响。其一因为挂职干部是个边缘性角色,很难成为干一件事情的重要人物;其二,因为"从天而降","天上"的事——原单位、原专业你熟,"地面"上的事——县乡里的事你不熟,一不熟人事环境,二不熟工作业务,三不熟地方上一些在实际中管用的土办法、潜规则。既不熟,又不管"口",如果挂职者缺乏足够的沉下去的耐心和能力,那么你很难找到工作的"抓手"。

何慧丽曾请教"三农"问题专家温铁军先生,他说:"记住,去是怀着谦卑之心向基层的干部和群众学习的,是改造自己的,千万别认为是干一番事业去的,别真的认为自己有很大的能力和本事"。

超然于体制的补位者

2003年8月初任兰考副县长之前,中国农业大学校长陈章良先生对同批挂职的该校教师苦口婆心地说了一些话,何慧丽至今还记得其中的几句:"不要越位,不要缺位,要学会补位。"

在兰考挂职期间,分给何慧丽的任务是协管农业方面的工作。其间,何联系了农大的科技处,找到一些可以推广的科技项目介绍给县农业局;也曾多次邀请到诸如德国农业专家、中国农业大学专家教授等到兰考考察指导工作;为兰考优质大米的推广而绞尽脑汁……她也曾南下广州交易会,也曾多次去过郑州、武汉等地找一些有可能有利于兰考产业结构调整和增收的投资商。当时,有关领导对她说,你干好了,我们也很高兴,没干好,我们也不会怪你。在何慧丽看来,这些都是补位的工作。

当然,所谓补位,除了发挥自己的优势帮协管县长和协管单位做一些力所能及的事之外,还包括某些有益于全县长远发展而正职干部暂时无暇顾及的工作。兰考开展的新农村建设试验就是这样慢慢萌芽出来的。

基层政府要做的工作千头万绪,不是上级特别指示的活基层一般无暇去干。可是,上级向下级指示任务所遵照的制度或政策,也只能从一些先期性试验的经验和教训里总结而来。但县里的干部们在这种刚性体制里业已忙得焦头烂额,哪里有工夫、有资源、有心劲去搞为将来新农村建设这一战略性举措提供经验支持的试验?哪里承担得起万一试验失败的风险?在这种情况下,挂职的人员,由于其身份——"自由"的"客人"——的独特性,则可以承担起这样的"补位"使命。

于是,何慧丽收回想短期取得明显成效的浮躁心理,做好长远打算,高处着眼,低处着手。所谓高处着眼,就是希望通过一系列或成功或失败的试验,探索出能够践行"以人民生计为本,合作组织为纲,多元文化为根"的新农村建设宗旨的具体操作办法，为兰考甚至广大中西部农业大县，探索出一条有利于改良生态、稳定社会、经济可持续发展、多元本土文化繁荣的发展道路出来。所谓低处着手，就是从一点一滴的眼前小事着手，从捐助衣服、打包送饭、捐资助学、教农民拍巴掌、唱歌、开会培训等地方开始，渐进地增进他们的精神福利，改进农民们不利于他们发展的一些生活习惯，发育农民自助的文化组织、社会组织和经济组织，以村庄为单元把农民组织起来，从而改善农民生产、生活的方式。

让何慧丽感到高兴的是，她这个"自由"的"客人"终于找到了一个好的任务定位——进行新农村建设的农民自助组织发育试验。这是查漏补缺的事，也是整合各种资源的举措。几年来，由于定位对头，再加上这试验确实是大得人心，工作进展非常顺利。她和她的团队从一开始就以中央一号文件精神为指导，提出"劳动光荣，文化立村，开发民力，建设家园"的口号。其间，以政府为引导，整合了体制内的高校资源和政府资源，再加上农民精英、大学生支农社团、县乡部分干部、城里部分志愿者和社会上的非营利组织，该团队在6个乡的6个村庄进行了深入的宣传、发动和组织工作。其间，共进行了两次大的培训，几十次小的培训；先后以农民为主体，以外力为牵引，成立了6支妇女腰鼓队、4支盘鼓队、4支老年人协会、4个乡村图书室、4个以资金互助、生态建筑、经济作物、无公害大米等为项目特色的经济发展合作社。

何慧丽认为，在发动、组织这样的工作过程中，确实也把她从以前的一个只会写文章、教书的小知识分子，逐渐地改造成一个可以与基层干部和群众打成一片的当代新农村建设实践者。

第三部分：挂职官员的另类生存[①]

在外界视野中，更多看到的是知识分子挂职当官。但事实上，挂职干部在中国政治生活中已司空见惯。

挂职干部的"特别任务"

"猛将必发于卒伍，宰相必起于州郡。"挂职从一开始就是和锻炼干部相联系的。

陈昕曾告诉《中国新闻周刊》记者，"别看我是博士，书读得比地方的基层官员多，但我到了当地，就只是一名小学生"。这位中国社会科学院社会学所的副研究员曾经在1997至2000年，赴重庆市奉节县担任挂职副县长，一挂

---

① 主要参考文献：何忠洲、杨中旭，《"挂职:官员的另类生存"》，http://news.sina.com.cn/c/2006-08-25/165710828907.shtml。

就是3年。

陈昕发现，太多的东西需要从头学起。好比一个政策下来，针对镇里面的几万人口怎么组织实施、村里有哪些问题、问题通常应该如何处理，都有着地方独有的特色，几乎"每个镇都不一样"。这样，除了土生土长的当地官员，外来的挂职干部根本不可能在短期内熟悉当地的情况。同批的其他38位社科院博士只挂了1年的县级干部（11人后来继续挂职为副厅级干部），而陈昕却一挂3年之久。2006年8月中旬，《中国新闻周刊》记者打电话找到陈昕的时候，他还在河北省三河市新集镇行仁庄实地调研。这一习惯他已经保持了9年，每年都有几个月在外飘着。在他看来，如果让一个整天坐在北京研究选举的人去村里组织一场真正的村民委员会选举，他未必搞得起来，"理论和实践真的是两码事"。

国家行政学院经济学部教授张占斌博士和陈昕有着相同的感受。2003至2004年，张在重庆市梁平县担任了为期1年的挂职副县长。张占斌的感觉是，"很多东西，你理念再先进也没有用，比如在当地农村往往是一种家族式的管理更为有效"。这两位博士都认为，他们与当地官员相比，知识体系完全不同。由于他们是去当地挂职，首先需要与当地融合，这时，镇长和村长才是大学生。

据了解，除了锻炼干部的需要，挂职干部还担负着更重大的责任。一是发展经济的需要。在一些地方，选派公务员到其他地区的机关或者企事业单位挂职，是他们招商引资计划中的一个重要部分。通过挂职，不仅可以学到发达地区发展经济的先进思路和经验，而且更为重要的是，可以为本地带回数额相当可观的投资。事实上，由于区域经济的发展不平衡，通过委派特定的人员进行挂职，给落后地区带去相应的资金和项目，已经成为中央和地方两级政府的一项共同目标。而名人挂职，对一些地方的知名度提升则可能起到更大作用。此外，如各地委派公务员到基层（乡村两级）挂职，就往往包含加强基层组织建设的目的；而选派干部到国有企事业单位挂职锻炼，一般附带有协助企业进行改制、增强企业活力之目的。这些表明挂职制度已成为中国特色的国家治理的一部分。

挂职走形"尴尬"

目前干部挂职期限通常为1年，用一位挂职干部的话来说，基本熟悉情况就需要大半年，真正干事儿的时间也就5个月左右。中央党校党建部一位教授认为，"这似乎是一个难解之题"。事实上，这只是当前干部挂职制度需解决的诸多问题之一。比如，一些挂职干部徒有挂职的空名；挂职人员成为拉关系、跑项目的联络员；对挂职干部管理、考核不严；挂职干部对自己要求不严。这些问题与矛盾不能不引起重视。

其中，地方公务员挂职京官就一直遭人诟病。有学者认为，地方干部挂职"京官"不过是"跑部钱进"的变种。一些地方干部上挂中央各个部委，意在中央的项目、资金，往往是地方和部委搞好关系、上下活动的一种方式。下挂同样存在很多问题，最典型的如挂职民企。2004年，江苏省通州市就曾以市委"红头文件"形式规定：市级机关（不包括公、检、法机关）干部，一半留在机关，一半到民企挂职帮扶，为期1年，每年轮换。官员直接介入企业，则往往被视为是"红顶商人"的变种。

中国人民大学一位学者认为，挂职人员的个人素质和自我认识以及挂职制度的不健全，导致了挂职的变形与走样。在他看来，挂职人员角色定位的偏离，挂职派出单位无偿付出的尴尬，挂职接收单位被动接收的顾虑，挂职管理体制的无序与笼统，这四个方面是致命症结。他认为，这种短期"空降"，往往会导致有些挂职人员将自己视做当地的一个"短暂过客"；还有些挂职人员（主要是下派挂职的）则借助原单位的强势地位，对接收单位的工作指手画脚甚至干脆取而代之。

对于派出和接受单位来说，也面临着一些"尴尬"。参加挂职锻炼的人员一般是年轻的、有培养前途的公务员，将他们派出去挂职，对于派出单位来说，在短期内无疑是一种损失。与此同时，派出单位还要负担挂职人员的工资奖金以及一定量的挂职补贴。因此，有的派出单位干脆称为"为他人作嫁衣"。而接受单位则顾虑挂职时间一般不超过两年，一般不敢安排具体的、分管某方面工作的实职，这样挂职人员很难得到实际的锻炼。

这些问题均源于实施单位、派出单位、接收单位和挂职人员之间的关系模糊不清，对挂职人员的管理和考核也出现"真空"。比如，挂职与提拔使用的关系，目前各种挂职规则中都未详细加以说明，后者只是笼统地规定"挂职表现优秀的，优先提拔使用"。

尾　声

当前，虽然挂职已成为干部人事制度的一个重要组成部分，但迄今都是依据中央和地方的专门文件实施的，缺少一部全国统一的条例和地方实施细则。但从更为宏观的角度来看，挂职锻炼已成为一种颇具中国特色的政府运作形式。早在延安时期，根据地政府曾大规模地选派知识分子、干部和学生"下乡"，对农村社会进行改造，使前者接受自我教育，增强其与群众的联系。在新中国成立后的土改运动和各种政治运动中，党和政府也多次派出阶段性工作组，到基层农村社会蹲点，以实现不同的运动目标。改革开放以来，则将挂职锻炼用于干部培养和经济建设中，又赋予其新的时代内涵。有学者认为，作为我国民主政治发展中的一种过渡性措施，挂职锻炼制度存在着先天不足。他建议说，干部挂职，必须要有明确的法律支撑，必须在党的组织部门精心安排下，谨慎使用这种培养锻炼干部的制度。

【情景模拟】

假设让您到中部某省一个乡镇挂职副乡镇长，您将如何做好挂职工作？

【案例思考】

1. 根据当前《公务员法》以及相关法律法规规定，我国公务员挂职锻炼的有关制度规定有哪些？对于挂职公务员又有哪些基本要求？
2. 从人事行政管理角度，结合所提供材料，分析挂职锻炼制度安排的功能目标与实际效用。
3. 根据材料提供情况，结合专业知识，分析当前我国公务员挂职锻炼工作面临的主要挑战和发展趋势。

案例4　　中国官员出国培训热[①]

2005年9月至2006年4月，刘越、赵勇等5位S省厅级官员分别在美国佐治亚州和明尼苏达州接受理论培训，并进入州政府部门"顶岗实习"。与以往官员出国考察学习不同，S省5官员这次出国培训的亮点在于"顶岗实习"。美方称为"Job-shadow"，即"影子工作"。中国官员担任助理职务，像影子一样全程跟随厅长（委员、主任）参与各项工作，近距离体验美国政府的运行。

中国官员在国外政府部门"当官"，这在历史上尚属首次。

感　受

此次接受出国培训的S省政府法制办副主任刘越指出，他在美国政府中没有类似中国"官场"的感觉。

在国内，"中国的公务员体制，强调编制和级别，是一个相对封闭的系统。其中包含着一种权力本位意识——我是某一级的官，我在行使权力。这样就会形成'官场'，形成各种所谓的'潜规则'"。与中国同行相比，美国人更多地将自己政府官员的角色看做一个工作岗位，政府雇佣我在这个岗位上工

[①] 主要参考文献：崔世海、李慎波等，《中国官员出国培训热：成本高引发公众非议》，《民主与法制日报》2006-08-01。

作，我只需要也只能按照法律对这个岗位的描述来工作。刘越说，很欣赏美国政府工作人员的一句惯用表达："I'm working for"政府，或者"I'm working for"某某部门（我为政府工作，我为某某部门工作）。虽然美国公职人员的稳定性也要比其他行业高，但这毕竟不是一个封闭的体系，而只是一种职业。从某种意义上说，这和公司里的一个岗位区别不大。

"官员是职业而非权力"，这是"顶岗实习"后的几位官员的共同感受。但有观察人士对此表示质疑：这本应该是最普通的道理，为什么非要出国才能弄明白？

"官员是职业而非权力"，把这个问题"中国化"，其实就是常说的"干部要做人民的公仆"。"公仆"就是公众的仆人，就是要为民众服务，就是要把工作当做一种服务性的职业，而非单纯的权力载体。不过，这恰恰从另一个侧面反映出，如今"官本位"的思想还很严重地存在于一些人的脑子中，这种氛围在有些地方可能比较浓厚。在这种氛围下，很多人逐渐磨平了棱角，逐渐脱离了民众，甚至忘却了"官员是职业而非权力"也即"官员就要为人民服务"这个简单的常识。

质疑的声音并不新鲜。自改革开放起始，各级党政领导干部出国考察、出境学习就成为借鉴西方发达国家"先进经验"的一种途径。然而，随着官员出国深造"蔚然成风"，质疑和诟病也一直没有停止过，常见的诸如："体制不同，国情不同，取回的'经'难免南橘北枳！""出国考察就是出国旅游，是浪费纳税人的钱！""去哈佛不如去延安！""与其出国顶岗培训，不如到穷困边远山区挂职锻炼来得实在！"

最不能让公众平息心中疑虑的是一组数字。据2000年《中国统计年鉴》显示，1999年国家财政支出中，仅干部公费出国一项消耗的财政费用就达3 000亿元。2000年以后，公费出国有增无减。曾经有财政部有关负责人出来辟谣说该数据不实，根据《2004年度行政事业单位决算》，2004年全国行政事业单位出国费用约为29亿元（包括出国用汇19亿元），其中中央11亿元，地方18亿元。但是，这并没有扭转公众心目中有关官员出国浪费钱财的印象。2006年6月上旬，一则新闻再次将对"官员出国"的质疑和批责推向风口浪尖。该新闻报道，据韩国"新村运动"中央研修院介绍，在未来3年内，中国将派出3万名农业官员到韩国考察学习。按照"新村运动"中央研修院的打算，仅仅2006年就将为来自中国的约1万名公务员安排"培训7天、观光3天"的研修计划。精明的韩国人还特别推出了一些具有"针对性"的"旅游商品"。

从这些有关"观光"和"购物"的安排来看，公众心目中"浪费钱财"这四个字一时间确实很难驱除掉。

美国培训基地

近几年,国内党政干部出国考察、培训,无论是在考察团规模上、还是出国频次上,确实有上升的趋势。其中一个重要推动力是2003年中央人才工作会议做出了大规模开展干部培训的决定,要求5年内要将全国县处级以上党政领导干部普遍培训一遍。于是,党政干部大规模赴境外学习培训似乎就成为贯彻落实中央精神的最好选择。一时间,各地党政部门的官员们就仿佛口承了天宪,终于能够大张旗鼓、积极地把自己往境外送了。

仅仅2003年至2006年6月,可以搜集到以下有关各省市公开报道的出国培训、考察的一组事实:

2003年10月,哈尔滨市第三期赴美高级公共管理人才培训13名局、处级领导干部前往美国洛杉矶加州大学(原文如此)进行为期4个月的进修学习和社会考察。

2003年11月,新疆首批党政领导干部启程前往美国接受为期3个月的出国培训。

2004年2月,青岛市选派30名第四批年轻干部赴美培训学习。

2004年5月,重庆市由15名厅局级领导和5名企业高级管理人员组成的赴美高级研修班启程前往美国,接受为期3个多月的学习培训。

2004年8月,山东省通过公开考试的形式,选拔35名具有发展潜力的优秀中青年管理干部,到美国相关大学攻读工商管理硕士(MBA)学位。

2004年9月,杭州市第二批共43名干部赴美肯尼索州立大学留学深造。

2006年1月,湖南第四期中青年领导干部出国培训中长期班共28名学员,赴美国加州圣荷西州立大学进行为期6个月的学习。

2006年3月,泰安市选派12名市直机关干部赴美参加为期三个月的国际经贸人才培训。

2006年6月,河南省40多位县处级以上领导干部赴美国进行6个月的学习和考察。

根据以上事实,"赴美"两个字格外显眼,当然去英国、瑞士、德国等欧洲国家,新加坡、韩国、日本等亚洲国家的也有,还有去澳大利亚的。但从公开报道的事实看,以美国为目的地的官员培训团最多,美国俨然成了"中国的官员培训基地"。其中,最为著名的就是中国官员培训"哈佛计划"。根据中国国务院发展研究中心、清华大学和哈佛大学肯尼迪政府学院签订的三方协议,在从2002年起的5年内,政府学院将为中国培训300名厅局级以上中高级官员。有报道称,这是历来最大规模的中国官员海外培训计划,将对中国公务员队伍素质的提高产生积极作用。

中国发展研究基金会一位秘书长在接受中央电视台采访时指出,这次培训"每人学费20万元人民币"。这又引发了广泛的质疑:花20万哈佛学三周值吗?后经调查,这项计划的经费将由国务院发展研究中心下设的中国发展研究基金会支付国内培训费用150万元人民币,而在哈佛的学习费则由美国安利公司赞助,金额为100万美元。但是,学员们培训所需的车旅费等仍由其原单位支付。

国外的中国官员培训热

国家外国专家局出国培训司管理处一位官员早些时候曾表示,海外培训涉及国家较多——目前有30个国家和地区,出国培训管理司对于出国培训的国别和地区分布进行整体调控。与短期培训相比,中长期培训主要集中在经济发展水平比较高的国家——比如美国、英国、澳大利亚、新加坡、加拿大、德国等。当然,由于各国特色不同,在派出时也注意扬各国之长,比如国有企业改革借鉴东西德合并时的一些经验;而住房制度改革,世界公认新加坡做得比较成功,政府就组团前往学习他们的经验。

瑞士圣加仑大学中瑞公共管理培训项目经理约瑟夫·蒙德尔曾指出,世界各国对中国的快速发展都特别重视,美国、德国、奥地利、法国等国家都对培训中国公务员项目特别感兴趣,希望进行这方面的合作。瑞士虽是小国,很多方面是无法同那些大国相比,但在公共管理、环境保护和旅游方面比较强,在世界上处于领先地位,具有一定的竞争力,他们也愿意把这些领域的一点好经验提供给中国。

实际上,瑞士培训中国公务员颇有渊源,早在1993年就已开始。像这种颇具历史渊源的培训关系也存在于中国与法国之间。从20世纪80年代初期起,根据中法政府间签订的一项行政合作协议,中国每年都向法国行政学院输送有一定实践经验并通过法方考试的公务员进行培训。

在培训中国官员方面,亚洲也绝不甘人后,新加坡南洋理工大学从1998年起开办的"管理经济学硕士班",吸引了大批中国地市级官员前往学习,这个班也因此得名"市长班"。2001年4月,中国同新加坡签署了"中国高级官员赴新加坡考察学习计划"。依照这项计划,每年由中组部选派12名中国高级官员前往新加坡留学。目前,已经有越来越多的亚洲国家瞄准了这项事业。2006年2月5日,韩国首家中国公务员培训基地在韩国龙仁市锦湖韩亚集团人才开发院正式成立。

中国官员出国培训给世界带来的机遇是很明显的。新加坡南洋理工大学管理经济学硕士课程主任周教授在接受当地媒体采访时曾指出，"我们一向都鼓励新加坡人来参加我们这个项目。来参加我们这个班可以认识到中国高级干部，跟他们建立同学的关系。以后我们的国有企业，我们法庭机构要去中国开分公司或投资，他们就有这些校友帮忙"。当地媒体更直截了当地指出，本地企业要熟悉中国政府部门的运作模式和领导干部的思维方式，进而顺利赶搭中国经济顺风车，其实无需舍近求远，完全可以在南洋理工大学"市长班""就地取材"，取得事半功倍的成效。

巨大的财政漏洞

曾有报道说，出境经费年年控制，但年年超标。1998年这一指标为50~52亿美元，实际开支达280亿美元；2000年指标为65~70亿美元，实际达320亿美元；2002年则达350亿美元；2003年干部出境达427万多人次，耗资仍在300亿美元以上。各地超规限外汇的来源，主要为挪用税收、土地开发收入、动用留存外汇、动用人民币买入外汇作经费、侵吞行政和其他公共项目经费等。

实际上，就在2003年中央人才工作会议作出大规模开展干部培训决定后的第二年，即2004年春，中办、国办就发出《关于严格控制干部出境、出国活动开支》的通知。其中，该项通知强调，要依法查处非法占用行政、税收、基建、社会等经费用做干部出境活动；不准以出境考察、休假等作为奖励、福利项目；不准接受驻外中资公司馈赠货币或有价证券，凡进赌场或色情场所活动，一律开除公职，追究钱的来源以及有关部门和随行领导的失职。在此之前，2002年11月下旬，中共中央业已通过自律决议：压缩高层领导干部外事出访活动，出访要简化礼仪程式、减少随员，注意实效、精干、节约为原则。2003年初，中办、国办也下达指令，干部出境要讲实效，要约束非正常活动。该指令明确要求，各地出境开支要比2002年下降20%至25%，不准搞突击出境活动，消耗开支。

不过，有专家指出，这不是一个宏观控制的问题，对其进行数量控制肯定是要失败的。原因在于，这样往往会把真正需要出国的人控制住了，而那些并不需要出国的人却有的是应付办法。为此，有必要实施过程控制，对于行程一定要做好制度上的配套安排。对官员出国培训的过程要进行全面的公开，做到公平、公正、公开。官员出国，怎么学、学什么、花多少钱应该交给人代会讨论，并纳入预算；要严格财务，建立相关公开的财务制度，甚至需要相关方面的审计。事实上，我们现在的官员出国行程不公开，所以问题很多，老百姓意见也很大。如果进行过程控制，对出国行程和开支就应该完全公开。同时，如果发现问题就一定要进行处罚。

成效几何

官员一批批地出国培训，那么，到底成效如何呢？

时任北京市市长王岐山在2006年北京市人代会上阐述了一个颇具有讽刺意味的成效。他说，"以前，听说南斯拉夫的奶牛养得好，中国人就经常去学习参观。当地的官员就对我们讲，'中国人就是爱学习，连我们的奶牛都认识中国人了'"！然后，王岐山市长指出，我们学习国外先进经验的渠道非常多，不一定非要花时间、花精力到国外去考察。

关于官员培训归国后的成效，有观察人士指出，改革开放以来的几十年间，虽有整批整批、难以统计的官员到公共财政管理比较规范的国家考察，可是，他们学到的东西给人的感觉始终是有限得很。其实，出国培训成效是很难量化的，因为这不是一个可以用数字来衡量的问题。有观察人士指出，归国后取得成绩的官员，运用更多的还是"有中国特色"的管理手段，西方政府管理经验只是作为补充，或者被"中国化"了。

从五位"学成"归国的S省官员的情况看，他们还是收益颇丰的。2006年7月14日，这五位厅级官员集体亮相"S省中青年干部赴美岗位实习情况报告会"，讲述"深入美国考察美国，跳出中国思考中国"的"顶岗实习"经历。其中，刘越在报告会上说，"政府部门的管理技术并非多深奥的词。以前我们说得更多的是'管理艺术'，一字之差，无非就是通过创新机制提升管理水平"。

一位观察人士则认为，长期以来，国内讲究的是领导艺术。艺术的概念更加宽泛，也没有一定之规，而技术则更加具象化，更容易操作。这位观察人士指出，"希望这次国外'顶岗培训'能扭转这一痼疾"。

【案例思考】

1. 根据《国家公务员法》以及相关制度规定，当前我国国家公务员需要接受哪些类型的培训？公务员陪训的主要管理机制与目标各是什么？
2. 结合材料，分析当前我国公务员出国培训的现状、背景与动力机制。
3. 从公共行政与人事行政相关理论知识出发，结合材料与相关制度规定，分析当前我国公务员出国培训工作的意义、存在问题以及可能的改进途径。

案例 5　　　　　　J 县裁员风暴①

抓阄轮岗

2002 年 8 月 17 日晚，湖北省 J 县 H 乡文化大楼二楼会议室里，乡党委副书记刘阳把两张纸分别揉成一团，放在手里搓了两下，然后交到乡长方云手里。方乡长一言不发，把两个纸团合在掌心摇了几下，停了停，又摇，然后一手抓一个，两手向左右两边平伸开去。会议室里，100 多人鸦雀无声，100 多双眼睛盯住了乡长的两只手。

乡财政所副所长吕明和财政所职工马力走上前，吕明指了指方云的右手，马力指了指方云的左手。方分别把两个纸团给了他们。吕明小心翼翼地展开纸团，大惊失色："啊！轮岗！"而马力则举着纸条大叫："我们上岗了！我们赢了！我们胜了！"他一边说一边把身上的褂子脱了下来在手中挥舞。会议室一下子炸开了锅，一部分人欢呼呐喊，笑逐颜开；另外的一些人则连连叹气。这正是在 H 乡财政所机构改革、人员分流过程中发生的一幕。

虽然仅仅是一个乡镇机构，但在湖北，H 乡财政所"名声"不小。曾先后有两任省委书记都曾在大会上点名要它裁人。原因很简单，一个小小的乡镇财政所，养的人却多达 105 人！J 县流传着这样一句话："进不了县直进 R 镇，进不了 R 镇进 H 乡。"R 镇是县城所在地，被很多人视为仅次于县直机关的就业去处。而 H 乡则是 J 县所辖 20 个乡镇中离县城最近的一个，乡机关办公地点几乎就在县城，因而"进 H 乡"也成了很多人向往的事情。这中间，收入稳定、待遇较好的财政所成了"人人都想往里挤"的一个重点单位。当地人说，能进 H 乡财政所的，"软腰后面都有一根硬杠子"。据了解，全县新老乡镇党委书记们的 20 多个子女被安排在这里，"就是守门的煮饭的屁股后面都有个把县局级干部"。

H 乡党委书记张晓认为，在这种情况下，裁谁不裁谁成了一件很头痛的事。那两天，他把手机关了，座机的电话线拔了，"就是怕有人说情"。但是麻烦还是不可避免。就在 8 月 15 日晚上，财政所有个职工用两把大锁把乡机关锁上了；16 日上午，乡党委正在开会，财政所又有一名职工把大字报贴在办公楼里。一位内部人士分析说，"锁门的、贴大字报的还不都是仗着有后台老板"。

---

① 主要参考文献：邓科，李思德，《J 县税改：八千公职人员一月离岗》，《南方周末》2002-09-12。

面对这种情况,张晓他们决定采用最简单的办法来解决这一问题。H 乡财政所所长有一正四副,一把手不参加轮岗,四个副所长两人一组分成两组,然后让职工自愿报名参加其中一组,最后用抓阄方式来决定哪一组轮岗、哪一组上岗。张晓认为,从某种程度上说,这是最公平、最能有效解决问题的办法,当时 95% 的职工都同意了这个方案。

抓阄的结果,副所长吕明、吴斌一组抽到了写有"轮岗"两字的纸条。按规定,轮岗人员每个月只能领 300 元工资,次年 9 月 1 日,两组人员交换。在轮岗人员中,有卫生局、审计局领导的女儿,有财政局领导的侄子,还有国家财政部一位司长的兄弟。"还有一些,都是些老朋友、好朋友的亲属。"乡长方云坦承,"实在没办法,只有对不住了"。

裁减风暴

事实上,上下关注的 H 乡财政所机构改革在此之前进行过几次。但那都是走过场,目的在于应付上面。一位乡领导很直白地指出,"头头脑脑的子女都在里面,谁愿意惹麻烦"?而这次,却让一些人"真正感觉到了痛"。通过退养、辞退、轮岗的方式,105 人的 H 乡财政所共分流人员 73 人,精简率达 69%。

值得注意的是,这次改革并不是就机构改革而改革。它在税费改革大背景下,以税费改革突破口的面目出现的。J 县是一个农业大县。自从 2000 年该县棋盘乡党委书记李昌平给国务院领导上书痛陈"农村真穷、农民真苦、农业真危险"之后,这里的"三农"问题一直是社会关注的焦点。在此之后,虽然经过整改,J 县取得了一些成效,但正如时任 J 县县委书记杜均所说:"农民负担重的根本性因素仍然没有消除;乡村债务的恶性膨胀、干部工资的寅吃卯粮、义务教育的入不敷出、'三乱'问题的屡禁不止等,这些问题至今没有治本之策。而且只要这些问题存在,农民负担就不可能彻底减轻,农村经济也很难健康发展。怎么办?只能依靠税费改革。否则,会积重难返。这绝不是危言耸听!"

对于税费改革,这位 140 万人口的"父母官"寄予了很高的希望。不过,他也承认,这是一个艰苦的系统工程,并不是少收点钱那么简单,必须对与之相关的一整套东西进行变革。其中,首先浮出来的就是财政资金缺口问题。杜书记说,"我们算了一下,即使加上转移支付,改革后我们的财力比改革前要少 2 000 多万。对于财政本来就很紧张的 J 县来说,这不是一个小数目。怎么办呢?只有通过精简机构和人员,减少内部开支来化解"。

在杜书记看来,税费改革把相应的机构改革推到了一个不容回避的境地。机构不改,开支不减少,为了吃饭,基层政权就很难抑制住收费的冲动,税费改革也就很难推行。由此，J县把"减人、减事、减支"作为了税费改革的第一步。"三减"的核心是减支。在2002年7月9日的全县大会上，杜均说："从10月1日起，财政对所有单位的薪水支付扣减30%，天王老子无二价。这就迫使你减人、减事。特别是对收费部门，必须无情整治，对他们的迁就就是在对我们的费改税制造流产。"

当年7月20日，"三减"率先从G镇开始，8月份在全县21个乡镇推开，一股"裁减风暴"在盛夏席卷J县。

攻克"中华第一所"

"三减"刚开始时，人们还以为和过去一样，就是走走过场。然而，正如J县纪委常务副主任、监察局局长戴平所言，"慢慢地，越来越多的人有了危机感"。随着改革逐步推进，越来越多的人把目光盯向了R镇财政所和H乡财政所。这两个单位超编的严重度和关系的复杂度均超过了其他地方。对它们如何处理，已然成了检验改革态度的试金石。

与H乡财政所相比，R镇财政所更加复杂。R镇的一位干部说，如果说进H乡财政所的人背后的关系是各乡镇、各局领导，那么R镇财政所很多人则与县一级领导有关。R镇财政所供养人数在此次改革前达138人。这在乡镇下设机构中可说是绝无仅有，因而被老百姓戏称为"中华第一所"。除三四十人正常上班外，财政所其他人无所事事，拿钱不上班、上班无事做现象十分严重。对于如此臃肿的机构，几任省委书记都曾点名批评。

在H乡财政所改革完成之后，R镇财政所改革也拉开了帷幕。按照计划，R镇财政所也准备"用最简单的办法解决最复杂的问题"，用抓阄的方式决定谁来轮岗。但谁也没有想到，这个计划很快就被迫"流产"。

分流大会原定于8月19日下午举行。此前一天，有关人员制作了会标，布置好会议室，设计好了会议议程。19日一早，R镇农村税费改革小组人员来到财政所，召开中层干部座谈会，为下午分流大会做准备。不料，就在此时，财政所职工把召开座谈会的办公楼用5把大锁牢牢锁上，使得楼里的人无法进出。与此同时，职工们围在办公楼前表示，坚决不开会，坚决不抓阄，坚决不轮岗。这种状况从早晨8时持续到下午5时，直到派出所的人赶来后才把铁锁强行撬开。就这样，计划中的分流大会"泡汤"了。

得知这一情况后，县委书记杜均马上赶到现场办公。他会同有关负责人研究后决定，鉴于财政所职工抵制抽签，原来的方案已很难实施，取消原方案，重新设计新方案。与此同时，J县和R镇的有关负责人准备到财政所与职工对话，沟通思想，交流看法。但职工一哄而散，没有一人留下来开会。其后，有关负责人安排4名副所长分头通知职工，晚上召开职工大会。但职工们手机全关，电话不接，根本联系不到开会人员。

为什么职工的抵触情绪会这么大？R镇党委书记肖柏打了一个比方："别的单位分流的人员是从席子上滚到地上，R财政所的人分流是从席梦思滚到地下，落差太大，摔得很痛。"R镇财政所的工资待遇在J县远远好于一般单位，但轮岗后，同样每月仅能拿到300元左右的生活费，反差太大。

19日晚，有关方面很快确定了改革的第二套方案，即按进所时间排序上岗，先进所的先上岗。按规定，上岗人数应控制在45人左右，经过摸底，排在前面的45人的进所时间都在1993年之前。因此，第二套改革方案以1993年为界，划定了上岗和轮岗的名单。随后，名单被公布出去。就这样，财政所职工原本想通过拖延抵制来获取一些筹码，没想到一下子失去了选择的余地。一位轮岗职工愤愤不平地说："抽签轮岗我还有50%的希望，现在却连一点机会都没了。"

随后，8月21日一大早，轮岗的40多人冲进了镇党委书记肖柏的办公室。他们紧跟肖柏身后，不离左右，就裁人的事和他理论。到了中午，机关工作人员安排他们吃饭，他们不吃，随后这些轮岗人员又赶到县委上访。县委常委、政法委书记出面与他们进行了对话，县财政局局长也赶来进行解释。对话中，有人提出推翻公布的上岗、轮岗名单，重新抽签轮岗。这一要求遭到了改革小组的坚决回绝。后来，有轮岗人员问道："我们轮岗后明年上不了岗怎么办？"对于这一点，有关领导当场作了保证。经过反复地解释、做工作，财政所人员才终于认识到了改革不可逆转，同意轮岗。

"动真格"能有多久

据一位参与R镇财政所改革的工作人员透露，H乡财政所人员分流实质阶段仅用了3小时，"而我们却用了3天做工作，从中可清楚地看到改革的艰难"。

J县监察局戴局长强调，对R镇与H乡财政所的处理，显示了此次改革的决心。他认为，"从20世纪80年代以来，我们基本上每隔三四年就要搞一次机构改革，但唯独这一次是动了真格。试想，连R镇、H乡财政所这样的'堡垒'都能攻下来，还有什么单位的人减不掉呢"？

J县有关资料显示，包括民办教师、临时工、聘用人员及机关干部在内，本轮改革全县21个乡镇共减员8 400多人，预计将减少开支3 000多万元。但是，县委书记杜均认为这还不够，下一步他们要向县直机关动手，目标是减员1万人以上。据杜均说，时任湖北省委书记俞正声在该县考察时曾提到，J县这么多人向上告状，但从来没有一个人说税费改革搞错了，减员分流搞错了，也没有一个人告状说轮岗分流把谁给冤枉了。杜均认为，这是对改革工作的肯定。在他看来,"在减人的过程中,有人有怨气,有人有些比较激动的反应,这都是改革过程中正常的现象。从整个来看,改革基本上按照我们预想的在进行,没有什么大的意外"。

据监察局戴局长介绍,"三减"后乡镇一级机构精简率达到45%,人员精简率达到41%。但是,在这些数字后面,人们更关注的是这种状况如何能够保持下去?如何防止反弹?从以往机构改革的经验来看,在"风头"上一些地方确实能裁掉一些人,但"风头"一过,人员往往很快回潮。因此,机构改革之后往往会伴随着新一轮的膨胀。

"我们也在认真地考虑这个问题。"杜均说,"目前已采取了一些措施,比如把分流人员的名字全部张贴出来,接受社会监督;还有冻结编制、控制进人,规定今后J县每年增加的财政供养人员不能超过200人"。

从目前人员分流采取的形式来看,学习培训、轮岗等方式本身对于防止反弹是很脆弱的。学习培训完了的人怎么安排?轮岗能一年一年地永远轮下去吗?它们可能是摆在J县政府面前的更有挑战性的问题。

变　　化

在这次改革中,一些有意思的变化值得关注。

H乡企业管理委员会原有10人,按照改革方案,将分流5人,同时规定留职人员的"工资经费在企管会管理费中解决,实行自收自支"。但是,此后的操作并没有按这个方案做。据H乡党委书记张晓介绍,"今后企管会靠向企业收管理费为生,他们觉得收费会有难度,工资未必有保障,因此10个人都自愿买断工龄"。

另一个变化则发生在G镇。该镇兽医站在改革中由政府职能部门转为企业化经营,每年的财政差额拨款也随之取消,自主经营,自负盈亏。"断奶"迫使兽医站搞起了兽医商店、种鸡孵化室、杂交瘦肉型生猪配种站,更深刻的变化则在于其工作方式和经营取向的改变。改革后,该兽医站的工作人员"变以往坐诊为下乡巡诊",主动到老百姓家里找业务。

在G镇的一位干部眼里,每天清晨,该站三名正副站长分别带着12名医务员,骑着自行车,身着工作服,下到村组吆喝巡诊,成了一道亮丽的风景。站长老谢说:"现在自劳自得,比花农民的'血汗钱'心里要踏实得多。"

【情景模拟】

假设您分别扮演H乡财政副所长吕明、职工马力、乡党委书记张晓、财政部那位司长的兄弟、R镇党委书记肖柏、县委书记杜均,在案例所涉及的改革过程中,您将会采取怎样的行动?为什么?

【案例思考】

1. 从人事行政管理的角度看,本案例所反映的是一件什么事件?

2. 在本案例中,J县政府人事行政管理存在的主要问题是什么?J县又是如何解决这些问题的?

3. 结合本案例,谈谈J县人事改革过程可能存在的问题及其可能发展趋势,并分析其中值得借鉴的经验与教训。

第17章
财务行政

一、本章学习目的与要求

说明：通过本章学习，了解财务行政与公共财政管理相关核心概念的含义，财务行政与公共财政管理基本功能构成、运行程序、运行原则与规律，尤其是要初步掌握社会主义市场经济建设时期中国政府财务行政与公共财政管理体制各个基本构成环节的历史沿革、发展现状、面临挑战、优化思路与发展趋势。

二、本章考核知识点与考核目标

识记：财务行政、公共财政管理、财政管理体制、财政与预算改革等相关核心概念的基本内涵，中国国家财政和预算管理体制的基本职责、组织结构与相关制度规定。

理解：财务行政的目标体系、功能构成、运行机制与相关运行原理，公共财政与预算管理体制机制的目标体系、主要内容、运行机制、运行原理与原则，各种财务行政与公共财政管理工具的功能特征、运行机理与适用方式，中国财政与预算管理体制的历史演变、功能结构、运行机制、相关原则要求、面临挑战与发展趋势。

应用：运用所学公共行政学理论知识，分析案例中特定财务行政或公共财政管理行为、现象的发生过程、表现形式、法律法规依据、影响因素、运行机制、功能特征、实践效果、可能存在的问题及其可能的经验教训与改进优化策略。

案例 1　　H县预算改革的背后[①]

　　2005年，对湖南省H县信访局局长林生来说，接待信访工作比上年轻松了。其中一个重要原因就是退休教师和乡镇干部这两个群体不再上访了。全县

[①] 主要参考文献：段羡菊，丁文杰，《湖南穷县实施预算风暴冒富千万，地方黑洞有多大》，《瞭望东方周刊》2005-06-07。

有七八百退休教师，过去每年都要与县长对话。其间，就连一些在职的乡镇干部和教师，也不怕领导穿"小鞋"，跑到中央、省里上访。

"冒富"

和其他地方一样，在2001年农村税费改革实施后，退休教师和乡镇干部的基本工资由中央财政转移支付和县级财政配套支付两部分组成，分别占65%、35%。然而，在H县，县财政却长期没有支付本应由县级财政配套的35%部分。即使中央财政发放的那一部分也经常被一些乡镇和学校截流拖欠。更甚的是，一些乡镇干部有时还会被乡政府逼迫向私人借款，以完成县财政的财税上交任务。

教师上访最为突出的是T镇。该镇教育办主任指出，以前教师闹得比较厉害的时候，学校只能贷款给教师发一些工资，银行每年开学的时候就会来催账，搞得学校很被动。同时，由于工资没到位，老师不安心教书，口头禅是"拿多少钱、做多少事"。此外，有些学校为了找钱发工资而乱收费，造成学生和家长意见都很大。这位主任说，"过去我们的精力主要放在做上访教师的思想工作，县里一打电话就是要求做思想工作，有的上访教师，我都找过十几回"。

到2005年，H县信访局局长林生指出，由于县财政配套发的工资到了位，解决了实际问题，这"两块"上访群体一下就稳定下来了。变化的发生，是由于新任县委书记文辉在年初到任后，使得县财政为这两块投入了1 300万元的资金。然后，乡镇在编行政干部和教师领都到了工资卡，县财政通过银行直接将钱打到卡上。

但是，作为一个典型的农业大县、工业弱县、财政穷县，H县10年来县级财政可支配的财力一直徘徊在8 000万元左右，每年依靠来自上级的中央转移支付2亿多元，财政之穷在全市、全省有名。为什么现在能够像变戏法一样，财政上突然"冒富"1 300万元？

改革推动力

H县的"戏法"就是严格实行财政预算，压缩非生产性支出。其动作之大，力度之猛，一度被当地一些干部与百姓称为"预算风暴"。基本思路在于，H县实施预算改革，断绝了一些领导干部和领导机关挥霍浪费腐败的"财路"，倒逼政治生态而激发的积极效应，甚至超过了确保教师和干部工资的初衷。

第一块是压缩了300多万元"会议费"。2004年H县全县财政支出的会议费是600多万元，2005年预算则控制在280万元以内。县教育局党组书记许生印象最深的是，全县性的大规模会议少了。以前，县人大、政协"两会"要开7~10天，2005年4天不到就完了；全县经济工作会议由以前的3~5天压缩到2天结束。很多工作性会议都合并在一起召开。比如，县委集中召开组织、宣传、办公室、政法工作会议，半天开完。如果是在以前，每一个会就要半天。再如基金会清欠、农业生产、森林防火、计划生育等分开的会议，现在合在一起半天就结束了。

其次，会议程序也大大予以简化。一位镇长透露，往年县里开会，要求提前一天报到，在县城住宿、吃饭，现在则是9点开会，早晨从乡镇赶过去，散会后当天就赶回乡镇；原来开会领导报告一般有几十页，现在一般只有10多页。精简最多的自然是财税类会议了。以前，这类会议经常每个月三次，月初开会下计划任务，月中开会加大工作压力，月底结账排名。此外，县委县政府还得对乡镇任务完成好的召开现场会，差的开调度会。这类会议，镇党委书记、镇长、分管负责人一个都少不了。当然，H县的财政状况并没有通过"开会"抓上去。

"节省了时间，节约了开支，提高了效率。"这是乡镇主要干部对如今减会的普遍反映。以前每个月他们平均有10天在县里开会，现在只有4天左右。同时，乡镇也顺应减少了各种"落实"会议，干部能够腾出时间扑在工作上。

第二块是压缩了近200万元"接待费"。2004年县委、人大、政府、政协"四大家"接待费达340万元，2005年财政预算则是150万元包干。当地一位官员指出，过去县里公务接待集中的一个宾馆需要提前预订包厢，还经常订不到位子；现在生意比以前冷清多了，随时可以订到。到如今，在该宾馆过去每到中午都是爆满的包厢这一层楼，往往只有零星几个开着门。

为了压缩开支，H县财政局、接待处按照预算，执行了一个比以前低多了的接待标准。以前县里接待客人，上的都是高档酒，最多的是"水井坊"，一般的也要400多元一瓶。现在则明确规定只能上本地的"神禹酒"。这种酒有两个档次，重要领导来了，上80元的档次，一般的则为40元一档的。为此，县政府调研员、财政局长和（县委）接待处主任商量好了——由接待处主任按照标准，点了菜就走，把手机关掉。而在以前，来一个客人，两桌人陪，有时接待还要发烟、毛巾、水果、礼品，"吃公家真是不心痛"。

不久，一位副省长到H县来调查。这位副省长曾经与H县县委书记文辉共过事，很熟悉，上的就是"神禹酒"，没有点海鲜。由于县委书记带头，其他县领导就不好攀比，比以前低许多的接待标准终于得以执行下去。即使如此，报表显示，2005年一季度，"四大家"接待经费共计是38万元左右，依然超过了每季度的平均预算。但财政局的官员坚持认为，这是因为该季度中间有春节、清明节在里面，接待人多一些，预计全年150万元包干的目标能够实现。

第三块是杜绝领导预算外批条,减少财政支出800万元。据了解,在节省出来的这笔资金当中,其中约有300万元以前要花在县委、政府大院。唯一留存的一笔预算外资金是县长基金,数额很小,主要用于应对可能的天灾人祸机动所需。

县教育局副局长韩生分管经费,以前每周要到财政局跑三次以上,找局长、科长还有管教育的副县长要钱,每次去基本都要排队,因为各单位的主管副职都在排队等要钱。2005年,县委书记在全县经济工作会议上要求各位领导不批一张额外批钱的条子。于是,现在除正常工作外,这位韩副局长基本不需要去财政局了。另一方面,原来财政局长很难找,尤其是月底(入账)和月初(拨款)时,刚得到信息,他在财政局,就去找,结果又躲起来,而2005年则基本上能够找到。

在常人看来,县财政局长是个"财神爷",但他的苦恼也是一般人难以想象的。以前,县领导的预算外批条,到财政局局长手中的多如雪片,森林防火、检查验收、达标升级、天灾人祸等,每天都有领导批的条子送到财政局。县委开常委会、县政府开常务会议,部门一叫苦,就要财政局给钱。到了月底、年底,领导批条多的时候他就只好躲起来。即使如此,2004年全县预算外批条仍然高达4 000万元,其中包括2005年被砍掉的县级财政预算800万元,也包括上面的转移支付,后者显然是大头。事实上,在H县2005年的财政预算中,干脆就取消了预算外资金这个科目。

与此同时,县财政对每个单位的人头经费和办公经费都按标准做好预算并发放到位。如此,县财政的预算压力就传递到了各个财政拨款单位。教育是拨款最多的一个系统,韩副局长指出,"现在办任何事情,全年先拿好预算。不像以前,今天这个部门搞活动,明天那个部门搞活动,局务会就批条给钱"。一些干部则反映,以前县财政的钱是"用了再算",现在是"算了再用",财政资金规范使用后,捆住了一些单位大手大脚公款消费。

事实上,H县财政局已经拿出了有关实施国库集中支付制度的草案,准备将有罚款、收费权的单位纳入财政统一管理。

利益调节

"预算风暴"让H县普通公职人员感受到了希望。在T镇中学,春云当了28年教师,他的工资拖欠了三四年,2004年还在领842元/月,2005年则补到1 060元/月,且由县财政统一发到银行卡上。T镇人民政府干部兴良当了14年的乡镇干部,3年拖欠工资2万元,由于生活没有保障,很早就有离开镇政府的想法。2005年工资发到位后,他认为这"说明县委、政府对乡镇干部还是重视了"，因而改变了注意。一些清闲的部门，过去财政该给的办公经费都没有到位，现在则不需靠讨靠要。

改革通常是利益之间的调节，这在财政支出的调整上体现得更为直接。在财力一时没有增加的情况下，H县推动的"预算风暴"更是一种"零和博弈"。给乡镇干部和教师带来补发工资的利益同时，必然要削减一些官僚和机关的既得利益。为此，H县一些普通干部、群众依然担心县委、政府、人大、政协"四大家"由于接待缺钱，会利用领导的权力和部门的地位转嫁给县直科局单位。此外，还有一些政府官员反映，一些合理的必要开支，由于没有列入预算，使得工作开展遇到一些麻烦。

改革自然是一个渐进、艰巨的过程，但H县的"预算风暴"能够在短时期带来这么大的变化，确实出乎很多人的预想。事实上，H县很多干部心态的变化，都有着与T镇镇长的类似经历——"县委书记文辉在几次会议上讲，H县发展一段时间，由于经济落后，财政增量难以增加，主要靠节约时，我们不敢相信会压缩这么多钱来保工资，现在有这些节约支出的手段，我们充分相信。"

执政"盲区"

H县的"预算风暴"，以正面的形式凸显了财政"黑洞"后面的执政"盲区"。

H县县委2005年的一份报告中显示，"社会矛盾突出，和谐社会困难。由于种种原因，各类负债相当沉重。据统计，全县政府总负债11亿元，其中乡镇负债2.2亿元，26个乡镇均不同程度地负债，最多的达3 064万元，最少的也有26万元……重点工程欠款也相当大，其中经济技术开发区负债2 233万元，工业城负债2 860万元，C新区负债约4 000万元，以致各类上访追债的连续不断，造成了很多不稳定的因素。就业与再就业困难，全县尚有3 200名下岗失业工人没有得到妥善安置"。

财政之所以背上如此沉重的包袱，在很大程度上与地方领导决策"拍脑袋"、缺乏民主决策和监督机制有着直接的关系。H县背了近亿元的债务建起了三个开发区，本应该起到财政回报作用，然而全县年税收上300万元的企业没有一家。干部工资发不出，财政如此艰难，然而H县政府却在前些年花费2 000多万元，建了一个巨型广场。H县投资数百万元搞了一个农业示范园，却被一些干部讥为没有效益的"圈地工程"和"形象工程"。此外，有的单位送礼有钱，一年花20多万元接待费，但没钱发工资。

一位不愿意透露姓名的H县官员认为，政绩评价机制决定了财政用款方向。在他看来，领导要拿财政的钱去创政绩，创门面，做表面文章，群众高不高兴不重要，重要的是上级一些领导认可。在这种体制下，好干部可遇不可求。但是换一种机制，如果在选人用人上更多地倾听群众意见，差干部也会变成好干部，财政"黑洞"就会少很多。

在 H 县，虽然"预算风暴"实施只有 100 来天，却也已经显示出净化政治生态的强大拉力。究其原因，公开透明，接受监督，这是持续推行财政预算必不可少的条件。在我国，人大代表审议财政预算，这是法律赋予的权力，然而，这一权力很大程度上被架空。H 县一位人大代表指出，"以前财政不能公开，就是暗箱东西多了。每年开人代会，县财政提交审议的是一份非常简单的预算报告，都是些专业术语，外行人看不懂。也不提前将报告送给你，你去了解详细情况就要得罪人"。他认为，现在的领导之所以敢认真地搞预算制，就是因为暗箱减少了，不怕公开。

值得注意的是，H 县"预算风暴"给人带来惊喜的同时，依然存在很大的不确定性。新任县委书记文辉是这场风暴的中心人物。这位官员谙熟财政，25 岁在 N 县当财政局长，31 岁调任 Y 市财政局长，据称是当时全国最年轻的地市财政局长。他半脱产学了两年行政管理，到 H 县任职之前担任市政府秘书长。虽然到 H 县时间只有 100 多天，但他已经在很多官员中树起了形象。一些官员称，他务实，少开会，开会报告很短，只提"发展"。正是因为他的到任，才能够掀起这场风暴。也正因为他的以身作则，才能够不使这场风暴变形消解。但是，当地一些普通官员、百姓声称，为他捏一把汗并非杞人忧天，这场"预算风暴"究竟能够坚持多久？

有人认为，H 县的"预算风暴"就像要驶向远方的火车，必然需要的两根铁轨：一根是广大民众的监督机制，一根是精英官员的选拔机制。连接这两根铁轨的枕木，则是互相合作却又制约的权力构架制度。

【情景模拟】

假设您是 H 县时任县委书记文辉、财政局局长、H 县四大家子负责接待的官员、教育局副局长韩生、普通干部兴良、普通教师春云以及一名普通公民，您将会如何对待或评价本案例所涉及的"预算风暴"？为什么？

【案例思考】

1. 从公共行政学的角度看，本案例系列材料主要反映了一件什么事件？其基本构成要素是什么？

2. H 县"预算风暴"发生的动力机制是什么？其优点是什么？其缺点呢？

3. 结合中国政府实际情况，分析我国"预算黑洞"形成的基本原因。在此基础上，谈谈 H 县预算改革的经验与启示。

案例 2　　T 部违规借款事件的缘由[①]

2003 年 6 月 25 日，国家审计署署长李金华在《关于 2002 年度中央预算执行和其他财政收支的审计工作报告》中指出，1999 年，审计署曾查出 T 部违规借给山东某公司 3 000 万元资金的问题。按照审计决定的要求，该部虽于 2000 年将资金收回，但 2002 年又继续将等额资金以同样方式借给同一公司。审计署将 T 部的这一违规称为"边纠边犯"。但山东这家企业的名字，报告没有提及。为什么 T 部已将收回的资金又借出去呢？这笔数额并不算大的资金的用途有何隐情？

T 部的理由

T 部对此显然不愿多说。其较为谨慎的回应是：T 部对这个问题很重视，资金已经于 4 月份收回，进一步的处理决定部里正在商量，会直接报审计署和人大。据一位已退休的原 T 部官员介绍，这是 T 部离退休干部局利用"自有资金"投资导致的违规行为。这位退休官员也不清楚这笔资金具体投到了哪家山东公司，但以前好像听说他们投资过黑龙江的 L 集团和河南的 Y 集团。

T 部离退休干部局党委书记王生坦承，审计报告中所提的这笔资金确实是该局投出的，这家山东某公司指的是"山东高速下面的一家公司"。不过，王生书记否认了"以前投过黑龙江的 L 集团和河南的 Y 集团"的说法，"可能是部里其他部门投的，离退休干部局没有投过"。对于这笔资金被查，王书记感到很是委屈："我们只是想为离退休干部多争取一点福利。现在很多单位都存在离退休干部资金缺口的问题，只不过是通过不同的方式解决而已。"他指出，这笔钱原是 T 部留给他们专款专用的自有资金，将这笔钱拿出去，是为了增加一些收益，以弥补离退休干部资金的不足。一位已退休的原 T 部官员更是认为这种投资是很合理的："放在银行里利息有限，不如把它盘活做一些事情，又可以有更多收益。不知道为什么就违规了？"而 T 部财政司的一位官员也作出类似声明说，"到底算不算违规，我们还在和审计署商量"。

颇有意味的是，在李金华署长的审计报告提交后不久，T 部于 7 月 7 日颁布了《关于进一步做好清理小金库和银行账户工作的通知》。该通知称，"从清理检查工作和审计部门对部属单位审计中发现，(部属各单位) 仍有一些单

[①] 主要参考文献：覃爱玲，《"T 部位归结给山东高速 3 000 万"事件始末》，《21 世纪经济报道》2003-07-30。

位存在顶风违纪、截留、隐匿各项收入、私设小金库和账外账的问题"。通知还强调，清理小金库和账外账"是一项长期而艰巨的任务，是加强廉政建设、规范经济秩序、完善财务监督、防止收入流失、遏制消费基金非正常增长、铲除贪污、腐败温床的一项重要措施"。

山东省高速公路有限责任公司是国有独资大型企业，资产达580亿元人民币，负责对山东境内所有已建成和将要建成的高速公路及中国证监会批准上市的路桥公司实行统一贷款、统一建设、统一经营、统一还贷、统一纳税，公司下设鲁东、鲁西、鲁南分公司和信息管理总中心，高速公路开发总公司，山东基建（相关，行情）股份有限公司（600350·SH）。其时，山东高速拥有的高速公路总里程已经达到2 260公里，占全国高速公路通车里程的1/7。但是，T部那3 000万元的资金具体投向山东高速下属哪家公司依然不得而知。据国家审计署行政事业司一位不愿透露姓名的官员透露，对于T部借出去的这笔资金，在1999年的协议中规定了固定回报率，高于同期的银行存款利息。至于2002年的回报到底怎样计算，协议没有明确规定。不过，这种说法没得到相关部门的证实。

审计署的期望

国家审计署行政事业司的一位官员明确指出，中央部门的资金来源，不管是预算内还是预算外，都是财政资金，没有什么"自有资金"是可以由各部门随便用的。他认为，T部这笔资金正如审计报告所称，是"边纠边犯"的违规行为，所谓"自有资金"，只不过是一厢情愿的说法。之所以会造成一些部门认为某些资金是"自有资金"，这位官员认为，主要是因为某些部门认为拨下来了的钱就属于它了，将一些财政结余归为己有，不再纳入财政预算内；这种做法，从财政制度来说，就是违规的。这位官员指出，"我们今后应该努力将这些资金纳入到预算内，绝对不能让它们成为被随意支配的'自有资金'"。

具体到T部的这笔资金，这位官员认为是由于"历史原因"形成的。20世纪90年代初到1998年，我国曾经提倡财政资金的"升值"和"造血功能"，实行财政资金有偿使用的"财政周转资金"制度。但是，实行粗放式的财政资金使用，不是实行项目审批制，而是实行基数制，即每年财政下拨款数不是根据具体项目所需，而是在一定的基数上往上增加。这样，预算外资金较多，部门权力比较大，使用不透明，有的用在项目上，有的并没有用在项目上，而是被挪做他用。其中，有些资金得以结存下来，就形成了包括T部这笔资金在内的一些小金库等各种不规范资金。

1998年12月，财政部出台《整顿财政周转金方案》，对全国财政周转进行全面整顿，宣布各级政府一律不许再贷出财政周转金，同时要求各级财政部门对已到期的周转金借款积极清收，清理了一批这样的资金，以加强财政资金的使用效率和透明度。但是，仍然还有一批资金，例如T部的这笔资金，由于种种原因留存了下来。自1998年以后，我国财政部门先后着力推出了一系列公共收支改革，部门预算改革全面推行。从2000年开始，中央一级预算单位都编制了部门预算，许多省、市级政府部门也开始试编部门预算。国库集中收付制度改革已在几十个中央部门进行试点，对行政性收费也开始实行统一管理，这种计划外的不规范资金越来越少。

审计署行政事业司的官员认为，在政企分开之后，T部是国家机关，作为投资主体将本不应属于自己支配的资金借给企业，以获取投资收益，这是明显违规的行为。这位官员认为，"国家部门如果都像这样作为投资主体随意进行金融信贷业务，那我们国家的金融市场岂不是乱了套"？

据知情的官员透露，在2000年初次查到这笔资金违规时，审计署考虑到既得利益已经形成，如果原来的受益方T部离退休干部局缺了这笔资金，很多事情就没法办。因此，国家审计署并没有将它没收，只是要求T部将其纳入预算内使用。但事实是，如果将这笔资金上缴财政，经过合法程序，按预算内资金拨款，很可能它就不能再发放到T部离退休干部身上。审计署官员指出，如果这个资金上缴了中央财政，肯定会返还给T部，至于能不能用到离退休干部身上，那要看是否合乎国家规定的离退休干部待遇；如果符合肯定没问题，但是如果超标准超范围肯定是不行的，很可能就要用到交通建设方面去了。然而，正是在"超标准超范围"上，引出了这笔资金背后深层的矛盾。

各有各的招

我国离退休干部的待遇分为两种：一是称为离休人员的待遇，这是我国一个特定的群体，这些人员有一个特定的称谓——"老干部"，特指我国1949年9月30日之前参加革命的、享受供给制的干部。这些离休人员从工作中退下后完全按照在职时的待遇，每年中央还有500元（后来加到800元）的特别资金，各单位一般也会根据实际情况再补贴一些资金；二是普通的退休干部，只有自己的退休金和一些规定的福利，以及由各单位以各种名义投入的补贴资金。国家按人数和职位拨给各部委的资金是相同的，但是在实际中，各单位还给予离退休干部的不同补贴。据国家建设部老干部局一位工作人员说，现在的离休干部经费还都是按着20世纪七八十年代制定的标准执行，已经很不适应现在的情况，例如健康休养费，规定每个离休干部每年要到外地休养一次，可是每人只有500元钱，哪里够？离休干部去世了，每人只有800元钱的安葬费，买个骨灰盒都不够！由此造成的种种资金缺口便只有向部里要。建设部财务司的一位官员透露，建设部由计财司专门给予离休干部一部分的资金补贴。

一位审计署官员指出，各部门离退休干部待遇很不一样，是历史造成的。比如，审计署由于历史上没有下属企业，不介入经营性活动，在离退休干部这一块没有任何预算外资金。民政部老干部局的一位官员则认为民政部离退休干部资金的情况"是比上不足，比下有余，算中等的"。她透露，有的部委给一个招待所让老干部局经营，有些则从相关企业找来一些资金等。T部离退休干部局一位官员用一句话概括了各部委老干部资金的来源——"创收手法不一样，各有各的高招"。几位T部退休干部都表示，该部离退休管理局的工作做得很好，对老干部很关心，相关资金也没有紧张的感觉。

按照国家标准，离退休干部资金由国家统一发放，似乎不存在缺口问题。但据专门研究过我国离退休干部制度的国家行政科研所一位专家介绍，事实上，至少有两块离退休干部资金是目前国家统一发放的资金所没法满足的：一是离退休干部的活动经费，这一块国家给予离休干部的资金是按20世纪七八十年代的标准来执行，在今天显然不够用，而退休干部则根本没有；二是由于我们国家工资标准过低，一些单位通常会通过各种方式在内部进行补贴，这笔资金从哪里来也是个问题。各部委离退休干部有的每人年补贴达1万多元，有的不过几百元。这些资金的缺口使各部委不得不在实际操作中通过各种方法进行补贴，包括一些非正常的方式。其中，一些非正常手段由于其不透明性，又常常伴随着种种违规甚至是违法的内幕，这几乎成了一个悖论。这也难怪T部离退休干部局党委王生书记一再表示：我们也是没办法啊！

【案例思考】
1. 从公共行政学的角度看，本案例反映的是一件什么事件？
2. 根据财务行政相关理论与我国相关制度，案例中国家T部离退休干部局的行为应该属于什么性质的行为？为什么？应该如何处理？
3. 结合国情，谈谈本案例材料的经验与启示。

案例3　　有钱养草无钱灭蝗？

我国是世界上蝗虫灾害最为频繁的国家之一。据中央电视台经济信息联播2004年8月2日报道，这一年，内蒙古、新疆、河北等14个省市自治区再次爆发大面积蝗灾。由于连年干旱少雨，内蒙古草原遭受的蝗灾尤其严重。

连年虫灾

　　离北京 200 多公里，锡林郭勒草原的 7 月原本是草原草场最肥美的时候，但是放眼望去，却是满目黄色。由于蝗灾的爆发，草场已经遭到严重破坏。在蝗灾发生比较严重的地区，随便一趟，就有很多蝗虫蹦出来，像这样的草，用不了两三天，就会被全部吃掉。内蒙古锡林郭勒盟草原站副站长石岩生指出，现在这个地方的密度大概在 80 到 100 只这个样子，是农业部规定的防治密度的 5 到 6 倍。不过，这还不是最严重的。前 20 天，他曾经测过最严重的是 400 到 500 只这个样子。

　　七月底的蝗虫已经开始产卵，并正以每天 30 万亩的速度向外扩散。2004 年内蒙古受灾面积达到了 1.5 亿亩，超过全区草原面积的十分之一。倾巢之下，牧民照日格图家上万亩的草场已经几乎被蝗虫吃光，几百只羊吃不饱，损失成了定局。据估计，照日格图家损失至少将达到 40%~50%。往年他家一年收入 2 万多元。这一年发生蝗灾后，损失将达一半，也就是 1 万多元。

　　由于连年蝗灾，不少牧民已经返贫。在苏尼特右旗，1998 年人均年收入还能达到 2 500 元，但 2003 年只有 959 元。从整个内蒙古自治区来看，2004 年蝗灾带来的直接经济损失将达到 9 亿元，间接损失在 40 亿元以上，生态环境遭到破坏后带来的损失则更是难以估量。

　　时任内蒙古苏尼特右旗副旗长王生指出，1999 年刮的沙尘暴就是由前几年的干旱引起的。他认为，如果 2004 年蝗虫灾害不处理，不大面积地防治，经由蝗虫啃食过的草原，一旦刮到 5~7 级风，沙尘暴就会卷土重来。

资金短缺

　　蝗虫是一种顽强的害虫，很难彻底杀灭。但在现代科学技术条件下，只要治理及时，人们还是可以在很大程度上抑制蝗虫成灾。内蒙古草原年年发生重大蝗灾，很大程度上因为缺少治蝗资金。

　　事实上，青海一家药厂的厂长还不得不来到内蒙古锡林郭勒盟草原工作站讨债。四年来，他们为草原站提供了近千万元的灭蝗药物，但至今仍然还有 200 多万元的药款拿不回来。对此，内蒙古锡林郭勒盟草原站负责人也很无奈，因为灭蝗资金不足，他们已经欠下了 1 000 多万元的债务。

　　这几年每年都大面积地灭虫灾，但每年发生还遭受特别的严重的虫灾。2004 年这一年在 7 月份也可以说已经到了特别严重的程度。其一个重要原因就是资金缺口特别大。

　　根据内蒙古自治区草原站植保科张科长介绍，2004 年内蒙古全区蝗灾发生面积 1.5 亿亩，严重受灾面积 8 000 万亩。但是，现有能力下只防治了 2 000

多万亩，还有6 000多万亩重灾区没治理。而没治理的部分正是来年蝗灾爆发的隐患。事实上，从2003年开始，国家开始拨款治理草原蝗灾，当年拨款2 000万元，2004年增加到了8 000万元，其中牧区4 000万元，内蒙古拿到了2 600万元。加上内蒙古自筹的4 000万元，2004年内蒙古防治蝗灾的资金一共6 600万元。但按照每亩2元的防治经费来计算，内蒙古2004年防治重灾区就需要1.6亿元，资金缺口在1亿元左右。

苦于资金不足，地方政府已经考虑向牧民要钱。据介绍，原计划一亩地向牧民摊5角钱，但是牧民拿不出这个钱，出不起这个钱。一户牧民一般拥有草场1万亩左右，每亩5角，就是5 000元，相当于牧户年收入的一半，牧民表示难以承担。

养草与灭蝗

另一方面，国家每年还要向草原地区投入大量资金，进行风沙源治理和草场恢复。让人痛心的是，恢复起来的草场大部分又被蝗虫吃掉了。如果先治蝗，后养草，草原上可能要更多一些绿色。但按照现行投资体制，治沙养草的钱却不能用于灭蝗。在草原上有一些围起来的区域，就是国家投入很多资金进行休牧还草的项目。但是，蝗灾的爆发却让恢复起来的草场毁于一旦。

根据内蒙古苏尼特右旗王旗长的介绍，过去我们都把牧民的牛羊圈养起来。这样草场确实是恢复起来了。但是，在虫灾大面积发生以后，蝗虫一晚上就会把这整个恢复起来的草场连根都拔掉。他认为，在苏尼特右旗，由于虫灾，2004年风沙源治理项目新投入的7 000万元已经很难看到成果，而用这些钱，本可以把该旗的蝗灾灭上两遍。

据农业部官员介绍，退耕还林还草，重建一亩草原，要花费600到700元钱。而防治蝗灾，一亩草地只需1到2元钱。但是，目前治沙资金却不能用于灭蝗。农业部蝗灾防治指挥部办公室一位主任指出，这就是个投资体制的问题。在这种体制下，建设草原项目是另外一个方面的投资渠道。这方面的经费只能专款专用于草原建设。现在草原被破坏，被蝗虫吃掉的时候，由于虫灾项目缺乏足够经费，我们就没有钱防治或者防治不足。事实上，虫灾防治与草原建设的成本比值是1比600的关系，1元钱能防治挽回的损失600元钱，但是我们就没有这1元钱。当然，在现行体制下，我们也不能挪用草原建设的经费。

【案例思考】

1. 从行政管理与公共财政角度看，本案例反映的是什么公共行政事件？这一事件的基本内容是什么？

2. 什么是专款专用制度？实行专款专用制度的理论与实践依据各是什么？
3. 结合案例材料与我国国情，分析本案例所反映事件发生的主要制度原因。在此基础上，进一步探讨防止本案例类似事件再次发生的可能性及其途径。

案例 4　　　安徽省"乡财县管"实验①

在 2004 年 2 月 25 日召开的安徽省财政工作会议上，安徽省委、省政府明确表示，将在全省全面推行"乡财县管"改革。对于这项改革，安徽省财政厅对外界一直保持相当低调的态度。安徽省财政厅官员的公开表态如出一辙："我们是'先做后说'，'多做少说'。"

"暗中"赶班

W 县是安徽省农村税费改革试点县，但在第一轮"乡财县管"大潮中，它并没有被圈中。2003 年 5 月 11 日，安徽省人民政府在转发《省财政厅关于开展乡镇财政管理方式改革试点意见的通知》（皖政办【2003】29 号）（以下称"29 号文件"）中指出，从 2003 年起，选择和县、五河、太和、全椒、潜山、宿松、祁门、霍山、利辛 9 个县作为该省"乡财县管"试点县。

据 W 县财政监督局秘书介绍，尽管只有所辖的和县被选中，但地处长江岸边的巢湖市还是决定在全市先行推广这项新政策。"落榜"的 W 县根据"29 号文件"中"其他县也可全面或选择部分乡镇进行改革试点"的表述，开始"暗暗"摸索。"29 号文件"把改革主要内容概括为：以乡镇为独立核算主体，实行"预算共编、账户统设、集中收付、采购统办、票据统管"的财政管理方式，由县级财政主管部门直接管理并监督乡镇财政收支，并实行县财政局（农税局）对乡镇财政所（农税所）的垂直管理。

W 县财政局党组副书记贾明曾表示，"乡财县管"的前提就是把乡镇财政所的人权、事权、财权"上划"。他认为，若这"三权"仍留在乡镇，所谓"乡财县管"就只能是一句空话。分管乡镇财政所"上划"工作的贾明介绍，因为以前财政所所长和其他工作人员都是镇政府任命的，其工资也是镇政府发放，财政所的"三权"全部掌握在当地乡镇政府的手里。这种关系便决定了财政所在资金的支出上处于一种相当尴尬的地位，"即使一些不合理的支出，财政所也无可奈何，否则就可能被撤职"。而现在"上划"后，"三权"掌握

---

① 主要参考文献：范利祥，《安徽新实验："乡财县管"的前途》，《21 世纪经济报道》2004-03-29。

在县财政局的手里，财政所有了这样一个"后台"，就可能对一些不合理的支出"说不"。

此后，就是开展"四项清理"：银行账户清理、债权债务清理、票据清理、人员清理。这是改革中最为关键的环节，稍有不慎，就可能导致一些资产和资金的流失，也给以后的改革带来严重的后遗症。为此，W县从纪委和财政局抽调了30人组成6个工作小组，专门从事此项改革。现在，票据清缴中共缴纳各种财政票据106 239本；债权债务清理上，全县乡镇预算内、预算外加政府机关三块账面实际反映的债权为17 665.5万元，债务为24 472.1万元；账户清理上，清理前全县乡镇有账户420个，清理后为241个。W县财政局把"四项清理"归类成册，足有厚厚4大本。

"四项清理"摸清了乡镇的家底，变过去的一本糊涂账为现在的明白账。然后，W县在乡镇如何来缴钱、用钱和县财政局如何拨钱几个环节进行了进一步的设计：在会计结算中心设5个代账员，一个人负责7个乡镇。乡镇若要用钱，必须先经过县里审批，乡镇只设结算员。这样，若从资金收支的流程看也不太难：乡镇的各项收入通过基本结算户全额上解，支出按顺序下拨，工资进入工资专户，一般性支出进入支出专户，由乡镇自行管理，村级资金进入村级资金专户。

改革驱动力

安徽实施"乡财县管"，实际上有着自己的无奈。安徽省财政厅的调研报告表明，该省大部分乡镇经济规模小，财政收入平均在500万元左右，财政自求平衡的基础和自我发展的能力都比较弱。安徽省财政厅一位负责人透露，特别是2000年以来农村税费改革实施之后，不少乡镇财政极其紧张。由于许多乡镇财政支出不规范，支出需求无限制膨胀，可能导致乡镇政府以支促收，想点子、变名头向农民乱收费，进而可能回到过去乱摊派、乱收费的老路上去。因此，如何规范乡镇财政支出管理，就成为乡镇财政面临的主要矛盾。

同样让人关注的是，安徽省财政厅的调研报告显示，安徽省乡镇平均负债600多万元。只有"先刹车、后消肿"，先把乡镇财政收入和支出这个口子扎住并逐步消化债务，乡镇财政走出困境才有希望。否则，再多的补助和转移支付都难以解决问题。据2004年年初调往W县G镇担任镇长的汪先生透露，清理发现，G镇光村级债务就达380多万元。他认为，造成这种现状的原因很多。为了完成上级下达的农业税收任务，乡镇只好大量举债，光这一项累积到现在，G镇就负债300多万元。形象工程也让G镇吃尽了苦头。前几年，该镇要打造一条商业街，但后来没成功。但这一个项目却带来了200多万元的债务。在实行"乡财县管"后，W县规定，10万元以上的工程要经过县里审批，5万元以上的工程实行公开招投标，5万元以下的工程要有协议，工程结束后，还要审计和验收。

W县还有一个镇年财政收入不足200万元，而5年间仅招待费就吃掉了204万元。"乡财县管"后，这个镇的党委书记算了一笔账，仅招待费一项，镇里每个月就能节省2 000多元。种种原因导致很多乡镇负债累累，有些乡镇甚至把工资也挪到"政绩工程"上，再加上举债搞达标，结果自然只能是"寅吃卯粮"。现在每个乡镇都有了工资专户，乡镇所有收入必须首先用于工资发放，全镇的工资全部发下来了。贾明说，把资金"口子"扎住后，先保工资再保运转和重点支出，这样基层政府才能真正有活力，而且不会形成新的债务。

县财政当"管家"

但也不是人人都对这项改革叫好。

提起"乡财县管"，安徽省某试点县的一位镇长就大为光火。他认为，"我作为乡镇政府，有权来决定我们的收入支出情况。钱放在我的口袋里，需要用时随时就可拿出来用。镇里的财务预算支出等情况，都要向同级人大汇报，并由其监督。现在放在上级财政的口袋里，用时要经过层层审批，这明显与'一级政府，一级财政'不相吻合"。不过，安徽省一位决策咨询专家认为，在这项制度设立初期，就已经考虑到了这个问题。在"29号文件"中明文规定，对于乡镇财务，乡镇预算管理权不变、乡镇资金所有权不变、财务审批权不变，县里其实就是充当一个管家而已。安徽省财政厅一位官员表示，这不仅使此项改革绕开了"一级政府一级财政"的敏感话题，也有利于消除改革阻力。

2003年的改革在W县也遭到了一些抵触情绪，尤其是对于乡镇财政所"三权"的"上划"，来自基层的抱怨不少。后来，县委、县政府"两办"联合下发了《关于乡镇财政所（农税所）上划管理工作的通知》，"上划"工作有县里"撑腰"，运作过程中才没有受到太大的阻力。但是，改革成本也随之加大。改革后，乡镇每调拨一笔资金，就要派人往返于县乡之间，一个星期要来回跑好几趟，票据安全、差旅费用等问题凸现。不过，W县财政局一位秘书认为，"下面"之所以有阻力，主要是因为这项政策触到了基层的利益。W县政府一位官员表示，不管怎么说，这项改革还是要在总结以往经验的基础上，坚定不移地推行下去。

实际上，W县早先的"双代管"工作已经让其尝到了甜头。2002年年初，W县在全国率先实行"村财乡（镇）管村用"的管理模式，在该县部分乡镇先行试点村级财务和资金由乡镇"双代管"。具体做法是，在乡镇设立

"村级财务服务中心",具体负责村级财务核算管理工作;村里只设报账员,取消村会计岗位,村组资金和账据集中由乡镇农经服务中心统一管理,村级非生产性开支由乡镇统一核定,分类制定定额标准,规范村级资金的收支行为。这项措施有效地化解了村级债务。W县农委的官员透露,截至2003年年底,该县村级债务总额20 727万元,比2001年年底减少6 950万元,化解率达25.1%,全县无债村由2001年年底的8个增加到43个。而在2004年,该县准备在全县全面推广"双代管"运行机制。

背景资料

安徽省财政厅关于开展乡镇财政管理方式改革试点的意见(摘要)

1. 预算共编

县级财政部门提出乡镇财政预算安排的指导意见,报同级政府批准;乡镇政府根据县级财政部门的指导意见,编制本级预算草案并按程序报批。在年度预算执行中,乡镇政府提出的预算调整方案,需报县级财政部门审核;调整数额较大的,需向县政府报告。

2. 账户统设

取消乡镇财政总预算会计,由县财政会计核算中心代理乡镇财政总会计账务,核算乡镇各项会计业务。相应取消乡镇财政在各银行和金融机构的所有账户,由县会计核算中心在各乡镇金融机构统一开设县财政专户分账户。分账户设"结算专户"、"工资专户"、"支出专户"三类。乡镇所有预算内收入、预算外收入、上级部门补助收入等先缴入"结算专户",其中应上解财政收入再通过"结算专户"上缴县级国库。乡镇所有工资性支出通过县级国库或"结算专户"拨到"工资专户",专门用于乡镇人员工资和民政定补人员补助的发放。工资以外的其他支出通过县级国库或"结算专户"拨到"支出专户",由乡镇按规定开支。

3. 集中收付

收入管理程序:乡镇财政预算外资金全部纳入预算管理,各项财政收入就地缴入县乡国库,由县财政会计核算中心根据乡镇收入类别和科目,分别进行核算。支出拨付程序:以乡镇年度预算为依据,按照先重点后一般的原则,优先保障人员工资。对工资性支出,根据年度预算每月从县乡国库或"结算专户"直接拨入"工资专户",并委托银行统一发放。对乡镇机关事业单位的公务费支出,先由财政所提出用款计划,经乡镇领导签批后报县会计核算中心,由县会计核算中心根据预算额度从县乡国库或"结算专户"拨付到"支出专户",由乡镇按规定使用。为方便乡镇及时用款,各地可建立公务费支出备用金制度。对村级的财政补助资金,由县乡财政部门拨入村级资金专户。对农业税附加等属于村级收入的资金,进一步推行和完善"村财乡管村用"制度，由乡镇财政部门、经营管理部门负责加强审核监督，确保村级资金专款专用。

4. 采购统办

乡镇各项采购支出，由乡镇提出申请和计划，经县会计核算中心按照预算审核后，交县采购中心集中统一办理，采购资金由县会计核算中心直接拨付供应商。

5. 票据统管

乡镇使用的行政事业性收费票据、农业税税收凭证等，其管理权全部上收到县级财政部门，实行票款同行、以票管收，严禁坐收坐支，严禁转移和隐匿各项收入。

【案例思考】

1. 从公共行政学角度看，本案例所反映的是一件什么事件？
2. 安徽省W县这次改革的背景与直接原因有哪些？
3. 我国现行财政体制的基本结构是怎样的？W县改革有无制度依据？
4. 就我国国情而言，该次改革有无推广的价值？为什么？

案例5　　药品招投标制度运行困局[①]

废存之争

2006年，实施接近6年的药品招投标制度现在到了存废的关节点。这一年5月发生的齐齐哈尔第二制药厂假药事件虽然已经暂告段落，逐渐淡出公众的视野，但是对药品招投标制度的反思却反而因之高涨。因为该厂生产的假药正是通过招投标程序进入医院，并最终导致数名患者的死亡，人们开始更多质疑这一流通制度。

实际上，在齐齐哈尔假药事件发生之前，2006年3月就已经发生过一波激烈的争论。先是在3月的全国"两会"上，有人大代表和政协委员要求国家取消现行的药品招投标制度，接着是一批医药生产企业会聚北京，它们联合中国医药商业协会上书国家发改委、卫生部等有关部门要求废止医药招投标制度。中国医药商业协会一位副会长曾经指出，"实行招投标来，药价不降反升，药品中标即死"，药品招投标已经"没有存在的价值"。另一方面，包括H公司在内的一批药品招投标中介机构也上书卫生部，力陈药品招投标之优。

---

① 主要参考文献：程必忠，《药品招标遭遇六年之痒》，《南方周末》2006-06-29。

H公司，全称H企业（控股）股份有限公司，其旗下的医药电子商务公司控制着全国70%以上的药品集中采购市场和90%以上的网上采购。

药品招投标究竟该存该废？未有定论。

这年6月，杭州市民王女士意外发现，丈夫长期服用的一种绞股蓝总甙片在医院售价为40.8元，而在药店仅售7.8元，价格高出近5倍，王女士愤而投诉市长热线。无独有偶，福建寿宁的龚先生在2005年也遭遇了同样的窝心事：一支市场仅卖0.45元的"硫酸软骨素注射液"，在医院卖到了28.92元，差价高达64倍，而该药是福建省县级以上医疗机构第四批药品招标采购药，药价已经通过物价部门核准。

药品招标何以越招药价越高？甚至出现齐齐哈尔这样的中标药害死人命事件？

药品招投标的秘密

2000年7月，五部委下发《医疗机构药品集中招投标采购试点工作若干规定》的同时，也出台了《药品招标代理机构资格认定及监督管理办法》。2001年7月，国务院再次下发了《关于进一步做好医疗机构药品集中招标采购工作的通知》。这三个文件确立了药品招投标的基本程序。

文件规定，"县及县以上人民政府举办的非营利性医疗机构必须开展药品集中招标采购"，"考虑到采购规模、企业负担和目前大多数医疗机构尚不具备独立编制招标文件和评标能力等因素，原则上要求医疗机构联合或委托中介机构开展药品集中招标采购工作"。举例来说，2005年浙江省市药品联合招标的代理机构是浙江H药通网络技术有限公司。药品招标的信息发布、投标资格审查等行为，均由H药通代为行使。

"对企业来说，实行药品招投标制度，等于在药品原有的流通环节中增加了一个环节，从而大大增加了企业负担。"海南一位不愿意透露姓名的药企总裁指出，"打点中介成为必不可少的一步"。

据了解，目前药品招投标收费项目繁多，有评审费、履约保证金、投标保证金、进门费、管理费、入围费、专家评审费、中标服务费、药品质量检验费、会务费、场租费、磁盘费、网上招标培训费等合计多达十数项。在北京，中介机构要求投标企业必须入网，中小企业需交3万元入网费，大企业入网费则高达12万元。按北京800家药品生产企业计算，若全部投标，仅入网费一项中介机构最低即可进账2 400万元。其他地方，如甘肃药企每投标1个品种大约需向中介机构交200元费用，5 000个品种费用就达100万元。据了解，杭州民生药业公司2004—2005年在全国各地花销的招投标费用就已超过1亿元，华北制药公司平均每年花在招投标上的费用约为2 000万元，东盛集团每年用于招投标费用也有几千万元。卫生部专家委员会一位专家指出，由于不堪重负，华北制药现在开始由生产改为大量出口青霉素原料。

与此同时，招标中介却获得了巨大利益。H公司2004年第三季度季报显示，该季度内H公司的医药电子商务收入为1.04亿元，成本为0.26亿元；2005年三季度季报则显示1—9月H公司医药电子商务收入为1.2亿元，成本为0.34亿元。2006年3月30日，H公司在北京举行全国药品、耗材集中采购会，采购交易金额超过500亿元。即便按照5‰收取交易佣金，H公司获得的收益将达到2.5亿元，除去大约26%的成本（参照H公司医药电子商务收入与成本的比计算的成本比例），H公司获得的利润将接近2亿元。

在这样的制度安排下，药企、中介机构以及医院达成了某种共谋，他们倾向于推高药品的价格，这最终使得必须通过药品采购网采购药品的医院进了远远高于市场价格的药品。

药品采购招投标的由来

中国的药品流通制度历经数次变迁：20世纪80年代药品供不应求前，一直是"统购统销"；80年代中期随着药品供求形势的逆转，开始放开"统购统销"，实行"多渠道，少环节"的药品流通制度；进入20世纪90年代后，由于医药市场出现购销秩序混乱、腐败盛行的情况，有关方面又开始探索新的药品流通制度，药品招投标制度开始逐渐浮出水面。

1999年年底，海南省开始药品招投标尝试。时任海南省卫生厅计财处处长的严生在原来设计的药品购销制度改革中引入招投标做法，并在海南省人民医院选择8个品种的药品进行招投标试点。原海南W公司副董事长刘生回忆说："为了防止暗箱操作，制定了评标标准，结果第一次招标非常成功，招投标药品价格下降。"

试点成功后，海南省将试点扩大到了6家三甲医院，继而到12家三甲医院。随着招投标范围扩大，企业越来越多加入，到2000年国家正式确定海南为试点地区之前，海南招投标的药品价值超过了4000万元。刘副董事长指出，当时"中标药品的价格降幅达到29%~30%"。

在连续几次试点成功后，药品招投标被海南省政府列为2000年为民办的13件好事之一。这场改革同样引起了国家相关部门的注意。由于当时对究竟如何推进药品流通秩序改革还没有最佳的模式可供参考，于是，包括原国家计委、卫生部、国务院纠风办、国家经贸委、国家药监局等部门高层领导都先后来到海南调研。2000年7月，卫生部、原国家计委、原国家药监局等五部委联合发布《医疗机构药品集中招投标采购试点工作若干规定》，确定海南、河南、辽宁、厦门作为国家试点地区。

据透露，在海南成为正式试点之前，海南省医院管理协会是药品招投标的主要操作机构，当时主要是手工进行。随着业务流量的增大，手工操作的局限性越来越大。这个时候，H公司登场了。早在2000年2月，敏锐的H公司就从S省卫生厅购买了一套他们设计研发的医药电子商务系统。2000年7月，在五部委下发了《医疗机构药品集中招投标采购试点工作若干规定》后仅仅13天，H公司便提出申请组建第全国第一家药品招投标电子商务平台——海南W医药电子商务公司。海南W公司的成立恰逢其时，海南被确定为国家药品招投标试点后，海南省的药品招投标都由海南W公司来做，该公司也因此成为全国第一家药品招投标代理机构。

海南成为医药招投标改革试点后，各省市争先恐后前来取经。与此同时，早已蓄势待发的H公司飞速在全国复制自己的模式。到2001年7月初，H公司已在全国建立了23个交易中心，其中13家已完成注资和注册手续并顺利开展业务。2001年11月14日，国务院纠风办、卫生部、原国家计委、原国家经贸委、国家工商总局等部委局在海口召开"全国推行药品集中招投标采购会议"。在这次会议上，H公司的药品电子商务平台在药品招投标市场的主导地位开始确立。到目前为止，H公司已经在海南、北京、广东、重庆、河南、福建等27个省市建立起了27家省级交易中心。

招投标背后

作为一家上市企业，H公司在中国的医药流通领域几乎无人不晓，被称做"药品招投标背后的垄断者"。

目前，H公司的大股东为Z实业发展有限公司（以下简称Z公司），Z公司原注册地为北京朝阳区，注册资金1亿元，法定代表人为康健。最早成立的海南W公司，注册资金为500万元，股东为H公司（出资275万元，占股比55%）和海南X医药咨询服务中心（出资225万元，占45%）。

奇怪的是，在海南省工商局和海口市工商局，均无法查到包括海南X医药卫生咨询服务中心的企业法人性质等任何档案资料。2004年3月2日，在海南W公司股东会议上，海南X医药卫生咨询服务中心将在电子商务公司45%的股份转让给了海南L信息技术有限公司。依据原海南W公司副董事长刘生提供的数据计算，到2004年3月（即海南X医药卫生咨询服务中心的股份转让之时），海南W医药电子商务有限公司在该省的药品采购金额累计达到11亿元。如果按照国家对药品中介机构规定的收费标准，取其常用值（5‰）计算，该公司到2004年年底的收取代理费累计可达到550万元，这还不包括标书制作费等另外一些费用。如果按照股权分配，并扣除26%左右的运作成本，海南X医药卫生咨询服务中心可以分配的利润将达到183万元。如上所示，海南W公司的如上模式也被复制到其他地方。

与此同时，H公司还尝试着从学术层面"推出"自己的代言人，借用学术机构的专家之口，从理论上阐述对公司有利的言论。比如，吴仁便是一位颇有争议的代表人物。吴仁原为S省卫生厅产业开发办公室主任，也是原S省药品电子商务平台的设计者，同时也是国家药品集中招投标采购政策文件起草人之一。用吴仁的话说，H公司从省卫生厅买下该项目后，因为H公司对该项目还不熟悉，他就被借调到北京，帮助H公司指导该项目的运作。同时国家药品集中招标采购政策及其操作细则，也是在H公司的基础上进行完善的。

公开的信息宣称，吴仁曾经受国家委派主持了卫生部在S省进行的招投标试点工作，也是北京等省市高值医用耗材集中采购方案的设计者，还是国家医药行业招投标首席顾问专家，而H公司恰恰是这些项目的受益者。同时，吴仁承认自己是H公司的顾问，做了好多年，在H公司不拿工资，有研究成果就转让给H公司，并通过H公司来实践，自己收点知识产权费。业界一人士称，H公司药品电子商务的成功，除了大背景外，对资源和理论"恰到好处"的运用是一个重要原因。

另外，奇怪的是，根据海南省工商局查询资料得知，Z公司在2004年11月30日就被海南省工商局吊销了营业执照。截至2006年6月，根据所获悉的档案资料，仍然没有该公司营业执照恢复的文件。

招投标制度何去何从

必须承认，药品招投标制度施行约6年来，对规范药品流通秩序，实现药品物流配送都起到了积极的作用。但是，由于在初期忽略了对医院补偿长效机制的建立，一段时间后，这一制度的缺陷性开始凸现，并进而引发关键环节的反弹——医院的变相抵制——中标药品不用。这种抵制恰恰又符合众多药品生产商的利益，利益共同体开始形成。更糟糕的是，本拟通过招投标制度规范药价的目标没有全部达成，相反出现"药价不降反升"的局面。在此情况下，更多的声音倾向废除药品招投标制度，让药品电子商务成为一个单纯的交易平台。

目前一些地方已经开始了新的尝试。"上海药品集中招标模式"是其中引人关注的一个做法。在这一模式下，药品招标不向中介机构开放，而是由上海市卫生局主管的药事所及各大医疗机构组成的联合工作小组直接负责。

对于上海这套颇为独特的做法，根据《21世纪经济报道》的报道，一些药品生产企业的感受却出奇一致："相对来说，现在上海是全国药品招标最规范的城市之一——第一，上海的收费低于中介的收费标准；第二，上海为药品集中招标制定的标准非常细，如果想要搞什么内幕操作的话，难度也会更大一些。"

背景资料

药品招投标如何进行

药品集中招标采购工作一般按照下列程序进行。

（一）医疗机构依据临床需要和减轻患者药品费用负担的原则，组织有关部门或人员编制本期拟集中采购的药品品种（规格）和数量计划，经单位药事管理机构集体审核后提交药品招标采购经办机构（指医疗机构联合组织的招标采购机构或招标代理机构）。

（二）药品招标采购经办机构按国家有关规定组织招标活动。

1. 认真汇总各医疗机构药品采购计划。

2. 依法组织专家委员会审核各医疗机构提出的采购品种、规格，确认集中采购的药品品种、规格、数量，并反馈给医疗机构。

3. 确定采购方式，编制和发送招标采购工作文件。

4. 审核药品供应企业（投标人）的合法性及其信誉和能力，确认供应企业（投标人）资格。

5. 审核投标药品的批准文件和近期质检合格证明文件。

6. 组织开标、评标或谈判，确定中标企业和药品品种品牌、规格、数量、价格、供应（配送）方式以及其他约定。在评标过程中，前述 4、5 两项应为首要条件。

7. 决标或洽谈商定后，组织医疗机构直接与中标企业按招标（洽谈）结果签订购销合同。购销合同应符合国家有关法规规定，明确购销双方的权利和义务。

8. 监督中标企业（或经购销双方同意由中标企业依法委托的代理机构）和有关医疗机构依据招标文件规定和双方购销合同做好药品配送工作。

（三）同品种药品集中招标一年最多不超过 2 次。

（节选自《医疗机构药品集中招标采购试点工作若干规定》）

【案例思考】

1. 什么是政府采购？现代政府采购制度的一般运行原则与目的各是什么？

2. 根据案例事实，分析我国药品招标制度运行现状及其原因。

3. 结合政府采购一般原则与我国国情，分析现行药品采购制度可能发展方向，并阐明理由。

第18章
机 关 行 政

一、本章学习目的与要求

说明：通过本章的学习，了解机关行政、机关公共服务市场化与机关作风等相关核心概念的基本内涵，理解机关行政的基本内容、功能特征、管理方式、运行原则与发展趋势，掌握中国政府机关行政管理体制的基本职责、组织结构、内容构成、运行机制、运行原则与原理、可能存在的问题与发展趋势，尤其是中国政府机关后勤改革的发展趋势与改革思路，把握中国政府机关行政文化的历史渊源、基本构成、现状特征、可能存在的问题与变革取向。

二、本章考核知识点与考核目标

识记：机关行政、机关公共服务市场化等相关核心概念的基本内涵，机关行政行为、机关行政文化与机关作风等相关概念的基本内涵。

理解：机关行政的基本内容、功能特征、管理方式、运行原则与发展趋势，中国政府机关后勤管理体制的基本职责、组织构成、运行机制、可能存在的问题与改革趋势，尤其是要了解"三公"改革的必要性、目标取向、基本内容、面临的问题与可能的路径选择，中国政府机关行政文化的历史渊源、基本构成、现状特征、可能存在的问题与变革取向。

应用：运用所学公共行政学理论知识，分析案例中特定机关行政行为或现象的发生过程、表现形式、影响因素、运行机制、功能特征、实践效果、可能存在的问题及其可能的经验教训与优化策略。

案例 1　　S 镇公车改革试行[①]

2003 年年底，杭州市西湖区所辖乡镇和街道的 96 辆公车全部改姓"私"，

[①] 主要参考文献：茅文贤，《浙江公车改制喜忧参半：取消公车需要自我革命?》，浙江在线新闻网（www.zjol.com.cn）2004-02-10。

而其中 S 镇由于最早着手进行公车改革，成了这次公务员用车制度改革的先行者。

车改发起者

据负责车改的 S 镇纪委书记徐华估计，到 2005 年，该镇政府有一半的人会成为有车一族。2003 年 11 月，他刚刚花 17 万元买了辆别克轿车，眼下正着手考驾驶证。

据了解，原本应该由体改委主持的公车改革，现在基本上都是由纪委来主持。对此，杭州市西湖区纪委副书记司生的解释是，"主要是群众对车轮下的腐败意见太大了"。司书记指出，在他办公的地方，窗外就靠着求是小学和浙江大学，平时一到放学时间，小学门口就会排起长队，基本上都是公务车来接小孩的，大学刚开学就更不用说了。在他看来，公车私用难以遏制，直接导致行政成本增加；同时，公车维修成为众所周知的"黑洞"，有关部门曾经对 20 位个体户使用的桑塔纳和 20 辆相同型号的公务用车进行比较，发现在行驶 10 万公里之内，公车修理费用是私车的 10 倍。以 S 镇政府为例，2001 年，该镇与"车轮"相关的费用高达 59.2 万元。另外，报销的交通费也达到 11.51 万元。

2001 年年底，S 镇提出公车改革，并得到西湖区委、区政府的支持。次年 1 月，S 镇 6 辆公车全部进行车改，车辆经专业部门价值评估后，一次性作价处理给个人。在购买中，区管干部优先，驾驶员其次，最后由一般干部认购。同时，在人员处理方面，对于身份为合同工、临时工的驾驶员一次性买断工龄以实施货币安置；对于具有事业编制的驾驶员，则由镇里安排其他工作进行分流。

叫好不叫"座"？

S 镇纪委书记徐华认为，车改最直接的好处是降低了行政费用支出。车改后，S 镇 2002 年机关车辆交通费支出比 2001 年节约 50 万元，财政支出同比下降 70%。

2003 年 9 月，杭州市西湖区在全区乡镇街道推广车改，同时综合考虑各方因素后，把补贴标准作了提高：乡镇街道正职干部 1 800~1 400 元/月；副职 1 600~1 200 元/月；调研员 900~600 元/月；中层干部 650~500 元/月；一般干部统一定为 300 元/月。车贴标准是以一辆普通桑塔纳一年的维修、养路、油耗以及人工工资开销等折算，然后根据乡镇面积、乡镇与区政府的距离测算出来的。

据西湖区纪委监察局陈主任介绍，通过车改，整个西湖区乡镇街道机关车辆交通费支出平均下降 23%。不过，陈主任也表示，车改优势或许只能在乡镇以及区级政府范围内得以显示；而市直机关人员比较多，工作半径也大，公车货币化的话，财政支出可能更大。而且，更为麻烦的是，以杭州西湖区为例，2001年光驾驶员就有400多个，全省则有数千人，要想全部内部消化也是很困难的。事实上，早在几年前，宁波曾就市直机关公车改革作过论证和调研，并制定了相关方案，就是考虑到还有其他因素，至今没有实施。主要原因在于，和乡镇相比，市直机关的改革涉及的部门繁多，人员关系复杂，不好处理。另外，对于有些单位，像司法机关、行政执法单位，取消公车是不现实的。还有，车贴名正言顺地进了公务员的腰包，群众会以为公务员在不断发钱。这样一来社会舆论压力也很大。

陈主任坦言，车改大范围推广的阻力会很大。其实，乡镇车改前在听取下面意见时，就听到不少反对意见，而且主要是各单位的一把手反对。毕竟改革触犯了一部分人的利益。一位全国政协委员也表示，让既得利益的人来制定削减自身利益的方案，这从制度上来说是完全不可能的。据了解，为了防止实行车改后，有关人员利用职务向企事业单位借车，或报销、索要租车费，杭州西湖区纪委、监察局等都作出了相关规定，但据某地居民反映，当地过年过节的礼品又多了一样——汽油票，这恐怕也不是车改所愿。

"自我革命"的呼吁

对于"车轮腐败"，当前群众的意见主要集中在超标配车、维护费用昂贵、公车私用等问题上，这些应该是公车改革的核心问题。但是，各地试行的实际改革办法大多采取的是"取消公车，代以补贴"的"彻底革命"。而且，人们把车改效果更多聚焦在所谓节省了开支上。数字的确可观，杭州西湖区S镇和C街道两个车改试点，2002年机关车辆交通费的支出比2001年分别节约50.06万元和5万元，同比下降70%和25.6%。

但有专家认为，这种减法太简单了。将以前的购车费、修车费、汽油费、路桥费、司机工资等总费用，减去车改后的车贴总数之"差"，就成为"节约数"了。这个"差"值固然往往较为庞大，但是，是不是真值得喜，得看那个"被减数"是不是合理合法。有学者撰文质疑，翻阅中央以及各级政府有关公务用车制度的规定，乡镇一级领导并无专车待遇，如今却大小领导人手一份车贴，有的接近3 000多元，甚至比工资还多；"专车配置"，变成了名正言顺的"车贴"，"公"和"私"似乎又模糊起来了。该文章认为，公务活动使用公车本来合情合理，如今废止公车制度而改为发放车贴，看上去是经费包干、超支自负，钱是不会多花了，可是只要在公务活动上打了折扣，只要与"公车私用"的做法相配套的监督执行不力，新的纰漏很快就会滋生。

国家行政学院一位教授认为，决策者必须代表大多数人的利益，决策者要从这个高度来下决心取消各种有形和无形的特权，寻找"自我革命"的力量。

另外一位教授也认为,如果不改变权力造成的特殊化思想,不建立公务员的服务意识,病根不去,车改很难取得预想的效果。在这位教授看来,公车改革和公费电话改革有一个相似的轨迹,当手机还是一种奢侈品的时候,大量公费手机开支很快超过了财政和民众能够忍受的底线。但随着手机迅速普及成为普通消费品,政府又采取了定额报销通信费的措施,手机随之很少再进入反腐议题。因此,公费手机的改革轨迹正是公车制度的未来。他认为,要克服当前公车改革所面临的种种问题,可以通过政府财政公开和个人约束来实现。一个透明的政府财政公开制度,可以使大家看清楚公车的预算和使用中,哪些开支是合理的,哪些是不合理的。

【情景模拟】

假设您是杭州市西湖区纪委副书记司生、S镇纪委书记徐华,以及S镇和C街道两个车改试点的主要领导人、普通干部、公车司机以及一名普通公民,您将会如何对待或评价本案例所涉及的"公车改革"?为什么?

【案例思考】

1. 从公共行政学的角度看,本案例所反映的是一件什么事件?
2. 西湖区基层政府公车改革的动因主要有哪些?
3. 该次改革有无值得推广的经验?是否存在一些问题?
4. 结合我国国情及国内外有关经验,谈谈我国政府公车管理的发展趋势。

案例2　武汉市治庸问责风暴速记[①]

风暴顿起

2011年4月6日,一场"风暴"在武汉市刮起。

在这一天,武汉市委十一届十一次全会决定,在全市掀起"责任风暴",

---

① 主要参考文献:(1)彭磊,《治庸风暴大事记》,《长江日报》2011年7月30日第2版;(2)杨文平、杨爽、张雪雨,《武汉治庸4月:成效明显 全国关注》,《长江日报》2011年7月30日第2版;(3)石破,《"治庸风暴"能否治庸?》,来源:《南风窗》,日期:2011-06-06,http://www.nfcmag.com/article/2927.html;(4)陈凌墨,《治庸一年,武汉问责812人》,2012年4月6日05:36 来源:荆楚网-楚天都市报,http://news.sina.com.cn/o/2012-04-06/053624228088.shtml 2;(5)褚朝新,《武汉问责风暴专治官员慵懒散》,《新京报》2011年4月28日第A30-31版。

实施"治庸计划",切实转变干部作风,努力打造全国发展软环境最优城市。市委书记阮成发要求,彻底转变部分官员"庸、懒、散"作风,优化城市投资环境。为此,阮成发决定发起"治庸"问责,并且当地还在酝酿加强公务员考核制度。

随后,武汉成立了成立了由市委书记、市长等7名市委常委组成的市治庸问责、优化发展环境领导小组,下设市治庸办和市优化办两个办公室。其中,市治庸办设在市委组织部,主抓整治公务人员"庸懒散";市优化办设在市纪委,主抓优化城市发展环境。据了解,针对官员作风,"治庸办"重点是要解决十个方面的问题:得过且过;工作推进不力;创新能力不强;有令不行、有禁不止;不作为、慢作为、乱作为;业绩平庸;谋人不谋事;纪律涣散;贪图享受;"走读"现象严重。

4月11日,武汉正式开通"治庸"投诉热线,接受群众举报投诉庸官、懒官和散漫官。次日,湖北媒体在报道时声称,"治庸"投诉热线热得发烫,两名工作人员轮流接听记录,"连吃饭的时间都用上了"。根据统计,当天共接到各类举报、意见等167件次,其中投诉举报类144件次,反映不作为的88件(次)、乱作为的23件(次)、慢作为的14件(次)、服务态度问题的5件(次)、纪律涣散的1件(次)、其他问题的13件(次)。

4月12日,由武汉市"治庸办"与媒体组成的暗访组,走进该市8个局3个区的14家职能部门,实施"治庸"。武汉市"治庸办"暗访了该市14家职能部门,发现上班迟到、上网、玩游戏、炒股、聊天和脱岗等现象29起。

4月18日,武汉市治庸办通报了首轮治庸处罚结果:责令作出书面检查的23人,通报批评的34人,诫勉谈话的14人,调离现职工作岗位的7人,辞退的1人,扣除当月绩效奖金的4人,扣除全年绩效奖金的1人,取消年度评优评先资格的8人,停职反省一个月的2人,并责成6个相关单位主要负责人作出公开检讨。该办特别强调,39人均受到2项以上的问责处理,最多的一名工作人员共受到6项问责处理。

外界评论,武汉"治庸风暴"来得快、来得猛。

上班吃早点与炒股软件

4月14日,在市房管局下设武汉市房产登记发证中心的支部书记办公室里,一名年轻女工作人员哭得一塌糊涂,扯了一大堆纸擦眼泪。其中缘由是,在4月12日那场暗访中,她被认定为上班迟到。据市房管局督察室李主任介绍,那天房管局下属的各事业单位共有6名工作人员被发现迟到、上班时间化妆、看微博或吃早点等。其中,吃早点的工作人员被勒令停职反省一个月,调离岗位,看微博也被调离岗位。6人员还被处以经济处罚。处理最重的是上班吃早点者，经济损失近万元。看过6人写的书面检查后，李主任说，有两份让他落了泪，"这些人生活也很难，找个工作不容易"。

4月21日上午，武汉市房管局督察室李主任与另三名房管局官员分成4组，在办公楼内对所有办公电脑进行检查，看是否还有游戏软件。在李主任的指挥下，该局负责网络的工作人员清理了所有办公电脑内的游戏、股票等与工作无关的软件，保留了用于发布工作信息的内部QQ群。检查完毕，李主任还让每个人签字，"电脑内的游戏和炒股软件已经被删除，承诺以后不自己安装，一旦发现安装游戏则严厉追责"。

此外，市房管局还加强了考勤制度。单位原本规定8点30分上班，被通报批评后，要求公务人员至少8点20分到岗。李主任解释说，"你8点30分到岗，配置不好的电脑开机还得一会儿，怎么保证8点30分就能给老百姓办事？所以，必须提前10分钟到办公室"。为约束公务员们按时上下班，该局还新购3个指纹打卡机，上下班都必须指纹打卡，禁止迟到早退。

李主任是派驻武汉市房管局的纪检副组长，人事关系在武汉市纪委，虽然是武汉市纪委派驻的，"但饭票是房管局发"。参与"治庸"后，他向局长表达了担心，自己做了这些事情后，会得罪全局的同事，年底民主测评可能会倒数第一。不过，李主任又说，自己56岁了，快退了，也不怕。

武汉市城管局也有员工上班时玩游戏被问责。该局一位张姓副局长则说，武汉市没有要求经济处罚，所以该局没有扣被通报者的钱，仅调离岗位。但此处理结果上报数日后，张局长发现该工作人员仍在原岗位。有关部门负责人解释说，"他们还在做思想工作"。对此，张局长曾在一个内部工作会议上说，"有些人太不敏感了，这个时候还要做思想工作。如果暗访组杀个回马枪，那怎么办"？

在武汉市设立治庸办后，市政府下属的每个局也各自设立了治庸办。张局长兼任市城管局的治庸办主任。她说，市里开过会后，在局内也提前"打了招呼"，结果还发生这种事，说明有些问题积重难返。不过，武汉市城管局也在积极应对治庸风暴，也派出暗访组内部自查。张局长还派人坐在食堂，看哪些人提前到食堂吃饭，第一次发现提醒，第二次发现问责。与此同时，据该局一名工作人员透露，该局在被通报后，成立了一个应对市里暗访的预警机制。凡进入大楼者，都要登记。值班的保安，如果发现疑似暗访人员，要乘暗访人员等电梯或上楼的间隙，找机会报告给保安主管或局办公室。

不过，城管局的张局长表示不知有预警的说法。她说，"如果真有这种说法，是错误的，不管暗访不暗访，都应该保持正常的工作纪律"。

风暴动力

东湖开发区华灿光电股份公司副总裁叶生很高兴能看到武汉这场"治庸"风暴。他正在为当地的投资环境伤透脑筋。按政策,他所在公司去年应该得到政府数千万的补贴,但至今一分钱都没拿到。对此,叶生自然是颇有怨言——"有些部门动作太慢,兑现得拖拖拉拉,不爽快。"武汉半岛重工股份有限公司业务经理江哲也遇到类似的麻烦。他请武汉供电设计院设计一个工程供电方案。本该7个工作日内完成的方案,拖了一个多月还没做出来。他说,"再不送电,工人就要退场了"。

其实,转变官员作风,优化投资软环境正是武汉"治庸"行动的核心原动力之一。武汉市是九省通衢,内陆特大型城市,传统老工业基地,高校数量全国前三,但经济发展一直上不来。以前,武汉人曾抱怨国家在改革开放后,先发展沿海地区、东部地区,给中部地区政策不够。但现在国内各地的政策优惠已然趋同了。事实上,当初所谓的鼓励非均衡发展的政策,国家也给过武汉,如东湖开发区和沌口开发区的设立、"全国两型社会建设综合配套改革试验区"的设立等。在这种情况下,问题根源慢慢显露出来,就是武汉自身的投资环境不行,公务员服务水准不高,办事效率低。正是因为如此,武汉投资环境一直不算理想,不光世界500强来得少,与广州、杭州等经济发达城市相比,武汉的中国500强企业数量也不多,整体经济规模偏小,经济效益也不够好。

武汉这种投资环境形成的一个重要的原因就在于政府本身办事效率太低。2011年春节刚过,武汉市曾就投资环境进行了一个多月的调研,同时委托媒体专题采访,并在此基础上形成了一份专题调研报告。媒体调查显示,40.5%的企业认为优惠政策难以兑现;有的部门巧立名目,自行设定各种收费项目,难管的事情不管,有利可图的事情抢着管。调查还显示,当地行政收费多,在武汉交通部门尤为突出;路桥费多而杂、人为设置"罚款陷阱"等现象大量存在。此前由武汉市政协组织的一次调查也表明,32%的受访者认为武汉行政执法人员自由裁量权过大,同样的罚款少的500元,高的数万元;而近1/4的受访者认为,涉企行政检查中存在着乱收费、乱罚款、乱摊派、吃拿卡要、重复检查等现象。

报告出来后,武汉市委书记阮成发在一次工作会议上说,"我连续几个晚上看调研报告,看后几乎彻夜难眠"。而令阮成发同样担忧的是以下一串数字:在全国19个省级、副省级城市中,武汉2010年的地区生产总值仅为上海的33%、北京的40%,广州的52%……工业总产值在19个省级、副省级城市中排名第13位,利用外资排名第11位,城市居民人均可支配收入居第14

位……武汉建立综合配套改革试验区已有3年,但多个指标在19个省级、副省级城市中仍排名靠后。目前,副省级城市中,还不是"国家环保模范城市"的只剩下武汉等4个城市;武汉连续三届申报文明城市,都因前置条件不够而没有申报资格。

武汉市本轮治庸风暴的另一个动力或许源于政治人物的自我期许。正是2010年因为同时开工5 500多个建筑工地被起绰号"满城挖",却坚定表态"建设不会停止,我会顶着骂名继续下去"的武汉市委书记阮成发强力推动了这次"治庸"行动。武汉"治庸"具有鲜明的"阮氏风格"。

一个或许相关的背景是,2011年4月2日,在湖北省委、省政府召开的武汉办公会上,湖北省委书记李鸿忠提出"长子计划",他将武汉喻为湖北的"长子"。李鸿忠书记指出,再困难也要扶"长子",穿草鞋、穿布鞋的,要把好资源供给穿皮鞋的。"长子"出息了,要带领兄弟们冲出去、去谋生发展,带动"全家"。他要求,全力支持大武汉复兴。4天后,阮成发就在武汉发起了"治庸"风暴。虽然如上所述,有关投资环境的专题调研报告业已使得阮成发"几乎彻夜难眠",但时间上的巧合,这一政策举动难免不被看做阮成发对此次省委领导青睐武汉的回应。

事实上,随着长江经济圈新一轮发展由上海向武汉、重庆转移,湖北省委、省政府也急于发展武汉,以便发挥龙头老大对全省经济的带动和辐射作用,一批大型、超大型项目都放在了武汉周边。而新上任的武汉市委书记阮成发对省委领导也特别尊重,省市关系进一步和谐。武汉"治庸",自然也可以视为阮成发对省委领导期待、厚爱的积极回应。50多岁的阮成发,年初由武汉市长转任市委书记后,对自己的仕途应该还有一个内心期许,希望在官场上做出更大成就,留下更好名声。

实施机制初养成

问责治庸能持续多久,是武汉人最关注的问题。治办庸一名官员说,治庸工作刚刚开头,还没有太多的成绩,宣传得太多,老百姓会认为政府是在作秀。毋庸置疑,武汉治庸都是按照市委书记阮成发等人的指示和讲话进行的。在坊间也难免会有这样的疑问:武汉官员说起治庸,言必称阮成发,如果阮成发不久调走了,武汉的治庸还继续吗?事实上,在武汉掀起的这场治庸风暴中,最后一个环节就是如何建立长效机制。阮成发在一次会议上说,"绝不是搞形式、走过场,刮一阵风就完了"。事实上,在经过初期近4个月的探索之后,武汉市治庸问责工作业已初步形成一套较为规范的运行机制,突出"问题导向"、制度创新、民评民议、严肃问责四个重点,按照预定目标有效推进,取得阶段性成效。

行政案例分析

【问题导向】

据新华社2011年5月30日报道,武汉市在经济发展、城市建设管理、改善民生领域确定选人用人、保障性住房,到交通秩序、城市环境等百姓反映强烈的"十大突出问题"作为首批突出问题进行整改,目标是"三个月见成效、半年得到根本好转"。十大突出问题包括整治选人用人不正之风、确保换届风清气正;全市区级政务服务中心改进服务提升效能;政府职能部门与中介机构彻底脱钩;加快推进保障性安居工程建设;整改环境卫生脏乱差问题;整改交通秩序混乱问题;窗口地带综合整治;整治"麻木"、"摩的"、"黑的"营运;整治"砖砂石霸";提高免费便民自行车服务水平,整改自行车车道缺乏问题。

2011年5月30日,武汉市治庸问责优化环境领导小组办公室召开新闻发布会,由四位分管市领导领衔,11个职能部门、三个相关区委、区政府"一把手"集中亮相,针对上述十大突出问题,分别作出限期整改承诺,接受社会各界监督;承诺不兑现、问题不解决的,将被坚决问责。6月起,市优化办派出五个督察组,每组负责督察两大突出问题,不间断地明察暗访。据各督察组反馈,十大突出问题整改均在积极推进,部分问题已见明显成效。

【民评民议】

武汉市将民评民议工作贯穿于治庸问责、优化环境全过程,无论是突出问题整改、制度创新还是严格问责,无论事前决策、事中监督,还是事后评价,每个环节都注重听取群众意见,邀请人大代表、政协委员、群众代表全程参与,媒体全程跟踪。

期间,武汉市对全市70个部门和行业进行了评议。主要开展"四评":评效率(看被评单位是否制定最优工作标准和审批流程,实现"零障碍、低成本、高效率"),评公开(看是否将需要重点解决的问题、整改措施及整改后新的工作标准向社会公示),评服务(看是否落实便商、便民服务设施和措施),评整改(看是否认真查处行政不作为、乱作为、慢作为等行为),评议结果将作为评定各单位、各部门工作成效的主要依据。

同时,该市还把对市管干部"庸、懒、散"测评作为治庸问责的一项重要措施,对测评的内容、方式、程序、参加测评人员范围、测评结果的运用等做出了明确规定。对民主测评中处于B、C、D三个等次的干部,经组织考察属实的,严格按照规定进行处理,从诫勉谈话、岗位调整直至免职、降职。目前结合换届,已对13个区的市管领导干部进行了"庸、懒、散"测评,测评结果将作为干部进退留转的重要依据。

【制度创新】

武汉市要求,对照全国最先进城市标准,对各自的审批流程进行优化再造,减项目、减时限、减费用,真正做到审批项目最少、程序最便捷、收费最低、效率最高。其中,工业项目审批的新流程是重点所在。首先,将繁杂审批流程整合为四个阶段。经过优化再造的工业项目行政审批流程,将工业项目开工之前的繁杂审批流程整合为注册、立项、供地、建设四个阶段,分别由市工商局、市发改委、市国土规划局、市城建委牵头主办,并将13个审批事项集成起来并联审批。其次,审批工作日最高从500个减至60个。通过流程再造,工业项目审批环节由原来的31个减少到14个,涉企收费免征或减征13项,市级审批权限大幅向区下放。工业项目落地的纯审批时限为15个工作日,加上法定的土地招拍挂和工程招投标时间,最长时限为60个工作日。而此前,最长达500多个工作日。最后,在优化再造工业项目审批流程的同时,武汉市行政审批制度整体改革也围绕减程序、减时限、减费用同步推进。期间,行政审批事项从748项减为339项,行政审批平均提速超过50%,31项行政事业性收费项目实现免征,并率先在全国实行工商注册登记管理"零收费"。此外,作为构建治庸问责长效机制的重要环节,武汉市还启动部署公务员岗位责任制试点工作,在初期确了定市林业局、市公安局出入境管理处等7家试点单位。

【严肃问责】

2012年4月6日,武汉市开展"治庸问责"行动整一年。来自该市治庸问责办的统计显示,截至2012年3月底,全市共问责812人,涉及局级干部16人,处级干部142人,平均每天超过2名干部被问责。一年来,武汉不仅查处了汉南区副区长万某滥用职权侵吞国有资产和受贿案、市国土规划局处长黄某等人受贿案等一批典型腐败案件,同时对不作为、乱作为等坚持"小题大做",查处了个别区文体局行政许可中擅自收取费用、市林业局某站负责人上班时间打牌赌博等不作为、乱作为的案件。据了解,2011年全市被问责的760名党员干部中,70%以上都是因为"小问题"受到追究。

"治庸问责"正在成为武汉市反腐倡廉的强大推动力。数据显示,2011年,武汉市全市纪检监察机关共受理信访举报超过1万件(次),同比上升503%;查办处以上党员干部97件,同比上升36%;查处"一把手"违纪违法案件56件,同比上升24.45%。对此,武汉市治庸问责办负责人表示,"治庸问责一年,取得的最大成就,是实现了干部作风的转变,唤醒干部的责任心,增强了干部的责任感"。一年的实践证实,各部门在作风转变上有起色,在解决群众问题上有行动。

法治问题

"治庸"行动的全称是"掀起'责任风暴'、实施'治庸计划'工作",确实也具有风暴性运动的特色,自上而下的发动,各部门纷纷成立相应机构,短期内保持高压态势,宣传,发动,讨论,表态。阮成发书记就曾要求,这场风暴"必须以摧枯拉朽之势,席卷全市上上下下的每一个层次、每一个角落、每一个岗位、每一个干部"。

对此,武汉一位法学专家认为,"中国式治理"很多都是这样的,"动不动成立非常设机构、临时机构,慢慢就演变成实质上的常设机构,加大了国家机器运行的负担和成本"。另外,报纸上公布的武汉公务员十种所谓典型的庸、懒、散现象,姑且不说这些现象是模糊的,缺乏界限的划分,它也没有区分公务员队伍的不同类型,无论如何,"你不能用一个'庸、懒、散'针对所有的大公务员系统,党政部门与事业单位、国有企业有不同的运行规律,不能作简单的统一要求"。

事实上,长期以来,国内公务员队伍工作水准的平庸、工作热情的缺乏、形式主义和文牍主义的盛行,既与整个体系的设计有关,也是官场多年的熏陶、训练与经验所得。要想靠一场"治庸风暴"将其改变,殊为不易。此外,上述那位法律学者还强调指出,"武汉的'治庸'行动,是党委总揽一切,以党委部门来发动风暴,这与法治观念不相符合。党委要依法理政,政府要依法行政。那么,是谁授权你发动'治庸'行动的?武汉市成立的'治庸办',谁给了他职权,是人大、党委会,还是市委书记?这里有合法性的问题。另外,每个公务员也是有自己的权利保障的,是有个人尊严的,不能动不动用民意的标准去羞辱他。什么样的行为对应什么样的责任,通过什么程序去追究,都要照章办事,万一把他治错了呢?他怎么救济他的权利,怎么申诉?整个这套体系是完全没有的"。

武汉大学的一位法学教授也认为,吏治问题是中国几千年的痼疾,新中国成立以来总在不断地寻求改革方式,但总是陷入一种机构臃肿—精简—再臃肿的循环怪圈。其根源在于,现有的社会治理方法是将一切纳入体制之内,由于社会事务越来越多,政府部门规模不断膨胀,也会制造越来越多的问题。由此,政府在该管和不该管之间经常处于错位状态,不作为和乱作为的弊病并存。这位教授认为,"官僚队伍的惯性就是趋向于被动做事。做事第一需要精力,第二需要钱,第三做事多可能出问题,第四还可能讨不了好、反而得罪人,所以他会选择不作为,但另一方面是乱作为。中国这么多年发展,打着改革创新的名义,浪费社会投资,重复性建设,破坏环境和资源,这样的例子多了。创新不具备当然的美誉,要看它是不是在法律范围之内的,如果创新超越了人民对你的控制与制约,说不定会把人民拖到深渊去"。

由此,治本之策应该是建立开放的、真正对人民负责的政府,确保人民有权监督政府的工作,有权批评政府。假如人民不知道政府在做什么,就不知道政府做错了什么。

【情景模拟】

结合案例材料和国情,假设您时任武汉市委书记阮成发、派驻武汉市房管局的纪检副组长李主任、东湖开发区华灿光电股份公司副总裁叶生、武汉市城管局一名办公室科员、一位普通市民、一名行政学者,您将如何对待和评价武汉市的问责治庸风暴?为什么?

【案例思考】

1. 从公共行政学角度看,本案例主要反映了一件什么事件?其基本构成要件是什么?
2. 结合国情与公共行政学相关理论,试分析当前我国行政机关公务员工作作风的基本现状及其影响,并分析其形成的主要影响因素。
3. 根据案例材料和相关国情,试分析武汉市治庸风暴的实施过程及其效果。
4. 结合案例材料和国情,分析武汉市治庸风暴得以实施的主要动力机制,预测其可能发展趋势,并谈谈可能的经验与启示。

案例 3　　政府大楼统一经营管理尝试[①]

在 N 市,从市委书记和市长开始,曾经紧锣密鼓地进行了一场力度空前的改革。在这场改革中,所有政府部门和事业单位都得为其办公大楼的使用交付租金,这还只是改革的表象。在这背后进行的,是行政和事业单位的全部国有行政事业性资产的移交,包括或豪华或简陋的办公大楼、出租的门面、主办的经济实体、培训中心,等等。对各单位来说,这无疑将是一场艰难而痛苦的移交。移交的对象是 N 市一家 2002 年 4 月份成立的公司——威宁公司。据称,威宁公司的名字,就是时任 N 市市委书记李先生起的。他希望"威宁"能威震 N 市,在国有资产管理制度改革中杀出一条血路。

---

① 主要参考文献:黄广明,《政府大楼"收归国有"?》,《南方周末》2002-08-08。

初 衷

　　这场变革的初衷，起因于一个在全国颇为普遍的现象，即政府部门各单位之间的"贫富不均"。早在1998年，N市市长林先生就接到大量反映——不同单位的公务员待遇差别过大，引发矛盾；同时一些"好单位"的领导不服从安排，不愿到"差单位"任职。于是，林市长便指示财政局调研此事，拿出解决的办法。财政局的调查结论是，公务员的待遇差别过大，并不是财政方面出了问题，根源在于各单位不平等地占有国有资产，通过这些资产创收，形成了各自单位的小金库。谈起这一点，N市档案局一位局长甚至于有些愤忿："大家都是公务员，为什么差别这么大？"

　　这种单位之间的苦乐不均，首先表现在各单位发放的"福利"不等（国家规定的工资津贴是大致相同的）。"好单位"平均一月超过千元，而"差单位"能保住工资就不错了，以致不少职工都眼红人家发钱，埋怨自己进错了部门。另一个表现是办公条件的差异，N市一个仅有110多人的单位，却建设了1.5万多平方米的办公场所，比国家计委规定的人均办公面积最高标准还要高出几倍；有的单位领导办公室有半个篮球场大，室内陈设豪华；而在"是清水不是衙门"的档案局，局长办公室只有十来平方米，木制办公桌窄小而陈旧。能够按时发放工资，对于这些单位而言，已经是皆大欢喜的事情。

　　其实，这两种表现在某种程度上具有共同性。道理很简单，拥有超标准大楼的单位，可以利用他们多占有的资产，以出租等方式获取利润，充实"小金库"；而这种小金库正是职工福利的重要来源。更为严重的是，如果"小金库"是为单位职工谋福利倒罢了，有的却是变成了个人的利益。比如，某单位办公室主任利用分管工作之便，将单位铺面以每月500元的价格租给其亲属，其亲属稍作整修，立即以1 700元转手，而到第三次转手时，租金已涨到3 500元；另一单位低价出租铺面，合同一签就是26年，超过《合同法》允许的最高年限，由于租金是一次性交清，相当于本届局长把以后五六任局长的钱用光。某单位把市中心的地卖掉，到郊外建楼，实际上是代替财政自行行使财政分配权，但由于此中财政无法监控，国有资产大量流失……

　　导致这些现象的原因其实很简单，虽然各级行政事业单位的资产均属国有，但是在实际操作的过程中，却是由各单位来占有和使用的。这样，无形之中就变成了实质上的单位所有。在这种现状下，利用国有资产谋取单位利益和个人利益，便成为顺理成章的事情。这部分国有资产的数额是惊人的。据财政部有关资料，2002年中国国有资产存量有近10万亿元之巨，其中行政事业性资产总额3万多亿元，超过总资产的30%。在N市这样的大中城市比例更高，往往达到50%。

正是这场调研，引发了这场轰动 N 市的改革。而如何对待数额庞大的行政事业单位国有资产，成为这场改革的中心内容。

醉翁之意

2002 年 4 月 16 日，N 市威宁资产经营有限责任公司正式成立。改革设计者的基本思路是，必须改变国有资产实质上归各单位所有的现状，还其国家所有的本来面目。但是，国家所有显然仍然需要一个具体的载体。在 N 市，这一载体，便是作为市政府委托方的威宁公司。可能很少有一个新成立的公司能够像威宁公司这样，"凭空"拥有如此庞大的资产。据 N 市预算外资金管理局 2002 年 2 月的摸底，该市党政机关、事业单位、人民团体的房屋、土地及铺面资产账面价值为 13.74 亿元，考虑到部分单位不愿如实填报，估计这个数字只有实际数值的 60%～70%。而且，这基本上是原始价值，很多单位上报的数字是早年行政划拨的入账金额，如按当前市值重新评估，估计会超过 30 亿元人民币。也就是说，威宁公司所拥有的资产，将超过 30 亿元之巨。以至于有人说，真是横空出世了一个"巨型恐龙"。

在官方表述中，威宁公司的职能是将 N 市市本级党和国家机关、人民团体、事业单位占有和使用的国有房屋、土地、铺面等国有资产以及相关经济实体，全部移交给该公司来进行统一管理、营运。具体来讲，威宁公司有权决定授权范围内国有资产的重组，包括转让、租赁、拍卖、兼并、联合、开发经营等活动，优化资本结构和资本配置，盘活国有资产。一个简单的例子是，原来不少行政事业单位各自出租给商户的铺面，现在要由威宁公司统一挂牌竞价招租，公开而透明。改革设计者认为，此举既有利于实现国有资产收益的最大化，也有利于防止腐败。

毫无疑问，作为一家企业，威宁公司的目的在于追求效益的最大化。那么其收益作何用途呢？据了解，作为一家国有独资企业，威宁公司设计了国有资产的价值补偿机制，除了像其他性质企业一样向国家交纳税收外，还统一向财政上交国有资产收益、"非转经"（非经营性资产转为经营性资产）国有资产占用费、土地出租收益金和利润、折旧基金等，可以说所有利润都上缴财政，财政再用这笔资金统一分配。譬如，原来由于各单位占有国有资产数量不一等原因，各单位职员的福利也大不一样，造成国家公务员实际收入千差万别的现状。改革后，财政可以利用威宁公司统一经营所得的收益，统一发放公务员福利，将各单位公务员由"单位人"回归为"国家人"。

值得一提的是，包括办公大楼在内的国有资产收归威宁公司统一运营后，原来在此办公的行政事业单位也与威宁公司形成一种租赁关系，即使是 N 市市长的办公室也要交租金。机关办公要交租金，这无疑是一个观念上的巨大革新，不少人士表示"没听说过"。但改革设计者却有一番理由：单位无偿占用财政资源自然产生内在的扩张欲望，引发单位间互相攀比，争项目、争资金，造成了资源的闲置和浪费，同时也加剧了财政资金供求的矛盾。尽管改革后租金实际上还是由财政来出，但这种经济关系的建立有助于培养机关单位的付费意识，通过经济手段促使单位节约办公资源，克服互相攀比。至于节约调剂出来的房子，还可以安排给没有办公场所或办公用房紧张的单位使用。

在不少人看来，威宁公司所做的这一切，从某种程度上说，实际上是一种单位平均化运动，让各单位回归到吃大锅饭的状态。但这显然不是改革设计者的真实想法。按照国家规定，公益性资产是不能对外抵押、担保的，但是，将这些资产转交给威宁公司运作以后，原公益性资产就变成经营性资产，自然就可以进行抵押、拍卖等资本运营。所以，威宁公司成立的目的，除了租赁等资产经营手段外，更大的目标在于资本经营，在于投资融资，将死资产变成活资产，实现最大程度的增值，为 N 市的经济建设和城市建设服务。其实，与威宁公司成立相关的一个政策背景正是 N 市最近提出的"136 工程"，即城市建设面貌要 1 年一小变，3 年一中变，6 年一大变。如此大规模的工程，各种项目初步匡算需要 200 亿元的资金，仅靠财政显然是不够的，只有向银行贷款，或者招商引资。但市场经济下再不能搞长官意志，银行贷款要考虑风险和担保，这样，威宁公司就成了一个资金运作的平台，它以其巨大的可经营的行政事业性资产作抵押，让政府的项目与银行和社会资金实现对接。

据透露，威宁公司的长远目标还包括争取上市。这，可能才是威宁公司成立的"醉翁之意"。

争　议

然而，不管改革设计者的初衷如何，关于这项改革的争议和阻力却非常明显。

30 亿资产运营公司可以在一夜之间横空出世，但这笔巨额资产显然不是天外来物，而是牵涉到利益格局的重大调整。对此，威宁公司总经理胡先生形容自己是在"抢人家的饭碗"，有人提醒他"把市里的主要干部都得罪了，小心待不下去"。表面上，大多数被收回资产单位的人士都表示，"拥护市委市政府的改革决定"，但是，实际情况却不是这么简单。

由于多年来形成的思维定势，许多单位领导认为手中的"自留地"是自己的。一位单位领导痛心地指出，"这是我们几十年来苦心经营的资产，现在要统统交出来了，全国都没有收，为什么 N 市要收"？无独有偶，谈到这场改革时，N 市某局办公室主任显然心有不平，"谁敢不拥护，我们算什么"！

据介绍，在威宁公司接收资产的过程中，有些单位拖延、不配合，不提供资料，持观望态度，认为早交早吃亏。而针对这场改革的质疑也是五花八门：今后单位的门窗坏了谁修？招待费、老干部活动经费谁来出？（不少单位的这笔钱是正是从"小金库"中支出的——笔者注）收回了"小金库"，威宁会不会成为政府的"大金库"？

在所有这些问题中，有一个问题颇为尖锐：既然是企业，便有可能经营得好而赢利，也有可能因经营不善而破产倒闭。所以，如果威宁公司要是经营不善把办公楼都亏进去怎么办？对此，胡经理的解释是：任何事物都不可能十全十美，一项改革如果是利大于弊，改革就是必要的。威宁公司为政府项目融资抵押，当然有风险，政府应该对自己的任何经济行为负责。但是，如果政府决定一定要对外担保融资，它不用单位的资产，也会用财政其他的资源，或者是变相的财政担保，最终都会危及财政；而用财政其他资源或财政变相担保是相对隐秘的，政府没有立即感觉到切肤之痛。恰恰相反，用各单位办公场所对外融资担保，政府才能感觉到危机，才能在融资担保时谨慎决策。从这个角度分析，还有利于约束政府盲目融资担保的行为，提高其决策水平。因为，政府肯定会尽力避免出现一座政府大楼被抵押后"亏掉"的情况。

尽管存在许多议论，但在 N 市市委市政府坚定的推进下，改革整体上很顺利。从 2002 年 4 月 24 日至 6 月 20 日，短短两个月内，第一批移交资产的市委、市人大、市政府、市政协、财政局、审计局、规划局等 25 个单位就已经基本移交到位。不过，这并不能掩盖另一个急需解决的焦点问题，即谁来监督威宁公司？作为一家大型国有企业，威宁公司自己如何避免国企的弊端——例如，如何防止国有资产流失？以前是分散腐败，现在会不会造成威宁的集中腐败？对这些问题，威宁公司的回答是：公司对接管的资产实行专业化管理，例如，对铺面实行公开挂牌竞价出租；在公司组织制度方面，实行现代企业法人治理结构，实行董事会、监事会、党委和经营班子相互制衡，市财政局派驻财务总监对公司的资金流动、财务状况进行全面监管，公司内部有一整套的内部管理制度和制衡机制，从组织上保证国有资产不断增值而不流失，不会出现由分散腐败变为集中腐败。但是，还是有不少人士认为，关于威宁公司监控的问题，实际操作的困难可能比预想的大得多，像其他国有企业一样，威宁公司面临着"所有者虚位"的先天缺陷，如果这个问题解决不好，这场用意良好的改革的实际效果将会大打折扣。

【情景模拟】

结合案例材料和国情，假设您时任 N 市市长林先生、威宁公司胡经理、N 市财政局局长、档案局局长、一位普通市民、您将如何对待和评价该市将政府办公大楼统一经营的改革措施？为什么？

【案例思考】

1. 根据公共行政学理论，本案例所反映的主要是什么事件？其基本构成是什么？
2. 根据有关原理，分析 N 市这次事件发生的基本动因。
3. 结合我国行政改革实践，谈谈本案例中值得借鉴的经验与可能存在的问题。

案例 4 财政部政府采购监管责任官司两例

例一：政府采购第一案

据北京青年报 2003 年 5 月 21 日报道，由于认为国家卫生部和发改委在采购国家医疗救治体系项目的物资中有违法行为，而负责监管政府采购的国家财政部接到投诉后行政不作为，北京 W 经贸有限公司一纸诉状于 2005 年 5 月 20 日把财政部推上了被告席。北京市第一中级人民法院开庭审理了此案。法庭上，原告企业经理王先生说，发现卫生部在采购血气分析仪过程中放着质优价廉的设备不选，却选中了定价高出 40% 的厂家同类产品。他所代理的 W 公司拿着投诉信在发改委和财政部之间来回转圈子，正是由于政府部门"踢皮球"，原告在没有办法的情况下才向法院起诉。据悉，此案是 2003 年 1 月 1 日我国政府采购法颁布实施后，首例由政府采购引发的行政诉讼案。

庭审焦点之一是卫生部采购血气仪该由哪个部门监管。原告企业认为，政府采购法第 13 条明确规定，各级财政部门是负责政府采购的监管部门。企业投诉卫生部和发改委在政府采购中有违法行为，理应向国家财政部投诉。而财政部的代理人则说，企业投诉的国家医疗救治体系项目是由国家发改委审核并报国务院批准的重大建设项目，采取招投标进行，按照国务院划分的行政监督职责，对于国家重大建设项目的投诉，应由国家发改委处理。接到企业的投诉后，财政部在法定的 30 天内联合发改委召开了协调会，已经把 W 公司的投诉移交给了发改委。

W 公司的代理人说，按照政府采购法第 56 条规定，政府采购监督管理部门应该在接到投诉后的 30 个工作日内，对投诉事项作出处理决定，并以书面形式通知投诉人。W 公司在 2004 年 12 月 21 日和 2005 年 1 月 7 日，曾两次以书面形式向财政部投诉，但是财政部在长达 4 个多月的时间内没有给予原告企业任何答复意见。从这一点上说已经构成了行政不作为。

财政部的代理人反驳道，接到 W 公司的投诉后，他们并没有行政不作为，而是在 2005 年 2 月 23 日，请国家发改委、卫生部等有关人员召开协调会，在会上研究决定把此投诉移交发改委处理。他们也曾多次在电话里和 W 公司负责人沟通过情况，并不是没有给予企业任何答复意见。财政部不存在行政不作为。

对此，W 公司的代理人指出，财政部提交法庭的证据里，没有一份证据能够证明财政部曾给过投诉企业任何答复意见。此案还将进一步审理。

例二：财政部的首次败诉

据中新社北京 2006 年 8 月 31 日电，由于财政部在处理北京 B 公司的投诉过程中，未对投诉事项进行全面审查，北京 B 公司不服财政部作出的政府采购投诉处理决定，于 2006 年 2 月向北京一中院提起行政诉讼。北京市第一中级人民法院 8 月 31 日透露，该院已于 7 月 28 日做出一审判决，以事实不清为由，撤销了财政部的投诉处理决定。这是财政部首次在政府采购行政诉讼案件中败诉。

2005 年 6 月，卫生部就"卫生部二零零四年中央补助地方公共卫生专项资金降低孕产妇死亡率和消除新生儿破伤风项目"进行公开招标。B 公司及江苏 Y 医疗设备公司等单位参加了投标。同年 7 月，Y 公司中标。对此，B 公司提出质疑并于同年 8 月向负责全国政府采购的管理和监督工作的财政部提起投诉。B 公司认为，Y 公司于 2004 年才取得"试"字号注册证，不可能有投标产品三年的销售业绩，不符合投标规定。

财政部受理后，责令 Y 公司提供了投标产品三年内生产和销售业绩的有效证明材料。经调查取证，财政部认定 Y 公司提供的证明材料有效，随后作出《关于北京 B 公司投诉事项的处理决定》。B 公司不服，向财政部申请行政复议。财政部经复议维持了该处理决定。B 公司仍然不服，以该处理决定认定事实错误、程序违法为由向北京市第一中级人民法院提起行政诉讼，请求法院撤销被诉行为。

法院认为，财政部做出的处理决定仅对 Y 公司的投标资料和证明材料是否符合招标文件中的相关规定进行了认定，而对 B 公司关于该公司投标产品是否符合投标规定的投诉事项未予评述，即认定 B 公司投诉无效，事实不清。对此，法院认为财政部所作处理决定应予撤销。

【角色模拟】

假如你是财政部有关官员，你将如何处理材料中背景 W 公司或 B 公司的投诉行为？为什么？假如你是 W 公司或者 B 公司主要负责人，你又将如何处理类似事件？

【案例思考】
  1. 根据公共行政相关知识，两个材料反映的各是什么事件？各自构成要件是什么？二者之间有无关系？
  2. 根据有关规定，财政部在政府采购过程中的主要监管责任是什么？
  3. 对于第一个材料的诉讼，你认为财政部将会承担相关责任吗？为什么？第二个材料中诉讼，你认为法院的判决是否合法？为什么？

第19章
发展行政

一、本章学习目的与要求

说明：通过本章的学习，了解发展行政与行政改革等相关概念的含义，理解行政发展与行政改革的影响因素、发生机制、路径选择、基本措施、运行原则与原理，尤其是要掌握当代中国行政发展与改革的历史路径、基本内容、新近的目标体系与发展取向、可能面临的挑战与发展趋势。

二、本章考核知识点与考核目标

识记：行政改革与行政发展等相关核心概念的基本内涵，行政改革成本与成本-效益分析等重要概念的基本内涵。

理解：行政发展与行政改革的基本路径、功能特征、影响因素、发生机制、基本原理，行政改革成本-效益分析方法的基本原理、运用原则与实施方式，新中国成立以来中国行政改革的历史演变过程及其路径特征、影响因素、动力与阻力机制、目标体系与路径选择、可能面临的挑战与存在问题、发展趋势。

应用：运用所学公共行政学理论知识，分析案例中特定行政改革与发展行为或现象的发生过程、表现形式、影响因素、运行机制、功能特征、实践后果、可能存在的问题及其可能的经验教训与优化应对策略。

案例1　　　　　一场超前的试验[①]

　　这是一场1993年开始的改革。这场改革的试验场是30平方公里的海南省洋浦经济开发区，试验的产品是一个全新的经济体制和政府管理模式。这里积累的经验，后来陆续推上中国政治改革的前台：公务员招考、集中采购、公共财政……

---

① 主要参考文献：张立，《洋浦：一场过于超前的实验》，《南方周末》2002-12-19。

"洋浦宣言"

1993年4月10日成立的洋浦开发区,从出生开始就像一个"试管婴儿"。

据开发区办公室林先生介绍,洋浦是三合一,保税区、经济开发区、自由贸易区,享受全部的优惠政策,"当时中央和省里的构想,是以洋浦带动整个海南特区发展"。洋浦同时承担的还有政治改革的重任。为了创造空间,洋浦虽属海南省政府的派出机构,但经省人大授权,行使地市级政府权力,洋浦设立的审判机关被授予除死刑外的终审权,这一权力已高于省级的高法,在全国也属一个特例。

曾留学瑞士8年,时年46岁的博士江先生就在这种背景下就任"特区中的特区"的行政首脑,正厅级。他在开发区成立典礼上慷慨演讲。"小政府、大社会"、"最小的行政干预、最大的经济自由",是其中的两句话。这篇演讲,后来被称为"洋浦宣言",以后4年间的波澜起伏,在这里都可找到注脚。

迷人的改革设计

据透露,当时的改革方案参考了27个国家的行政管理制度,"设计的原则一是适应市场经济体制,二是合乎国际惯例"。

胡先生是开发区原组织部长兼人事局长。整套的改革方案出自他和江博士之手。据胡先生介绍,开发区当时设立七局一办,公务员一共66人,"这是一个高度精简的'小政府'"。胡的思路是"积极的不干预"政策,尽量压缩政府职能规模,给市场配置资源留下足够大的空间,政府职能基本是对市场机制的拾遗补缺。

小而精的政府机构,事实上行使的是宏观管理与决策功能。执行权力则被分离出来,交给了"法定机构"。"法定机构"是洋浦的创造。胡先生将其定义为:依据法定授权,委托代行部分行政执法性和服务性职能的机构。到1994年年底,洋浦共设立了8个法定机构,负担起社会保障、工商服务、税务征收、运输管理等功能。这一创新被认为是一个重要突破:既实现了职能转变,又精简了行政机构;而决策执行分开之后,责任明晰,相互的监督大为增强。

洋浦模式的另一个特点,是一套以"主办制"和"AB"制为核心的运转机制。人事局王先生就是一个例子,他作为组织主办,负责的工作有组织人事、党建、计生等好几项,"一个人对应省里好几个部门"。作为主办,他就是这几项工作的直接负责人,在局机关里取消了科室,主办是没有下属的"领导",向局长负责。与此相配合的是"AB 制":科室中的两个业务相近的主办岗位,被指定为 AB 搭配,如科教主办和文体主办,每人在一项业务中为主、另一项业务中为辅,相互配合,同时互相监督。

洋浦在 1993 年构建起的这套行政体制,让中央有关部门和专家赞不绝口。作为例证的是,1995 年,中编办常务副主任到海南考察时,准备听胡先生半个小时的汇报,后来听入了迷,"从 2 点半谈到了 6 点半"。

对于洋浦的改革方案,这位主任说:"我们刚刚想到的事情,没料到你们已经做了"。

生不逢时

江博士是 1997 年 5 月离开洋浦的,他的去向是上海市经贸委。在 3 个月后,胡先生被调任儋州市委副书记,两人相继离去。

关于江博士的离去,胡先生的说法是,"他太累了"。在洋浦开发区的历任领导中,江博士任职最长,至今享有很高的威望。洋浦开发区一位干部对媒体说:"他是个想干事业的人啊,可惜洋浦生不逢时,这对他打击可能很大"。

洋浦的确有点"生不逢时"。1992 年起步的洋浦,花 3 年时间完成基本建设,却又迎头撞上国内的治理整顿、银根紧缩,随后 1997 年,又遭遇东南亚金融危机。江博士离开 7 个月后,洋浦开发区进行机构调整,撤销法定机构,转而设立了 5 个事业单位。延至今日,洋浦开发区行政体系仍有原来的痕迹。但不少制度,如公务员招考、公共财政、无纸化办公等,已经不再实行。

江博士麾下曾聚集了 8 个博士,公务员中一半以上具有硕士学历,目前还有 2 位博士留在洋浦,开发区规划建设土地局局长夏先生就是其中一位。对于洋浦模式的"退化",夏博士提出这样一个观点:超前的洋浦模式,是从农业时代直接跨入后工业时代的政府管理,经济没有发展起来,退化只怕就在所难免了。

【案例思考】
1. 从公共行政学的角度看,本案例所反映的主要是一件什么现象?
2. 洋浦改革的动机及背景各是什么?
3. 结合我国国情,谈谈洋浦改革的主要突破或说创新有哪些?存在哪些问题?
4. 结合案例,谈谈我国政府改革的可能方向。

案例 2　　上海行政事业性国资改革试行[①]

在上海，机关国资办和市国资委是两个不同的政府部门。其中，上海市级机关国有资产管理办公室（下简称机关国资办）专门负责市级机关和事业单位非经营性资产的管理，与上海国资委对经营性国资的监管职权不同。据了解，上海近 6 000 亿国资总量中，行政事业性国资占了 1/3。而十六届三中全会已经明确将行政事业性国资纳入国资管理框架。配合 2003 年 8 月开始的上海新一轮政府机构改革，由机关国资办牵头的、针对整个上海行政事业性国资的清产核资工作同步展开。据透露，这次活动的目的是要夯实行政性国资总量，确保其安全完整。

委托监管

国有资产一般分为自然资源性、行政事业性和企业经营性三大类。据了解，上海的国有资产统一在国资委登记建账，行政事业国资中的非经营性资产由国资委委托机关国资办管理；而科教文卫事业中的经营性资产则由国资委社会事业处管理。

上海行政事业性国有资产管理体制改革起步于 1997 年，主要是推行国有资产委托监管制度，即由国资委与有关主管委、办、局签订委托监管协议书，以契约形式委托其代表国有资产所有者管理所辖单位的国有资产，并承担国有资产保值增值责任。从 2003 年开始，为了适应上海新一轮政府机构改革和国资管理体制改革的需要，机关国资办从上海市政府机关事务管理局（下简称机管局）的财务处分离出来。机关国资办管理由财政拨款形成的、行政事业单位的、非经营性的国有资产——来自市级机关 100 多家单位（包括财政拨款的事业单位）。

源于上海两级政府、三级管理的体制，机关国资办只管辖市本级机关行政国资。相应的，在上海 19 个区县政府中有 17 个分别设有机管局——对同级行政性国资行使管理职权。而管理范围包括本级机关办公用房、单位车辆、办公用品、餐饮宾馆等。各级委、办、局对本系统内的行政事业国资是实物管理，而"机关国资办强调价值管理"。据了解，这里的"价值"包括办公用品、车辆的购置、报废都需要到机关国资办登记备案。不过，这一体制目前还处在建

[①] 主要参考文献：周扬，《上海行政事业性国资改革低调潜行》，《21 世纪经济报道》2004-03-29。

章立制阶段。而本级各委、办、局也都在进行行政国资的统计核查,并将统一上报到机关国资办。

明晰产权

上海市政府机管局提供的资料显示,上海对行政性国资的清产核资工作一共进行过三次,分别是1994年年底、1998年年底和2001年年初。2001年进行了"三核一评"——三核是核对资产户数、资产总量和资产性质,一评是评比了行政国资管理十佳优秀单位。目前,在"三核一评"的基础上,要进一步夯实资产总量。据机关国资办一位人士介绍,行政事业性国资的统计、登记、备案工作相当繁琐。清产核资工作中,很多单位的资产产权不清是头号问题。

这位人士举例:相当一部分办公用房,有的是从新中国成立前的旧政府接收,有的是"文化大革命"时期遗留的,这部分房产如何登记,权属怎样确定都有待解决。部分机关单位房地产产权证的产权人登记比较混乱,有登记在部门的,有登记在部门内设机构的,还有直接登记到下属企事业单位。按财政部、原国家国资局于1995年颁布的《行政事业单位国有资产管理办法》,行政性国资应当遵照"国家统一所有、政府分级监管、单位占有使用"的原则。事实上,在清产核资的过程中,有的单位比较抵触,因为部分行政性国资可以有额外收入,主要是通过房产出租的形式,希望变占有为所有。为此,机管局的一位主任强调,"我们要进一步明晰这部分资产的产权,同时推进行政性国资的法制化管理"。

据知情人士透露,从2003年下半年直到2004年年初,机关国资办和市法制办针对上海的行政性国资共同进行调研,发现部分单位重资金轻资产,主要表现为对于存量资产的管理不到位,造成一定程度的浪费流失。据了解,2003年上海市党政机构改革中新成立的三个党委的行政资产,主要是通过调剂存量资产而形成,从而在一定程度上节约了财政支出。而在增量资产方面,有关官员则建议每年的财政预算最好能充分考虑机关国资办的意见。原因在于,一些单位新购置的办公用品和车辆,其必要性只有国资办最清楚。这位官员认为,办公用品和车辆的报废年限和报废程序都有相应的统一规定,但比如统计局和其他单位对电脑的使用要求不一样,报废的年限就不应该作相同的限定,而电脑配置也应该相应有所区别。

改革低调迈步

清产核资仅仅是为行政事业性国资改革扫清路障,上海行政事业领域各方面的探索也"只能说刚刚迈步"。不过,上海的改革探索在国内少有先例,低调也就成为必然。

在2004年2月25日召开的全国国资监管工作会议上,上海国资委主任凌先生对上海行政事业国资的管理做了个全景式的介绍。他指出,上海已经开展了社会事业的投融资体制改革,在卫生领域,成立了卫生投资公司和申康公司;在教育领域,成立了申教公司;在机关后勤领域,成立了锦勤公司和盛勤公司;在推动社会事业的产业发展方面,组建了企业化运作的社会集团,如文广集团、解放报业集团、文汇新民报业集团等。在凌的讲话中,行政事业国资的改制方向也已明确,"今后,将继续推进政企分开、管办分离,加快事业单位改革,有条件的事业单位实行企业化改制,推向市场;暂时不宜完全市场化的,要引入市场竞争规则,模拟市场化"。

不过,旨在推动卫生领域投融资改革的申康公司成立两年来一直动作谨慎;申教公司成立一年多,意在通过教育系统的投融资改革,启动整个上海的高教改革,但至今未见具体的项目运作。而机关后勤领域内的改革试点——盛勤和锦勤(集团)有限公司于2003年1月29日成立后,"进行了多方面的大胆尝试",却一直对媒体保持低调。据机管局一位官员介绍,盛勤和锦勤集团同属国资委授权的43家控股集团之列,是上海市机管局下属的事业单位改制组建的国有独资企业,注册资金都为3亿元。机管局下属的9个事业单位原本分别负责上海市政府机关的房屋、物业、汽车、餐饮等方面管理。后来改制为企业,分别划拨到盛勤、锦勤两家集团。这位官员认为,两家之间形成充分竞争,有助于推动后勤社会化改革,同时加强后勤方面国有资产的管理。而盛勤集团提供的资料显示,"集团一方面承担了市各级机关政务活动的后勤服务保障,通过盘活机关后勤资源,加快实现机关后勤服务的社会化和市场化;另一方面通过实业投资、企业管理、国内贸易、投资咨询等各项业务的拓展,运用市场机制扩大规模,实现国有资产的保值增值"。

上海机关后勤方面的财政支出将采取"拨改付"的形式。对此,官方人士的解释是,原本政府和后勤事业单位是上下级关系,现在政府和集团是市场交易关系。2004年上半年,上海机构改革后新成立的六个部委和三个党委入驻金帆大厦。大厦的物业管理试行了招投标的形式,聘请了专门的招投标公司,"完全按照正规的程序来走"。虽然采取邀标的方式,有盛勤、锦勤和锦江集团参加,但最终锦勤中标。机管局一位官员透露,"这方面必须走得比较稳妥,逐步市场化。今后政府后勤其他方面的招投标将逐步吸引社会各方企业参与竞争"。更为关键的是,盛勤、锦勤两家集团今后的改革方向同样是产权多元化,"不光要负责机关后勤,同时要面向市场"。据他介绍,上海市"要把行政性国资中能够市场化运作的部分统一纳入市场化运作。现在每级每个机关单位都有后勤服务中心,结合市里的办公用房调整,今后都要转制为企业,同时实现国有资产的保值增值。而另一条路径，则是由盛勤、锦勤两家集团来吸纳、消化，统一运作——只有企业化才能社会化"。

【案例思考】
1. 本案例所反映的是一件什么公共行政事件？
2. 上海事业性国资管理改革的目标与原因各是什么？
3. 上海市机关国资办是一种什么性质的组织？它的成立对于上海市政府机关后勤改革有何意义？为什么？
4. 结合我国实情，谈谈该改革可能面临的问题与困境。

案例 3　　　　　湖州"政绩观"之变[①]

政绩考核的核心

在浙江省湖州市吴兴区 D 乡副乡长范女士看来，乡镇干部的年度考核程序是这样的：首先会从组织人事部门领到一份自我鉴定表，在这份表格上，范乡长要对自己一年来的工作情况进行述职。同时，按照程序，她还要接受群众的民主评议。自评和民主评议的结果被送往组织人事部门，然后给予最终评价。评价结果分为四档：优秀、称职、基本称职和不称职。一般说来，在这种例行公事的考核中，不幸被评为不称职的官员只是极少数，当然，能够被评上优秀的也不会超过总数的十分之一。

一位基层干部对这种考核办法提出质疑。他说："实际上，每位基层干部，特别是一把手心里都非常清楚，上头最终还是要看数字说话。能够体现为具体数字的指标要么是 GDP，要么就是招商引资的到位资金。"经济指标成为基层党政干部政绩考核的主要依据，这已经是时下普遍存在的不争事实。在以经济建设为中心的口号下，年末的经济报表成了证明自身能力的至关重要的"成绩单"。

D 乡范副乡长主要负责招商引资，她说："以前计划生育被基层干部认为是天下第一难，现在，恐怕只有招商引资配得上这个说法了。"道场乡 2003 年招商引资的任务是 1 700 万美元，指标由上级层层分摊，大半年下来，该乡实际完成的数字与目标相差甚远，范乡长心急如焚，深感压力重大。此项指标不

[①] 主要参考文献：刘建平，《政绩观之变》，《南方周末》2003-10-30。

仅关系到她个人在这一年的收入，更有可能影响到组织部门的评价和印象。

在可以量化为经济指标的考核中，上级部门显然有更多的方法。湖州市吴兴区每月都要召开由各乡镇负责人到场的大会，会上主要就是各乡镇汇报当月完成的指标，大部分谈话限定在"有没有项目？项目有多大？实到外资多少"？会后，各乡镇的数字被制作成"招商通报"，排定名次，孰优孰劣，一目了然。

基层干部钱先生指出，为了完成年终考核目标，基层党委成员包干到人，多则数百万，少则一百万。钱先生是党委成员里的组织委员，他领到了100万美元的包干指标，但他坦言，像他这样的工作性质，平常很难有机会接触到外商，完成任务谈何容易。但作为层层分解下来的硬指标，能否完成已不仅是经济任务，更是一项政治任务。完成了，有奖金，完成不了，必然有损年终考核评价。

现实困境

湖州市是浙江北部的一个中等规模的城市，在长江三角洲的15个城市中，该市的经济发展水平长期处于不上不下的位置。湖州市人事局的一位干部说，湖州人的总体性格中也有这种中间化的倾向，不求有功，但求无过。

和长三角地区类似的中等城市一样，谋求经济的迅速发展是政府工作的重点，在没有更多办法的情况下，考核制度成为调动官员积极性的重要杠杆，由此也形成了对于经济指标的依赖。经济指标和官员的前途联系在一起，是作为考核制度中的潜规则而实际存在的。在正式和公开的文件中，并不能发现明文的规定，只有在实际交谈中，基层官员们才能感同身受。一个值得注意的现象是，政府将经济指标逐级量化的过程中，市、县、乡镇，越是往下，指标越是具体，其中直接面对基层的乡镇干部压力最大，任务到了他们这里，也就再没退路和可商量的余地。

当前，典型情况是，乡里除了一位分管计生的副乡长留守外，一把手和其他官员全都在四处洽谈招商，难以顾及其他。实际上，就连位列最末梢的村级机构都感觉到了指标压力的存在。D乡的一位干部说，以前对村官最主要的考核是计生率以及税赋上缴任务，如今考核的重点则是工业总产值。实际情况是，在一张非常细致的考核表格上，乡镇对村官的考核采用打分的方法。

经过量化后的经济指标看上去富有刚性，但是在实际操作中，由于经济受其自身规律的影响，往往并非人为所能控制。在GDP的增长量上，湖州市给出的是一个5%~7%的弹性数字，这种做法受到了基层的广泛认可。但是在招商引资的过程中，从截止到近几个月的结果看，多数乡镇并不能完成当初人为定下的指标，其中既有年初非典的影响，也有人为估计过高的因素。当多数人无法完成指标后，也就形成了集体无过错，法不责众，考核制度的严肃性也就无从谈起。

吴兴区一位龙泉街道干部认为，"还是弱化经济指标在干部考核中的作用好，这样可以避免弄虚作假"。但另一方面，没有指标的压力，各级官员是否还有足够的引进外资、发展经济的动力？这两方面往往使人难以取舍、感到困惑。

改革思路

就在湖州市的基层干部为完成年度指标而奋力冲刺的时候，市委书记杨先生在一次尚未向全市干部公开的谈话中首次系统地谈起了以往政绩考核中的种种弊端。

杨书记说，以GDP为中心的政绩考核，其弊端主要为"一些地方把'发展是硬道理'错误地理解为'增长率是硬道理'、'GDP增长是硬道理'。地方财政为追求一时的经济发展速度，违背经济规律，背负巨额债务，盲目上项目、办企业、搞投资，造成大量的低水平重复建设。失地农民无家可归，无业可作，变成了流动于城乡间的无业流民"。还有就是"不惜以浪费资源、破坏环境为代价来发展经济。'经济腾飞、环保欠债'成为经济发展过程中的一个普遍问题"。另外，"现实生活中GDP成了'一俊遮百丑'的硬指标。一些地方将GDP增长指标层层化解到乡镇，并与干部的考核挂钩，导致弄虚作假等许多不良后果"。杨书记警告："以GDP为中心的倾向带来的后患是无穷的。" GDP不能反映出人们的福利状况。在实际生活中，GDP作为一项宏观经济指标，只能成为我们在经济发展中的重要依据，绝对不是唯一的依据，更不是经济与社会发展的全部。

尽管杨书记的这番讲话没有向下公开传达，但在官员的小范围讨论中还是引起了关注。市政府的一位副秘书长说，对以GDP为中心的政绩考核提出质疑，可以看出政府对经济的可持续发展越来越重视，不一味追求经济增长速度，强调社会的综合发展，也可以看出政府职能转型的一种萌动。街道干部王先生1998年以前在乡镇当领导，两种工作经历让他感觉还是做服务型的领导轻松实在。他说："街道不是一级政府，行政权力被收缩了，更多从事的是城管、失业救济、民事调解、征兵等服务工作，虽然这样，但比起以前来，什么事情都要管，办企业，找投资，还是现在轻松。"

湖州市委书记杨先生曾就政绩考核观念的改变专门写过一篇文章，文中他以非典的教训说明一个政府不应只注重经济的发展而忽视社会的均衡。非典的警示不仅是意识到健全国家公共卫生体制的重要，它可能让所有的经济增长不能持久。

有待落实

在湖州市委书记杨先生的眼中，依然要用硬指标强化对干部的考核，只不过这些指标应更多地偏向公众生活水平和质量。杨先生的设想是，将增加财政税收和提高人民生活水平作为考核干部工作实绩的重要指标。具体增加四条标准：一是城乡居民人均收入增长；二是水、电、路、田、通信等与生活息息相关的基础设施建设步伐；三是促进社会就业，新增工作岗位；四是社会保障体系内的养老保险、医疗保险、失业保险覆盖面。将上述四点量化，纳入干部考核体系。

从设想上看，新的考核思路无疑更能保障整个制度的公平和效率。市政府的一位官员透露，目前方案尚处于完善阶段，还没有形成文件下发。

有观点认为，目前以经济指标论英雄的倾向是整个社会由上至下所形成的，湖州市作为一个地级市，其本身已处于行政链条中的低端，很难从根本上改变现有的干部考核制度，至于操作性的文件就更难以形成。干部考核制度本身就带有透明和不透明的层面，通过经济指标考察官员政绩本身就是各地政府奉行的潜规则，虽是一种通行的做法，但很难拿到公开的层面进行量化。如今，想以另一种标准予以取代，同样面临着如何量化，以及如何使之成为制度公开的难题。

但另一方面，湖州对"政绩观"、对"干部考核体系"的反思，意味着人们对于"什么样的官员才是好官员、什么样的政府才是好政府"渐渐有了新的认识。这种认识，是社会全面发展提出的要求，也是对官员和政府转型提出的要求。

【案例思考】

1. 本案例主要反映的是什么公共行政现象？
2. 根据案例材料，谈谈当前我国政绩考核指标体系存在什么倾向？原因何在？
3. 结合我国政府实践，谈谈湖州市政绩观改变的现实意义、可行性及其可能操作机制。

案例 4　　　　顺德大部制改革的逻辑[①]

广东顺德，2009年9月，除了季节的更迭，这里也在孕育着另一场或许具有里程碑意义的重大变革。9月14日上午，顺德区委区政府接到广东省编办的通知：顺德行政管理体制改革方案已经获得广东省委书记汪洋的批示通过。此后，9月15日至17日，一场改革仿佛迅雷般掠过这座南方小城。

党政联席会议

在本轮改革中，顺德在延续和发展于1992年形成的"一个决策中心（区联席会议），四位一体（党委、人大、政府、政协）"领导体制的基础上，实施部门首长负责制基础上的联席会议决策管理体制，党委、政府、人大、政协权力部门的行政首长通过一个党政联席会议，对区内全局性重大决策集中行使。同时，区纪委（政务监察和审计局）负责对区委、区政府和各部门的工作进行纪律和绩效监督。本次改革的核心意图在于，按照"决策民主化和扁平化、执行集中化和统一化、监督外部化和独立化"的原则，通过决策权上移、执行权集中、监督权外移，探索建立党政决策权、执行权、监督权既分工清晰又统一协调的高效运行新机制。

具体做法是，把政府职能分为政务管理、经济调节与市场监管、社会管理与公共服务三大类型。相应地，机构改革之后，顺德区的党政机构分为政务管理、经济调节与市场监管、社会管理与公共服务三类，由原来的41个精简到16个，精简幅度接近2/3。其中设置党委工作部门6个，政府机构更是只保留10个。精简后的政府机构除保留教育、公安两个部门外，其他8个局均为重新组建，包括发展规划和统计局、经济促进局、财税局、国土城建和水利局、卫生和人口计划生育局、市场安全监督局、环境运输和城市管理局等。

2009年9月16日下午，顺德区区人大常委会通过了任免政府组成部门班子正职的议案，有22个老局办正职官员被依法免去职务，11个新局办正职官

[①] 主要参考文献：(1) 徐百柯,《汪洋：要擦亮顺德这块牌子》,《中国青年报》2011年6月8日第9版；(2) 周欣宇,《改革好不好百姓来投票》,《中国青年报》2011年6月8日第9版；(3) 丛玉华,《八个大盖儿帽合成一个大盖儿帽》,《中国青年报》2011年6月8日第10版；(4) 林衍,《41个一把手"消失"了》,《中国青年报》2011年6月8日第10版；(5) 林衍,《腿脚换了脑袋能爽？》,《中国青年报》2011年6月8日第10版；(6) 付雁南,《改变顺德的三天》,《中国青年报》2011年6月8日第11版；(7) 杨芳,《顺德革了自己的命》,《中国青年报》2011年6月8日第12版；(8) 罗文胜,《顺德改制》,《21世纪经济报道》2009年9月18日第7版。

员被正式任命。为减少改革阻力，方案采用"人随事走"策略，按照职能划分将科室整体平移，编制和公务员数量基本保持不变。对于职能调整部门的官员团体，部门编制在60名以下的，领导职数核定为1正2副；编制在60到120名以内的，核定为1正3副；编制在120到240名以内的，核定为1正4副；编制在240名以上的，核定为1正5副。16个部门统一规范设置局务委员，局务委员职数以副职职数为基数，按1比1.5的比例核定，同时兼顾部门内设机构数量，每名副职或局务委员一般分管2~4个科室。副职干部安排成为局务委员，作为一个过渡，以后逐渐精简。

改革之后，顺德区将增设区政府政务委员，与区委常委、副区长一起兼任16个大部门的首长，并参加区联席会议决策。联席会议的决策直接由16个新成立的党政大部门集中统一执行，形成"联席会议—部门—业务科室"的决策—执行机制，减少了原来的副区长（区委常委）分管和秘书长协调两个环节，真正实现了扁平化管理，缩短管理链条，提高决策、执行的效率效能。副秘书长的人数也由此前的8人减至3人。

对16个大部门一把手监督之法，是将纪检、监察、审计、信访职能集中由纪委（政务监察和审计局）行使。顺德区纪委负责对党政大部门的工作进行纪律和绩效监督，并向各局派驻纪检（政务监察）机构或专职人员，负责对所驻机关进行纪律和政务绩效监督。今后市民反映的情况、民意都将集中到这样的社情民意咨询机构，实现监督信息集中、资源共享；同时，在16个大部门中设置监察室；一些规模大、延伸单位多的大部门将派驻监察员。

合成大盖儿帽

2009年9月18日上午，原质监局局长温雄和他的40多个同事穿着笔挺的质监制服，站在6层楼的质监局老楼前合影。此前，他对区里的大部制改革方案也有耳闻，想过可能要与"工商兄弟"合并，但怎么也没想到动作这么大，把原工商、质监、安监三大局，原食药局、卫生局、文体局、农业局、经贸局五个局的部分职能，8合一，合并为"市场安全监管局"，成为顺德大部制改革中涉及部门最多、职能最多、对群众影响最大的局。

改革可不是搬搬家，把8部门原有科室一对一地挪到原工商办公大楼里那么简单，而是重新划部门，3个局的人事处变成一个人事处，3个法制办变成一个法制办，3个官方网站变成一个网站，新增设"食品监督科"等科室，富余行政人员向缺口大的一线业务部门转移。其直接后果是，新的市场安全监管局将在原来的工商行政管理局办公，8个部门涌向一个楼，办公空间相对大大缩小。以前一个科长一间办公室，现在科长都跟普通员工一起挤在"大平面"办公，以前3个人一间办公室，现在6个人一间，有人比划着自己"都快挤在一个筐子里了"。

办公面积变小,责任却变大了。新部门的工作人员都不再只管以前单一的工作,而是把生产、流通等环节全部打通。执法队伍里,可能以前查文化音像制品的工作人员,现在也查黑网吧、瘦肉精、地沟油。职能整合后,该局分成10个分局,分辖区推进"网格化"监管。改革目标是要力图实现"一个平台运作、一个窗口办事、一支队伍办案、一条热线受理"。对此,改任市场安全监管局常务副局长的温雄感慨地说道,"以前,职能交叉、分段分块管理严重,谁都在管,谁都管不好。一头猪,养殖归农业部门管,屠宰归经贸部门管,流通到市场归工商部门管,猪肉深加工归质监部门管,8个大盖儿帽管不好一头猪。现在合成一家,责任逃不掉了。"他解释说,不久前,全国都在讨论为什么这么多部门管不好一根豆芽,顺德大部制改革就在为这样的中国式难题找解答。

改革后,该局在办证大厅设立了统一的窗口,集中受理原来8个部门38项行政许可。以前,所有手续都是老百姓在窗口外跑,而今所有手续都由工作人员在窗口内部处理,"不让老百姓多跑一个窗口、一步路"。同时,市场安全监管局还整合了5条热线和6个举报渠道,拨通工商12315热线、质监12365热线、安全生产举报热线12350等,都由统一的部门处理,"事事不漏",不会再出现互相推诿、扯皮的事儿了。

不过,合并后,该局公务人员涉及的工作职责从管音像制品到管瘦肉精,专业跨度很大,面对的专业法规就多达600多部。为此,全局搞"大学习、大培训、大练兵",成立了考试培训中心,组织各业务口进行分期分批分线的学习培训和考核,全年培训1 100多人次。除此之外,8台机器拆开零件组装成一台机器,尴尬事儿也不少。起初,各人穿各人的制服上班,一个小部门就像"八国联军"一样。后来,制服就统一不穿了,工作人员上街执法,也是便装,以前老百姓看"大盖儿帽",现在直接看脖子上挂着的执法证。

原工商、质监由省垂直管理,合并后,转为地方管理,该局在第一时间向各个省上级单位汇报。汇报材料费尽心思,用了好几个版本,最后落款是市场安全监督局,盖的章却是旧章,旁边还用括号注明"代用章"。温雄说,这样的做法是为了"争取上面最大的理解和支持"。改革启动两周后,"市场安全监管局"的新公章就启用了,可在营业执照问题上,工商局的旧公章足足"超期服役"了半年多。

登记注册科的梁副科长已经记不清第一个盖着"市场安全监管局"新公章的营业执照是什么模样了。在他眼里,这个"具有历史意义"的营业执照只是"一个普通的早上一个普通的工作人员盖的新章"。事实上,改革头半年,他们也顾虑重重,一直不敢换营业执照上的旧章,希望等改革平稳些,顺德改革影响力大一些，再换章。半年后，他们改用新章，依然有很多企业老板哀求工作人员："还是给我盖旧章吧，这章在广东还行，出了广东不管用。"为此，工作人员每每要花上三五分钟解释，有时，还得给企业开具一份为什么盖新章的说明。如今，越来越多的顺德生意人已"欣然"接受了这个新章。

和同事们一样，温雄也很期待自己的新制服。他听说新制服"款式偏工商、标志偏质监的天平图"，融合了几家原有制服的元素，尤其女装设计得很美，"改进了以前的桶形，收腰了"，帽子也像空姐帽一样神气。只是，他的下属会私下问他，要去省里开工商部门的会，是穿新制服，还是穿旧制服，还是两件都带上。

温雄想了好一会儿，回答说："穿新制服，要改革就改得彻底！"

权力调整

作为大部制改革的纵深，顺德区容桂（镇）街道办事处正在推行的一场名为"简政强镇"的改革。据街道办事处党工委书记列海坚介绍，容桂街道拥有50万人的常住人口、330亿元的GDP和超千亿元的工业产值，但另一方面，容桂街道办事处却是最基层的管理单位，只有90个公务员的编制，没有相应的审批权和执法权，却要应付纷繁复杂的社会管理任务，可以说是"市一级的经济总量、县一级的人口规模和科一级的管理权限"。

当2009年8月广东省委、省政府赋予顺德区地级市管理权限后，11月，顺德便授予容桂街道县级管理权限。不仅如此，按照"宏观决策权上移、微观管理权下移"的原则，顺德将100多项"县级管理权限"下放给容桂，事权涵盖了产业发展、城市建设、社会管理、市场监管、公共服务等方方面面。一方面给镇放权，一方面要求镇向社会放权——这种"放减并举"的双向放权，一下子把体制改革的瓶颈打通了。

在顺德区提出大部制改革后，容桂街道也提出了"大科制"改革，将原有的28个机构精简为11个。列海坚笃定地认为，"政府如果什么都想做，那就什么都做不好"。据他介绍，容桂镇正在推行行政审批制度改革，明确街道办事处需要转移的职能和事项，通过授权、购买服务等多种方式，交由市场中介和社会组织承担。如今，这位书记遇到前来容桂参观的客人，首先介绍的不是容桂"土生土长"的科龙和格兰仕等民族品牌企业，而是该街道有26个社区成立了福利会，这些福利会将作为购买NGO组织的服务主体，根据各个社区的特点，引入不同的社区服务。

此次顺德大部制改革的另一亮点是，实施与"决策权上移"、"执行权下移"相互制约又相互协调的是"监督权外移"。借鉴中纪委垂直管理的思路，顺德区纪委首次向各个部门派驻了纪检组长。据时任区纪委书记潘东生说，现在的派驻纪检人员由纪委直管，且不从事所在部局的其他任何行政事务，保持独立。不过，"监督权外移"更体现在2010年9月成立的顺德区政府"公共决策咨询委员会"的运行上。这一政府智囊团由48名社会贤达组成，其中2/3由顺德本地人担当，比如上市公司老板、村官等，也有承接过顺德研究课题的专家，比如参与县级地区设定大部制改革蓝图的国家行政学院科研部主任、参与顺德农村改革课题的中国社会科学院农村发展研究所宏观经济研究室主任等。这一委员会的成立意味着，今后顺德经济社会发展的重要决策、重大项目以及涉及民生和公共利益的事项将不再"闭门造车"，在决策前将通过"智囊"的论证、咨询、听证、公开征求意见等方法来采集民意。

在给委员们颁发聘书时，时任顺德区委书记梁维东说："你掏坦诚，我掏心。顺德不断检讨自己才能进步，顺德是可以出成果的地方，也是专家学者们思想可以聚集的地方。"

配套措施

顺德大部制改革初启之际，时任区委书记刘海去了新成立的市场安全监管局，握着常务副局长温雄的手说："实在对不起温局。"过了一会儿，他又拍了拍温雄的肩膀再次说："对不起温局。"方案公布后，温雄由质监局局长转任市场安全监管局副局长。事实上，在此次"41变16"的大部制改革中，原各部各局的正职全部变成了副职——这意味着，41个一把手"消失"了。被动刀者不只他们。走马上任的16位新部门首长，由5个区委常委、6个副区长及5个级别相当于副区长的"政务委员"担任。这被视为这一轮人事制度改革中的"铁腕手段"——过去这些干部"有权力无责任"，如今兼任部门首长，"既要决定，又要负责"。

对于颠覆现有利益格局带来的改革阻力，改革者们有清醒认识。方案拟订期，除核心策划小组成员外，外人一律不知情。直到9月15日下午，在顺德区党政联席高层会议上，区委书记刘海才传达了广东省关于顺德行政体制改革的批复意见，并且宣读了具体的改革方案。在此之前，改革方案已经制定完成，却在顺德区政府内一直处于高度保密的状态。很多副区长直到这时才第一次看到这个历时一年、几易其稿的方案。顺德区委区政府秘书长马洪胜说，"大部制改革牵涉的利益太多，如果不能果断予以推进，整个改革就有可能胶着"。在当晚刘海与有关专家和媒体记者举行的一场小型座谈会上，有媒体质疑顺德对改革方案高度保密有违信息公开制度。对此，广东省编办行政管理体制改革处处长刘光大说，在中国，改革就像一只"用陶土捏的杯子"："如果早早公开方案，那每个人都能来上面捏一下，这个杯子就可能一会儿像个茶壶，一会儿像个花瓶，最后改革就变得四不像了。"刘光大解释说，改革之初若详细征求各部门意见,往往会由于部门利益勾连而造成这样的局面——征求5个部门意见,结果跳出10个部门说反对。事实上,方案执行期间,从省编办批复方案到新官走马上任,不过3天。区委书记刘海说,自己原本想把改革放到国庆前后,但现在还是决定尽快完成,用"摧枯拉朽的状态"来推进。讲到兴奋处,这位官员弹了弹烟灰,带着点骄傲的神气说:"三天,我们用三天的时间就把这件事情完成了。"

不过,速度只是化解阻力的一环,更重要的手段是与之配套的人性化人事安排——换帽子不摘帽子,挪凳子不搬凳子,变位置不减票子,即确保编制不突破、人员不降级、转岗不下岗。对此,佛山市党校副校长何劲和评价道,"改革要想顺利推进,如何合理保障被改革者的利益是最核心的问题"。据他回忆,在1992年顺德的那场历时10个月的行政体制改革"大手术"里,整整精简了338名在编人员,几乎占改革前在编人员的三分之一,"那时候的口号叫拆庙搬神"。在他看来,相较于1992年的"地震",顺德此番大部制改革显得更加温和,然而却并非人事制度设计上的倒退,"保障公务员群体利益看似是妥协,却能让大部制改革平稳推进,退一步进两步,当然是进步"。

顺德区委区政府办公室副主任李允冠坦言,改革至今,一个当初未曾预见到的尴尬源于新设的"局务委员"——部门合并后,一些大部门的局长、副局长多达20人,"吃饭都要坐两桌",为了保证编制不突破,在各局各部正职转副职的同时,原有副职则在待遇不变的情况下被任命为"局务委员"。显然,这一名称过于新鲜,尴尬由此产生。在市里开会,一些局务委员常被安排在科长后面发言,甚至没有被安排发言。安排房间时,一般局长是套间,副局长是单间,结果顺德的局务委员被安排在标准间。有趣的是,在广东话的发音中,"局务委员"听起来很像是"逐步玩完",这也给一些局务委员添了不少堵。何劲和还记得,一位局务委员就曾忧心忡忡地问他:"局务委员到底是顾问委员还是候补委员?"

不过,2011年年初,这一问题得到初步解决。顺德区委、区政府发文将局务委员改为副局长,而各部门的编制也被调整为最多"一正九副",超编者通过退休等方式逐步消化。

动　力

佛山市委常委、顺德区委书记梁维东曾经说,"顺德人血液里都流淌着改革的基因"。早在20世纪80年代,当中国其他地方还处于从"高度集中的计划经济"向"有计划的商品经济"过渡阶段时,顺德就在"工业立市"的口号下涌现出一批生机勃勃的乡镇企业。

1992年5月5日,在国务院批准顺德撤县建市后不久,一场被称为"搬神拆庙"的综合配套改革开始启动。这也是中国大部制改革的萌芽。一位亲历者的工作笔记上,记录着"大商贸局"、"大教育局"和"大文化局"等字样。当时,"不分党委部门或政府部门,一律按工作性质、职能考虑撤并",依据"同类合并、另起炉灶、保留强化、转性分离"四项原则,实施顺德历史上力度最大、改革最深的机构撤并"手术"。经过历时10个多月的手术,全市56个党政机构精简为28个,各部门的内设机构精简了125个、临时机构撤掉了近100个,在编人员精简了223人。1993年3月13日,顺德市委办公室、市政府办公室合二为一,正式宣告了"党政合一",也标志着这场改革告一段落。中国改革研究会副会长、广东体改研究会会长黄挺曾指出,1992年的顺德改革结果可概括为"一个决策中心(区联席会议),四位一体(党委、人大、政府、政协)"的党政联动领导体制。

2010年继任顺德区委书记梁维东认为,"那次改革为顺德17年来社会经济快速发展提供了重要的制度基础和体制保障。如果没有1992年的改革作为基础,17年后的这场改革不可能如此彻底,进展也不会如此顺利。"顺利的一个指标就是,17年后这场牵动着1 000余名公务员的改革,以"迅雷不及掩耳"的速度完成。一位记者至今记得,就在大部制改革方案出台后的媒体见面会上,时任顺德区委书记的刘海轻松地弹了一下烟灰,笃定地告诉他,从宣布改革到人事变动结束,将在3天之内完成。

改革带来的是经济的迅猛发展。1977年,顺德80%以上的人口还是农民,人均年收入只有150元。而到了2006年,顺德成为全国首个GDP突破千亿元的县,人均GDP已达到世界中等发达国家的水平。不仅如此,这座昔日的小水乡已经变成中国"家电之都"、"家具之都",成为名副其实的"广东小虎",打造出11个中国驰名商标、32个中国名牌和72个广东名牌。如果仅从图表上看,顺德的发展似乎一帆风顺。2010年,顺德区实现地区生产总值达1 935.6亿元,增长14.5%;工业生产总值5 235.1亿元,增长21.4%;财政收入372亿元,增长11.4%。

但是,正如时任区委书记刘海所总结的那样,"率先发展也率先遇到经济社会的深层次矛盾和问题,率先遇到体制机制的制约,率先遇到传统发展模式的瓶颈和挑战"。尤其在2003年顺德"撤市建区"之后,有关顺德发展的疑问更加突出了。有满腔热情投奔顺德的外地大学生此刻抱怨:"早知道我干嘛来顺德发展啊,就一个区!"过去,顺德拥有自己独立的电话区号和车牌号。如今,车牌号虽然还保留,但区号已经和佛山市统一了。2005年,已连续坐了4年全国百强县"龙头老大"的位置被外省夺走,这更加刺痛了顺德人的神经。而顺德老板们的状态此刻则被媒体形容为"喝红酒",因为"除了喝红酒,还能干什么?在方向不明时,做得多也许并不是件好事,最好等待"。

"顺德的改革现在怎么样？"中共中央政治局委员、广东省委书记汪洋也发出这样的疑问。2008年8月16日，在他主持的广东省体制改革务虚会上，当广东体制改革研究会会长黄挺介绍顺德多年前的产权改革时，汪洋突然插话道。两个月后，主政广东10个月的汪洋第一次来到顺德。据当时在场者回忆，汪洋谈兴甚高，"越讲越深入"。他明确提出，要弄清实现科学发展有什么体制约束，这对顺德来说是一个更特别的要求，经历过改革，这里有没有旧体制回归的现象？政府有钱了，有些事情政府来干是可以的，但这不是方向。社会和市场来干，可能开始干不好，但最终都会干好。所以从这个角度来讲，政府做了不该做的事，该干的没干好。

汪洋当场拍板，特邀请顺德参加于次月全省举行经济特区工作会议并在会上发言，总结好经验和下一步的想法。在那次工作会议上，顺德是唯一的县区。据时任区长梁维东回忆，会上汪书记4次点到顺德，并且表示，进入21世纪很少听到顺德的声音，更少听到顺德改革的举措。汪洋当时特别强调："顺德是改革典型，1992年已经是省的综合改革试点，要擦亮顺德这块牌子，保持改革的延续性。"也是在这次特区工作会议上，汪洋提出要继续秉承"允许改革失败，不允许不改革"的理念，要坚持"不争论，坚决试"，多干少说或只干不说。

2009年6月1日，汪洋第三次来到顺德，目的很明确，就是听取改革方案（初稿）汇报。对于方案修改，他指出："有人说这个你要增一个，有人说那个你要减一个；有人说这个机构可以调到这去，有人说可以调到那去；有人说名字这样叫，有人说名字那样叫。这东西肯定仁者见仁、智者见智。最后就是邓小平的话，先试不争论，实践作结论，错了改过来就是了。我们无非就是一个区，对不对？"两个月之后，汪洋又在省委主持召开专题会议，专门听取顺德大部制改革细化方案的汇报。他指出，顺德机构改革代表县级城市，深圳则代表大城市，"如果搞成功了，对广东省下一步的改革有推动作用，对全国都有意义"。

就在顺德大部制改革正式启动后不久，一次省委会议后，汪洋留下时任佛山市委书记林元和与顺德区委书记刘海，专门听取顺德大部制的情况汇报，称顺德的改革"开弓没有回头箭"。2010年2月，汪洋在文件上批示："顺德的行政管理体制改革，可否在各市选一县、区进一步推广，请酌。"3月25日，汪洋又在省委主持召开会议，听取顺德改革情况汇报。据参会者回忆，汪书记表示："很高兴听顺德的汇报，这强化了我的一个观点，选顺德是对的，确实比我想的还大胆。"汪洋还说："我们支持改革，我们要深化改革，就是因为改革什么事都会碰到。我们并不认为这个改革方案就是完美无缺的，谁也做不到，我们承认改革仍然有问题，所以改革才有继续深化的必要。"次月，汪洋便又有批示:"顺德行政管理体制改革遇到的问题,仍然需要用改革的精神来解决,舍此是找不到办法的。"

广东省机构编制委员会办公室曾有过一份《佛山市顺德区先行先试深化行政管理体制改革总结》,其中写道:"这次顺德改革,汪洋书记亲自点名、亲自挂帅、亲自策划、亲自指导,自始至终全力支持、关注和推动。"或许正因为如此,时隔多年,顺德这个"体制创新的摇篮",再次站在了破冰船头。对此,汪洋用"三个最"进行了概括:"传统的发展模式遇到的挑战,在顺德最早;破解发展难题的能力,顺德最强;实现科学发展的影响,顺德最大。"

初见成效

陈一鸣是广东某房地产公司的高级开发报建主任,专门负责为公司办理房地产开发所需的各种证照和许可。2010年5月26日下午,在佛山市顺德区行政服务中心的办事大厅,这个30来岁的小伙子在人群中显得"喜气洋洋"。原来,才半小时工夫,他就拿到了为公司申办的"商品房施工许可证",比预想时间大大提前。短短几天时间里,他先后在这里拿到了"土地证"和"建设工程规划许可证"。不久后,他还将在同一个窗口,办理"销售许可证"和"前期物业备案"。

"如今做房地产,都靠银行贷款。"小陈眉飞色舞地解释:"每省出一天时间,就给公司省下一大笔真金白银哩!"这位曾在全国15个城市办理过同样手续的"报建专家",还是第一次经历如此"神速"。当然,"神速"当然绝非凭空而来:大部制改革后,顺德原来分散在各部门的23个服务点的行政审批事务,全部集中到行政服务中心。然而,在顺德区委区政府秘书长马洪胜看来,大部制改革不是简单的精简人员、精简部门,确保改革后发生"化学反应",让每一个前来办事的人感受到和小陈一样的方便和快捷,"得到百姓的叫好声",才是改革的目的所在。

一项独立进行的调查或许印证了马洪胜的预期。2010年5月,大部制改革实行半年之时,顺德委托第三方进行的一项问卷调查显示,85.1%的公务员认同这次改革,81%的普通居民对改革表示支持,近7成受访者表示改革后到政府机关办事的次数明显减少,超过6成受访者认为改革后排队等候时间缩短了,成本降低了。对此,广东省委书记汪洋批示:"仅仅半年时间,改革尚在磨合和完善之中,就能有这样的认可度,说明改革是成功的。"

小月是这项改革的直接受益者之一。作为一家外资电子企业的财务人员,公司每年的"工商执照年审"是她的一项既定工作。大部制改革前,为完成年审,她要跑8个单位。这些单位分布在三四个不同的地点,最远的在10多公里外的彩虹桥。而现在,除了外管局,其他单位的审批职能已全部集中到行政服务中心。只要交齐材料,原来需要几个星期才能完成的年审,现在当天即得。旅店经营者晓霞也是改革的受益者。从8年前开始经营一家仅有10间客房的小旅店开始,身穿工商、卫生、消防等各种制服的"大盖儿帽"就成了她这里的常客。晓霞笑着说,"尽管没做任何违法乱纪的事,但穿制服的人一出现,总难免紧张"。但最近一年多来,大盖儿帽合并,她这里制服出现的次数明显少了。

顺德区容桂街道党工委书记列海坚也为改革叫好。改革后,原本权限在区一级的3 197项行政管理事项被下放给街道一级,尽管忙得团团转,他却"亢奋得很"。列海坚举例说,以前由于街道一级没有环保执法权,遇到百姓投诉的环保问题,往往无力解决。大部制改革把环保执法权下放到镇街后,仅用3个月时间,容桂街道就打赢了一场"污染攻坚战"——铲除了一座已存在15年之久的电镀城。

改革正向影响的加速显现,令改革者们更加自信。马洪胜认为,大部制改革正在产生带动和辐射效应,其影响正在从体制内向体制外渗透,改革正在驶向"深水区"。如今,外界毫不吝啬地将赞誉送给顺德,可是就像启动之初"外界石破天惊,顺德风平浪静"一样,此刻的顺德改革者们却在埋头寻找问题、解决问题。怎样形成公共服务型政府,怎么形成公权力的公平公正,让老百姓切实受益,是他们今天最为关心的话题。公共决策、公共制度、干部任免,都需要通过制度性、规范性的民主参与和监督平台来实现,大部制改革正是为这个"制度性的民主参与和监督平台"的建立打下了基础。还权于民、让民得利,已成为顺德改革者的共识。有人问马洪胜是否担心这场声势浩大的改革会停滞不前或无疾而终,他笑着摇了摇头:"只要最大限度地与民受益,争取公众的支持,改革的成果就能固化下来。"

挑 战

2011年春节刚过,顺德区卫生和人口计划生育局局长周爱群要到佛山市里参加新一年的第一场计生工作会议。会议8点钟开始,7点钟的时候,周爱群收到区委书记的一条短信:"不要丧气,要把工作干得更好。"

在此之前,顺德刚刚丢掉了已经连拿13年的广东省"计划生育先进单位"称号。在周爱群看来,2010年顺德的计生工作开展与以往相比并没有什么不同,"既没有批评,也没有表扬"的背后其实是"大部制改革带来的阵痛"。按理,顺德区与广东省人口计生委直接对口的部门应该是人口和计划生育局,现在,新部门将卫生、计生、药监三个职能合一,人口和计划生育局不复存在。其结果是,区委区政府副秘书长刘涛这样比喻,"这就像把你的胳膊和腿突然换了,脑袋当然不适应"。

据广东省编办行政管理体制改革处处长刘光大回忆,在顺德大部制改革方案公布当天晚上举行的长达4小时的专家研讨会上,来自北京、广州的多位专家最担心的便是上下协调问题。这早有前车之鉴。1992年,顺德推行行政管理体制改革,56个职能部门被精简为29个,当时的区委书记陈用志亲自去找一些上级部门解释,结果"有的连门都不让进"。

事实上,此次大部制改革方案在酝酿期间曾专门就上下协调问题进行过多次修改,其中一条重要原则就是"宁愿部门名字长一点,也要充分体现上级"。因此,在制订方案期间,一些部门的名称发生了微妙变化。比如,发展规划局更名为发展规划和统计局,城市建设局更名为国土城建和水利局,城市管理局更名为环境运输和城市管理局。区委区政府办公室副主任李允冠说,"能加上的部门尽量都加上,就是为了方便对接,减少阻力"。

据顺德区编办副主任杨少毅透露,方案公布后,"一些之前没有想到的困难还是出现了"。科技局撤销后,其职能并入经济促进局,科技局的上级部门便提出为什么这个部门"不叫经济促进与科技发展局",如果要颁发科技进步之类的奖项,"难道要颁发给经促局"?统计局撤销后,上级部门也有看法,称"统计局的主体地位是统计法规定了的"。统战部也被撤销,职能合并到社会工作部,上级相关部门提出,统战工作是中国共产党的三大法宝之一,统战部是党委工作的重要部门,"不能没有",最后以加挂统战部的牌子而告终。而更多的上级部门则以"延迟对接"的方式表达不满,顺德方面"打上两三个电话想登门拜访都说没人"。

在长期观察顺德大部制改革的何劲和看来,这场改革具有"自下而上的倒逼式特性"。他认为,"如果改革自上而下,贯彻下来你只要适应上级就可以了;但如果改革是自下而上,就变成了你贯彻而上级要适应你,难度可想而知"。事实上,在顺德大部制改革实施之后,即使对接已经完成的部门,仍不得不面对"上面千条线、下面一根针"的困局。比如,市场安全监管局对应着省里8个厅局,平时内部通报的政务信息,要分别写8份上报,而上级部门的沟通习惯又各不相同,传真、电子文件甚至平邮都有。又比如,社会工作部对应着省里14个厅局。其中,仅一个农村工作科,就要对应省农业厅、省农办、省财政厅3个部门。上级领导来视察或者省里组织开会时,往往做不到按照职能对待,而要"按照官位对待",这就导致了局长、常务副局长"疲于跑会"的局面。

不过,长期参与顺德大部制改革工作的刘光大则表达了较为乐观的态度:"省人大立法护航,上层改革决心明确,顺德的工作将会稳步推进。"据刘光大回忆,为解决顺德大部制改革后的权限对接问题,仅2009年下半年省里就开了5次研讨会。到2010年,大部分部门的对接问题基本完成,"仅有个别上级管理部门不大乐意"。2011年1月28日,中共广东省委办公厅又下发《关于进一步完善和深化顺德行政体制改革的意见》,明确指出:"对放权和支持力度大的部门进行通报表扬;对改革不力的部门进行通报批评;对干预或阻挠改革的单位和个人要追究责任,对改革过程中违法违纪的有关人员要严肃处理。"

2011年5月,广东省委副书记、纪委书记朱明国曾亲自带队赴顺德督查对接工作。对此,顺德区委副书记周志坤说:"省纪委牵头,你能看出省里是动真格要改革的了!"但何劲和认为,要避免很多基层政府"不改革就是等死,改革就是找死"的宿命,关键还在于未来改革能否形成联动效应,带动大部制改革在各级政府的整体推进。作为见证过1992年顺德改革,如今又在关注新一轮大部制改革的"老人",他一字一句地说,"一定要由孤岛式改革变成全局式改革,要有大步子、大力度"。

事实上,改革面临的内部阻力也不少。据刘光大观察,顺德大部制改革可称是业已"顺利上路",至于能否"加速",很大程度上仍要视其对持续出现的各种内部阻力能否化解到位。一度"令人尴尬"的局务委员职位问题业已初步解决。但或许更严峻的挑战来自基层公务员队伍。有关顺德大部制改革状况的调研报告显示,在职业前景这一问题上,43%的受访公务员认为晋升机会少了、职业前景不明,只有4.3%的人持乐观积极的态度。在这份调研报告整体调查结果积极向好的情况下,这一数据显得颇为扎眼。

各种理由很明了,政府部门少了,局长也由副区长兼任了,公务员的晋升渠道自然就变得狭窄多了。何劲和说:"大家肯定会想,小板凳就是那么几个,什么时候轮到我坐啊?"据李允冠透露,在顺德当前正在积极推进的配套改革中,人事制度改革是重要一环,其中,关于"公务员晋升空间"的问题已经被摆上台面进行讨论。其中,"一个改革方向是,升待遇不升职位。举个例子,一个老科员即使不能当上科长,也有可能获得比科长更好的待遇"。

一些大部制改革的亲历者与观察者普遍持有这样的观点:问题真实存在,所幸改革者很愿意直面问题,向外界呈现一个真实的改革图景。顺德区编办副主任杨少毅说,"大部制改革对过去的行政管理体制而言,就像是一记重拳,不晕过去就很不容易了"。何劲和也表示,随着旧有利益格局被逐渐打破,"官员们会养成更新的习惯"。

顺德区卫生和人口计划生育局局长周爱群对此深有感触。大部制改革前,她作为副区长在政府大楼的18层办公,办公室里套着一间房放着大床供她午休。如今,她则要把大部分的工作时间放在大楼10层的卫生和人口计划生育局办公室里。这间办公室只有副区长办公室的五分之一大小,没有床,但多出了一张会议桌。不过，周爱群笑着说，"从早忙到晚，没时间休息了，加一张桌子开会更方便些"。

【情景模拟】

结合案例材料与国情，假设您时任顺德市委书记刘海、原质监局局长温雄、顺德区容桂街道党工委书记列海坚、顺德区质监局一位普通科员、旅店经营者晓霞、佛山市计生委主任、广东省编办行政管理体制改革处处长刘光大，以及顺德区一名普通公民，将会如何实施、对待或评价顺德区的这次改革实施过程？为什么？

【案例思考】

1. 从公共行政学的角度看，本案例主要反映的是一件什么事件？其基本构成要素是什么？
2. 试结合公共行政学相关原理与我国国情，分析顺德区此次改革实施机制的具体构成，并分析其特色与可能存在的问题。
3. 试结合案例材料与我国国情，分析顺德区此次改革的动力与阻力机制，并分析其可能存在的经验与启示。
4. 结合我国国情和案例材料，试分析顺德区此次改革方案及其实施机制在我国加以推广的可能性。

主要参考文献

[1] 黄达强．刘怡昌主编．行政学．北京：中国人民大学出版社，1988 年第 1 版．
[2] 夏书章主编．行政管理学．广州：中山大学出版社，1998 年第 2 版．
[3] 丁煌著．西方行政学说史．武汉：武汉大学出版社，1999 年第 1 版．
[4] 黄达强．许文蕙主编．中外行政管理案例选．北京：中国人民大学出版社，1988 年第 1 版．
[5] 张安庆，傅明贤，丁胜利主编．为政的奥秘：行政案例选析．武汉：武汉大学出版社，1991 年第 1 版．
[6] 陈瑞莲主编．行政案例分析．广州：中山大学出版社，2001 年第 1 版．
[7] 竺乾威，马国泉编．西方公共行政案例．上海：复旦大学出版社，2002 年第 1 版．
[8] 陈世香．王志华编著．行政案例分析．武汉：武汉大学出版社，2007 年第 1 版．
[9] 陈世香．王志华．汤惠琴编．公共政策案例分析．武汉：武汉大学出版社，2011 年第 1 版．
[10] ［美］小劳伦斯·E. 列恩著．郐少健等译．公共管理案例教学指南．北京：中国人民大学出版社，2001 年第 1 版．
[11] ［美］罗伯特·P. 沃森著．竺乾威等译．公共行政：管理中的角色模拟与案例分析．上海：上海财经大学出版社，2003 年第 1 版．
[12] ［美］戴维·奥斯本．特德·盖布勒著．上海政协编译组等编译．改革政府：企业精神如何改革着公营部门．上海：上海译文出版社，1996 年第 1 版．
[13] ［美］特里·L. 库珀著．张秀琴译．行政伦理学：实现行政责任的途径．北京：中国人民大学出版社，2001 年第 1 版．
[14] 尼古拉斯·亨利著．张昕等译．公共行政与公共事务（第八版）．北京：中国人民大学出版社，2002 年第 1 版．
[15] 戴维·H. 罗森布鲁姆等著．张成福等译．公共行政学：管理、政治和法律途径．北京：中国人民大学出版社，2002 年第 1 版．
[16] 珍妮特·V. 登哈特等著，丁煌译．新公共服务：服务．而不是掌舵．北京：中国人民大学出版社，2004 年第 1 版．

后 记

　　一切流变，随着经济社会发展变革的持续快速推进，尤其是政府管理与改革实践的不断深入演化，在行政管理领域，无论是理论研究成果，抑或是专业培养模式与技能，都正在经历一个转轨性发展进程。为此，就有必要不断总结和创新专业人才培养技能与方法，及时将本领域最新实践和理论发展成果引入教学过程。唯有如此，方能培养出理论与实践相结合，适应社会发展需要的专业人才。

　　本教材是编者10余年公共行政课程教学与专业研究经验的新近总结，也是在第一版教材基础上修订而成的。自1999年以来，编者长期承担公共管理学科，尤其是行政管理专业全日制硕士、本科、成人教育和专业硕士等多个层次学生培养中行政案例分析、行政管理学、公共政策分析等相关课程的教学工作，以及部分单位国家公务员和企事业管理人员培训相关课程教学工作。尤其是2002年，接受武汉大学教务部委托，编者承担并顺利完成了教学改革项目"行政学原理课程案例库建设及多媒体教学技术的应用"（项目编号：20023029）的研究工作。在此基础上，教材第一版得以于2007年5月出版。此后6年，编者持续承担相关课程的教学工作，主持并参与了"公共政策相关课程案例数据库建设与案例教学方法研究"（项目编号：JG2010010）等教学改革项目的研究工作。其间，编者教学技能尤其是对于案例教学方法的把握深度和运用能力不断得以磨炼，且能有新的理解和心得概括，教学案例也与时俱进，有了新的积淀。一些关心案例教学技能发展的业界同仁间或对编者提出及时更新案例、总结教学技能最新经验的期待。此外，武汉大学出版社王雅红社长也多次提出修订教材的殷切期望。基于这些动力与缘由，终于便有了这本新的修订版。

　　本教材修订版由武汉大学政治与公共管理学院陈世香教授与中南民族大学公共管理学院王志华博士共同主编。其中，导言部分撰写、案例材料采编与教材结构设计等工作主要由陈世香教授完成。王志华博士承担了案例材料的采集与编写工作。武汉大学行政管理专业几名研究生参与了案例采编工作。其中，瞿鸿雁同学承担了第15章"虎照事件中的政府角色"、"P县的道德建设试验"两个案例的编写工作。夭凯民同学参与了第18章案例"武汉市治庸问责风暴速记"的编写工作。此外，还有柯淋丹、陈宇甜两位同学编写完毕的案例材料最终没能被采录，在此一并表示遗憾和感谢。

  本教材所编写案例文稿都经由陈世香、王志华统一改编与校正。全书书稿最后由陈世香、王志华共同修改、统稿和定稿。

  在教材的修订过程中，编者所在单位领导、同事曾予以大力支持；武汉大学教务部和武汉大学出版社为教材修订版的完稿提供了必要的经费支持；尤其是武汉大学出版社副社长王雅红女士为教材的立项、编辑和出版付出了辛勤的劳动。在编写过程中，本书广泛参考、吸收了国内外相关学者的研究成果，同时，还参考了一些主流报刊和网络媒体的新闻报道纪实素材，其中，主要有《南方周末》、《21世纪经济报道》、《中国青年报》、《法制日报》、《新京报》、《第一财经日报》、新华网、人民网、中国新闻网、凤凰网，等等。编者在此一并表示衷心的感谢。

陈世香　王志华
2013年8月于珞珈山